Nach den Erfahrungen mit überzogenen Vernunftkonzeptionen und mit den durch sie provozierten fundamentalen Formen der Vernunftkritik ist es an der Zeit, die Frage nach den Möglichkeiten der Vernunft bescheiden, nüchtern und (re)konstruktiv anzugehen.
Die im vorliegenden Band versammelten Artikel international renommierter Philosophen sind als Bausteine für eine solche Theorie der Rationalität zu verstehen. Sie konzentrieren sich ausschließlich auf Fragen und Probleme der praktischen Vernunft, also auf die Frage nach der Rationalität von Handlungen. Eine Handlung nennen wir »rational«, wenn sie wohlbegründet ist. Was aber gilt als guter Grund? Was kennzeichnet praktische Gründe, und wie motivieren sie zu Handlungen? Welchen Status haben Motive, Gründe, Wünsche, Zwecke, Normen, Maximen? Um die Reichweite praktischer Vernunft auszuloten, wird auch »irrationales« Verhalten ins Auge gefaßt. Und zuletzt ist der Frage nicht auszuweichen: Gibt es eigentlich vernünftige Gründe, vernünftig handeln zu wollen?

Stefan Gosepath, geboren 1959, lehrt Philosophie an der Hochschule der Künste Berlin. 1992 erschien sein Buch ›Aufgeklärtes Eigeninteresse. Eine Theorie theoretischer und praktischer Rationalität‹.

MOTIVE, GRÜNDE, ZWECKE
Theorien praktischer Rationalität

Herausgegeben
von Stefan Gosepath

Fischer Taschenbuch Verlag

Originalausgabe
Veröffentlicht im Fischer Taschenbuch Verlag GmbH,
Frankfurt am Main, August 1999

Gesamtherstellung: Clausen & Bosse, Leck
Printed in Germany
ISBN 3-596-13223-1

INHALT

Stefan Gosepath

Praktische Rationalität. Eine Problemübersicht

Das philosophische Zentralthema Vernunft steht im Mittelpunkt vielfältiger intellektueller Auseinandersetzungen. Wir bleiben auf einen uns orientierenden Begriff von dem angewiesen, was als vernünftig gelten kann. Vertreten kann man einen Begriff und ein Prinzip der Vernunft nur, wenn man über eine überzeugende Theorie der Rationalität verfügt. Diese hat das menschliche Vermögen der Aufklärung, Reflexion und Überlegung, das jedem zu einer Orientierung zum Besseren verhelfen könnte, darzulegen, indem es deren Regeln reflexiv expliziert und sie so weit wie möglich zu begründen sucht. Die hier versammelten Artikel international renommierter Philosophen sind als Bausteine für eine solche Theorie praktischer Vernunft oder Rationalität zu verstehen.

Wir fragen uns – explizit oder implizit – alltäglich »Was soll ich tun?«, »Wie soll ich leben?« und, ob wir nun laut danach gefragt haben oder nicht, oft bekommen wir Empfehlungen, Ratschläge, Befehle zu hören, die alle sagen, wir *sollten* irgend etwas tun. Warum sollte ich das tun? Hier wird nach Gründen gefragt, und zwar nach Gründen, die uns einleuchten sollen. Damit spätestens haben wir den Bereich der praktischen Vernunft betreten. Oder anders: Wir alle bewegen uns eigentlich immer schon im »Raum der Vernunft«.[1] In diesem Band geht es darum, wie eine plausible Konzeption von praktischer Vernunft aussehen könnte. Die Beiträge in diesem Band konzentrieren sich ausschließlich auf Fragen und Probleme der *praktischen Vernunft*, also jenes Teils, der sich mit der Rationalität von Handlungen beschäftigt im Gegensatz zur Rationalität von Überzeugungen oder Meinungen. Rationalität oder Vernünftigkeit von Handlungen hat es mit der Art der Begründung oder Rechtfertigung von Handlungen, Wünschen, Zielen, Absichten und praktischen Überlegungen zu tun. Konzeptionen praktischer Vernunft umfassen

Theorien darüber, wie man die richtigen Mittel zu den Zwecken, die wir haben, wählen soll, wie wir unsere Ziele und Zwecke bestimmen sollen, wie wir handeln sollen, wenn wir verschiedene, widerstreitende Ziele haben, welche Forderungen an rationale Überlegungen zu stellen sind und wie moralische Gesichtspunkte in unsere Überlegungen eingehen können und sollen. Allen Konzeptionen praktischer Vernunft liegt dabei eine bestimmte Auffassung zugrunde, was als guter Grund gilt. Was macht praktische Gründe zum Handeln aus? Motive, Wünsche, Zwecke, Normen, Einsichten, Überlegungen, Entscheidungen? Im Mittelpunkt dieses Bandes stehen Aufsätze, die mit unterschiedlicher Perspektive zur philosophischen Aufklärung dieser zentralen Frage nach dem Status guter Handlungsgründe und praktischer Überlegung beitragen. Um die Reichweite praktischer Vernunft auszuloten, werden auch ihr Gegenteil, also praktische Irrationalität, und die Grenzen zwischen Rationalität und Irrationalität näher bestimmt. Zu guter Letzt stellt sich unweigerlich die Frage nach der Vernünftigkeit der Vernunft: Warum soll man eigentlich vernünftig sein? Gibt es einen Grund, der Vernunft zu folgen?

Zum Begriff der Rationalität

›Rational‹ wird umgangssprachlich oft gleichbedeutend mit ›vernünftig‹ verwendet.[2] Um das Gegenteil auszudrücken, stehen uns Worte wie ›unvernünftig‹, ›vernunftlos‹, ›irrational‹ und ›arational‹ zur Verfügung. Sowohl ›vernünftig‹ als auch ›rational‹ besitzen je zwei Antonyme, wobei umgangssprachlich ›irrational‹ soviel wie ›unvernünftig‹ und ›arational‹ das gleiche wie ›vernunftlos‹ bedeutet. ›Arational‹ nennen wir alles, was für Vernunft(-gründe) überhaupt nicht zugänglich ist. ›Arational‹ meint soviel wie ›außer- oder nichtrational‹, jenseits des Bereichs der Vernünftigkeit, eben ›vernunftlos‹. Im Unterschied dazu liegt das, was ›irrational‹ genannt wird, innerhalb des Bereichs der Vernunftgeltung. Wer oder was irrational ist, verstößt gegen die Regeln der Vernunft, ist unvernünftig. Unter ›Rationalisierung‹ kann man einmal eine rationale Begründung einer Handlung, Meinung etc. verstehen[3], meistens meint man damit aber den Fall, in dem jemand im nachhinein zwar Gründe für seine Handlung oder Meinung angibt, diese für das Zustandekommen der Handlung oder Meinung aber gar nicht verantwortlich waren.[4]

Im Gegensatz zu Systemrationalität, wonach rationales Verhalten in der optimalen Adaptation an die Umgebung oder in einem Funktionszusammenhang eines beliebigen Systems besteht[5], setzt die gewöhnliche Verwendung des Rationalitätsbegriffs Absichtlichkeit (Intentionalität) voraus. Rational in diesem Sinn können Personen sowie ihre Handlungen, Meinungen, Wünsche und Normen sein.[6] Personen sind rational, wenn sie normalerweise rationale Meinungen und Wünsche haben und mit Bezug auf diese rational handeln. ›Rationalität‹ mit Bezug auf Personen ist also ein Dispositionsprädikat. Dagegen ist die Rationalität von Handlungen, Meinungen, Wünschen, Normen eine Eigenschaft. Diese werden rational genannt, wenn sie wohlbegründet sind. Sind sie dagegen unbegründet, gelten sie als irrational. Sind sie außerhalb der Reichweite der Vernunft, z. B. aufgrund von Hypnose, Affekt oder Zwanghaftigkeit, sind sie als arational einzustufen. Nur rationale Personen, animal rationale, Personen, die sich im »Raum der Vernunft« aufhalten, also nicht arational sind, können rational oder irrational denken oder handeln. Aristoteles' Diktum, daß der Mensch ein zóon lógon échon sei, kann nicht heißen, daß Menschen immer vernünftig denken und handeln, das widerspräche all unserer Erfahrung, sondern gemeint ist, in Kants Worten, ein »mit Vernunftfähigkeit begabte[s] Tier (animal rationabile)«, das »aus sich selbst ein vernünftiges Tier (animal rationale) machen kann«.[7]

Rationalität ist sowohl ein normativer bzw. präskriptiver Begriff, weil in seiner Verwendung immer eine zumindest implizite Be- oder Verurteilung der entsprechenden Handlung, Meinung usw. enthalten ist, als auch ein deskriptiver Begriff, insofern beurteilt wird, ob bestimmte Rationalitätsstandards von der Meinung, Handlung usw. erfüllt werden oder nicht.[8] Die präskriptive Komponente besonders des Wortes »irrational« übt eine normierende oder sanktionierende Funktion aus. Wir wollen in der Regel rationale Personen sein, d. h. wir haben das übergeordnete Ziel, in unserem Denken und Handeln rational zu sein. Mit Bezug auf diesen Wunsch kann ›Irrationalität‹ als ein Vorwurf verstanden werden. Das zeigt, was für einen wichtigen Stellenwert Rationalität in unserer Selbstbeschreibung und in unserem Selbstverständnis einnimmt.

Als eine allgemeine Definition kann man daher angeben: Eine alle Anwendungssituationen umfassende Bedeutung von ›Rationalität‹ ist ›Wohlbegründetheit‹. Etwas (Meinung, Handlung, Wunsch, Ziel, Norm etc.) ist rational, wenn es begründet, d.h. durch Gründe gerechtfertigt ist. Rationalität bezieht sich auf die Fähigkeit von Personen, Verfahren des Begründens oder Rechtfertigens zu entwickeln, ihnen folgen und über sie zu verfügen zu können. Die Minimalbedingung für eine akzeptable Begründung ist die logisch korrekte Ableitung aus den sie rechtfertigenden Gründen. Die Fähigkeit, etwas zu rechtfertigen, ist jedoch nicht nur ein Vermögen des deduktiven Schließens, sondern allgemeiner die Fähigkeit, Aussagen zu begründen, auszuweisen, d.h. für sie Rede und Antwort stehen zu können (griechisch: logon didonai, lateinisch: rationam reddere). ›Ratio‹, ›raison‹, ›reason‹ bedeuten ebensosehr ›Grund‹ wie ›Vernunft‹.[9]

Rationalität von Handlungen

Praktische Vernunft bzw. Rationalität bezieht sich auf Handlungen, Wünsche/Ziele oder Normen. Damit wird sie unterschieden von theoretischer Rationalität, die sich auf Meinungen bezieht. Manchmal unterscheidet man auch innerhalb der praktischen Vernunft spezifischer zwischen Rationalität von Handlungen und Rationalität von Meinungen, der Rationalität von Wünschen oder Zielen und von Normen. Zu diesen Rationalitätstypen nun in dieser Reihenfolge mehr. Die Rationalität von Meinungen, also theoretische Rationalität, wird allerdings dem Fokus dieses Bandes entsprechend eher beiher abgehandelt.

Um rational zu sein, muß eine Handlung laut Definition begründet sein. Handlungsgründe müssen zwei wesentliche Bedingungen erfüllen: Sie müssen die Handlung sowohl *rechtfertigen* als auch *erklären*. Die Gründe sollen sowohl angeben, warum die betreffende Person so gehandelt hat, als auch, daß es rational war, so zu handeln, wie sie gehandelt hat, m.a.W., daß sie so gehandelt hat, wie sie hätte handeln sollen. Die beiden wesentlichen Anforderungen an Rationalitätsprinzipien sind also (1) eine motivationale Bedingung: eine Überlegung, die beansprucht, ein Grund zu sein, muß die betreffende Person motivieren können, und (2) eine normative Bedingung:

Rationalitätsprinzipien müssen normativ sein oder rationale Notwendigkeit besitzen, nicht nur eine kausale, d. h. sie dürfen nicht nur in kausalen Vorhersagen bestehen, sie müssen aus der Ersten-Person-Perspektive als begründete Forderungen, eben als guter rechtfertigender Grund anerkannt werden; eine Forderung, die man jedoch verletzen kann bzw. der man versäumen kann nachzukommen, was die entsprechende Handlung dann irrational machen würde. Diese Bedingung ergibt sich aus dem präskriptiven Charakter des Wortes »rational«. Praktische Vernunft muß also Motiv und Verpflichtung zugleich sein. Diesen zwei Bedingungen entsprechend unterscheiden manche Philosophen zwischen erklärenden Gründen und rechtfertigenden Gründen.

Gründe sind nach dem gängigen neohumeschen, gleichwohl wie wir noch sehen werden nicht unumstrittenen, sogenannten belief-desire-Modell von Handlungen und praktischer Vernunft die jeweiligen relevanten Wünsche und Meinungen. Nach dem belief-desire-Modell beurteilt man, welche Handlungsoptionen rationalerweise zu wählen sind, von den Wünschen des Handelnden und seinen relevanten Meinungen aus. Man sollte die Handlungsmöglichkeit wählen, die man am meisten wünscht oder genauer, die man unter Berücksichtigung aller anderen Faktoren insbesondere seiner anderen Wünsche am meisten wünscht. Nach gängiger Auffassung muß zwischen einem relevanten Wunsch und einer passenden Mittel-Zweck-Meinung und der ausgeführten Handlung eine bestimmte Beziehung bestehen, nämlich in einer sowohl kausal verursachenden wie auch rechtfertigenden Beziehung. Wenn diese Beziehung so nicht besteht[10], dann gilt die Handlung als irrational.[11]

Inwiefern ist eine Handlung im Lichte gegebener Meinungen und Wünsche rational, d. h. inwiefern können relevante Meinungen und Wünsche zusammen eine Handlung *rechtfertigen*? Indem im einfachsten Fall (der durch komplexere Voraussetzungen erweitert werden kann) gezeigt wird, daß die Person diejenige Handlungsoption gewählt bzw. realisiert hat, von der sie glaubte, daß sie ihren bestimmten Wunsch in der betreffenden Situation am besten erfüllen kann oder, wie man auch sagt, ihr Ziel am besten erreicht. Diesen Aspekt von Handlungsrationalität, der nur den Mittel-Zweck-Zusammenhang betrifft, nennt man *instrumentelle Rationalität* der Mittel. In der Regel werden noch zusätzliche Anforderungen an die rechtfertigenden Handlungsgründe, also an die jeweiligen relevanten Wünsche und Meinungen, gestellt. Im Gegensatz zu instrumenteller Rationalität umfaßt *Zweckrationalität*[12] oder *prudentielle Rationalität* auch ein Abwägen der Ziele. Die kritische Beurteilung des Handelns als rational oder irrational ist zwar erst mal nur relativ zum Handelnden, genauer zu seinen Meinungen und besonders zu seinen Zielen. »Rational« ist ein relatives Prädikat, denn eine Handlung wird relativ zu den Gründen (Meinungen und Wünschen) als rational bezeichnet, die die Person zur Zeit der Handlung hat. Strittig ist, ob die Überzeugungen und Wünsche, die als Gründe der Person für ihre Handlung fungieren, nicht darüber hinaus selbst rational, d. h. wohlbegründet sein müssen. Diesbezüglich variieren die Intuitionen verschiedener Menschen stark. Man unterscheidet hier am besten drei Fälle: instrumentelle, prudentielle und substantielle Rationalität von Handlungen.[13] Bei instrumenteller Rationalität wird nur eine subjektiv richtige Mittel-Zweck-Beziehung verlangt. Prudentielle Rationalität verlangt zusätzlich ein Abwägen der gegebenen Ziele untereinander; sie ist die umfassendere Form formaler Rationalität von Handlungen; instrumentelle Rationalität ist nur ein Teil von ihr. Bei substantieller Rationalität sollen normative Gesichtspunkte der Richtigkeit die entscheidende Rolle spielen. Die Rechtfertigung der Handlung ergibt sich also durch die Befolgung bestimmter Regeln oder Normen der Rationalität, wovon die einfachsten und unumstrittensten Normen zunächst die der instrumentellen und im weiteren die der prudentiellen Rationalität sind.[14]

Wenden wir uns nun dem zweiten geforderten Aspekt praktischer Rationalität zu: Rationale Gründe müssen die Handlung, die sie rational machen, auch *erklären* können. Sie müssen angeben können, warum die handelnde Person so gehandelt hat, wie sie es tat. Damit fragen wir normalerweise danach, was sie zu der Handlung motiviert hat. Es reicht nicht zu zeigen, daß es für die handelnde Person im Hinblick auf ihre Wünsche und Überzeugungen rational war, so zu handeln. Denn wir müssen zusätzlich noch wissen, ob es diese Erkenntnis, d. h. ihre psychischen Zustände waren, die ihre Handlung verursachten, die sie also motivierten, so zu handeln. Um die Handlung zu erklären, müssen wir wissen, ob die Gründe der Person (das sind die jeweiligen relevanten Wünsche und Meinungen) auch die Ursachen der Handlung waren. Donald Davidson hat in einem berühmt gewordenen Aufsatz dafür argumentiert, daß Gründe Ursachen sein können.[15] Es ist möglich, daß man gute Gründe *für* eine bestimmte Handlung hat und auch so handelt, aber nicht *aus* diesen Gründen. Der Unterschied zwischen diesem Fall und der Handlung aus den Gründen – so sein Argument – kann nur so analysiert werden, daß im zweiten Fall die Gründe die Handlung verursachen und im ersten nicht. Die rechtfertigenden Gründe müssen die entsprechende Handlung auch tatsächlich verursachen, und zwar auch noch auf die richtige Weise.[16] Es kann jedoch der Fall eintreten, daß jemand auf die Frage, warum er eine bestimmte Handlung ausgeführt habe, sich rechtfertigt, indem er rechtfertigende Gründe für einen solchen Typ von Handlung nennt, diese Gründe aber für seine spezifische Handlung gar nicht kausal verantwortlich gewesen sind. In der ersten Person ist das der Versuch, durch Angabe von Gründen, die den fraglichen Typ von Handlung rechtfertigen können, die spezifische Handlung als rational darzustellen. Aber dazu müßten die Gründe das Ausführen dieser speziellen Handlung auch erklären können. Weil sie diese aber nicht erklären, handelt es sich in gewisser Weise um Scheingründe.[17]

Erklärende und rechtfertigende Gründe sind logisch verschieden, müssen aber beide zusammen vorliegen, um eine Handlung rational zu machen. Rechtfertigende Gründe können unter bestimmten Umständen auch kausal motivierende Gründe sein. Unter welchen Bedingungen genau welche Beziehung zwischen den rechtfertigenden Gründen und den motivationalen Zuständen der handelnden Person besteht, darüber herrschen verschiedene Auffassungen.

Die Frage der Motivation: Internalismus vs. Externalismus

In der neueren Diskussion werden zwei Arten von Theorien von Gründen unterschieden: *internalistische* und *externalistische* Konzeptionen von Gründen.[18] Zwei Verwendungsweisen von »ein Grund zum Handeln« markieren den Unterschied zwischen internen und externen Gründen bzw. zwischen einer internalistischen und einer externalistischen Interpretation von Gründen: »S hat einen Grund, soundso zu handeln« steht im Kontrast zu einer Verwendung von »Grund« in Ausdrücken wie »Es gibt für S einen Grund, soundso zu handeln«, der auch verwendet werden kann, obwohl die betreffende Person zur Zeit kein Motiv hat, so zu handeln.

Was zählt als (guter) Grund zum Handeln? Was ist das Wesen des praktischen Grundes? Diese Frage steht im Zentrum lang anhaltender kontroverser philosophischer Debatten um die praktische Vernunft. Verschiedene Theorien praktischer Rationalität haben unterschiedliche Konzeptionen davon, was praktische Gründe sind, und damit, was praktische Vernunft vermag. Im wesentlichen und grob vereinfacht stehen sich heute vor allem zwei große Traditionsstränge mit ihren diversen Varianten und Ablegern in dieser Debatte gegenüber: Ein empiristisches, neohumesches Modell praktischer Rationalität, das Handlungen mit Bezug auf Wünsche und relevante Meinungen erklärt und nach dem praktische rationale Gründe immer auf der motivationalen Verfassung der betreffenden Person basieren müssen. Dagegen bestreiten die Gegenmodelle, daß vernünftige Gründe zu handeln immer auf Motiven des Handelnden basieren müssen. Solche Ablehnung erfährt das neohumesche Modell von einer ganzen Reihe von Seiten, und nicht immer stimmen die Gegenmodelle in viel mehr überein als ihrer gemeinsamen Ablehnung des neohumeschen Modells. Zu den Gegenmodellen gehört als wichtigstes sicher das kantische[19], das von vielen als die beste und ausgearbeitetste Alternative zum neohumeschen Modell gilt; ein weiteres Modell wäre ein aristotelisches[20], und es gibt noch weitere, je nachdem, welche Unterscheidungskriterien man benutzt.[21]

Ich expliziere zunächst die neohumesche Auffassung von praktischer Vernunft, die wohl als die weiter verbreitete angesehen werden darf. Denn der geläufige neohumesche Sinn von instrumenteller und prudentieller Rationalität wird von der sehr einflußreichen Entscheidungs- und Spieltheorie[22] weiterentwickelt und operationalisiert. Die Entscheidungstheorie prägt weitgehend das »Bild« von praktischer Rationalität in vielen Bereichen, vor allem solchen, in denen strategisches Handeln gefordert oder untersucht wird, wie z. B. in Ökonomie und Militärwesen, um nur zwei wichtige Bereiche zu nennen. Die Entscheidungstheorie faßt Rationalität von Handlungen als die Rationalität einer Wahl unter alternativen Handlungsmöglichkeiten auf. Ihr Ziel ist es, Kriterien zu entwickeln für verschiedene Entscheidungssituationen, je nachdem, wieviel der Wählende von den Umständen und Handlungsfolgen weiß (man unterscheidet Entscheidungen unter Sicherheit, Risiko und Unsicherheit) und ob die Umwelt, d. h. die Mitakteure, sich statisch, strategisch oder kooperativ verhalten. Das wichtigste Rationalitätskriterium ist das für Entscheidungen unter Sicherheit und unter Risiko, nämlich die Maximierung des zu erwartenden Nutzens (utility, Wünschbarkeit), das ist die je nach Theorie subjektive oder objektive Wahrscheinlichkeit eines Ergebnisses multipliziert mit dessen subjektivem Nutzen (Bayessches Prinzip).[23]

An dieser weitverbreiteten, neohumeschen Auffassung wird allerdings seit jeher heftig Kritik geübt, auf die ich weiter unten eingehe. Die Auseinandersetzung zwischen diesen beiden Seiten, so wie ich sie verallgemeinert hier konstruiere, setzt sich auf den drei Ebenen, die ich im weiteren durchgehen werde, immer weiter fort: Auf der Ebene der Rationalität von Handlungen geht es um die Klärung der Beziehung zwischen rechtfertigenden Gründen und den Motiven der handelnden Person zur jeweiligen Handlung. Auf der Ebene der Rationalität von Wünschen und Werten geht es um die Beziehung zwischen rechtfertigenden Gründen zu handeln und dem, was für die Person wirklich gut zu tun ist. Auf der Ebene der Begründung der Moral geht es um das Verhältnis von subjektiven Gründen der jeweiligen Person zu denen einer jeden anderen. Bei allen drei Klärungen vertreten die Kontrahenten unterschiedliche Auffassungen von Wesen und Reichweite praktischer Vernunft.

Internalismus

Der bisher gegebenen Charakterisierung von Handlungsrationalität liegt eine von Hume abstammende Theorie der Motivation zugrunde[24], wonach die Quelle der Motivation in einem relevanten Wunsch und einer Mittel-Zweck-Meinung besteht. Dieser Theorie entsprechend muß ein rationaler Grund u. a. zumindest aus einem Wunsch und einer Mittel-Zweck-Meinung bestehen. Wenn Gründe keine Motive sind, können sie keine Handlungen herbeiführen oder sie erklären. Und nur, wenn Gründe Motive sind, können wir von uns behaupten, praktisch rational zu sein. Daher ist es eine Anforderung an praktische Gründe, daß sie uns motivieren können. Danach kann sich ein Handlungsgrund nur auf die subjektiven Ziele oder

Wünsche der betreffenden Person beziehen. Nur Interessen – so die These – motivieren die handelnde Person zur Ausführung der Handlung. Der Internalist vertritt den Standpunkt, daß die Gründe, warum eine Handlung richtig ist, und die Gründe, warum man die Handlung ausführt, dieselben sind. Der Grund also, warum die Handlung vernünftig ist, ist sowohl ihre Rechtfertigung als auch ihr Motiv.

In einer Hinsicht wird dieser motivationale Aspekt der praktischen Vernunft auch von einer Reihe von Gegnern des neohumeschen Modells (z. B. von Nagel und Korsgaard in diesem Band) in folgender Form akzeptiert: Praktische Vernunftbehauptungen, wenn sie uns wirklich Handlungsgründe liefern, müssen rationale Personen motivieren können.[25] Dies nennt Korsgaard die *internalistische Forderung*. Eine solche abgeschwächte Bedingung beansprucht lediglich: Wenn Vernunft motivationale Kraft hat, Handlungen hervorzubringen, dann ist dies nur dadurch möglich, daß sie Wünsche hervorbringt oder sich auf gegebene Wünsche stützt. Ob die Vernunft allein Wünsche hervorbringen kann, bleibt dabei die offene und strittige Frage.

Dies verdeutlicht, daß nicht die internalistische Forderung allein das Spezifische der neohumeschen Position ist, sondern die Auffassung, daß alle rechtfertigenden Gründe letztlich hypothetische Gründe sind. Dies ergibt sich aus der These, daß alle Motivation und also alle motivationale Erklärung sich letztlich nur auf vorgefundene, nicht letztbegründbare, motivationale Zustände beziehen kann, die sich zumindest zum Teil aus Wünschen zusammensetzen. Wenn rechtfertigende Gründe auch motivieren müssen, dann bedeutet dies, daß auch die rechtfertigenden Gründe, deren die Person bei rationaler Überlegung gewahr werden soll, sich letztlich nur auf die vorhandenen letzten Wünsche der betreffenden Person beziehen können.

Dem widersprechen Externalisten, sie halten dagegen, daß es rechtfertigende Gründe gebe, die unabhängig von der kontingenten motivationalen Verfassung einer Person gelten. Es gibt mithin auch kategorische, nicht nur hypothetische Gründe – so die Gegenthese. Gemäß externalistischer Interpretation sind der Grund für die Richtigkeit der Handlung und das Motiv zu dieser Handlung zwei verschiedene Dinge; das eine muß das andere nicht notwendig implizieren. Externalisten (wie z. B. in diesem Band Nagel, Korsgaard, Forst) vertreten statt dessen die Auffassung, daß es vernünftige Faktoren gibt, die im Zusammenhang mit Meinungen zum rationalen Handeln führen und die keine Wünsche sind, wie Einsicht in die normative Richtigkeit oder ähnliches.[26]

Die internalistische Auffassung praktischer Gründe geht auf Hume zurück.[27] Dennoch unterscheidet sich die moderne internalistische Position von Humes eigener Auffassung in einigen wichtigen Aspekten, weshalb sie neohumesche Position genannt wird. Hume scheint ein sehr radikaler Skeptiker bezüglich praktischer Vernunft gewesen zu sein. Zumindest nach einer Interpretation[28] scheint es für ihn so etwas wie spezifisch praktische Vernunft gar nicht zu geben, die irgendeine Autorität hätte zu bestimmen, wie eine Person handeln solle. Vernunft hat für ihn lediglich mit der Wahrheit von Aussagen und Meinungen zu tun. Irrationalität scheint für Hume immer nur theoretische Irrationalität zu sein. Hume selbst hat kein Konzept eines rechtfertigenden, normativen Grundes für Handlungen.[29] Humes Auffassung widerspricht damit dem normativen oder präskriptiven Sinn unserer Verwendung von »rational«. Rationale Gründe oder Empfehlungen wirken gemäß unseren überlegten Urteilen aus der Ersten-Person-Perspektive als begründete Forderungen (als gute Gründe). Diese Forderungen kann man jedoch verletzen, man kommt ihnen nicht automatisch nach. Dieser normative Aspekt von Gründen scheint in Humes eigener Auffassung nicht vorzukommen. Hume selbst ist deshalb kein guter Vertreter der neohumeschen internalistischen Position, die diesen normativen Forderungscharakter praktischer Handlungsgründe sehr wohl anerkennt.

Es ist deshalb auch vielmehr die nicht-skeptische Variante, um die sich die gegenwärtige Debatte dreht. Diese internalistische Interpretation rationaler Handlungsgründe wird gegenwärtig von Bernard Williams in »Interne und externe Gründe« (in diesem Band) am pointiertesten vertreten.[30] Fast alle weiteren Stellungnahmen in dieser Debatte seither setzen sich mit Williams' Position und Argumenten gegen den Externalismus direkt oder indirekt auseinander. Williams möchte beweisen, daß nur interne Gründe existieren. Da die Behauptung, daß es einen externen Grund gibt, nicht die Existenz eines Motivs impliziert, ist sie laut Williams unbrauchbar, die Handlungen von jemanden zu erklären, d. h. wir können nicht sagen, daß die Person die Handlung aus einem bestimmten Grund tat, weil dieser Grund für die Person kein Motiv bietet, so zu handeln; und das, was wir gerade brauchen, wenn wir erklären wollen, warum die Person so handelte, ist ein Motiv. Williams wirft damit ein recht generelles Problem für die externalistische Auffassung von Gründen auf. Allerdings will er Humes Einschränkung von Rationalität auf bloße Mittel-Zweck-Rationalität nicht mitmachen. Statt dessen kann alles, was durch einen Überlegungsprozeß ausgehend von der »subjektiven motivationalen Verfassung« erzielt wird, etwas sein, für das es einen internalistischen Grund gibt, einen, der motivierend ist. Unter einer »subjektiven motivationalen Verfassung« versteht er dabei die Zustände, die motivieren, wobei diese mehr als nur Wünsche im engeren Sinn umfassen können. Rechtfertigende Gründe müssen – so argumentiert Williams –, um motivierend zu sein, relativ zu der subjektiven motivationalen Verfassung sein. Damit es externe Gründe geben könnte, müßte die Vernunft in der Lage sein, ein völlig neues Motiv zu produzieren, ohne durch praktische Überlegung von subjektiv gegebenen Motiven auszugehen. Es sei unklar – so Williams –, wie das gehen solle. Strenggenommen zeigt Williams nicht, daß es keine externen Gründe geben kann, er zeigt aber, daß die Externalisten zu zeigen haben, wie externe Gründe möglich sind. Sie haben die Beweislast, und die ist ziemlich schwer.

Das entscheidendere neohumesche Argument ist, daß wenn Motivation vorhanden sein muß, auch ein Wunsch vorhanden sein muß. Dies aprioristische Argument gegen die rein rationalistische Auffassung von Gründen beruft sich auf den teleologischen Charakter der Motivation. Dieses begriffliche Argument findet sich am eindrucksvollsten bei Michael Smith.[31] Aus dem Begriff von Handlungserklärungen als teleologischen Erklärungen bzw. dem Begriff der Handlung selbst ergibt sich erstens, daß es für alle Handlungen eine zweckrationale Begründung gibt, und zweitens, daß alle Handlungen auf Wünschen basieren, die ihrerseits nicht rational beeinflußbar sind. Da nur absichtliches Handeln rational sein kann, so bedeutet das, daß einen rationalen Grund zum Handeln zu haben inter alia heißt, ein Ziel zu haben. (Die Einschränkung »inter alia« bezieht sich darauf, daß mindestens noch eine Mittel-Zweck-Meinung vorliegen muß.) Strittig zwischen interner und externer Interpretation von »rationaler Grund« ist, ob nur Wünsche das Ziel angeben können oder auch Überzeugungen darüber, was wünschenswert ist oder was getan werden soll. Ein Ziel zu haben ist nun ein Zustand – so das Argument –, zu dem die Welt passen muß, statt andersherum. Also ist ein Ziel ein Zustand mit der ›direction of fit‹ eines Wunsches. Da ein Wunsch hauptsächlich dadurch charakterisiert ist, diese ›direction of fit‹ zu haben, folgt, daß »ein Ziel haben« bedeutet, einen Wunsch zu haben. Und daraus folgt dann, daß »einen rationalen Handlungsgrund haben« inter alia bedeutet, einen Wunsch zu haben. Der spezifische Aspekt eines Wunsches im Gegensatz zu einer Meinung liegt in der ›direction of fit[32]‹: Meinungen zielen auf Wahrheit: Wenn sie wahr sind, passen sie zur Welt, wenn sie falsch sind, müssen sie geändert werden, um zu passen. Wünsche dagegen zielen auf ihre Erfüllung bzw. Befriedigung: Wenn ein Wunsch erfüllt ist, paßt die Welt zu ihm; ist er nicht erfüllt, muß (grob gesprochen) die Welt geändert werden, damit sie zum Wunsch paßt, d. h. ihn erfüllt. Wegen der falschen ›direction of fit‹ können Meinungen, Überzeugungen, z. B. daß etwas gut sei, allein nicht motivieren. Da jedes motivierte Handeln auf das Wirken irgendeines motivierenden Faktors innerhalb der handelnden Person zurückgehen muß, und da bloße Einsicht allein kein Handeln hervorbringen kann, muß ein Wunsch der handelnden Person stets wirksam sein, wenn das betreffende Verhalten in irgendeinem Sinn eine Handlung dieser Person sein soll. Die Konzeption von Wünschen liefert das Argument für den Internalismus. Die wesentlichen Vorzüge der internalistischen Konzeption von praktischer Vernunft liegen zusammengefaßt also darin, daß sie die teleologische Struktur der Handlungserklärung zur Grundlage hat und so den Anspruch auf Rechtfertigung mit Motivation verbindet.

Einwände gegen den Internalismus

1. Der Internalismus könne für »unsere« Rechtfertigungsansprüche bzw. -praxis nicht angemessen aufkommen.[33] Das einfache belief-desire-Modell hat eine falsche Vorstellung vom Willen. Was wir tun wollen, wollen wir aus Gründen tun. Wenn wir überlegen, was die jeweils beste Handlung in einer Situation sei, überlegen wir, was wir in dieser Situation wünschen sollen, weil es für uns das beste zu tun sei. Wünsche sind uns nicht aufgezwungen, sondern wir schaffen

und bestärken sie. Sie sind hauptsächlich unter unserer Kontrolle. Das bedeutet, wir haben sie nur, weil wir ihre Objekte für wertvoll halten und diese Wünsche verschwinden, wenn die Überzeugung verschwindet. Dieses Merkmal ist zentral für Wünsche.[34]

Als Überlegende sind wir nicht der Auffassung, daß unsere Handlungsgründe rein instrumentell auf unseren Wünschen basieren. Moralische Rede allgemein, vor allem moralische Ansprüche der Art »Du sollst ...« und moralische Vorwürfe orientieren sich gemeinhin nicht an den vorhandenen Motivstrukturen. Unsere Gründe, Begründungen und moralische Rechtfertigungspraxis müssen, wenn der Internalismus recht hat, anders verstanden werden. Die internalistische Auffassung ist also massiv revisionistisch; sie widerspricht der gängigen phänomenologischen, introspektiven Charakterisierung von praktischen Überlegungen insbesondere der gängigen kantischen, rekursiv rekonstruierten Regeln der moralischen Rechtfertigungspraxis. Daraus muß der Internalismus folgern, daß diese gängige Konzeption moralischer Überlegung und Begründung falsch sei, weil sie nicht für die nötige Motivation sorgen könne: Sie verletze die »internalistische Forderung«, daß es eine interne Verbindung von Rechtfertigung und Motivation geben müsse. Die Externalisten werfen hingegen dem Internalismus eine Verletzung der Bedingung deliberativer Transparenz vor und folgern daraus, daß die internalistische Behauptung, die Gründe des Handelnden bestünden in seiner subjektiven Motivation, phänomenologisch unplausibel ist. Eine Theorie praktischer Gründe müsse eine »Transparenz-Bedingung« erfüllen[35]: Die subjektiven Bedingungen für Gründe und Rechtfertigungen für Handlungen sollten der handelnden Person in ihrer eigenen Überlegung transparent sein (können). Wenn diese Forderung berechtigt ist, so stellt sie ein Problem für die internalistische Auffassung von Gründen dar. Letztlich widerspricht sie unserem eigenen Selbstverständnis als Person. Wir sehen uns nicht – so wird eingewandt – als bloße Präferenzmaximierer.

Für die internalistische Position mag es zwar nicht sehr vorteilhaft sein, unsere moralische Praxis auf jeden Fall anders beschreiben, wenn nicht sogar verändern zu müssen. Es muß jedoch zum einen genauer bestimmt werden, inwieweit der Internalismus revisionistisch ist, und zum anderen, inwiefern das schlecht sein muß. Man kann letztlich nur im Theorienvergleich feststellen, welche

Auffassung besser ist. So ist es nicht ausgemacht, daß das rekonstruierte Selbstverständnis unserer moralischen Praxis Vorrang vor einer (plausiblen?) Theorie der Motivation haben sollte. Der Internalist könnte, um dem Vorwurf zu entgehen, auch eine Diskrepanz zwischen der Innenperspektive der ersten Person Singular und einer eventuell eher philosophisch-theoretischen Perspektive der dritten Person aufzumachen versuchen und damit die Richtigkeit oder den Vorrang der introspektiven Phänomenologie bestreiten. Internalisten müssen versuchen nachzuweisen, daß das, was uns aus dem inneren Gesichtspunkt unseres alltäglichen praktischen Überlegens als eine Überlegung erscheint, die uns einen unbedingten moralischen Grund gibt, etwas Bestimmtes zu tun, letztlich doch immer auf einer Pro-Haltung (proattitude), letztlich also einem Wunsch beruht, auch wenn es aus der Innenperspektive nicht so scheinen mag.[36]

An diesem Punkt der Debatte geht es damit um die adäquate Epistemologie von Wünschen, also um die Frage, wie man einen Wunsch bzw. das Vorhandensein eines Wunsches erkennt. Wie entscheidet man, ob ein Wunsch vorliegt oder nicht? Der Internalist vertritt die Auffassung, daß wir in solchen Fällen Wünsche allgemeinerer Art haben, zu tun, was wir tun sollen oder was wünschenswert (oder gut, wertvoll u. ä.) ist, oder wovon wir glauben, daß wir es in der Zukunft wollen. Der Externalist bestreitet das und wird dem Internalisten vorwerfen, solche Wünsche könne man stets einfach postulieren. Aber solange man das Vorliegen derartiger Wünsche nicht nachweisen könne, sei der Externalismus nicht widerlegt. Wie sind scheinbar nicht-präferentielle Situationen zu interpretieren? Ein Wunsch muß anders charakterisiert werden als durch sein rein phänomenologisches Gegebensein. Plausibler ist statt dessen eine dispositionale Konzeption von Wünschen. Wünsche sind danach als mentale Zustände zu verstehen, die eine bestimmte funktionale Rolle haben. Hier zeigt sich wie schon vorher und wie sich noch öfter bestätigen wird, daß der Wunsch-(oder Wollens-, Interessens-, Präferenz-)begriff eine zentrale Rolle spielt. Verschiedene Konzeptionen von Wünschen führen ggf. zu anderen Auffassungen von praktischer Rationalität, oder umgekehrt: verschiedene Konzeptionen von praktischer Rationalität beruhen auf verschiedenen Auffassungen von Wünschen. Gegen die vom Internalismus zugrunde gelegte Theorie der Wünsche wenden sich auch die folgenden gewichtigsten Einwände der Externalisten.

2. Das neohumesche Modell kann nicht erklären – so der Vorwurf –, warum Wünsche, verstanden als funktional bestimmte Dispositionen zu Handlungen, diese Handlungen auch rechtfertigen können. Wünsche, indem sie eine Handlung erklären, rechtfertigen noch nicht (vom Standpunkt des Überlegens, nicht aus begrifflichen Gründen). Damit etwas als Rechtfertigung fungieren kann, muß es eine wahrheitsfähige Aussage, eine Bewertung sein (wie z. B. »dies zu tun ist gut«). Dabei geht es letztlich um drei eng zusammenhängende philosophische Fragen. Erstens, wie Wünsche philosophisch zu verstehen sind. Eine rein funktionalistische, dispositionale Wunschkonzeption sei nicht angemessen, weil solche Wünsche im Sinne bloßer subjektiver Vorlieben nicht bewertend sind. Wie können – so fragen Autoren wie Quinn, Velleman, Hampton und Korsgaard[37] – Wünsche, so verstanden, normativ sein? Dabei geht es zweitens eigentlich ganz allgemein um die Frage, wie und wodurch Normativität überhaupt in die Welt kommt. Natürliche oder psychologische Dispositionen wie das bloße Haben von Wünschen reicht dafür nicht. Rechtfertigung verlangt im Gegensatz zu bloßer Erklärung ein Werturteil. Es reicht nicht, unsere Handlung nur als Ausdruck unserer bloß gegebenen Wünsche darzustellen, das wäre nur erklärend. Unsere Handlung muß uns als sinnvoll, gut, wertvoll etc. im Lichte unserer Wünsche erscheinen. Das ist ein Werturteil, das rechtfertigenden Charakter hat. Ein solches Werturteil könne – so die externalistische These gegen die neohumesche Auffassung – nicht aus dem bloßen Vorhandensein von Wünschen allein kommen. Die internalistische Position kann in den Augen ihrer Gegner für Werturteile angeblich nicht aufkommen, weil sie sich eben nur auf subjektive Wünsche beziehe.[38] Eine Strategie des Internalisten wäre es zu versuchen, dem entgegenzuhalten, daß Wünsche unter bestimmten Umständen doch etwas Wertendes an sich haben.[39] Warum – wird er dann gefragt – ist Lust oder Genuß oder Lust-Bereiten oder überhaupt eine Empfindung bei der Befriedigung seiner Wünsche eine mögliche Rechtfertigung? Die häufigste Antwort darauf lautet: Weil sie einem höheren Metawunsch entspricht. Hier könnte der Internalismus versuchen, bei Harry Frankfurts bekannter Konzeption von

Personen mit höherstufigen Wünschen (Volitionen 2. Stufe) Unterstützung zu finden.[40] Man kann Frankfurts Theorie als internalistischen Versuch verstehen zu erklären, warum wir uns mit bestimmten unserer Wünsche identifizieren, nämlich weil sie höherstufigen Wünschen, wer wir sein mögen, entsprechen. Frankfurt versucht mit empiristischen Begriffen, das zu rekonstruieren, was Kantianer mit dem »Willen« bezeichnen.[41] Damit vertritt er eine modifiziert neohumesche Position, bei der das »wollen« nicht einfach naturalistisch gegeben ist. Die handlungsanleitenden Wünsche sind selbst welche, die geschätzt, d. h. auf höherer Stufe von der Person gewollt werden. Insofern habe diese gewertete Wünsche und könne Handlungen rechtfertigen. Aber es drängen sich Einwände gegen diese Theorie auf: Was gibt im Konfliktfall zwischen Wünschen der höheren Stufe die Autorität?[42] Woran orientiert man sich in der Reflexion darüber, was man eigentlich will? Man kann die Reflexion nicht richtig verstehen, wenn sie nicht bewertend ist. Ist nun der höhere Wunsch auch bloß wieder eine Disposition, würde wieder nichts gerechtfertigt, oder er enthält eine Wertung (wie z. B. »Es ist gut, daß man in diesen Zuständen ist.«) – das aber ist eine werttheoretische Position. Sobald man andere Werte zulasse, oder den Wert von Wünschen anders als wieder auf ggf. höherstufige Wünsche zurückführe, bezieht man sich auf externe Gründe oder objektive Werte, behauptet der Externalist. Damit geht es dann um eine andere, dritte Frage, nämlich darum, was die plausibelste Werttheorie ist.

3. Die entscheidende Voraussetzung der neohumeschen Position wird auch von anderer Seite attackiert. Der Internalismus verstehe Wünsche falsch, wenn er sie als in uns Vorhandenes, Letztes, Unhintergehbares, Unbegründbares konzipiere.[43] Das Zustandekommen einer Motivation braucht nicht auf bereits vorhandene Wünsche zurückgreifen. Wünsche seien nicht die Basis von Gründen, sondern umgekehrt ruhen Wünsche selbst auf rechtfertigenden und erklärenden Gründen auf. Wünsche sind selbst motiviert. Dies ist der einflußreiche Einwand von Thomas Nagel in »Wünsche, Motive der Klugheit und die Gegenwart« (in diesem Band).[44] Die internalistische These, jegliche Motivation sei im Zurückgehen auf die Wünsche der handelnden Person zu erklären, sei verfehlt, weil sie zwei Arten von Wünschen, motivierte und unmotivierte, vermenge. Na-

gel akzeptiert zwar die internalistische Forderung, daß rationales Handeln immer auf einen Wunsch zurückzuführen sei, aber die Wünsche seien oft selbst durch Gründe (durch Entscheidung nach Überlegung) motiviert, und das heißt, daß dabei die Wünsche nicht die Quelle der Motivation seien. Die Wünsche könnten oft durch genau das motiviert sein, was auch die Handlung motiviert. Diese Motivation brauche dabei keinerlei Bezug zu irgendeinem anderen, unmotivierten Wunsch zu haben. Gründe müssen zwar motivierende Kraft haben, aber sie haben diese Kraft oft, nicht weil sie auf Wünschen beruhen, sondern weil sie Gründe sind. Es bestünde kein Grund zu der Annahme, daß als Antezedenz eines jeden Grundes stets ein Wunsch präsent sein müsse, damit der Grund auch motivieren kann. Nagels Argument soll damit zeigen, daß die Motivation und Erklärung nicht immer auf Wünsche als letztes zurückgreifen müssen. Der Ausdruck »motivierte Wünsche« muß so gemeint sein, daß diese Wünsche durch andere propositionale Einstellungen der jeweiligen Person erklärt und gerechtfertigt sind.[45] Nagel stellt damit in Frage, daß Wünsche wiederum durch Wünsche allein begründet werden können. Jay Wallace interpretiert Nagels Auffassung so, daß Wünsche durch die mit ihnen oft zusammenhängenden Werturteile begründet werden können. Wenn diese Werturteile gerechtfertigt sind und das Zustandekommen des Wunsches erklären, so rechtfertigen sie auch die entsprechende Handlung. In Fällen von »motivierten« Wünschen – so Nagel – ist die Handlung durch den Wunsch also weder gerechtfertigt noch allein durch ihn erklärt. Die Notwendigkeit der Handlungsmotivation schließe also als solche noch keine rationale Erklärung durch etwas anderes als Wünsche aus. Die neohumesche Argumentation habe nur gezeigt, daß Wünsche für die Motivation, aber nicht für die rechtfertigende Erklärung notwendig seien. Damit eröffnet sich die Möglichkeit, daß das (An-)Erkennen von guten Gründen durch jemanden, der richtig überlegt, Motivation durch Wünsche unabhängig von vorhergehenden subjektiven Motiven hervorbringen kann.

Am Beispiel der Klugheit, d.h. der Berücksichtigung seines eigenen zukünftigen Wohls, an dem man jetzt kein aktuelles Interesse hat, will Nagel zeigen, daß eine rechtfertigende Erklärung einer rationalen Handlung sich manchmal nur auf die Meinungen der handelnden Person zusammen mit Rationalitätsprinzipien oder -normen beziehen muß. Dies könne eine Rechtfertigung und Erklärung sowohl der Motivation wie der dazu nötigen Wünsche geben.

4. Laut Internalismus wird man zu einer Handlung aus rechtfertigenden Gründen motiviert, wenn es einen fundierten vernünftigen Überlegungsprozeß (sound deliberative route) zur subjektiv motivationalen Verfassung gibt. Die Beschreibung des rationalen Überlegungsprozesses bei Williams z. B. sei zu vage und offen. Das sei kein Zufall: Um ein plausibles Modell rationaler Überlegung zu geben, müßten mehr als nur instrumentelle Beziehungen zu kontingenten Wünschen eine Rolle spielen. Indem Williams aber mehr als Wünsche in der subjektiven motivationalen Verfassung zulasse, verliert die internalistische Auffassung von Gründen damit in den Augen der Kritikerinnen so sehr an Trennschärfe, daß sie den Unterschied zwischen einerseits einer rationalen Fähigkeit zur Einsicht in externe Gründe, wie sie von Externalisten beansprucht wird, und andererseits einer letztlichen Rückführung auf vorhandene Wünsche, wie es das internalistische Modell behauptet, im konkreten Einzelfall nicht mehr machen kann. Diese Unterscheidung ist für den Streit zwischen den beiden Auffassungen jedoch ausschlaggebend. Externalisten behaupten, daß wir durch Überlegungen motiviert werden können, die von der reinen praktischen Vernunft herrühren. Der Internalismus habe, wenn er wie Williams die Rolle rationaler Überlegung ernst nähme, kein Argument gegen diese externalistische These zur Verfügung.[46] Aber – wie oben schon erwähnt – gelingt es Williams, dem Externalisten die Beweislast aufzubürden, zeigen zu müssen, daß und wie eine rationale Einsicht in externe Gründe letztlich in der Lage sein soll, uns zum Handeln zu bewegen.

5. Die internalistische Position hat Probleme mit der Analyse des Status der Rationalitätsnormen. Internalisten und Externalisten stimmen zunächst einmal darin überein, daß das, was rational geboten ist, uns durch gewisse Normen oder Regeln der Rationalität vorgeschrieben wird. Diese Rationalitätsprinzipien sind der Hintergrund der Rechtfertigungsrelation. Nun wird der internalistischen Position vorgeworfen, daß sie in ihrer eigenen Theorie diese Rationalitätsprinzipien letztlich so beschreiben müßte wie kategorische Normen der praktischen Vernunft, denen gemäß die handelnde Person auch

motiviert sein muß, sonst wäre sie irrational. Der Internalist müßte dann zugeben, daß es zumindest eine kategorische Norm gibt, deren Befolgung nicht relativ zu subjektiven Motiven begründet ist, sondern schlicht für jeden gilt. Die zentralste solche Norm ist die der instrumentellen Rationalität. Es ist schlicht irrational, die Absicht zu haben, ein bestimmtes Ziel zu realisieren und die nach eigener subjektiver Meinung dafür notwendigen und zur Verfügung stehenden Mittel nicht zu ergreifen. Wie ist dieses basale Rationalitätsprinzip zu rechtfertigen? Die am häufigsten zu findende Angabe für instrumentelle Vernunft lautet, daß wer das Ziel nur recht will, auch die Mittel will.[47] Wie ist das zu verstehen? Gilt dieser Satz analytisch, folgt er also daraus, was es heißt, etwas (wahrhaftig) zu wollen? So würde jeder, der nicht das fragliche Mittel wählt, nur zeigen, daß er das entsprechende Ziel nicht (wirklich) gewollt hat. Er hätte aber nicht gegen ein Prinzip der instrumentellen Rationalität verstoßen, das ihm vorschreibt, das seiner Meinung nach geeignetste Mittel zu wählen; seine Handlung ist gar nicht irrational. Nach dieser Interpretation »offenbart« das Wahlverhalten erst die Präferenzen. Diese Auffassung ist behavioristisch: Die Handlungen zeigen erst, was »im Kopf« der Handelnden vorging. Dann aber können Personen per definitionem ihren sich erst im Handeln zeigenden Präferenzen nie zuwiderhandeln. Versteht man instrumentelle Rationalität gemäß diesem offenbarten Präferenzen-Ansatz (revealed preferences), dann kann man nicht irrational handeln, es zeigt sich gegebenenfalls nur erst im nachhinein, welches der »wirkliche« Wunsch war. Irrationalität ist also ausgeschlossen, alle Personen sind nach diesem Modell per definitionem rational, können gar nicht vernunftwidrig agieren. Handlungen können nur als irrational kritisiert werden, wenn sie auf falschen Meinungen oder falschen Berechnungen beruhen, die den handelnden Personen hätten bewußt sein können. Diese Theorie der offenbarten Präferenzen ist gänzlich unplausibel (wie u. a. A. Sen in diesem Band moniert). Wir wissen erstens über die Präferenzen von Personen aus anderen Quellen als nur ihren Handlungen. Zweitens ist jede Theorie der Vernunft, die irrationales Verhalten ausschließt, schon deswegen inadäquat. Drittens verletzt die Auffassung instrumenteller Rationalität entsprechend der offenbarten Präferenzen-Theorie eine der beiden oben genannten Bedingungen: Rationalitätsprinzipien, nämlich Gründe, müssen normativ rechtfertigen, also angeben, warum man so handeln soll. Diese zweite Normativitätsbedingung – so der Vorwurf von Korsgaard und Hampton – kann ein rein instrumentelles Modell, das auf offenbarten Präferenzen basiert, kaum erfüllen.[48]

Wie könnte man Zweck-Mittel-Rationalität sonst begründen? Nicht nur durch einen Wunsch, die Regel anzuerkennen. Denn angenommen, jemand müßte eine Prüfung machen, um sein Studium abzuschließen, tritt aber zur Prüfung nicht an. Diese Person wird nicht motiviert, die erforderlichen Mittel zu ihrem Ziel zu ergreifen. Würde man ihr sagen, daß das Prinzip instrumenteller Rationalität ihr gebietet, die Prüfung zu machen, ist man keinen Schritt weiter. Denn die Regel instrumenteller Rationalität ist im Prinzip redundant, sie formuliert nur rekursiv, was wir immer schon eingesehen haben müssen: Wenn der hypothetische Imperativ stimmt, braucht man ihn nicht. Würde der hypothetische Imperativ in diesem Sinn als Argument gebraucht, stellte er »einen Gedanken zuviel« dar.[49] Wenn man ihn brauchen sollte, bedeutet das, daß uns unsere Wünsche allein nicht zur Ergreifung der adäquaten Mittel motivieren können. Das Prinzip instrumenteller Rationalität ist ein fundamentales Rationalitätsprinzip, wie z. B. die Regel des Modus Ponens eine der theoretischen Rationalität und des logischen Schließens ist. Im theoretischen Fall bringt man niemanden zur Anwendung der Schlußregel, indem man in ihr die Überzeugung erzeugt, Modus Ponens sei eine gültige Schlußregel, weil sie von dieser zusätzlichen Prämisse ausgehend immer noch einen Modus-Ponens-Schluß ziehen muß.[50] Und ähnlich im praktischen Fall. Man kann die Person nicht dazu bringen, das erforderliche Mittel zu ergreifen (also zur Prüfung zu gehen), wenn es auch gelänge, irgendwie in ihr den Wunsch zu erzeugen, gemäß Mittel-Zweck-Rationalität zu handeln, denn die Handlung (zur Prüfung zu gehen) wäre dann wieder nur ein Mittel zu diesem Zweck (gemäß Mittel-Zweck-Rationalität zu handeln). Die Mittel-Zweck-Beziehung ist also schon vorausgesetzt.[51] Aber gerade die Zweck-Mittel-Rationalität war doch zu begründen. So kommt man also nicht ans Ziel.

Zweck-Mittel-Rationalität muß daher schon einen besonderen normativen Status haben. Instrumentalisten müssen eventuell zugeben, daß diese Regel der Rationalität nicht weiter gerechtfertigt werden kann. Alle Regeln der Rationalität ruhen auf Zweck-Mittel-Rationalität auf, alle Gründe bzw. Begründungen müssen irgendwo enden. Für die neohumesche Position ist das Prinzip instrumenteller Rationalität diese letzte Basis. Wer Zweck-Mittel-Rationalität bestreitet, hat nicht verstanden, was Gründe sind. Sie ist die conditio sine qua non, um überhaupt Gründe haben zu können. Humeaner machen bei dieser Verteidigung also Gebrauch von einer Art kantischem transzendentalen Argument.[52] Das Prinzip der Zweck-Mittel-Rationalität hat deshalb einen basalen normativen Status. Es kann nicht weiter gerechtfertigt werden. Zweck-Mittel-Rationalität ist selbst eine Art kategorischer Imperativ (d.h. nicht durch Bezug auf Wünsche begründet). Auch wenn Zweck-Mittel-Rationalität selbst ein kategorischer Imperativ ist, so sind die Zweck-Mittel-Gründe doch weiter hypothetisch, also relativ zu den Zielen der handelnden Person.

Was aber, wenn es mehrere Rationalitätsprinzipien gibt, und zwar nicht nur weitere Rationalitätsnormen, die selbst kategorische sind, sondern welche, die darüber hinaus auch noch kategorische Gründe geben. So etwas Ähnliches versuchen Hampton und Korsgaard gegen die neohumesche Position zu zeigen. Sie machen für den Instrumentalisten ein Dilemma auf. Mit Bezug auf die Handlungsziele kann der Instrumentalist entweder rein naturalistisch bleiben und behaupten, es zeige sich, welches die stärksten, wichtigsten etc. Wünsche sind – dann vertritt er den offenbarten Präferenzen-Ansatz, der verletzt jedoch die Normativitätsbedingung. Will der Neohumeaner die Normativitätsbedingung erfüllen, muß er zwischen tatsächlichen und rationalen oder wahren und falschen Wünschen unterscheiden. Zweck-Mittel-Rationalität kann dann verletzt werden, wenn man nicht nach seinen wirklichen, wahren Wünschen gehandelt hat, sondern nur nach seinen scheinbaren. Das wäre letztlich der Fall, in dem man nicht so handelt, wie man selbst es in der Situation für das Beste hält (Willensschwäche). Solche Handlungen gelten als irrational. Die rationalen, echten, wahren oder wirklichen Wünsche haben so die geforderte normative Kraft übernommen. Das aber verlangt nach einem zusätzlichen Rationalitätsprinzip für die Wunsch- oder Zielbestimmung, das uns sagt, welche wir verfolgen sollen. Damit ist der Raum instrumenteller Mittel-Zweck-Zusammenhänge aber schon längst verlassen – frohlocken die Kritiker. Um zu Normativität zu gelangen, wird ein Rationalitätsprinzip für Wünsche benutzt. Das scheint zu zeigen, daß instrumentelle Rationalität nicht für sich allein stehen oder funktionieren kann; sie benötigt notwendig normative Prinzipien für die Wahl von Zielen. Instrumentelle Rationalität kann dann (aus logischen Gründen, nicht nur der Vollständigkeit wegen) nicht die einzige Forderung praktischer Vernunft sein. Der Vollständigkeit wegen muß wohl jeder Humeaner prudentielle Rationalität in Anspruch nehmen, weil man bei Handlungen zwischen Zielen abwägen muß, da man immer mehr als eines hat, und die Mittel in bezug auf alle vorhandenen Ziele angemessen sein müssen. In dem Sinn vertritt auch kaum ein Autor einen reinen Instrumentalismus. Die Vernunft fordert immer mehr als reine Mittelwahl.

Bleibt den Neohumeanern die Hoffnung, alle anderen Regeln der Rationalität mit Bezug auf das Zweck-Mittel-Prinzip rechtfertigen zu können? Das scheint nicht klar ausgemacht. Eine Frage betrifft z. B. den Status der Konsistenz- bzw. Kohärenzforderung bei prudentieller Rationalität im neohumeschen Modell der Wünsche. Inkonsistente Meinungen schließen sich gegenseitig aus. Sofern sie einem also bewußt sind, muß man, wenn man überhaupt eine sinnvolle Meinung im in Frage stehenden Bereich haben will, eine der beiden sich widersprechenden Meinungen aufgeben. Widersprüchliche Wünsche schließen sich jedoch nicht gegenseitig aus, lassen sich nur in der faktischen, aktualen Welt nicht gleichzeitig realisieren. Warum also ist es rational, seine Wünsche kohärent zu machen? Ist diese Tendenz zur Kohärenz eine spezifische weitere Forderung der Vernunft (wie manche meinen), oder läßt sie sich aus der modifizierten, grundlegenden, instrumentellen Rationalitätsregel ableiten, die Handlungen zu wählen, die die größtmögliche Erfüllung möglichst vieler möglichst wichtiger Ziele in Aussicht stellen?

6. Ein weiteres Problem bei prudentieller Rationalität betrifft die Frage, ob nur die Wünsche, die man gegenwärtig hat, berücksichtigt werden sollen oder auch die zukünftigen, also jene, von denen man nach allgemeiner Erfahrung vermuten kann, daß man sie später haben wird.[53] Entweder zählen zukünftige Wünsche nicht als rationale Gründe, dann ergibt sich das Problem, daß wir normalerweise so etwas wie Sparen, Rentenvorsorge usw. für rational halten, auch wenn sie keinem unserer gegenwärtigen Wünsche entsprechen sollten. Wen die Möglichkeit eines abwendbaren Übels in der Zukunft oder

eines erreichbaren künftigen Vorteils absolut kalt läßt, den würde jeder von uns für unklug und eben damit für irrational halten. Eine häufig benutzte Hilfskonstruktion sieht so aus: Man interpoliert (bis zum Erweis des Gegenteils) einen latenten gegenwärtigen dispositionalen Wunsch der betreffenden Person, ihre zukünftigen Situationen und die darin nach allgemeiner Erfahrung gehegten eigenen zukünftigen Wünsche mitzuberücksichtigen. Die Klugheitsgründe werden so auf einen gegenwärtigen Wunsch zurückgeführt. Mit Bezug auf diesen latenten Wunsch ist es dann rational, jetzt für die Zukunft vorzusorgen. Prudentielle Rationalität ist also möglich. Oder zukünftige Wünsche gelten selbst als rationale Gründe. Dann haben wir schon bei prudentieller Rationalität, also bei Klugheitsüberlegungen mit Bezug auf seine zukünftigen Wünsche, die man jetzt jedoch noch nicht hat, einen Fall, wo etwas als Grund zählt und wirkt, aber nicht auf ein gegenwärtiges Motiv des Handelnden zurückgeführt werden kann. Warum aber soll ein möglicher Wunsch von mir in der entfernten Zukunft einen Grund abgeben, der eine jetzige Handlung rechtfertigt? Wenn das möglich ist, kann dann auch ein Interesse einer anderen Person mir jetzt einen Grund geben, schließlich ist mein zukünftiges Selbst mir oft ferner als andere Menschen in meiner jetzigen Umgebung.[54] Die meiste Literatur zu prudentieller Rationalität ist durch die in diesen Band aufgenommene Arbeit von Thomas Nagel inspiriert. Der Zusammenhang zwischen unserer Auffassung unserer Identität als Personen und unseren Klugheitsüberlegungen mit Bezug auf unsere Zukunft wird vor allem von Derek Parfit untersucht.

7. Eine weitere Kritik, wie sie von Amartya K. Sen sehr prominent in seinem in diesem Band abgedruckten Aufsatz »Rationale Trottel« vorgebracht wird[55], richtet sich gegen die Annahme bzw. Unterstellung und Forderung, daß Menschen Handlungen ausschließlich auf Grundlage ihrer Einschätzung der Konsequenzen der ihnen offenstehenden Handlungsalternativen beurteilen (sollen). Statt dessen handelten Menschen oft aufgrund nicht-konsequentialistischer Präferenzen oder Einstellungen, z. B. weil sie eine Situation oder Handlung schätzen, oder weil sie Regeln und Verpflichtungen akzeptieren oder Mitgefühl empfinden. Diese üblichen Verhaltensweisen scheinen den Axiomen der Theorie rationaler Wahl nicht zu entsprechen.

Darauf kann die Entscheidungstheorie allerdings reagieren, indem sie entweder ihren Präferenzbegriff auf nicht-konsequentialistische Zustände hin erweitert. Oder aber sie versucht zu zeigen, daß in den angeblichen Gegenbeispielen in Wirklichkeit versteckte Konsequenzen am Werk sind, bezüglich deren die Individuen Präferenzen haben. Diese Strategie könnte jedoch zu gut funktionieren und wieder auf offenbarte Präferenzen führen, so daß ein Verstoß gegen die Axiome der Theorie rationaler Wahl unmöglich wäre, was sie als normative Theorie ausscheiden ließe.

8. Das neohumesche Modell und die Entscheidungstheorie besonders betonen den zentralen Optimalitäts- oder Maximierungsanspruch rationaler Überlegungen und Handlungen. Die handelnde Person soll jene Handlungsoption wählen, die die besten Aussichten bietet, ihre Ziele möglichst gut zu erfüllen. Dagegen wird von einigen Kritikern eingewandt, daß es für Rationalität oft ausreiche, weniger als das Optimum anzustreben oder zu realisieren, ja manchmal würde weniger verlangt. Da Menschen starken Einschränkungen unterworfen sind, sei Maximierung oft unmöglich und könne nicht gefordert werden (so u. a. J. Elster in diesem Band). Diese Einschränkungen sind einerseits zeitliche Beschränkungen beim Sammeln von Informationen, die für die Einschätzung der Handlungsoptionen relevant sind, und andererseits Einschränkungen beim intelligenten Verarbeiten (z. B. nicht genügend Erinnerungsfähigkeit; schwierige Kalkulationen sind oft zu aufwendig und zu langsam für die in Frage stehende Wahlmöglichkeit). Wegen dieser Limitationen solle man nicht zu maximieren versuchen, statt dessen genüge »satisficing« (H. Simon, M. Slote[56]). Darunter versteht man die Überlegungen abkürzende Prozeduren: Heuristiken und Daumenregeln, deren Anwendung für die fragliche Entscheidungssituation ausreichen. »Satisficing« kann jedoch als eine Art der Maximierung unter den gegebenen Umständen verstanden werden. Sofern Menschen diesen Einschränkungen ausgesetzt sind, tun sie ihr Bestes, wenn sie nicht zu lange nach bester, aber zu teurer Information suchen oder perfekte, aber zu langsame und aufwendige Überlegungen anstellen, sondern diese Prozesse abkürzen. Diese Auffassung kann demnach als rationale Metaüberlegung im Sinne der Maximierungsforderung beschrieben werden, die je nach den geltenden Einschränkungen in

der jeweiligen Situation aus den verschiedenen Überlegungsprozeduren die beste auswählt und danach verfährt. Jon Elster bringt in »Wesen und Reichweite rationaler Handlungserklärung« (in diesem Band) ein stärkeres allgemeines Argument vor, das zeigen soll, daß eine eindeutige Handlungsmaximierung generell nicht möglich ist. Die Schwierigkeiten des zentralen Rationalitätsprinzips, daß die Handlung das »beste« Mittel ist, die Ziele des Handelnden zu erreichen, liegen ihm zufolge zum einen darin, daß es mehrere gleiche und bestmögliche Optionen geben kann, zum anderen braucht es überhaupt keine »beste« Option zu geben. Aus Elsters Analyse ergibt sich in letzter Konsequenz, daß der Begriff der Rationalität (anders als in der Entscheidungstheorie axiomatisiert) in mehreren Dimensionen Spielraum hat.

Zusammenfassend kann man also festhalten: Zwei Anforderungen an Rationalitätsprinzipien müssen erfüllt sein, Vernunft bzw. Rationalität muß erklärendes Motiv und rechtfertigende Verpflichtung zugleich sein. Strittig ist die Frage, welche Position diesen beiden Anforderungen zugleich gerecht werden kann. Die internalistische Konzeption kann leicht erklären, wie wir durch rationale Gründe motiviert werden, aber nicht, warum diese eine normative Forderung an uns darstellen. Eine externalistische Konzeption kann umgekehrt den Forderungscharakter erklären, aber nicht, warum wir dadurch motiviert sein müssen, denn sie konzipiert Gründe unabhängig von der Person und deren rationalem Willen. Hier stellt sich für die betreffende Person immer die Frage, warum sie rational sein bzw. den Gründen folgen soll? Internalisten glauben, daß Externalisten nicht zeigen können, wie Vernunft praktisch werden kann, weil sie die Frage nach der Motivation nicht angemessen beantworten können. Externalisten denken umgekehrt, daß Internalisten aus den Augen verlieren, daß rationale Handlungen vernünftig sein sollen, weil ihre Theorie die Kontingenzen vorhandener Motive in ihre Auffassung von Gründen eingehen läßt.

Unklar ist, was aus den geschilderten Einwänden der Externalisten gegen das neohumesche Modell eigentlich folgt, wenn sie zutreffend sein sollten. Die Externalisten wollen damit natürlich zeigen, daß die privilegierte Stellung des instrumentellen Rationalitätsmodells unangemessen und unbegründet ist, und glauben damit den

Weg freizumachen für anspruchsvollere kategorische praktische Vernunftkonzeptionen. Aber diese Angriffsstrategie, wenn erfolgreich, könnte genausogut zum gegenteiligen Ergebnis führen, nämlich zum praktischen Vernunftskeptizismus.[57] Die Einwände, wenn sie denn berechtigt und unwiderleglich sein sollten – was ich dahingestellt sein lasse –, sollen ja zeigen, daß Zweck-Mittel-Rationalität und das internalistische Verständnis von Gründen keine rechtfertigenden Handlungsgründe bereitstellt. Daraus kann man dann auch folgern, daß es bis zum Erweis des Gegenteils gar keine guten Handlungsgründe und keine praktische Vernunft zu geben scheint. Nimmt man den Skeptizismus ernst, müssen deshalb auch Externalisten daran interessiert sein zu zeigen, daß instrumentelle Rationalität ein wichtiger Teil der praktischen Vernunft ist, wenn auch nicht der ganze. Dann geht es darum zu erklären, wie praktische Vernunft darüber hinausgehen kann. Der wichtigste solche Schritt betrifft die im folgenden behandelte Frage, ob unsere Ziele, Motive und Wünsche selbst noch einmal begründet werden können.

Rationalität von Wünschen, Werten, Normen

Gemäß Humes Diktum in der berühmten Passage des *Traktat[s] über die menschliche Natur*: »Die Vernunft ist nur der Sklave der Affekte und soll es sein; sie darf niemals eine andere Funktion beanspruchen als die, denselben zu dienen und zu gehorchen«[58], beschränkt sich die Rolle der Vernunft bei Handlungen darauf, die Mittel für unsere Ziele zu erkennen. Die Vernunft könne uns lehren, wie wir unsere Wünsche oder Affekte befriedigen, aber sie könne uns nicht sagen, ob diese Wünsche oder Affekte nun ihrerseits rational sind; d. h. es mache keinen Sinn, von rationalen oder irrationalen Wünschen oder Affekten zu sprechen. Unsere Wünsche suchten sozusagen unser Ziel aus und bestimmten letztlich, was wir tun. Hume folgend, halten viele eine substantiellere Begründung von Wünschen für unmöglich.[59] Andererseits ist dies genau der Grund, warum der Humeschen Theorie oft mit tiefster Verachtung begegnet wird.

Zunächst einmal scheinen alle darin übereinzustimmen, daß eine handelnde Person rechtfertigende Gründe hat, etwas zu tun, genau dann, wenn es für sie gut ist, ceteris paribus, so zu handeln. Aber worauf sich diese rechtfertigenden Gründe letztlich beziehen können, ist strittig. Wie also sieht die Beziehung zwischen Gründen und Werten aus?

Für Neohumeaner müssen sich auch rechtfertigende Gründe letztlich auf subjektive Wünsche beziehen. Sie sehen naheliegenderweise etwas als wertvoll für eine Person an, wenn diese Person es schätzen oder wünschen würde, und zwar *unter Bedingungen kritischer Reflexion*. Neohumeaner wollen damit zeigen, daß auch nach ihrem Modell Wünsche nicht einfach als arationale gegeben zu sein brauchen, sondern daß wir über unsere Wünsche ein Stück weit rational überlegen und entscheiden können und Wünsche durch diesen Prozeß kritischen rationalen Reflektierens zumindest intern begründen können.[60] Für die Rationalität von Wünschen ist die Mindestforderung Konsistenz mit anderen Wünschen, weitergehend sind die Forderungen, daß die Wünsche transitiv, verknüpft und kommensurabel sein müssen. Dazu schlägt John Rawls vor, einen rationalen Plan aufzustellen, der die aktuellen und vorhersehbaren Wünsche zeitlich und hierarchisch so organisiert, daß möglichst viele erfüllt werden können.[61] Man kann faktisch seine Ziele bewerten, indem man sie in eine komplexe Hierarchie von Zielen einordnet. Dabei muß kein oberes abstraktes Ziel konstant bleiben. Das oberste Ziel (Konzeption des Guten) kann in der Überlegung revidiert werden. Höhere Ziele oder Prinzipien, die Wertkonflikte kommensurabel machen sollen, sind nicht nötig. Nach aristotelischer Auffassung bedarf es oft statt (oder zusätzlich zu) der Wahl der Mittel der überlegten Spezifikation der Ziele (Kolnai, Richardson, Wiggins).[62] Die überlegte Spezifikation der Ziele stellt dabei eine wichtige Alternative zu Deduktion und Zweck-Mittel-Überlegungen dar. Als das richtige Modell praktischer rationaler Überlegung wird hier ein Kohärenzmodell praktischer Rechtfertigung vertreten, das dem Individuum letzte »reflexive Souveränität« überlassen will. Mittels praktischer sokratischer (Selbst-)Reflexion soll die Person zwischen jenen ihrer Normen und Ziele, an denen sie nach Reflexion festhalten kann, ein kohärentes System aufbauen, in dem sich diese Normen und Ziele gegenseitig stützen. Alle ursprünglichen Normen und Ziele, generelle wie konkrete gleichermaßen, müssen dazu wechselseitig angepaßt werden, so daß ein Überlegungsgleichgewicht entsteht, mit dem sich die Person als Ganzes identifizieren kann.

Harry Frankfurt sieht es als ein entscheidendes Merkmal von Personen an, daß sie sich zu ihren konkreten Wünschen verhalten können, d.h. darüber Wünsche höherer Ordnung haben.[63] Dank ihrer Vernunft ist eine Person in der Lage, sich kritisch zu ihren Wünschen zu verhalten und Volitionen zweiter Stufe zu bilden. So braucht die Person im Fall eines Konflikts zwischen zwei Wünschen erster Stufe nicht als unbeteiligter Beobachter den Kampf beider Wünsche zu betrachten, sondern kann sich mit einem von beiden identifizieren. Wenn die Person willensfrei ist, dann wird – so Frankfurt – diese Wahl einen der beiden Wünsche zum handlungsanleitenden machen. Man kann nun Frankfurts Einsicht so aufgreifen, daß man sagt, Wünsche erster Stufe können als begründet bzw. rational gelten, wenn sie einer Volition zweiter Stufe entsprechen. Im Fall konfligierender Wünsche erster Stufe ist also derjenige Wunsch rational, den die Person kraft Reflexion zu ihrem handlungsanleitenden Wunsch machen will, der andere ist irrational. Dieser Vorschlag verschiebt das Begründungsproblem allerdings nur. Auf der höheren Stufe können wir uns ebensooft im Zwiespalt befinden wie bei Wünschen erster Stufe.

Richard Brandt hat darüber hinaus als ein häufig diskutiertes Kriterium vorgeschlagen, diejenigen Wünsche rational zu nennen, die einer sogenannten kognitiven Psychotherapie standhalten, also die wiederholte und nachhaltige Konfrontation von Wünschen mit allen relevanten Informationen über die tatsächlichen Fakten.[64] Man könnte statt dessen weniger naturalistisch auch von Aufklärung sprechen, weil die Person aufgrund eines bewußten Prozesses (der Aufklärung) ihre Wünsche revidiert. Diejenigen Wünsche sind irrational, die nicht kompatibel mit einem klaren und wiederholten Urteil über die tatsächlichen Fakten sind. Im Prozeß der Aufklärung werden die Wünsche mit allen relevanten Informationen konfrontiert, die zur Verfügung stehen. Werden der betreffenden Person zur geeigneten Zeit mehrfach und nachhaltig diese Informationen zu Bewußtsein gebracht, so werden ihre Wünsche, die nicht im Einklang mit diesen Fakten stehen, verschwinden oder sich ändern. Hier wird auf den Unterschied zwischen faktischen und aufgeklärten bzw. reflektierten Interessen rekurriert. Diejenigen Wünsche, die durch Aufklärung als irrational ermittelt und dann eliminiert werden, sind solche, die einen kognitiven Fehler enthalten. Aufgrund dieses Fehlers sind sie irrational. Denn sie beeinflussen unsere Wünsche meist so, daß die Zufriedenheit bei Erfüllung des Wunsches nicht sichergestellt ist.

Wichtigstes und oberstes Kriterium bei der Beurteilung von Wünschen ist für die neohumesche Position die Zufriedenheit bei der Erfüllung der Wünsche des Individuums. Zufriedenheit und Glück sind zwar nicht das oberste Ziel menschlichen Handelns, aber das wichtigste Beurteilungskriterium dafür, ob jemand etwas wirklich gewollt hat. Wollen hängt wesentlich mit dem Gefühl der Zufriedenheit und Freude bei Erreichen des Ziels zusammen. Das heißt nicht, daß wir das Gefühl der Zufriedenheit selbst als Ziel anstreben.[65] Wir wollen etwas Spezielles, aber mit dessen (Nicht-)Erreichen gehen Gefühlszustände einher. So ergibt sich überhaupt der Wertcharakter des Gewollten.[66] Es kann als anthropologische Annahme gelten, daß die Befriedigung bei Erfüllung eines Wunsches selbst wieder von uns intrinsisch gewünscht wird. Der mit der Erfüllung oder Nichterfüllung des Wollens einhergehende Gefühlszustand kann somit als Kriterium dafür fungieren, ob man etwas wirklich und wahrhaftig will. Befriedigt einen die Erreichung eines selbstgesteckten Ziels nicht, so ist das ein Anzeichen dafür, daß man zwar faktisch den Wunsch verspürte, daß einem aber in Wirklichkeit an dem Gewollten nichts liegt. In solchen Fällen ergibt sich eine Diskrepanz zwischen der Bewertung des gewünschten Sachverhalts vor dessen Erreichen und der Befriedigung, die sich bei Erreichen des gewünschten Sachverhalts einstellt. Anna Kusser spricht hier von einer Diskrepanz zwischen Evaluation und Satisfaktion und sieht in dieser eine entscheidende Dimension der Kritik von Wünschen.[67] Stellt man eine Diskrepanz zwischen beiden fest, erweist sich diese subjektive Überzeugung bzw. Erwartung, die die Evaluation begleitet, als falsch. Der Fehler ist also zunächst ein kognitiver. Wünsche gehen mit der Vorstellung einher, daß es attraktiver ist, den Zustand zu erreichen. Dies ist mehr als ein bloßes Gefühl, sondern eine kognitive Vorstellung, ein Werturteil. Bezüglich dieses Werturteils kann man sich täuschen.[68]

Externalisten sind mit diesen Rationalitätskriterien für Wünsche nicht zufrieden. Forderungen nach Kohärenz, reflexiver Zustimmung und Übereinstimmung mit Fakten können in ihren Augen nicht zeigen, daß die Befriedigung von Präferenzen (wie effektiv und effizient auch immer) an sich begründet ist; am Grunde aller Gründe liegen nicht wieder begründbare Gründe.

Manche Externalisten versuchen nach der nun schon bekannten Strategie nachzuweisen, daß das neohumesche Modell uneingestanden auch schon von stärkeren Annahmen ausgehe bzw. ausgehen müsse.[69] Da es zur Gewinnung rechtfertigender Gründe in der Überlegung darum gehen soll, jene Wünsche zu ermitteln, deren Befriedigung die meiste Freude, wenigste Frustration, maximales Glück usw. geben würde, oder deren Erfüllung am besten zusammenpassen und uns glücklich machen würde, würde auf andere Gründe für die Erfüllung von Wünschen zurückgegriffen. Die Wünsche seien allein keine solche Gründe. Die Gründe würden durch andere Kriterien bestimmt. Damit greife dieses Modell entgegen den selbstauferlegten Grenzen auf wunschunabhängige Werte zurück – so der Einwand, den Internalisten natürlich zurückweisen. Es würden Werte vorausgesetzt, deren normative Kraft nicht aus der Tatsache herrührt, daß Menschen sie gewünscht haben. Sobald wunschunabhängige Werte einmal zugelassen werden, hat man die Tore für eine Fülle von anderen solchen Kandidaten aufgestoßen.

Mit der Unterscheidung zwischen einer internen und einer externen Interpretation von Gründen gehen drei weitere häufiger zu findende Unterscheidungen von Gründen einher: die zwischen *subjektiven* und *objektiven*, zwischen *subjektrelativen* und *subjektneutralen* und zwischen *privaten* und *öffentlichen* Gründen. Nagel wird in der Regel als Quelle für die ersten beiden Unterscheidungen von zwei Arten von praktischen Gründen zitiert. Nach Nagel verweisen einige Interessen und Wünsche auf objektive oder subjektneutrale Gründe und Werte, aber einige andere nur auf subjektive oder subjektrelative Gründe und Werte.[70] Interne oder subjektrelative Gründe geben nur dem jeweiligen Handelnden normative und motivierende Gründe. Nach internalistischer Auffassung kann man höchstens versuchen zu zeigen, daß Individuen subjektrelative Gründe haben, die subjektrelativen Gründe anderer Personen mitzuberücksichtigen. Vertritt man hingegen die Auffassung, daß es Gründe gibt, die für mehrere, wenn nicht für alle Individuen[71] unabhängig von ihren vorhandenen Wünschen gelten, dann sind dies subjektneutrale oder öffentliche Gründe.[72] Letzteres öffnet das Tor weit für die Möglichkeit der Begründung objektiver Werte und von objektiver universalistischer Moral.

Mit der Rationalität von Wünschen bzw. Werten hängt die Rationalität von Normen eng zusammen. Letztlich geht es aus Sicht einer Theorie der Gründe hier um die Frage, wie sich subjektive Gründe zu denen aller anderen, d. h. jedes einzelnen anderen verhalten. Das Problem der rationalen Begründung moralischer Normen wird seit je in der Philosophie intensiv und kontrovers diskutiert. Als schwächstes Kriterium gilt auch hier Konsistenz der Normen untereinander. Rawls hat darüber hinaus ein Kohärenzverfahren prominent gemacht. Unsere moralischen Prinzipien sollen mit unseren überlegten moralischen Einzelurteilen in einem Prozeß gegenseitiger Anpassung in ein Überlegensgleichgewicht (reflective equilibrium) gebracht werden.[73] Der Rationalitätsbegriff spielt bei den Begründungsversuchen von Moral dann eine besonders prominente Rolle, wenn entweder wie in den Vertragstheorien versucht wird zu zeigen, daß es für jede Person zweckrational oder klug ist, d. h. in ihrem aufgeklärten Eigeninteresse liegt, moralisch zu sein, oder wenn ein gehaltvollerer Rationalitätsbegriff stipuliert wird, der schon einen Unparteilichkeitsstandpunkt oder bestimmte Werte implizieren soll.

Der Externalismus führt leicht zu einem Realismus bezüglich objektiver Werte, weil nicht auf vorhandene Motive zurückgegriffen werden soll. Der vielleicht bekannteste gegenwärtige Vertreter, der über die externe Auffassung von Gründen zu objektiven Werten und einem moralischen Realismus gelangt, ist Thomas Nagel. Gründe sind demnach subjektneutral und öffentlich, weil sie sich ergeben oder sich beziehen auf eine bestimmte objektive Eigenschaft in der öffentlichen Welt, nämlich objektive Werte. Der normative Realismus macht sich fest an der Position, daß Aussagen darüber, was uns Gründe für unser Handeln gibt – ganz unabhängig davon, wie uns etwas erscheint –, wahr oder falsch sein können, und wir durch Reflexion und Kritik hoffen können, die Wahrheit zu erkennen.[74] Was man durch solche Verfahren aufzudecken sucht, ist keine neue Qualität der Außenwelt, die nunmehr »Wert« heißt, sondern die Wahrheit darüber, was wir und andere tun und wollen sollen. Dieser normative Realismus möchte in der Regel nicht im platonischen Sinn mit einem metaphysischen oder ontologischen Modell von Gegenständen in dieser Welt in eine Schublade geschoben werden. Der normative Realismus besagt jedoch, daß es für bestimmte Handlungsweisen Gründe *gibt*, und daß man diese

Gründe *entdecken* kann, also nicht aus immer schon mitgebrachten subjektiven Motiven herleitet, und daß man so neue Motive ausbilden kann, die den alten Motiven überlegen sind.[75] Aristoteliker sehen es z. B. als Rolle der praktischen Vernunft an, zu erkennen, ob eine Handlung wertvoll ist, wobei der Wert der Handlung objektiv, also unabhängig von der rationalen Entscheidung der betreffenden Person ist.

Die Existenz solcher objektiven Gegebenheiten wie die Existenz von objektiven Werten und Normen, oder eines »Faktums der Vernunft« (Kant) oder ähnlichem, die unbedingt, d. h. unabhängig von den Wünschen und Neigungen des Handelnden, handlungsanleitend seien könnten, ist – so der neohumesche Einwand – nicht zu beweisen. Mit Hilfe von J. Mackies bekanntem »Argument der Absonderlichkeit« soll deren Unsinnigkeit gezeigt werden: »Gäbe es objektive Werte, dann müßte es sich dabei um Wesenheiten, Qualitäten oder Beziehungen von sehr seltsamer Art handeln, die von allen anderen Dingen in der Welt verschieden wären. Und entsprechend müßte gelten: Wenn wir uns ihrer vergewissern könnten, müßten wir ein besonderes moralisches Erkenntnis- und Einsichtsvermögen besitzen, das sich von allen anderen uns geläufigen Erkenntnisweisen unterschiede.«[76] Naturalisten insistieren darauf, daß die Erklärung menschlichen Handelns den üblichen Standards der Wissenschaften entsprechen müsse. Präferenzen und Meinungen und daraus qua instrumenteller und prudentieller Vernunft sich ergebende Handlungen kämen in unserer Welt, wie sie uns unsere beste wissenschaftliche Theorie darstelle, vor, aber diese Welt enthielte keine objektiven Werte und könne auch keine enthalten. Die neohumesche Theorie der Vernunft kann »naturalisiert« werden, d. h. sie ist akzeptabel vor dem Hintergrund der ontologischen Erfordernisse der Naturwissenschaften, die externalistische hingegen nicht.[77] Selbst wenn man das naturalistische Programm im Prinzip unterstützt, besteht das Problem darin, daß es viele andere Bereiche außer dem der praktischen Vernunft gibt, wo sich unsere alltägliche Selbstwahrnehmung und -beschreibung, wie z. B. beim subjektiven Bewußtsein, nicht naturalisieren läßt.[78] Der Naturalismus ist allenfalls ein umstrittenes Forschungsprogramm, das die Einheit der Wissenschaften anstrebt. Ob sich aus einem Forschungsprogramm, das noch nicht zum Erfolg geführt ist und in den Augen der Kritiker auch nicht durchgeführt werden kann, ein starkes Argument gegen einen Externalismus ergibt, ist zweifelhaft.[79]

Die geläufige Alternative zum moralischen Realismus ist ein Konstruktivismus, wie ihn externalistisch vor allem Kantianer vertreten.[80] Gemäß konstruktivistischer Auffassung wird der Wert der Handlung durch die menschliche Wahl der Handlung konstruiert. Subjektneutrale Gründe gibt es nach dieser Auffassung nicht einfach so, daß man sie entdeckt, sondern sie müssen von uns gemeinsam geschaffen, konstruiert werden. Der öffentliche Charakter der Gründe soll sich aus dem reziproken Austausch von Gründen, die die beteiligten Individuen haben, ergeben. Aus guten Gründen handeln bedeutet nach dieser Auffassung, aus Gründen zu handeln, deren normative Rechtfertigung von allen anderen Betroffenen geteilt werden (können). Gute Gründe sind demnach öffentliche und geteilte Gründe. Jede Gedanken- und Handlungsfolge kann nur dann als gerechtfertigt gelten, wenn sie von der Art ist, daß sie von anderen Personen nachvollzogen werden kann. »In dieser sehr schwachen Bestimmung der Autorität der Vernunft ist eine allgemeine Version von Kants Vernunftkonzeption wiedererkennbar, die eine doppelte Modalität aufweist: die *Notwendigkeit*, nach solchen Prinzipien zu handeln, von denen wir meinen, daß für andere Menschen die *Möglichkeit* besteht, ihnen ebenfalls zu folgen.«[81]

Habermas bezieht sich in diesem Zusammenhang mit seinem Begriff der kommunikativen Rationalität auf Interaktionen, in denen die Handlungspläne der beteiligten Aktoren nicht über egozentrische Erfolgskalküle, sondern über Akte der Verständigung im Sinne eines kooperativen Deutungsprozesses koordiniert sein sollen.[82]

Die Position der Externalisten (ob Realisten oder Konstruktivisten) besteht also in der Überzeugung, Personen haben als vernünftige Personen eine bestimmte Disposition, Dinge richtig zu sehen (ähnlich visueller Wahrnehmung oder ästhetischer Beurteilung[83]); sie haben dann Einsichten und können sich von diesen externen Gründen motivieren lassen.[84] Als Person vernünftig zu sein hieße dann, eine solche Disposition zu haben und sich also von vernünftigen Einsichten motivieren zu lassen, auch wenn man keine entsprechende vorgängige Motivstruktur hatte. Eine solche Disposition soll selbst keine Prämisse in einer praktischen Überlegung, kein motivationaler Grund sein.

Das stärkste Rationalitätskriterium wäre eine echte Letztbegründung von Normen. Eine Letztbegründung halten heute nur wenige für möglich, vor allem Gauthier und Gewirth auf vertragstheoretischem Weg, Apel auf transzendentalpragmatischem Weg.[85]

Praktische Irrationalität

Im praktischen Bereich ist eine Handlung irrational, a) wenn die Beziehung zwischen dem Wunsch, den die Person in der Situation realisieren möchte, und den dazu relevanten Meinungen nicht stimmt, b) wenn die Wünsche irrational sind oder c) die Meinungen irrational sind. Die Rationalitäts- bzw. Irrationalitätsbedingungen von Wünschen und Meinungen wurden oben schon behandelt. Übrig bleibt der bei weitem interessanteste Fall, bei dem ein mehr oder weniger rationaler Wunsch, jetzt so zu handeln, und die relevanten rationalen Meinungen, wie das anzustellen ist, vorhanden sind, aber die entsprechende Handlung nicht ausgeführt wird. In diesem Zusammenhang stellt sich die Frage, ob und wenn ja, wie *Willensschwäche* (akrasia) möglich ist: Wie es also möglich ist, daß man bewußt und freiwillig gegen seine eigene Entscheidung, daß dies zu tun in der vorliegenden Situation das beste ist, handeln kann.[86]

Wir erleben häufig Fälle, in denen eine Person zwar rational zu überlegen scheint, zumindest zu einer vernünftigen Beurteilung der Handlungsmöglichkeiten kommt, aber dann nicht ihrer Überlegung entsprechend handelt. Dies sind Fälle sogenannter Willensschwäche. Darunter verstehen wir umgangssprachlich, daß jemand diejenige Handlung, die er für die am besten begründete hält, gleichwohl nicht ausführt. Darunter fallen solche Phänomene wie: das Aufschieben unangenehmer Handlungen, rückfällig werden, Unentschlossenheit, überredet werden gegen das eigene bessere Urteil, zu leicht entmutigt sein, die Unfähigkeit zur Anwendung notwendiger Mittel, Labilität gegenüber Neigungen etc. Was ist in solchen Fällen schief gelaufen? Was hat gefehlt, damit die Person statt einer willensschwachen eine rationale Handlung ausgeführt hätte?

Zwei Fragestellungen machen Willensschwäche zu einem interessanten philosophischen Problem: Erstens muß eine Theorie praktischer Vernunft auch erklären können, was die rationale Überlegung zu einer praktischen Überlegung macht, was mithin den Unterschied zwischen einer spezifisch praktischen und einer bloß theoretischen Vernunft ausmacht? Aber mit dieser Erklärung ergibt sich zweitens ein Dilemma für das handlungs- und rationalitätstheoretische Grundmodell: Entweder kann es dann das Phänomen irrationalen Handelns, daß man nämlich gegen sein eigenes Urteil, was in dieser Situation zu tun das beste sei, handele, nicht geben – was unserer alltäglichsten Erfahrung widerspricht. Oder die gängige intentionale rationale Handlungserklärung, die uns erklären soll, wie es überhaupt zu (rationalen) Handlungen bei uns Menschen kommt – nämlich daß ein gewählter Wunsch und passende Meinungen zusammen die entsprechende Handlung hervorrufen –, kann nicht stimmen.

Wie kommt es von der regelgeleiteten Überlegung zur Handlung? Solange das nicht geklärt ist, ist auch Handlungsrationalität nicht erklärt. Eine übliche Antwort lautet etwa so: Wenn eine praktische Überlegung mit ernsthaften, um das eigene Wohl besorgtem Engagement durchgeführt wird, ergibt sich aus dem Resultat der praktischen Überlegung, dem Werturteil, daß es für mich in dieser Situation unter Berücksichtigung aller relevanten zur Verfügung stehenden Gründe das beste ist, etwas Bestimmtes zu tun, eine Handlungsabsicht bzw. ein Handlungsvorsatz. Das aus einer korrekten praktischen Überlegung sich ergebende Werturteil drückt einen unmittelbar handlungsanleitenden Wunsch aus. Wenn der Handelnde unter Berücksichtigung aller verfügbaren relevanten Gründe eine bestimmte Handlung als die in dieser Situation beste Handlung beurteilt, dann wünscht er auch diese Handlung mehr als alternative Handlungsmöglichkeiten. Aus einem Handlungsvorsatz folgt die Handlung dann notwendig. Andernfalls kann man den entsprechenden Handlungsvorsatz nicht haben. Wenn jemand wirklich und ernsthaft glaubt, er habe die besten Gründe, in dieser Situation etwas zu tun, dann muß sich diese Überzeugung bzw. dieses Urteil in seiner Handlung ausdrücken. Hier gilt also das Prinzip: Wenn eine Person eine bestimmte Handlung zu tun für das beste hält und sie frei ist, diese Handlung auszuführen, dann wird sie diese Handlung intentional tun. Wenn man korrekt praktisch überlegt, folgt die Handlung notwendig. Damit ist erklärt, daß und wie Vernunft praktisch, d. h. handlungsanleitend wird.

Daraus folgt, daß man nicht frei und absichtlich gegen sein in der korrekten praktischen Überlegung gefälltes Urteil, diese Handlung auszuführen sei in dieser Situation für einen das beste, handeln kann. Dies ist das bekannte Argument gegen die Möglichkeit von Akrasia. Diese Auffassung hat schon Sokrates[87] vertreten und damit eine bis heute anhaltende heftige Diskussion entfacht. Aristoteles unterscheidet verschiedene Versionen von Willensschwäche und bestätigt für die stärkste Version Sokrates' Diagnose.[88] Heutzutage wird dieses Argument besonders explizit von Donald Davidson in »Wie ist Willensschwäche möglich?«[89] und Ursula Wolf in »Zum Problem der Willensschwäche« (in diesem Band) vertreten.

In der Regel wird in der philosophischen Literatur das Problem der Willensschwäche so behandelt, daß bezweifelt wird, ob es Willensschwäche überhaupt geben kann. Diese scheinbar offenkundig weltfremde Frage irritiert Laien und läßt sie vermuten, die schon seit der Antike geläufige Charakterisierung der Philosophen als über den weltlichen Dingen schwebend oder als nicht von dieser Welt habe doch viel Wahres an sich. Deshalb möchte ich betonen: Problematisch ist nicht, ob es Willensschwäche gibt, sondern wie sie zu analysieren ist. Wenn Akrasia, wie behauptet, unmöglich ist, bedarf es für das common-sense-Phänomen also einer anderen Beschreibung. Eine plausible Analyse von Willensschwäche muß mindestens drei Bedingungen genügen: Sie muß mit unserer inneren und äußeren Alltagsweltphänomenologie übereinstimmen, sie muß also eine angemessene Beschreibung von Willensschwäche geben, wie sie sich von innen »anfühlt«, wie wir von außen auf sie reagieren usw.; sie muß des weiteren mit unseren besten Theorien von praktischer Rationalität, praktischer Überlegung, Motivation, intentionalen Handlungserklärungen übereinstimmen; und sie muß drittens erklären können, warum willensschwache Handlungen allgemein als irrational gelten; sie muß also angeben können, wo der Fehler liegt und wie er möglich ist. Keine der bekannten Analysen von Willensschwäche wird in den Augen ihrer jeweiligen Kritiker allen drei Bedingungen gleichzeitig und gleich gut gerecht.

Eine plausiblere Möglichkeit der Erklärung ist folgende: Willensschwach ist eine Handlung, in der kausal stärkere Ursachen (Wünsche) kausal schwächere Gründe daran hindern, handlungswirksam zu sein. Das ist die Deutung von Willensschwäche, die D. Davidson in »Wie ist Willensschwäche möglich?«[90] gibt. Willensschwäche konstituiert ein Problem für die Theorie, die jede Handlung durch gute Gründe verursacht sieht, weil es – wie Davidson zugibt – natürlich ist anzunehmen, daß die stärkste Ursache der stärkste Grund ist. Davidson glaubt in »Paradoxien der Irrationalität« (in diesem Band) dieses Problem lösen zu können durch eine Unterteilung des menschlichen Geistes in mindestens zwei Subsysteme. Innerhalb des einen Subsystems kann die Handlung durch Angabe der (willensschwachen) Gründe erklärt werden, die in diesem Subsystem nicht durch bessere überwogen werden. Hier ist der beste Grund die stärkste Ursache. Dies kann keine vollständige Erklärung sein, weil die Person die Schwäche ihrer Gründe kennt. Deshalb muß in einem anderen, davon funktional getrennten Subsystem die praktische Überlegung unter Berücksichtigung aller relevanten Gründe ablaufen. Diese wie andere ›Spaltung des Selbst‹-Hypothesen scheinen jedoch einigen unbefriedigend, weil sie zum einen sehr starke unausgewiesene Annahmen machen und zum anderen Gefahr laufen, Willensschwäche zu einer Art zwanghaftem Handeln zu machen, weil der Handelnde über die Spaltung seines Geistes und die Einteilung der Überlegungen in verschiedene Subsysteme keine Kontrolle mehr hat.[91] Somit wird vielleicht nicht das Phänomen erklärt, das es zu erklären gilt.

Nach Ursula Wolfs Diagnose in »Zum Problem der Willensschwäche« handelt es sich bei Willensschwäche um eine Diskrepanz zwischen unserem wirklichen handlungsrelevanten Wollen und denjenigen Wünschen, die wir uns gern als handlungsrelevant zuschreiben würden, und wir überbrücken diese Diskrepanz ein Stück weit mittels unserer Fähigkeit zur Selbsttäuschung. Es handelt sich also danach letztlich um einen kognitiven Fehler von besonderer Art, einem im Selbstverständnis. Damit wäre der Fehler letztlich ein theoretischer, keiner der praktischen Vernunft.

Eine Handlung ist also irrational, wenn im Hervorbringen der Handlung der rational gewichtigste Grund nicht kausal wirksam ist, d. h. wenn die Person nicht wegen desjenigen Grundes handelt, der sich in einer korrekten praktischen Überlegung als der beste erweist.[92] Hier liegen – bildlich gesprochen – zwei Kontrahenten im Widerstreit. Die eine Seite mag »Leidenschaft«, die andere »Vernunft« heißen. Sie kämpfen miteinander, und die ›falsche‹ Seite, d. h. die »Leidenschaft«, gewinnt.

Warum vernünftig sein?

Ein Interesse an Vernunft und Rationalität ist ein Interesse an Begründungen, Aufklärung, menschlicher Emanzipation, an Befreiung von unbewußtem und offen zutage tretendem Zwang und an Autonomie. So stellt sich jetzt die Frage, ob man denn überhaupt ein Interesse an Vernunft haben muß. Es bedarf noch einer Reflexion über den Status, d. h. die Rechtfertigungsmöglichkeit des Vernunftprinzips selbst. Kann gerechtfertigt werden, daß es für jeden gut und vernünftig ist, vernünftig zu sein? Auf welchen Grund könnte man Bezug nehmen, außer dem eigenen Interesse an Rationalität? Drei Strategien bieten sich an[93]:

1. Versuch einer absoluten Rechtfertigung der Vernunft: Was der Rationalist zeigen kann, ist, daß derjenige, der eine Frage stellt, schon ein Vernunftinteresse an Ausweisung hat.[94] Eine Frage stellen wir, um eine Antwort zu bekommen, und damit uns die Antwort einsichtig ist, muß sie begründet sein. Alle Vernunftfragen setzen also schon Vernunft voraus. So kann man einem Irrationalisten klarmachen, daß er konsequenterweise überhaupt nicht nach einer Rechtfertigung fragen darf, sonst hat er das Prinzip, dessen Berechtigung er bezweifelt, selbst schon benutzt. Kann man daraus doch noch ein Argument gegen den Irrationalisten machen, indem man folgert: Als Voraussetzung aller Vernunftfragen ist das Vernunftinteresse in einem bestimmten Sinn als vernünftig zu bezeichnen?[95] Der Rationalist gibt zu, daß es keinen absoluten Aufhänger außerhalb der Vernunft gibt, auf den er im Disput mit dem Vernunftgegner rekurrieren könnte. Der Rationalist scheint aber hier zu unterstellen, daß der Gegner schon verloren habe, wenn er nach der Rechtfertigung des Vernunftprinzips fragt. Das ist nicht einzusehen. Ein gewiefter Irrationalist kann seinen Kontrahenten, der zur Verteidigung der Vernunft angetreten ist, doch nach der Rechtfertigung des Vernunftprinzips fragen und ihn damit in arge Bedrängnis bringen. Der Hinweis, er selbst setze schon Vernunft voraus und verletze so sein eigenes Prinzip, braucht ihn ja nicht zu kümmern. Er kann geschickt argumentieren: »Ja, ich bin so entgegenkommend und übernehme erst einmal deine Position, stelle mich also auf den Standpunkt der Vernunft, und nun nenne mir bitte Vernunftgründe, warum ich ihn nicht wieder verlassen soll.« Die Vernunft kann nicht durch sich

selbst gerechtfertigt werden. Eine rationalistische Einstellung ist dadurch charakterisiert, daß sie der Begründung größte Bedeutung beimißt. Aber diese rationalistische Einstellung läßt sich selber nicht begründen, denn nur Menschen, die auf Gründe zu hören bereit sind, also bereits rational sind, werden eine rationale Argumentation akzeptieren. Die rationalistische Einstellung muß zuerst eingenommen werden, bevor Gründe sinnvoll angeführt werden können. Wir drehen uns also im Kreis. Denn diese ursprüngliche Einstellung kann aus demselben Grund nicht ihrerseits nochmals begründet werden. Eine absolute Rechtfertigung der Vernunft müßte das, was sie zu begründen versucht, schon voraussetzen. Es zeigt sich, daß der Rationalismus keinesfalls durch Gründe gerechtfertigt werden kann. Ein umfassender Rationalismus, der behauptet, alles müsse begründet werden, verwickelt sich sogar in einen Widerspruch, da er diese These selbst nicht begründen kann.

2. Dezisionismus: Zum Rationalismus als einer Einstellung, die alle Fragen und Probleme, bei denen das möglich ist, durch einen Appell an die Vernunft, d. h. an klares Denken und den kritischen Gebrauch von Argumenten, zu lösen versucht, kann man sich nach dieser Auffassung (die vor allem von den sogenannten Kritischen Rationalisten, insbesondere von Karl Popper vertreten wird) nur unbegründet entschließen.[96] Die rationalistische Einstellung ist letztlich ein unbegründbarer Glaube an die Vernunft. Den Vernunftgebrauch kann man nicht begründen, sondern nur zu ihm erziehen.[97] So wie zugestanden werden müsse, daß eine Letztbegründung von Normen und Werten unmöglich ist, so muß auch das Fehlen einer absoluten Rechtfertigung der rationalistischen Einstellung offengelegt werden – das sei ein kritischer Rationalist seinem eigenen Anspruch schuldig.

3. Pragmatische Rechtfertigung: Hier wird Vernunft als allgemein geteilte erst einmal vorausgesetzt und zugestanden. Die Frage ist nun, ob man sich vom Vernunftstandpunkt aus fragen könne, ob man rational sein will, und diese Frage ohne Verletzung rationaler Prinzipien negativ beantworten kann. Der Rationalismus muß versuchen zu zeigen, welche Vorteile uns ein vernünftiges Vorgehen bietet bzw. zu welchen Katastrophen ein erklärter Irrationalismus führen kann. Dies unternimmt N. Rescher in seinem Beitrag in diesem Band. Nur Rationalität bietet die Gewähr dafür, daß wir unsere

eigentlichen Wünsche möglichst optimal befriedigen können. Jeder Mensch hat Wünsche, und er will von den meisten, daß sie erfüllt werden. Wer freiwillig und bewußt auf die Mittel der Vernunft verzichtet, entledigt sich der einzigen Chance, das Erreichen seiner Ziele so weit wie möglich zu garantieren.[98]

Die Beiträge

*Jon Elster*s Aufsatz »Wesen und Reichweite rationaler Handlungserklärung« eignet sich gut, einleitend die Grundlagen praktischer Rationalität darzulegen, weil er erstens den allgemeinen Begriff intentionalen Handelns und zweitens den rationalen Handelns und die jeweiligen korrespondierenden intentionalen und rationalen Handlungserklärungen sehr klar expliziert. Gleichzeitig erörtert er drittens einige Schwierigkeiten des zentralen Rationalitätsprinzips, daß die Handlung das »beste« Mittel ist, die Ziele des Handelnden zu erreichen. Dies spielt folglich auch in der rationalen Entscheidungs- und Spieltheorie eine herausragende Rolle, die Elster hier nicht formal diskutiert. Das Problem liegt nach Elster darin, daß es zum einen mehrere gleiche und bestmögliche Optionen geben kann, zum anderen braucht es überhaupt keine »beste« Option zu geben. Deshalb sei eine eindeutige Handlungsmaximierung generell nicht möglich.

Der Ökonom (Nobelpreisträger für Ökonomie 1998) und Philosoph *Amartya K. Sen* zeigt in seinem inzwischen klassisch gewordenen Aufsatz »Rationale Trottel« zwei wesentliche Schwächen der behavioristischen Grundlagen des gebräuchlichen entscheidungstheoretischen Modells in den Wirtschafts- und Sozialwissenschaften auf. Der erste Punkt besteht in einer Kritik an dem Modell »offenbarter« Präferenzen. Sens Hauptkritik betrifft zum zweiten das in den Theorien rationaler Entscheidung vorausgesetzte Bild des egoistischen Menschen, in dem nur eigene Präferenzen des Handelnden eine Rolle bei Entscheidungen spielen, nicht Mitgefühl und Verpflichtungen. Mitleid und Verpflichtungen könnten nicht als egoistische Präferenzen, die an der Maximierung des eigenen Wohls orientiert seien, verstanden werden. Ein reiner homo oeconomicus wäre ein ziemlicher Trottel, wenn er auch rational wäre, in dem eingeschränkten Sinn, daß er in seinem Wahlverhalten keine Inkonsistenzen zeigte. Die Menschen sind in Wirklichkeit »komplizierter«. Das Modell muß also nach Sen erweitert werden mittels – wie er vorschlägt – einer Rangordnung der Präferenzordnungen: um unsere moralischen Urteile ausdrücken, um unsere Präferenzen und unser Verhalten besser verstehen und Phänomene wie Willensschwäche besser analysieren zu können.

Bernard Williams' Artikel »Interne und externe Gründe« ist der neuere Ausgangspunkt der Debatte um den Status von Gründen, weshalb er hier wieder abgedruckt wurde. Williams unterscheidet zwei Bedeutungen der Aussage »Eine Person hat einen Grund zu handeln«. Gemäß der »internalistischen« Interpretation impliziert dies, daß die Person ein Motiv hat, das durch die Handlung befördert würde, während die »externe« Interpretation dics nicht verlangt. Nach Williams ist eine Bedingung, um ein Grund zum Handeln sein zu können, daß dieser eine Rolle bei der Erklärung (des Zustandekommens) der Handlung spielt. Da dasjenige, was eine Handlung erklären kann, nur etwas sein kann, das die Person zur Handlung motiviert hat, kann ein sogenannter externer Grund keine Erklärung liefern. Williams vertritt deshalb die Auffassung, daß Aussagen, die sich auf externe Gründe beziehen, falsch, inkohärent oder irreführend ausgedrückt sind.

Christine M. Korsgaard geht es in ihrem Aufsatz »Skeptizismus bezüglich praktischer Vernunft« von einem kantischen Standpunkt aus darum, humesche Zweifel, inwieweit menschliche Handlungen überhaupt durch die Vernunft geleitet werden (können), ein Stück weit auszuräumen. Korsgaard will gegen Hume und seinen modernen internalistischen Nachfolger wie vor allem Bernard Williams zeigen, daß der motivationale Skeptizismus – also der Zweifel, inwieweit die Vernunft handlungsmotivierend sein kann – immer auf dem inhaltlichen Skeptizismus darüber, was die Vernunft über Entscheidungen und Handlungen sagen kann, beruhe. Die Pointe scheint dabei zu sein: Da Kantianer keinen inhaltlichen Skeptizismus vertreten, brauchen sie sich deshalb nicht von motivationalem Skeptizismus beunruhigen zu lassen. Die Forderung, daß rationale Überlegungen uns immer motivieren müssen, sei falsch, weil dann – wie es auch Humes Auffassung entspricht – echte Irrationalität unplausiblerweise ausgeschlossen wäre. Alles, was verlangt werden könne, ist, daß rationale Überlegungen uns motivieren müssen, insofern wir rational sind. Läßt man die Möglichkeit wahrer Irrationalität allerdings zu, so hänge die motivationale Analyse von Beispielfällen, die den Streit zwischen Humeanern und Kantianern entscheiden sollen, davon ab, welche Auffassung wir über den Inhalt der rationalen Handlungsprinzipien vertreten (z. B. ob man bereits die Einschränkung auf die Mittel-Zweck-Rationalität anerkennt oder Klugheit rationale Autorität zuschreibt), und nicht umgekehrt. Die Auseinandersetzung zwischen Humeanern und Kantianern, ob Klugheit oder das größere Gut oder anderes irgendeine besondere rationale Autorität besitzen – d. h. ob sie rationale Gesichtspunkte sind –, müsse auf einer anderen Ebene als der Motivationsfrage geführt werden. Es müsse eher als inhaltliches Argument darüber geführt werden, was Vernunft ist, wie weit sie reicht und welche Arten von Operationen, Prozeduren und Urteilen rational sind.

Thomas Nagel verfolgt in »Wünsche, Motive der Klugheit und die Gegenwart« zwei Zielsetzungen, eine allgemeinere und eine speziellere (wobei er im Artikel mit dem allgemeinen Punkt beginnt). Er will im spezielleren Fall der prudentiellen Rationalität zeigen, daß eine humesche oder internalistische Theorie praktischer Vernunft Probleme hat, die sie nicht so einfach lösen kann: nämlich zu erklären, warum es allgemein als klug, also vernünftig gilt, unsere zukünftigen Wünsche zu berücksichtigen. Wenn jedes motivierte Handeln auf das Wirken irgendeines motivierenden Faktors innerhalb der handelnden Person zurückgehen muß, da ein bloßes Fürwahrhalten allein angeblich kein Handeln hervorbringen könne, kann mir mein eigenes zukünftiges Wohl oder das Wohl anderer folglich auch keinen Grund liefern, der mich wirklich zu motivieren vermag, wenn zu der betreffenden Zeit in mir kein darauf bezogenes Begehren vorhanden ist. Handeln aus Klugheit wäre dann sowenig rational wie Handeln aus Altruismus; beides ist nach Nagel aber vernünftig. Der Grund für diese Schwierigkeit liegt Nagel zufolge in dem allgemeinen Problem, daß die internalistische These, jegliche Motivation sei im Zurückgehen auf die Wünsche der handelnden Person zu erklären, verfehlt ist, weil sie zwei Arten von Wünschen, motivierte und unmotivierte, vermenge. Intentionales Handeln gehe zwar immer auf einen Wunsch zurück, aber dieses Begehren (wie Nagel sich ausdrückt) oder Wünschen sei oft selbst durch Gründe motiviert, und das heißt, daß dabei das Begehren nicht die Quelle der Motivation sei. Bei genauerer Untersuchung zeige sich, daß das Begehren oftmals durch genau das motiviert sein kann, was auch die Handlung motiviert. Diese Motivation brauche dabei keinerlei Bezug zu irgendeinem anderen, unmotivierten Wunsch zu haben. Gründe müssen zwar motivierende Kraft haben, aber sie haben diese Kraft oft, nicht weil sie auf Wünschen beruhen, sondern weil sie Gründe sind. Es bestehe kein Grund zu der Annahme, daß als Antezedenz eines jeden Grundes stets ein Begehren präsent sein müsse, damit der Grund auch motivieren kann. Gründe der Klugheit brauchen folglich auch nicht auf einem interpolierten gegenwärtigen Begehren zu beruhen, zukünftige eigene Interessen zu befriedigen; statt dessen sei es möglich, diese Wirkung zukünftiger Interessen auf eine Anforderung der praktischen Vernunft zurückzuführen, auf einen Grund, dem Handlungen unterstehen.

Rainer Forst unternimmt in seinem Beitrag »Praktische Vernunft und rechtfertigende Gründe. Zur Begründung der Moral« eine rekursive Rekonstruktion, wie er es nennt, der Geltungsansprüche, die in den jeweils zu unterscheidenden Kontexten der praktisch-normativen Rechtfertigung erhoben werden, und analysiert genauer die Bedingungen der Einlösung dieser Ansprüche im Kontext der Moral. Seine zentrale Bestimmung von moralischer Rechtfertigung lautet, daß sie mittels »nicht vernünftigerweise – d.h. reziprok-allgemein – zurückweisbarer Gründe« zu erfolgen habe. Moralische Gründe sind demnach geteilte und teilbare Gründe. Die neohumesche Gegenauffassung, daß Rechtfertigung auf der vorhandenen »subjektiv motivationalen Verfassung« basieren müsse, wird von Forst zurückgewiesen. Sie kann einerseits für unsere Art der Rechtfertigung moralischer Normen nicht angemessen aufkommen. Die rekursive Rekonstruktion der Regeln »unserer« moralischen Rechtfertigung hat bei Forst Vorrang vor einer Theorie der Motivation. Um so mehr, als der Prozeß des Überzeugtwerdens und des Zustandekommens einer Motivation andererseits nicht so verstanden werden müsse, daß er immer auf bereits vorhandenen Motivationen aufruhe. Denn Wünsche sind nicht selbst ein Letztes, sondern ruhen selbst auf Gründen auf (Nagel). Und die Erklärung von Einsicht und das Zustandekommen von Motivation durch Rückgang mittels »fundierter vernünftiger Wege« auf die »subjektiv motivationale Verfassung« der betreffenden Person (Williams) ist zu offen, um wirklich zu entscheiden, ob es eine neue Einsicht oder eine auf einer bereits vorhandenen Motivation beruhende ist. Einen unbedingten Grund der Moral macht Forst schließlich im Anschluß an D. Henrichs Interpretation von Kants »Faktum der Vernunft« in einer grundlegenden und nicht weiter begründbaren normativen Einsicht zweiter Ordnung in die nicht vernünftigerweise zurückweisbare Pflicht zur Rechtfertigung aus.

Der Teil »Grenzen der Rationalität« dreht sich um die Erklärung von Phänomenen der Irrationalität. Praktische Vernunft und ihre Reichweite kann man nur analysieren, indem man auch ihr Gegenteil, also praktische Irrationalität, und die Grenzen zwischen Rationalität und Irrationalität näher bestimmt. Genau das tut *Donald Davidson* in »Paradoxien der Irrationalität«. Die Möglichkeit der Erklärung von Handlungen mittels Wünschen und Meinungen des Handelnden ist ein wesentlicher Aspekt von intentionalen Handlungen und ihres Verständnisses; sie ermöglicht uns, die Handlung als vernünftig aus dem Gesichtspunkt des Handelnden zu sehen. Das wirft aber die Frage auf, ob wir überhaupt, und wenn ja, wie wir irrationale Handlungen verstehen können. Irrationale Handlungen scheinen ggf. begrifflich unmöglich. Nur unter Rückgriff auf einige wichtige Teile der Freudschen Theorie, richtig interpretiert, ist nach Davidson eine befriedigende Erklärung von Irrationalität überhaupt möglich. Die von Davidson »Medea-Prinzip« betitelte Sicht besagt, daß diese Irrationalität nur möglich sei, indem eine fremde Kraft einen überwältigt. Davidson selbst will Fälle von Irrationalität durch die Tatsache erklären, daß es eine mentale Ursache einer Meinung oder Intention gibt, die kein Grund für die Meinung oder Intention ist, weshalb die willensschwache Handlung auch irrational ist. Die Erklärung, wie dies möglich ist, stützt sich auf eine (Um-)Interpretation der Theorie Freuds, wonach Teile des Geistes in einem bestimmten Maße voneinander unabhängig sein können. So soll erklärt werden, wie der eine »Teil« des Geistes eine Handlung unter Berücksichtigung aller relevanten Faktoren für die beste hält, während der andere »Teil« eine andere Handlung verursacht.

Ursula Wolf vertritt in »Zum Problem der Willensschwäche« eine andere Auffassung zum Problem der Erklärung praktischer Irrationalität. Im engeren Sinn sei es in der Tat unmöglich, wie Sokrates und Aristoteles schon richtig gesehen hätten, daß wir nicht tun, was wir für besser halten, auch wo wir es könnten. Das Phänomen, das man im Auge habe, müsse also anders beschrieben werden, und Wolf geht eine Reihe von prominenten Vorschlägen dazu aus der Philosophie durch (u. a. die von Davidson), die sie großenteils zurückweist, weil sie das Phänomen oder die Struktur der praktischen Überlegung verfehlen. Wie schon weiter oben skizziert, handelt es sich für Wolf bei Willensschwäche um eine Diskrepanz zwischen unserem wirklichen handlungsrelevanten Wollen und denjenigen Wünschen, die wir uns gern als handlungsrelevant zuschreiben würden, und wir überbrücken diese Diskrepanz ein Stück weit mittels unserer Fähigkeit zur Selbsttäuschung. Es handelt sich also danach letztlich um einen kognitiven Fehler von besonderer Art.

Nicholas Rescher untersucht »Die Begründung von Rationalität: Warum der Vernunft folgen?«. Seine »Begründung« der Vernunft ist dabei eine pragmatische. Die Frage »Warum soll ich der Vernunft folgen?« ergibt in einer Hinsicht keinen Sinn, weil derjenige, der sie stellt, nach einem Grund fragt und ihm dieser schon gegeben wurde, als gesagt wurde: »Es ist vernünftig, d. h. von den besten Gründen gestützt, das und das zu tun.« Zu fragen, warum man den besten Gründen folgen soll, sei unsinnig, weil man außerhalb der Rationalität nicht mit Gründen operieren könne, und innerhalb der Rationalität seien schon alle gegeben. Dennoch besteht ein »Dilemma der Vernunft«, nämlich daß wir nur von den besterkennbaren Gründen ausgehen können, nicht von den tatsächlich besten. Wir können also von dem rational Empfohlenen in die Irre geschickt werden. Warum sollen wir der Vernunft dennoch folgen? Per definitionem ist der rationale Mensch jemand, der Intelligenz gebraucht, um die Wahrscheinlichkeit, daß sich die Dinge vorteilhaft für die Beförderung seiner wirklichen Interessen entwickeln, zu maximieren. Wir folgen der Vernunft, weil sie uns mit den ersichtlich besten Aussichten, unsere Ziele zu verwirklichen, verfolgt. Wir seien nicht in der Lage zu beweisen, daß Rationalität sich auszahlt. Nichts »verpflichte« uns, rational zu sein, außer unsere Rationalität selbst. Die Antwort auf die Frage »Warum das Rationale tun, wenn wir seinen Erfolg nicht garantieren können«, muß nach Rescher eine pragmatische sein: Weil es das beste ist, was man tun kann. Die pragmatische selbstunterstützende Rechtfertigung der Vernunft sei nicht vitiös zirkulär, die Rechtfertigung der Vernunft müsse alles in allem unvermeidbar reflexiv und selbstbezüglich sein. Vom Rechtfertigungsgesichtspunkt aus sei Rationalität autonom und muß es auch sein.

DAS HANDLUNGS- UND ENTSCHEIDUNGSTHEORETISCHE GRUNDMODELL

Jon Elster

Wesen und Reichweite rationaler Handlungserklärung

Wie funktionieren rationale Handlungserklärungen*? Was sind ihre Möglichkeiten und Grenzen? Diese Ausgangsfragen werde ich anhand von drei Schritten diskutieren.[1] Der erste Teil widmet sich dem eher allgemeinen Begriff der intentionalen Erklärung des Verhaltens. Der zweite Teil erläutert die Besonderheiten, die man braucht, um rationale Handlungserklärungen zu entwickeln. Der dritte Teil schließlich betrachtet eingehender das Vermögen der rationalen Entscheidungstheorie, eindeutige Herleitungen zu liefern. Insbesondere geht es hierbei um die Möglichkeit, daß es sowohl mehrere als auch gar keine optimale Lösung geben kann.

1. Intentionalität

Will man ein bestimmtes Verhalten intentional erklären, so zeigt man, daß es von einer Intention (oder Absicht) des Individuums abgeleitet werden kann. Eine erfolgreiche intentionale Erklärung macht das Verhalten zu einer *Handlung* und den Ausführenden dieser Handlung zu einem *Handelnden*. Eine solche Erklärung läuft darauf hinaus, eine Beziehung zwischen drei Komponenten darzulegen: dem Verhalten (H), dem Meinungsgefüge (M) des Individuums und dem ihm zuschreibbaren Wunschgefüge (W). Diese Beziehung ist wiederum durch drei Bedingungen definiert, die in diesem Abschnitt behandelt werden.

Zuerst müssen wir sicherstellen, daß die Wünsche und Meinungen Gründe für das Verhalten sind, damit meine ich:

* Im Original wird von »rational choice explanation« gesprochen. Der Ausdruck wird in diesem Text durchgängig als »rationale Handlungserklärung« wiedergegeben; »rational choice theory« wird mit »rationaler Entscheidungstheorie« übersetzt [A.d.Ü.].

1. Angenommen M ist gegeben, dann ist H das beste Mittel, W zu erreichen.

Sind solche Gründe vorhanden, sind sie dennoch nicht hinreichend, das auftretende Handeln zu erklären, für das sie die Gründe darstellen. Ein Handelnder wird beispielsweise aufgefordert, in einer Theaterszene zu erzittern. Selbst wenn er die entsprechenden Meinungen und Wünsche hat, mag er sich außerstande sehen, dies willentlich zu tun. Wichtiger noch, selbst wenn so ein Verhalten eintritt, reichen die Gründe nicht aus, es zu erklären. Der Anblick einer Schlange auf der Bühne könnte den Handelnden dazu bringen, gegen seinen Willen zu erzittern. Dies gilt auch dann, wenn wir voraussetzen, daß der Handelnde tatsächlich willentlich erzittern kann, aber seine Absicht, dies zu tun, durch den Anblick der Schlange nicht mehr ausschlaggebend ist. Wir müssen deshalb eine Klausel hinzufügen, die sicherstellt, daß sein Verhalten wirklich durch diese Absicht, so zu handeln, verursacht worden ist.

2. M und W verursachen H.

Die Gründe müssen also auch die Ursachen für die Handlung sein, die sie rationalisieren (im Sinne von »begründen« [A.d.Ü.]).[2] Aber um zu sehen, warum diese Bedingung ebenfalls nicht ausreicht, haben wir die Art und Weise zu betrachten, wie Meinungen und Wünsche als Ursachen fungieren können: Stellen Sie sich einen Gewehrschützen vor, der auf einen Gegenstand zielt. Er glaubt, daß er sein nächstes, ihm sehr am Herzen liegendes Ziel nur dann erreicht, wenn er diesen Gegenstand trifft. Diese Überzeugung und dieser Wunsch bilden Gründe für ein bestimmtes Verhalten, nämlich genau dann den Abzug zu drücken, wenn das Gewehr auf den Gegenstand gerichtet ist. Der Wunsch und die Überzeugung können jedoch auch zu einem ganz anderen Verhalten führen. Dem Mann, der aufgrund seiner hochgesteckten Ziele nervös wird, können die Hände so zittern, daß er den Schuß in einem falschen Moment auslöst. Wäre er weniger besorgt gewesen, das Ziel zu treffen, hätte er viel mehr Erfolg gehabt. Sein starker Wunsch, den Gegenstand zu treffen, fungiert hier als Ursache, aber nicht qua Grund. Um qua Grund zu handeln, muß der Grund zumindest die Ursache für die Handlung sein, die er begründet.

Betrachten wir nun Davidsons berühmtes Beispiel:

Es könnte sein, daß sich ein Bergsteiger von der Last und der Gefahr eines anderen, der an seinem Seil hängt, befreien will, und er wüßte, daß er sich durch Lösen seiner Seilhalterung von der Last und Gefahr befreien könnte. Durch diesen Gedanken und diesen Wunsch wird er womöglich so nervös, daß er dazu veranlaßt wird, die Halterung zu lösen, und dennoch könnte es sein, daß er sich niemals entschieden hat, die Halterung zu lösen, noch daß er es absichtlich getan hat.[3]

Die Bedingungen (1) und (2) sind hier erfüllt, dennoch verursachen die Meinungen und Wünsche nicht das Verhalten qua Gründe. Dieses Beispiel unterscheidet sich von dem des Schützen insofern, als die Meinungen und Wünsche des Bergsteigers genau die Handlung verursachen, für die sie Gründe sind, aber sie sind insofern gleich, als die Meinungen und Wünsche nicht qua Gründe verursachen. Es ist ein bloßer Zufall, daß die Meinungen und Wünsche im Fall des Bergsteigers die Ursachen für genau dasselbe Verhalten sind, für welches sie die Gründe darstellen. So ist noch hinzufügen:

3. M und W verursachen H qua Gründe.

Wie auch in anderen Fällen müssen wir uns fragen, aufgrund welcher Kriterien die Ursache ihre Wirkung erzielt. Wenn das Fallen eines Steines dazu führt, daß das Eis bricht, dann geben wir das Gewicht des Steines an und nicht seine Farbe, um zu erklären, was passiert ist. Wenn der Wunsch des Schützen die Ursache für sein Danebenschießen ist, dann verweisen wir auf seine psychologische Verunsicherung oder Aufgeregtheit und nicht auf die Stärke seines Wunsches. Die Stärke des Wunsches spiegelt wider, wie hoch der Handelnde sein Ziel im Vergleich zu seinen anderen Zielen einschätzt. Also ist die Stärke des Wunsches in erster Linie für die Wirksamkeit qua Gründe von Bedeutung, und insoweit der Wunsch das Verhalten qua Gründe motiviert, ist diese Stärke ebenso für die kausale Wirksamkeit wichtig. Die emotionale Ausstrahlung von Wünschen ist irrelevant für die Wirksamkeit qua Grund, aber kann die Wirkung qua nicht-rationaler Ursache beeinflussen. Dies ist natürlich eine vage und metaphysische Redeweise. Wir haben noch keine gute Terminologie, um die Gefühle und ihre Bedeutung für Handlungen genau fassen zu können. Ich gehe jedoch davon aus, daß niemand die phänomenologische Wirklichkeit der von mir beschriebenen Tatsachen bestreitet oder die Notwendigkeit der Klausel (3), um gewisse akzidentelle Zufälligkeiten auszuschließen, genauso wie die Klausel (2) notwendig ist, eine andere Art von Zufall zu vermeiden.

Obwohl diese Klauseln in einer völlig zufriedenstellenden intentionalen Erklärung erfüllt sein müssen, fordern wir aber normalerweise nicht ganz soviel. Analog dazu wäre ein Krimi, dessen Handlungsverlauf durch das Erforschen von Motiv und Gelegenheit bestimmt wird. Wenn eine Person ein bestimmtes Verhalten an den Tag legt, dann wissen wir bereits, daß sie auch die Gelegenheit dazu hatte. Wenn sie eine Handlung ausgeführt hat, dann war sie auch in der Lage, die Handlung auszuführen. Wenn wir zusätzlich davon ausgehen, daß die Person ein Motiv besitzt und darüber hinaus um die Gelegenheit weiß, dann folgern wir normalerweise daraus, daß wir eine intentionale Erklärung dieses Verhaltens gefunden haben, auch wenn die in den Klauseln (2) und (3) ausgeschlossenen Zufälle denkbar sind. In einigen besonderen Fällen wollen wir manchmal die Wahrscheinlichkeit der ersten Art des Zufalls vermeiden, indem wir ebenfalls nachweisen, daß der Handelnde die Fähigkeit besitzt, die entsprechende Handlung zu vollziehen, zum Beispiel willentlich zu erzittern oder ein Ziel zu treffen. Obwohl mögliche Zufälle hier nicht ausgeschlossen sind, reicht dies größtenteils für praktische Zwecke. Um die Klauseln (2) und (3) zu erfüllen, ist es aber erforderlich, daß wir die tatsächlichen mentalen Prozesse untersuchen, wozu wir nur in Ausnahmefällen fähig sind. Motiv, Gelegenheit, Wissen und Fähigkeit festzustellen ist im Gegensatz dazu eine viel einfachere Aufgabe (was nicht heißt, daß es überhaupt einfach wäre).

Daß die Klausel (1) für eine intentionale Erklärung nicht ausreicht, hängt damit zusammen, daß »eine Handlung erklären« und »eine Handlung voraussagen« nicht das gleiche ist. Würde die Klausel (1) für eine Erklärung genügen, könnten wir sie ebenfalls für eine Vorhersage verwenden. Aber es gibt keine gesetzmäßige Verbindung zwischen dem Umstand, gewisse Wünsche und Meinungen zu haben einerseits und eine bestimmte Handlung auszuführen andererseits.[4] Jedoch genauso wie die Klausel (1) für praktische Zwecke sehr viel dazu beiträgt, ein Verhalten zu erklären, kann man mit einiger praktischer Zuversicht vorhersagen, daß Motiv, Gelegenheit etc. zu einer Handlung führen. In diesem Aufsatz geht es jedoch in erster Linie nur um die bestmögliche Erklärung.

2. Rationalität

Die rationalen Handlungserklärungen gehen in einigen Hinsichten über die Intentionalität hinaus. Zum einen müssen wir darauf bestehen, daß ein Verhalten, soll es rational sein, von Wünschen und Meinungen ausgeht, die ihrerseits wiederum in gewisser Weise rational sind. Zum anderen müssen wir eine stringentere Beziehung zwischen Meinungen und Wünschen einerseits und Handlung andererseits fordern.

Zumindest fordern wir, daß

4. das Meinungsgefüge M in sich konsistent ist,
5. das Wunschgefüge W in sich konsistent ist.

Man könnte nun annehmen, daß diese Forderungen nicht nur für *rationale Handlungserklärungen*, sondern generell für intentionale Erklärungen gelten. Wenn es zum Beispiel auf keinen Fall möglich ist, einen gegebenen Wunsch aufgrund einer internen Inkonsistenz zu realisieren, wie kann dann jemand die *beste* Möglichkeit wählen, um den Wunsch zu erfüllen? Die Anwort lautet natürlich, daß der Handelnde an die Realisierbarkeit seines Wunsches glauben muß. Dieser Glaube wiederum ist intern inkonsistent. Denn damit der Glaube an die Erfüllbarkeit eines bestimmten Wunsches konsistent ist, muß es eine mögliche Welt geben, in der der Wunsch realisiert werden kann. Und das impliziert, daß es eine andere Welt gibt, in der der Wunsch erfüllt ist, was der obigen ursprünglichen Annahme widerspricht. Trotzdem ist es möglich, daß zweckgerichtetes Tun auf solchen inkonsistenten mentalen Zuständen beruht. So glaubt vielleicht jemand, daß man am besten einen Winkel mit einem Lineal und einem Kompaß dreiteilt, indem man erst eine Hilfslinie zeichnet. Diese Zeichnung kann durch das logisch inkonsistente Ziel erklärt werden, den Winkel auf diese Weise dreizuteilen, und durch den Glauben, daß das Ziel realisierbar und am besten zu erreichen ist, wenn man zuerst so verfährt. Wenn dies keine intentionale Erklärung ist, dann ist nichts intentional erklärbar. Allerdings wollen wir hier auch nicht von einer rationalen Handlungserklärung sprechen.

Zugegeben, dieses Beispiel ist umstritten, weil die implizite Vorstellung der Rationalität vielleicht als zu strikt erscheint. Tatsächlich sieht es so aus, als ob das Beispiel Irrationalität und fehlende mentale Kompetenz durcheinanderbringt. Darauf könnte man erwidern, daß zwar nichts Irrationales dabeizusein braucht, ein logisch inkonsistentes Ziel realisieren zu wollen, aber Rationalität es erforderlich macht, daß wir uns wenigstens im klaren darüber sind, daß dieses Ziel möglicherweise nicht verwirklichbar ist. Zu glauben, eine bestimmte mathematische Konstruktion sei unter allen Umständen machbar, kann irrational sein, auch wenn sie tatsächlich funktionieren sollte. Dies hat jedoch mit der Wohlbegründetheit von Meinungen und nicht mit ihrer internen Konsistenz zu tun. Ich werde später auf diesen Punkt zurückkommen. Es gibt noch andere und klarere Beispiele für Handlungen, die von intern inkonsistenten Meinungen und Wünschen herrühren. So ist der Glaube, »es wird dann und nur dann regnen, wenn ich nicht damit rechne, daß es regnet«, logisch inkonsistent[5], obwohl einige Menschen aufgrund dieser Annahme sich entschließen, ihren Schirm auf ihre Saharareise mitzunehmen. Man kann auch weniger exotische Phänomene nennen: intransitive Präferenzen, inkonsistente Zeitpräferenzen oder solche subjektiven Wahrscheinlichkeiten, die zusammen, obwohl die betrachteten Möglichkeiten vollständig und disjunkt sind, nicht (1) ergeben, etc.[6]

Man könnte mehr Rationalität von Meinungen und Wünschen verlangen als pure Konsistenz. Besonders wäre zu fordern, daß die Meinungen in gewisser Hinsicht substantiell gut begründet, das heißt durch eine gegebene Evidenz induktiv gerechtfertigt sind. Dies ist sicherlich eine sehr problematische, aber, so unterstelle ich hier, eine sinnvolle Vorstellung. Diese Analyse der Rationalität von Meinungen verläuft analog zur Analyse der intentionalen Handlungen. Wiederum müssen drei Bedingungen erfüllt sein:

1b) Die Meinung muß im Verhältnis zu der zugänglichen Evidenz die beste sein.

2b) Die Meinung muß durch die zugängliche Evidenz verursacht sein.

3b) Die Evidenz muß die Meinung »in der richtigen Weise« verursachen.

Die erste dieser Bedingungen setzt eine eher strenge Regel des induktiven Schlusses voraus. Die zweite ist nötig, um die Möglichkeit auszuschließen, daß man auf die beste Meinung rein zufällig trifft. Z. B. kann bloßes Wunschdenken zu einer Meinung geführt haben, die sich als die beste erweist.[7] Die dritte Bedingung soll verhindern, daß man zwar anhand der Evidenz die Meinung bildet, die durch diese Evidenz gerechtfertigt ist, aber mittels eines falschen Überlegungsprozesses. Vielleicht waren einige sich wechselseitig aufhebende Fehler in die Schlußfolgerung involviert.[8] Wir können wieder zwischen einer bestmöglichen Analyse der Rationalität von Meinungen und der weniger anspruchsvollen Bedingung unterscheiden, daß nur (1b) erfüllt sein muß.

Nehmen wir an, alle drei Bedingungen (1b), (2b), (3b) sind erfüllt, dann wird die Meinung dadurch erklärt, daß sie mit Bezug auf die zugängliche Evidenz E wohlbegründet ist. Man kann dies als Teil der Definition für rationale Handlungserklärung verwenden:

(W) Die Relation zwischen M und E muß (1b), (2b), (3b) erfüllen.

Aus Gründen, die im dritten Abschnitt noch näher ausgeführt werden, ist dieser Vorschlag noch nicht vollständig. Er muß durch eine Voraussetzung ergänzt werden, die bestimmt, wie viele Evidenzen rationalerweise gesammelt werden sollten.

Kann man genauso substantielle Rationalität von Wünschen fordern? Wenn ja, welche Bedingungen sollte man für die Ausbildung rationaler Wünsche und Präferenzen fordern? Obwohl ich glaube, daß es durchaus möglich ist, eine vorläufige Antwort auf diese Fragen zu geben, sind diese Bedingungen doch nicht gesichert genug, um hier aufgeführt zu werden.[9] Auf jeden Fall brauchen wir aber eine zusätzliche Bedingung in der Beziehung von Wünschen und Verhalten, um akratisches Verhalten oder Willensschwäche auszuschließen.

Stellen wir uns einen Mann vor, der das Rauchen aufgeben will, aber immer wieder der Versuchung unterliegt, wenn ihm eine Zigarette angeboten wird. Indem er die Zigarette annimmt, verhält er sich in Übereinstimmung mit den Bedingungen (1) bis (5). Er wünscht zu rauchen: ein absolut konsistentes Ziel. Er ist der Meinung, daß ihm eine Zigarette und keine Plastikimitation angeboten wird. Da der beste Weg, seinen Wunsch zu realisieren, darin besteht, die Zigarette zu akzeptieren, tut er dies. Doch dies ist nur ein Teil der Erklärung. Denn hier sind nur diejenigen Gründe angeführt, die für das Rauchen sprechen, diejenigen gegen das Rauchen sind weggelassen. Als ich die intentionale Erklärung erläutert habe, habe ich implizit folgenden Existenzquantor verwendet: Es gibt ein Meinungs- und ein Wunschgefüge, die die Handlungsgründe ausmachen und die auch wirklich qua Gründe die Handlung verursachen. Aber bei dieser Erläuterung brauchen nicht alle Gründe berücksichtigt worden zu sein. Der Handelnde kann auch den Wunsch haben, bei guter Gesundheit zu bleiben, und das würde einen Grund abgeben, die angebotene Zigarette abzulehnen. Darüber hinaus könnte er glauben, daß dieser Wunsch stärker ist als der kurzfristige Impuls, zu rauchen: Nach Abwägung aller Aspekte sollte er das Angebot lieber ablehnen. Und dennoch nimmt der Handelnde die Zigarette womöglich an. Damit solches akratisches Verhalten nicht für rational gehalten wird, müssen wir folgende Zusatzbedingung unserer Definition hinzufügen:

6. Wenn M gegeben ist, dann ist H die beste Handlung relativ zu dem vollständigen Gefüge von abgewogenen Wünschen.

Es gibt verschiedenste Darstellungen, wie willensschwaches Verhalten zustande kommt. Meiner Ansicht nach ist die von Donald Davidson am plausibelsten, der von einer falschen Kausalbeziehung zwischen Wünschen und Handlung ausgeht.[10] So kann sich der schwächere Wunsch durchsetzen, indem er den stärkeren blockiert; oder stärkere Wünsche können unterliegen, weil sie ein anderes Verhalten verursachen als das, wofür sie die Gründe darstellen. Auf jeden Fall gilt die Bedingung (1) nicht für das vollständige Wunschgefüge. Die Handlung ist zwar intentional, aber irrational.

Gibt es nun eine kognitive Analogie zur Bedingung (6)? Diese müßte in (1b) enthalten sein. Indem man nur einen Teil der Evidenz betrachtet, kommt man zu einer Meinung, die relativ zu diesem Teil der Evidenz die beste ist, aber eben nicht relativ zu der vollständigen Menge der Evidenzen. Ein ähnlicher, aber dennoch unterschiedlicher Prozeß kommt zum Tragen, wenn man sich dazu entschließt, in dem Moment das Sammeln von Evidenzen abzubrechen, an dem die Evidenz für eine bestimmte Meinung spricht, die man aus anderen Gründen für wahr halten will. Auf diesen Punkt komme ich in Kürze zurück.

3. Optimalität

Der explanatorische Gehalt der Bedingung (1) ergibt sich aus der Forderung, daß das Explanandum das »beste« Mittel ist, das Ziel des Handelnden zu erreichen. Der enorme Erfolg der Modelle rationaler Entscheidungstheorie in Wirtschaft und Naturwissenschaft ist auf diese offensichtliche Fähigkeit zurückzuführen, eindeutige und bestimmte Vorhersagen in Begriffen von maximierendem Handeln zu geben. Obwohl, ganz allgemein gesagt, eine Erklärung die Form sowohl eines Ausschließens von Tatsachen als auch eines Bestimmens von Tatsachen annehmen kann[11], besteht das naturwissenschaftliche Ideal einer Erklärung immer darin, eine Hypothese zu bilden, durch die eine eindeutige, beobachtbare Schlußfolgerung bestimmt wird. In diesem Abschnitt möchte ich einige Schwierigkeiten dieser Auffassung erörtern, wenn sie auf die Sozialwissenschaften bezogen werden. Zum einen kann es mehrere gleiche und bestmögliche Optionen geben, zum anderen braucht es überhaupt keine »beste« Option zu geben. Man mag nun einwenden, daß es sich hier genauso um Ausnahmefälle handelt, die wie die Probleme, die den Bedingungen (1) und (2) zugrunde liegen, nur in eher außergewöhnlichen Situationen vorkommen. Aber dieser Einwand ist falsch. Denn es gibt ein starkes allgemeines Argument, das beweist, daß eindeutige Handlungsmaximierung generell nicht möglich ist.

Betrachten wir zuerst die Uneindeutigkeit der optimalen Wahl, die ins Spiel kommt, wenn sich der Handelnde gegenüber verschiedenen, gleichrangigen Wahlmöglichkeiten indifferent verhält. In dem Fall gibt es keine rationale Entscheidung; jedoch ist der Handelnde typischerweise dazu imstande, schließlich eine der Optionen herauszugreifen.[12] Eine völlig zufriedenstellende Theorie würde dann einen kausalen Zusatz zu der rationalen Handlungserklärung bieten, der zeigt, wie ein hervorstechendes Merkmal oder andere wertneutrale Merkmale in der Situation dazu führen, daß eher eine Option als eine andere favorisiert wird. Oder man definiert die Wahlsituation um, indem man die höchstrangigen Alternativen in eine einzige Handlungsoption zusammenfaßt. Wenn es mir gleich ist, ob ich mich für einen roten oder blauen Schirm entscheide, aber beide Schirme einem Regenmantel vorziehe, ergibt die Wahl dann ein eindeutiges Ergebnis, wenn ich die beiden anfänglichen Auswahlmöglichkeiten zu »(überhaupt) ein Regenschirm« bündle. Dieser Ausweg ist jedoch nicht möglich, wenn sich die höchstrangigen Alternativen in mehr als in einer Hinsicht voneinander unterscheiden, weil die Indifferenz gegenüber den Wahlmöglichkeiten dann eher auf sich wechselseitig ausgleichende Vorteile denn auf Wertneutralität zurückzuführen ist.

Mehrere Optima verursachen erhebliche Schwierigkeiten. Die allgemeine Gleichgewichtstheorie beispielsweise bietet keine Lösung. In ihrer einfachsten Version wird die Annahme getroffen, daß die Produktions- und Konsumoptima eindeutig sind. Mit ein paar Zusatzannahmen kann man nun zeigen, daß es ein Preissystem gibt, bei dem alle Märkte geräumt werden, wenn die Akteure optimieren. In ihrer komplexeren Version werden verschiedene Optima zugelassen. Das Gleichgewichtskonzept wird entsprechend modifiziert, um eine Menge von Preissystemen und optimierenden Handlungen zu ermöglichen, die die Räumung der Märkte ermöglichen.[13] Die Schwierigkeit besteht nicht darin, daß die Wahl dieser Handlungen im Vergleich zu anderen optimierenden Handlungen rein zufällig wäre. Vielmehr liegt sie darin, daß die Unbestimmtheit, welches Preissystem und welche Handlungen realisiert werden, wesentlich ist, damit der Existenzbeweis durchgeht. In unserer wirklichen Welt gibt es keine Unbestimmtheit. Ein Optimum wird immer gewählt. Wenn eine Theorie erklären könnte, welche der maximal guten Optionen gewählt (oder ergriffen) wird, würde das klarerweise einen Fortschritt gegenüber jener Theorie bedeuten, die diese Wahl unbestimmt läßt. Aber der Existenzbeweis würde zerstört, weil eine Diskontinuität der Reaktionsfunktionen erzwungen würde.

In der Spieltheorie wimmelt es nur so von multiplen Optima. In der großen Klasse der nicht-kooperativen Spiele, in denen ein Gleichgewicht existiert, gibt es viele Gleichgewichte, die aus gemischten Strategien bestehen [also aus Strategien, bei denen der Handelnde mehrere reine Strategien mit positiver Wahrscheinlichkeit wählt (A.d.Ü.)]. An jedem Gleichgewichtspunkt in gemischten Strategien hat jeder Handelnde viele optimale Strategien, wenn alle anderen Beteiligten auch ihre Gleichgewichtsstrategien wählen. Tatsächlich ist jede reine Strategie oder Linearkombination reiner Strategien so gut wie jede andere, solange sie aus der Menge der optimalen reinen Strategien stammt. Warum sollte dann ein Handelnder gerade die Gleichgewichtsstrategie wählen? Daß man diese Frage nicht gut beantworten kann, so behauptet John Harsanyi, ist eine basale Schwachstelle in der klassischen Spieltheorie. Statt dessen schlägt Harsanyi ein Lösungskonzept vor, das nur »zentroide« oder »equi-probabilistische« gemischte Strategien erlaubt. Dieser Vorschlag entspricht der Vorstellung, daß man unter verschiedenen optimalen reinen Strategien eine zufällig auswählt, »was auf einen unbewußten Zufallsmechanismus im Nervensystem [des Spielers] hinausläuft«.[14] Natürlich ist dies im wesentlichen eine kausale Vorstellung.

Betrachten wir nun das Fehlen von optimalem Verhalten, das sowohl in strategischen wie nicht-strategischen Situationen anzutreffen ist. Ein einfacher Fall ist folgender: Ein Handelnder hat unvollständige Präferenzen, so daß wenigstens für ein Paar von Alternativmöglichkeiten x und y gilt, daß er x im geringen Maße y vorzieht, noch umgekehrt, daß er y geringfügig x vorzieht. Wenn ein Paar solcher nicht vergleichbarer Optionen an der Spitze der Rangfolge seiner Präferenzen steht, in dem Sinne, daß für jede von ihnen gilt, daß es keine bessere gibt, dann trifft es nicht zu, daß es wenigstens eine Alternative gibt, die so gut ist wie all die anderen. In konkreten Fällen mag es schwer sein, zwischen Nichtvergleichbarkeit und Indifferenz zu unterscheiden, aber der folgende Test soll uns dabei helfen. Gibt es eine Alternative (vielleicht außerhalb der realisierbaren Menge), die x vorgezogen wird, dann sollte sie auch y vorgezogen werden, falls es sich um Indifferenz handelt[15], allerdings nicht bei Fällen der Nichtvergleichbarkeit.

Nichtvergleichbarkeit kann, wie Sen und Williams nahelegen, dann besonders wichtig werden, wenn unsere Ordnung von Präferenzen das Wohl anderer Menschen mitberücksichtigt.[16] Man stelle sich vor, ich hätte die Wahl, einem meiner Kinder 10 Dollar zu geben. Ich könnte mich nicht entscheiden, welches Kind das Geld bekommen soll. Ebenso wüßte ich nicht, ob ich vielleicht dem ersten Kind elf Dollar geben und dem zweiten Kind zehn Dollar geben sollte, obwohl ich dem ersten Kind lieber elf statt zehn Dollar geben würde. Dies bedeutet, daß ich einfach unfähig wäre, das Wohl hinreichend genau einzuschätzen, das die Kinder von dem Geld hätten, um eine Entscheidung zu treffen. Doch normalerweise entscheiden wir uns (obwohl in diesem Fall die Unfähigkeit zu handeln größer ist als in anderen Fällen)[17], und um dies zu erklären, müssen wir über die rationale Entscheidungstheorie hinausgehen.

Präferenzen können mit Bezug auf Resultate oder Handlungen definiert werden. Ich gehe davon aus, daß letztere sich aus ersteren ergeben, insofern als man eine Handlung gerade deshalb einer anderen vorzieht, weil man das Resultat begrüßt, das diese Handlung mit sich bringt.[18] Gerade habe ich den Fall diskutiert, in dem die Präferenzen bezüglich Handlungen unvollständig sind, da die korrespondierenden Präferenzen bezüglich Handlungsresultaten unvollständig sind. Handlungspräferenzen können jedoch auch dann unvollständig sein, wenn die Resultat-Präferenzen sich als vollständig erweisen, nämlich wenn jemand sich unsicher ist. Es ist zu bedenken, daß in der Bedingung (1) das Wort »beste« im subjektiven Sinn verstanden werden muß – nämlich »beste« relativ zu den Meinungen des Handelnden. Das schließt auch probabilistische Meinungen mit ein, nach denen man dann rational handelt, wenn man den erwarteten Nutzen maximiert. Manchmal kann man jedoch nicht die subjektiven Wahrscheinlichkeiten feststellen, auf die man sich rationalerweise stützen kann, wenn man sich entscheidet. Zum Beispiel scheint es in Sachen Kernenergie nutzlos zu sein, danach zu fragen, wie subjektiv wahrscheinlich es ist, daß ein demokratischer Staat sich im nächsten Jahrtausend in eine Diktatur verwandeln könnte, die dann das Plutonium des Kernreaktors für den Bau von Bomben benutzt.[19] Dasselbe Problem entsteht, denke ich, in vielen Fällen, in denen man kurzfristiger planen muß. Bei Entscheidungen, die unter Unsicherheit getroffen werden, können wir nur unter sehr speziellen Bedingungen die höchstgeschätzte Handlung herausgreifen. Insbesondere verlangt dies, daß es eine Option gibt, bei der die schlechteste Konsequenz immer noch besser ist als die beste Konsequenz aller anderen Optionen.[20] Wenn dies nicht möglich ist, gibt Rationalität keine Anleitung für Handlungen und a fortiori keine Anleitung für die Erklärung von Handlungen.

Daß es keine optimale Wahl gibt, kann ebenfalls der strategischen Natur der Situation geschuldet sein. Es gibt zwei Fälle: Entweder gibt es keinen Gleichgewichtspunkt, oder es gibt mehrere Gleichgewichte, von denen nicht ein einzelnes als Lösung isoliert werden kann.[21] Der erste Fall ist gegeben, wenn die Menge der Alternativen unbegrenzt oder offen ist. In dem Spiel »Ziehe dir eine Nummer –

der Spieler mit der größten Nummer gewinnt« gibt es keine Gleichgewichtsmenge von Strategien, weil die Strategiemenge unbegrenzt ist. Hyperinflation ähnelt manchmal ein bißchen diesem Spiel. In dem Spiel »Ziehe eine Nummer, die auf alle Fälle kleiner als 1 ist – der Spieler mit der größten Nummer gewinnt« gibt es keinen Gleichgewichtspunkt, da die Menge offen ist. Man kann dies anhand des Spiels »Feigling« [*chicken*] illustrieren, in dem es darum geht, mit Höchstgeschwindigkeit auf eine Mauer zuzusteuern und erst so nah wie möglich vor der Mauer abzustoppen.

Wichtiger aber sind Spiele, die zwar Gleichgewichte, aber keine eindeutige Lösung haben. Die Standardversion von »Feigling« mag dies verdeutlichen: Zwei Spieler fahren direkt aufeinander zu. Ziel ist es, nicht als erster auszuweichen. Hier gibt es zwei Gleichgewichte, in jedem weicht ein Fahrer aus und der andere Fahrer nicht. Aber Rationalität allein kann den Fahrern unmöglich helfen, sich darauf zu einigen, wer von beiden ausweicht. Ein Beispiel für diese Interaktionsstruktur können gewisse Formen von technischem Fortschritt sein, die durch »Der Sieger bekommt alles [*Winner takes all*]« charakterisiert sind.[22] Einer bestimmten Firma fehlt der Anreiz, in Forschung und Entwicklung zu investieren, wenn andere Firmen stark investieren, und umgekehrt ist sie sehr an Investitionen interessiert, wenn es andere gerade nicht sind. Ich will damit betonen, daß diese Fälle die Nicht-Existenz einer optimalen Wahl verdeutlichen statt deren Nichteindeutigkeit. Sind multiple Gleichgewichte gegeben, können individuelle Handelnde keine Münze werfen, um sich für eine der verschiedenen korrespondierenden Gleichgewichtsstrategien zu entscheiden. Sicher, um aus der vollen Menge von Gleichgewichtsstrategien zu wählen, um ihre Handlungen zu koordinieren, können sie eine Münze werfen. Aber in diesem Fall haben wir bereits den Bereich der individuellen Rationalität verlassen, um den es hier geht.

An dieser Stelle möchte ich einen Augenblick innehalten und mit Hilfe eines Diagramms zusammenfassen, was bisher über Nichteindeutigkeit und Nicht-Existenz einer optimalen Wahl gesagt wurde.

Folgende Phänomene habe ich diskutiert:

a) Die Nicht-Eindeutigkeit von optimalem Handeln, gegeben W und M.

b) Die Nicht-Existenz von optimalem Handeln, gegeben W und M.

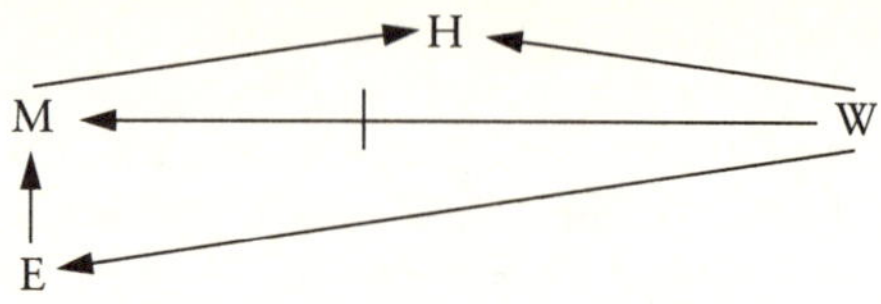

c) Die Nicht-Existenz von optimalen Meinungen, gegeben E.

Hier sind M und E als gegeben vorausgesetzt. Ich habe bereits erwähnt, daß ich nicht die spekulative Frage diskutieren möchte, ob W vielleicht auch ein Rationalitätskriterium darstellen könnte, aber sicherlich müssen wir diese Frage bei E berücksichtigen. Wie viele Evidenzen sollten wir rationalerweise sammeln, bevor wir eine Meinung bilden, auf deren Grundlage wir uns dann zur Handlung entschließen? Man kann jede Entscheidung zu handeln so auffassen, daß sie von einer *Schattenentscheidung* begleitet wird – nämlich von der Entscheidung, wann man mit der Sammlung von Informationen aufhören soll. Die erste Entscheidung kann nicht rationaler sein als die zweite, auf der sie beruht, obwohl die erste Entscheidung natürlich durchaus weniger rational sein kann, falls andere Dinge im weiteren Prozeß falsch laufen.

In den meisten Fällen ist es genauso irrational, keine Zeit für das Einholen von Evidenzen zu verwenden, wie sich fast ausschließlich damit zu beschäftigen. Der optimale Zeitaufwand, der für das Sammeln von Informationen investiert werden sollte, liegt irgendwo zwischen den Extremen. Dies gilt jedoch nur in dem objektiven Sinn, insofern ein Beobachter, der alles über die Situation weiß, den Wert des Informationssammelns einschätzen und den Punkt herausfinden könnte, an dem der Wert einer Information genau dem Aufwand der Informationsbeschaffung entspricht. Aber natürlich besitzt der Handelnde, der sich an eine Entscheidung herantastet, nicht die nötige Information, um eine optimale Entscheidung über das Sammeln von Informationen zu treffen.[23] Er weiß aus Prinzip, daß Informationen teuer sind und daß es einer Abwägung bedarf zwischen Informationen einholen und Informationen nutzen, aber er weiß nicht, was das richtige Verhältnis ist:

Es ist so, wie wenn man in einen großen Wald ginge, um Pilze zu sammeln. Man kann die Sammelmöglichkeiten in einem beschränkten Gebiet erkunden, aber an einem gewissen Punkt muß man die Sondierung beenden und mit dem Pilzesammeln beginnen, da eine weitere Suche nach Möglichkeiten, mehr und bessere Pilze zu finden, den Zweck des Ausflugs vereiteln würde. Man muß sich intuitiv entscheiden, d. h. ohne tatsächlich auszukundschaften, ob eine weitere Suche zu besseren Ergebnissen geführt haben würde.[24]

Aber, um es nochmals zu wiederholen, dieses Argument impliziert nicht, daß die Entscheidung, wann mit dem Sammeln von Informationen aufzuhören ist, willkürlich ist. Normalerweise gibt es viele spezifische Informationen, von denen man weiß, daß es sich lohnt, sie zu bekommen. So weiß man, daß es notwendig ist, bestimmte Dinge zu wissen, um eine Brücke zu bauen. Diese bilden die Untergrenze der Informationsbeschaffung. Die offensichtliche Obergrenze besteht darin, nicht zu viel Zeit mit Informationssammeln zu verschwenden, so daß es sinnlos wird. Wenn man das Wetter von morgen voraussagen will, kann man nicht mehr als 24 Stunden damit zubringen, die Evidenzen zusammenzusuchen. Manchmal kann der Abstand zwischen der Unter- und der Obergrenze beträchtlich verringert werden, gerade bei sehr stereotypen Situationen wie medizinischen Diagnosen. Man besitzt in dem Fall eine Basis, den erwarteten Wert von mehr Information mit guter Annäherung einzuschätzen. In vielen Alltagsentscheidungen, von militärischen oder Geschäftsentscheidungen einmal ganz abgesehen, verschwören sich eine Kombination von Faktoren, um die Ober- und Untergrenze voneinander fernzuhalten: Die Situation ist neuartig, daher helfen Erfahrungen aus der Vergangenheit nur eingeschränkt. Sie ändert sich schnell, daher drohen Informationen obsolet zu werden. Wenn die Entscheidung dringlich und wichtig ist, kann man erwarten, daß sowohl der Gewinn als auch die Opportunitätskosten des Informationssammelns hoch sind, aber das bedeutet nicht, daß man die relevanten Gleichgewichte zwischen Aufwand und Nutzen einschätzen kann.

Die Ober- und die Untergrenze bei der Informationsbeschaffung werden zum einen Teil durch die Art des Problems bestimmt, zum anderen Teil durch die persönlichen Präferenzen. Wenn man eine Brücke baut mit Profit als Ziel und Sicherheit als Beschränkung, wird man andere Grenzen haben, als wenn man Sicherheit als Ziel und den Profit als Beschränkung verwendet. Die kausale Verbindung zwischen W und M, wie sie in dem Diagramm gezeichnet ist, ist also keinesfalls falsch. Man muß jedoch beachten, daß Wünsche das Informationssammeln auf andere Weise motivieren können, die mehr mit Wunschdenken zu tun hat. (In dem Diagramm wird Wunschdenken durch die Linie von W nach M ausgedrückt – diese ist durchgestrichen, um zu zeigen, daß sie keinen angemessenen kausalen Einfluß darstellt.) Man kann mit der Informationssammlung an dem Punkt aufhören, an dem alle bis dahin eingeholten Evidenzen die Meinung favorisieren, die man für wahr halten möchte. Manchmal ist das klarerweise irrational, nämlich dann, wenn man mit der Informationssammlung aufhört, bevor man die Untergrenze erreicht hat. Aber was ist der Fall, wenn der Wunsch, eine bestimmte Meinung für wahr halten zu wollen, dazu führt, daß die Menge der gesammelten Information zwischen der unteren und der oberen Grenze liegt? Man stelle sich einen General vor, der Informationen über die Position der feindlichen Truppen sammelt. Die Information ist möglicherweise unheimlich wichtig, aber das Warten auf weitere Informationen ist für den General sehr riskant. Er entscheidet anzugreifen, als *und weil* die letztliche Nettobilanz der bis dahin gesammelten Informationen ihn dazu veranlaßt zu glauben, daß der Feind leicht zu schlagen ist. Zwar bin ich bei diesem Beispiel nicht sicher, aber gebe zu, daß das Verhalten des Generals nicht irrational ist. Der Wunsch fungiert in diesem Fall bloß als heuristisches Mittel, das ihm ermöglicht, eine Entscheidung zu fällen. Es gibt keinen Grund anzunehmen, daß der kausale Einfluß des Wunsches die Entscheidung tendenziell schlechter macht, als wenn ein anderes Mittel befolgt worden wäre.

Kurz, die einzige Bedingung, die man für M aufstellen kann, ist eher vage:

(N) Man sollte jene Menge von Evidenzen sammeln, die sich zwischen der oberen und der unteren Grenze bewegt, die durch die Problemsituation inklusive W bestimmt werden.

Entsprechend können wir folgende Bedingung für die Relation zwischen Evidenz, Meinung und Wünschen aufstellen:

7. Die Beziehung zwischen M, W, und E muß (1b), (2b), (3b) und (N) erfüllen.

Damit ist meine Darstellung der rationalen Handlungserklärung abgeschlossen.

4. Zusammenfassung

Idealerweise hätte eine vollständig zufriedenstellende rationale Handlungserklärung die folgende Struktur: Sie würde zeigen, daß die Handlung der (eindeutig) beste Weg ist, das gesamte Wunschgefüge des Handelnden zu befriedigen, unter der Voraussetzung, daß der Handelnde die (eindeutig) besten Meinungen relativ zu der (eindeutig bestimmten) optimalen Menge von Evidenzen bilden konnte. Wir können in diesem Fall von dem *Optimalitätsteil* der Erklärung sprechen. Zudem würde die Erklärung zeigen, daß die Handlung auf richtige Weise durch die Wünsche und Meinungen verursacht worden ist und daß die Meinungen auf richtige Weise durch die Berücksichtigung der Evidenzen verursacht wurde. Dies stellt den *Kausalteil* der Erklärung dar. Diese beiden Teile zusammen bilden die bestmögliche Erklärung der rationalen Handlungserklärung. Der Optimalitätsteil allein ergibt eine zweitbeste Erklärung, die jedoch für praktische Zwecke ausreichen muß, da die psychischen Ursachen des Handelnden schwer zugänglich sind.

Der dritte Abschnitt hat gezeigt, daß sogar die zweitbeste Erklärung zu ernsthaften Schwierigkeiten führt. Sie beruht auf drei Eindeutigkeitspostulaten: eine eindeutige Bestimmung der optimalen Evidenz, der optimalen Meinungen relativ zu den vorhandenen Evidenzen und der optimalen Handlung relativ zu den Meinungen und Wünschen. Jede der Verbindungen in der Kette ist in Frage gestellt worden, indem sowohl die Einzigartigkeit als auch die Existenz des Optimalen sich in gewissen Fällen als sehr problematisch herausgestellt hat. Die größte Schwierigkeit besteht auf der Ebene der Informationsbeschaffung, da es nur in Ausnahmen für den Handelnden möglich ist, die Mindestkosten und Gewinne von mehr Information zu bestimmen. Die Schwierigkeit auf der nächsten Ebene entsteht in Fällen der Ungewißheit, d.h. wenn mittels der Evidenz keine Meinung, auch keine probabilistische, gebildet werden kann. Schließlich hat sich die Verbindung zwischen dem mentalen Zustand und der Handlung als schwierig erwiesen, sowohl was die Einzigartigkeit als auch was die Existenz des Optimalen betrifft.

Führen eine oder mehrere dieser Verbindungen zu keinem eindeutigen Optimum, kann die Erklärung nicht die einer bestimmten Handlung sein; vielmehr muß die Erklärung darin bestehen, einige der abstrakt möglichen Handlungen zu eliminieren. Auf jeder Ebene ist es möglich, einige der Optionen aus der realisierbaren Menge auszuschließen. Die Art des Problems setzt Ober- und Untergrenzen, wie viele Informationen gesammelt werden sollten. In Situationen der Unsicherheit sollte man zumindest keine Handlung wählen, deren beste Ergebnisse schlechter sind als die schlechtesten Ergebnisse einer anderen Handlung. In Fällen von Nichtvergleichbarkeit sollte man nicht eine Option wählen, der man eine andere Alternative strikt vorzieht. Und in Spielen ohne Lösungsmöglichkeiten ist nicht klar, welche Handlungsoptionen ausgeschlossen werden sollten.

Unter derselben Voraussetzung sollte die rationale Handlungserklärung durch eine kausale Erklärung ergänzt werden. Dazu kann man sich auf der Ebene des Informationssammelns darauf beziehen, daß Menschen unterschiedliche Erwartungsniveaus haben. Einige brauchen zehn Minuten, andere zwei Stunden, um den besten Platz für die Pilzsuche auszumachen. Bei einer Entscheidungsfindung unter Unsicherheit kann man sich auf solche psychologischen Merkmale wie Optimismus oder Pessimismus berufen, um zu erklären, warum Personen Maximax- oder Maximin-Strategien* wählen. Tritt Unbestimmtheit auf der Handlungsebene auf, kann die Erklärung hervorstechende Merkmale (im Fall von Indifferenz oder Nichtvergleichbarkeit) oder einen Wunsch nach Sicherheit (wenn das Maximin-Verhalten gewählt wurde in Spielen ohne Lösung) beinhalten.

So kann eine rationale Handlungserklärung nicht funktionieren, da die Situation ausgehend von der Hypothese, daß Handelnde sich rational verhalten, nicht eine eindeutige Handlungsvorhersage erlaubt. Aber wir sollten nicht vergessen, daß die Erklärung auch manchmal deshalb nicht funktioniert, weil Menschen einfach irrational handeln. Sie überlassen sich Wunschdenken, d. h. sie lassen zu, daß ihre Wünsche schon vor der eigentlichen Meinungsbildung ihre Meinungen oder den Anteil der zu sammelnden Evidenzen

* A.d.Hg.: Die Maximax-Strategie bei Entscheidungen unter Unsicherheit beteht darin, von den Wahlmöglichkeiten jene zu wählen, deren beste Konsequenz (deren Maximum) am höchsten (maximal) ist. Dies gilt als optimistisches Verhalten, weil man sich nur auf die besten Konsequenzen konzentriert. Bei der Maximin-Strategie dagegen bezieht man sich auf die schlechtesten. Man wählt danach die Option, deren schlechtestes (minimalstes) Ergebnis besser ist als das aller anderen Möglichkeiten, das also maximal ist.

(wenn er sich unterhalb der Untergrenze bewegt) festlegen. Oder sie beugen sich der Willensschwäche, indem sie gemäß dem Wunsch handeln, den sie selbst niedriger bewerten als andere bestehende Wünsche. Schließlich können ihre Intentionen und Meinungen in verschiedenen Widersprüchen zueinander stehen, was ebenso mit einer rationalen Entscheidung nicht vereinbar ist.

Lassen Sie mich noch auf eine letzte Konsequenz meiner Analyse hinweisen. Sie hat gezeigt, daß der Begriff der Rationalität in mehreren Dimensionen Spielraum hat. Dementsprechend erhalten wir ein größeres Maß an Freiheit in unserer Interpretation anderer Menschen. Wollen wir einander zu verstehen versuchen, werden wir durch die Vorstellung geleitet und beschränkt, daß im großen und ganzen andere genauso rational sind wie wir selbst. Der Spielraum im Begriff der Rationalität bedeutet, daß wir mehr zu verstehen vermögen, allerdings bedeutet es auch, daß unser Verständnis verschwommener wird.[25]

Amartya K. Sen

Rationale Trottel: Eine Kritik der behavioristischen Grundlagen der Wirtschaftstheorie

I

Einer 1881 veröffentlichten Arbeit von F. Y. Edgeworth zufolge »besteht das erste Prinzip der Wirtschaft darin, daß jeder Handelnde nur von seinem Eigeninteresse geleitet wird«.[1] Dieses Bild vom Menschen hat sich seither in den ökonomischen Modellen gehalten, und es scheint, daß die Wirtschaftstheorie durch diese grundlegende Prämisse stark beeinflußt wurde. In diesem Aufsatz möchte ich einige Probleme untersuchen, die sich aus dieser Auffassung vom Menschen ergeben.

Ich sollte gleich erwähnen, daß Edgeworth selbst sehr wohl bewußt war, daß dieses sogenannte erste Prinzip der Ökonomie nicht besonders realistisch ist. Vielmehr war er der Ansicht, daß »der leibhaftige Mensch des 19. Jahrhunderts meistenteils kein reiner Egoist, sondern ein halber Utilitarist«[2] sei. Dies wirft die interessante Frage auf, warum Edgeworth so viel seiner Zeit und seiner Intelligenz darauf verwendet hat, eine Theorie zu entwickeln, deren erstes Prinzip er offenbar für falsch hielt. Allerdings geht es hier nicht um die Frage, warum man zur Untersuchung allgemeiner wirtschaftstheoretischer Probleme überhaupt auf Abstraktionen zurückgreifen sollte – denn die Art der Untersuchung macht diese unvermeidlich –, sondern warum man ausgerechnet von einer Annahme ausgehen sollte, die man nicht bloß im Detail, sondern grundsätzlich für falsch hält. Diese Frage ist, wie wir noch sehen werden, auch noch in der modernen Wirtschaftstheorie von anhaltendem Interesse.

Ein Teil der Antwort, soweit es Edgeworth betrifft, liegt zweifellos in dem Umstand, daß er jene Annahme nicht in bezug auf *alle* Handlungstypen für grundsätzlich falsch hielt, sondern sie auf *bestimmte*

Handlungsbereiche anwandte, und zwar auf solche, denen er ein »ökonomisches Kalkül« zusprach: (1) den Krieg und (2) den Vertrag. »Wenn wir auch zugeben, daß in den höheren Gefilden der menschlichen Natur eine Neigung zu und ein Bedürfnis nach utilitaristischen Institutionen besteht«, so fragt er rhetorisch, »können wir wirklich ernsthaft unterstellen, daß diese moralischen Überlegungen im Krieg und im Handel eine Rolle spielen; daß sie den schrankenlosen Kern des menschlichen Egoismus auszulöschen oder gegenüber dem Impuls des Eigeninteresses eine spürbare Wirkung zu entfalten vermögen?«[3] Ihm zufolge hatte Sidgwick die »Illusion« zerstört, nach der »das Interesse aller das Interesse des Einzelnen ist«, denn dieser hätte erkannt, daß »die beiden höchsten Prinzipien – Egoismus und Utilitarismus« – unvereinbar sein müßten – »es sei denn durch Religion«. »Dem Geist der laienhaften Philosophie liegt es zwar fern, die Bedeutung der Religion zu verachten«, schrieb Edgeworth, »aber in der vorliegenden Untersuchung, in der wir uns mit den Niederungen der menschlichen Natur beschäftigen, sollten wir nach einem offenkundigeren Übergang, einem weltlicheren Weg von dem Prinzip des Eigeninteresses zu dem Prinzip oder zumindest der Praxis des Utilitarismus suchen.«[4]

Der Kontext der Diskussion ist jedoch für das Argument von Bedeutung. Edgeworth glaubte, die Gültigkeit des »Egoismus« als einer fundamentalen behavioristischen Voraussetzung für die Zwecke seiner Untersuchung nachgewiesen zu haben, indem er die Gültigkeit des »Utilitarismus« als einer Beschreibung des tatsächlichen Verhaltens zunichte gemacht hatte. Aber der Utilitarismus ist natürlich bei weitem nicht der einzige nicht-egoistische Ansatz. Darüber hinaus liegen zwischen dem Anspruch des Einzelnen und den Ansprüchen aller die Ansprüche einer Vielzahl von Gruppen – z. B. die von Familien, Freunden, lokalen Gemeinschaften und *peer groups* sowie die von ökonomischen und sozialen Klassen. Konzepte wie Familienverantwortlichkeit, Wirtschaftsethik, Klassenbewußtsein usw. beziehen sich auf diesen Zwischenbereich, und lehnt man den Utilitarismus als deskriptive Theorie des Verhaltens ab, so bleibt uns nicht der Egoismus als einzige Alternative. Die Bedeutung einiger dieser Überlegungen für das Wesen von Verhandlungen und Verträgen in der Wirtschaft läßt sich wohl kaum leugnen.

Edgeworths Untersuchung über das Ergebnis wirtschaftlicher

Kontakte zwischen durch und durch eigennützigen Individuen schließt unmittelbar an eine theoretische Debatte an, die bereits seit 100 Jahren geführt wurde und an der sich auch Herbert Spencer, Henry Sidgwick und andere führende Denker der Epoche beteiligten. Zwei Jahre vor dem Erscheinen von Edgeworths Abhandlung *Mathematical Psychics* hatte Herbert Spencer seine ausführliche Analyse der Beziehung zwischen Egoismus und Altruismus in *The Data of Ethics* veröffentlicht. Er war zu dem tröstlichen, wenn auch unklaren Schluß gekommen, daß »das Glück der Allgemeinheit im wesentlichen durch die angemessene Suche nach dem individuellen Glück erreicht werden soll, während umgekehrt das Glück des Einzelnen teilweise durch die Suche nach dem Glück der Allgemeinheit erzielt wird«.[5] Im Zusammenhang dieser relativ abstrakt geführten Debatte gibt Edgeworths streng wirtschaftliche Analyse, die auf einem ausbuchstabierten Modell von Verträgen zwischen zwei egoistischen Individuen bzw. zwei Typen von (jeweils identischen) eigennützigen Individuen beruht, eine klare Antwort auf eine alte hypothetische Frage.

In Edgeworths auf egoistischem Verhalten beruhendem Modell besteht eine bemerkenswerte Korrespondenz zwischen den jeweiligen Tauschgleichgewichten auf Wettbewerbsmärkten und dem, was die moderne Wirtschaftssprache als »Kern« der Ökonomie bezeichnet. Ein Ergebnis ist dann im »Kern« der Wirtschaft, wenn es gewisse Bedingungen der Nichtverbesserbarkeit erfüllt. Grob gesprochen beinhalten diese Bedingungen nicht nur, daß keiner sich verbessern könnte, ohne daß sich ein anderer dadurch verschlechtern würde (diese Situation wird »Pareto-Optimum« genannt), sondern auch, daß es keinem schlechter geht als vor dem Handel und keine Koalition von Individuen ihr Los dadurch verbessern könnte, daß sie den Handel unter sich veränderten. Edgeworth hat gezeigt, daß unter gewissen allgemeinen Annahmen jedes Gleichgewicht, das innerhalb eines Wettbewerbsmarktes entstehen kann, diesen Bedingungen genügen und im »Kern« liegen muß. In Edgeworths Modell lassen sich also die Gleichgewichte der Wettbewerbsmärkte in diesem Sinne durch kein realisierbares alternatives Arrangement übertreffen, gegeben die anfängliche Verteilung der individuellen Ausstattung. In gewisser Hinsicht überraschender ist die umgekehrte Folge: Wenn die Anzahl der Individuen eines jeden Typs unendlich zunimmt, schrumpft der Kern (der die nichtverbesserbaren Ergebnisse repräsentiert) gegen die Menge der Wettbewerbsgleichgewichte, d. h. der Kern wird nicht viel größer sein als die Menge der Gleichgewichte. Dieses Ergebnispaar ist in der zeitgenössischen Literatur über das Allgemeine Gleichgewicht mit ähnlichen Modellen und im wesentlichen denselben Verhaltensannahmen ausgeweitet und ausgearbeitet worden.[6]

Im Kern zu sein ist jedoch aus der Perspektive des sozialen Wohls noch kein besonderer Fortschritt. Eine Person, die schlecht ausgestattet beginnt, kann auch nach den Transaktionen genauso arm und benachteiligt bleiben. Wenn im Kernbereich zu sein alles ist, was der Wettbewerb bietet, mag man der besitzlosen Person verzeihen, diese Errungenschaft nicht als große Sache anzusehen. Edgeworth hat dies am Rande berücksichtigt, als er das Problem der Wahl zwischen verschiedenen Wettbewerbsgleichgewichten betrachtete. So hat er beobachtet, daß für die im utilitaristischen Sinne gute Gesellschaft »der Wettbewerb einer Ergänzung durch Schlichtung bedarf und die Grundlage für solche Schlichtung zwischen egoistischen Vertragshändlern im größtmöglichen Gesamtnutzen besteht«.[7] Doch entgegen dem ersten Anschein vertiefte sich Edgeworth weder in die institutionellen Aspekte einer solchen Schlichtung noch in ihre weitreichenden Konsequenzen für die Verteilung von Besitztümern. Auf der Basis der Errungenschaften des Wettbewerbs, wie schmal sie auch sein möge, fand sich Edgeworth dazu berechtigt, »zu einer eher konservativen Reformvorsicht zu neigen«. Als er »den Nutzen der vorutilitaristischen Institutionen« erwog, fühlte er sich ergriffen von »einer Ansicht der Natur, die mitnichten ist, wie Mill sie schildert: nur schlecht, sondern eine erste Annäherung zum Besten«.[8]

Ich werde mich in diesem Aufsatz nicht mit der Frage beschäftigen, ob nicht diese Annäherung eher eine sehr entfernte wäre. (Dies ist meines Erachtens sogar unter den von Edgeworth gemachten Voraussetzungen der Fall, aber das ist für die Thematik hier nicht wichtig.) Es geht mir um das Menschenbild, das Edgeworths Analyse voraussetzt und heute mehr oder weniger ungebrochen in weiten Teilen der modernen ökonomischen Theorie weiterlebt. Das Menschenbild ist natürlich stilisiert und besonders darauf ausgerichtet, die relativ abstrakte Frage zu entscheiden, die Spencer, Sidgwick und andere führende Denker dieser Zeit diskutierten – nämlich: In welchem Sinn und in welchem Ausmaß kann egoistisches Verhalten zum allgemeinen Guten führen? Die Überlegung, ob egoistisches Handeln eine richtige Voraussetzung in der Realität ist oder nicht, hat natürlich keinerlei Auswirkung auf die Richtigkeit von Edgeworths Analyse zu jener Fragestellung. Innerhalb der Struktur eines begrenzten Wirtschaftsmodells gab sie eine klare Antwort auf die abstrakte Frage über Egoismus und das allgemeine Gute.

Diese spezifische Debatte ist lange Zeit geführt worden und motiviert immer noch viele Gedankenspiele in der neueren Wirtschaftstheorie. Die eingeschränkte Natur der Frage hat entscheidenden Einfluß auf die Wahl der ökonomischen Modelle und auf das Menschenbild, das darin figuriert. In ihrem vielbeachteten Text über die Allgemeine Gleichgewichtstheorie schreiben Arrow und Hahn:

> Seit Adam Smith bis auf den heutigen Tag gibt es eine lange und ziemlich beeindruckende Reihe von Ökonomen, die alle zu zeigen versucht haben, daß sich eine dezentralisierte, vom Eigeninteresse motivierte und von Preissignalen gesteuerte Wirtschaft mit einer kohärenten Disposition wirtschaftlicher Ressourcen vertrage, die einer großen Zahl von möglichen Alternativen in einem genau bestimmbaren Sinne überlegen sei. Zudem fungierten die Preissignale so, daß sie den Grad an Kohärenz bestimmen. Es gilt zu verstehen, wie überraschend diese Behauptung für jeden sein muß, der nicht mit dieser Tradition in Berührung gekommen ist. Die unmittelbare »Common-sense«-Antwort auf die Frage »Wie würde eine Wirtschaft aussehen, die durch individuelle Gier motiviert und von einer Unmenge verschiedener Akteure kontrolliert wird?« lautet wahrscheinlich: Es wäre ein einziges Chaos. Daß eine ganz andere Antwort seit langem für wahr gehalten wird und das ökonomische Denken einer Vielzahl von Menschen durchdrungen hat, die selbst keine Wirtschaftsfachleute sind, ist schon ein ausreichender Grund, sie ernsthaft zu überprüfen. Wichtig ist aber nicht nur, ob die aufgestellte und so eingehend durchdachte These wahr *ist*, sondern ob sie wahr sein *könnte*. Viele Konsequenzen ergeben sich aus der letzteren Frage, die – wie uns scheint – große Beachtung bei den Ökonomen finden sollte.[9]

Es geht hier nicht um das Verhältnis zwischen postulierten Modellen und der realen Wirtschaftswelt, sondern um den Wert von Antworten auf sorgfältig definierte Fragen, die aufgrund von vorgefaßten Annahmen in erheblichem Maße die Art der Modelle eingrenzen, die in die Untersuchung Eingang finden. Das spezifische Menschenbild ist in der Frage selbst verankert, und man kann sich von dieser Konzeption nicht lösen, solange man diese Frage beantworten möchte. Die Art und Weise, wie diese zeitgenössischen Wirtschaftsmodelle das Wesen des Menschen bestimmen, reflektiert also weiter die besondere Formulierung gewisser in der Vergangenheit gestellter philosophischer Fragen. Der Realismus der gewählten Konzeption des Menschen ist einfach nicht Teil dieses Zweigs der Forschung.

II

Es gibt einen anderen nichtempirischen und vielleicht einfacheren Grund, warum das Menschenbild in Wirtschaftsmodellen das eines selbstsüchtigen Egoisten zu sein pflegt. Es ist möglich, die Interessen einer Person so zu definieren, daß sie, was immer sie tut, als jemand betrachtet werden kann, die ihre eigenen Interessen in jeder einzelnen ihrer Entscheidungen verfolgt.[10] Obwohl dieser Ansatz erst vor relativ kurzer Zeit im Kontext der Theorie der offenbarten Präferenzen [*revealed preferences*] formalisiert wurde, ist er dennoch von beachtlicher Antiquiertheit. Joseph Butler hat ihn in Rolls Chapel bereits vor zweieinhalb Jahrhunderten kritisiert.[11] Die Reduktion des Menschen auf ein selbstsüchtiges Tier beruht in diesem Ansatz auf einer engen Definition. Wenn Sie dabei beobachtet werden, wie Sie x wählen und y ablehnen, werden Sie als eine Person bezeichnet, die ihre Präferenz für x »offenbart«. Ihr persönlicher Nutzen wird dann einfach als numerische Repräsentation dieser »Präferenz« verstanden, wobei einer »bevorzugten« Alternative ein höherer Nutzen zugeschrieben wird. Nach diesen Definitionen können Sie es schwerlich vermeiden, Ihren eigenen Nutzen zu maximieren, es sei denn durch Inkonsistenz. Wenn Sie nun bei einer Gelegenheit x wählen und y ablehnen, um kurz darauf zum genauen Gegenteil überzugehen, können Sie einen Anhänger der Theorie offenbarter Präferenz natürlich daran hindern, Ihnen eine Rangfolge von Präferenzen zuzuordnen, und damit vereiteln, daß er Ihnen eine Nutzenfunktion aufdrückt, die Sie in seinen Augen maximieren. Er wird dann zu dem Schluß kommen müssen, daß entweder Sie widersprüchlich sind oder Ihre Präferenzen sich geändert haben. Zudem können Sie den Anhänger dieser Theorie mit noch ausgebuffteren Inkonsistenzen frustrieren.[12] Sind Sie jedoch konsistent, egal ob zielstrebiger Egoist, verrückter Altruist oder klassenbewußter Militant, so wird es in dieser entzückenden Welt der Definitionen immer erscheinen, als würden Sie Ihren Nutzen maximieren. Um mit der Begrifflichkeit zu sprechen, die im Zusammenhang mit Steuern benutzt wird: Wenn die von Arrow und Hahn vorgetragene Rechtfertigung für die Voraussetzung des Egoismus noch einer *Vermeidung* des Problems gleichkommt, dann sieht die Theorie der offenbarten Präferenz eher wie eine regelrechte *Flucht* aus.

Dieser Ansatz des definitorischen Egoismus kursiert manchmal unter dem Namen der rationalen Wahl, beinhaltet aber nichts anderes als interne Konsistenz. Nach diesem Ansatz werden die Entscheidungen einer Person dann als »rational« betrachtet, wenn sie *ausnahmslos* mit Hilfe einer Präferenzbeziehung erklärt werden können, die der Definition der offenbarten Präferenz entspricht, d. h. wenn sich jede einzelne Wahl jeweils als Entscheidung für die am meisten bevorzugte Alternative hinsichtlich einer postulierten Präferenzbeziehung erklären läßt.[13] Die Begründung dieses Ansatzes scheint auf der Vorstellung zu beruhen, daß die einzige Möglichkeit, die wirkliche Präferenz einer Person zu verstehen, darin bestehe, ihre tatsächlichen Entscheidungen zu untersuchen, und daß es keine von ihren Entscheidungen unabhängige Möglichkeit gebe, die Einstellung einer Person gegenüber Alternativen zu verstehen. (Diese Sicht ist übrigens nicht nur unter Wirtschaftswissenschaftlern verbreitet. Als ich vor vielen Jahren mein Examen in englischer Literatur an der Universität von Kalkutta zu absolvieren hatte, lautete eine der zu beantwortenden Fragen zum *Sommernachtstraum*: Vergleichen Sie die Charaktere von Hermia und Helena – für wen würden Sie sich entscheiden?)

Ich habe an anderer Stelle zu zeigen versucht, daß – wenn wir die merkwürdigen Bestimmungen von Präferenz und Wohlergehen aufgeben – dieser Ansatz sowohl zu viel als auch zu wenig voraussetzt. Zu wenig, weil wir über die Präferenzen und das Wohlergehen von Personen, so wie diese Dinge gewöhnlich verstanden werden, nicht nur aus ihren jeweiligen Entscheidungen, sondern auch aus anderen Informationsquellen etwas erfahren können. Zu viel, weil Entscheidungen einen Kompromiß zwischen einer Vielzahl von Überlegungen widerspiegeln können, unter denen das persönliche Wohlergehen vielleicht nur eine unter vielen ist.[14]

Die komplexen psychologischen Aspekte von Entscheidungen sind im übrigen durch eine Reihe von Untersuchungen herausgestellt worden, die sich mit Konsumverhalten[15] und Produktionsmaßnahmen[16] beschäftigen. Ob all diese Verhaltensmuster überhaupt in jenen formalen Rahmen der konsistenten Wahl gefaßt werden können, auf dem die Theorie der Nutzenmaximierung beruht, ist mehr als eine offene Frage.[17]

III

Paul Samuelson hat einmal bemerkt, daß viele Wirtschaftswissenschaftler »Ökonomie und Soziologie je nach rationalem oder irrationalem Verhalten unterscheiden, wobei diese Begriffe im Dunstkreis der Nützlichkeitstheorie definiert werden«.[18] Diese Ansicht mag die Soziologen aus gutem Grund kränken, aber welches Kreuz die Ökonomen bei dieser dichotomischen Auffassung zu tragen haben, wird ersichtlich, sobald wir erkennen, daß der Ansatz des »rationalen Verhaltens« in ihrer herkömmlichen Interpretation zu einer bemerkenswert ausdruckslosen Theorie führt. Verhalten wird, so scheint es, »im Sinne von Präferenzen erklärt, die wiederum nur durch Verhalten definiert werden«. Es verwundert nicht, daß es häufig zu Zirkularitäten kommt. Dennoch hat Samuelson zweifellos recht, wenn er behauptet, daß die Theorie »im technischen Sinne nicht *bedeutungslos* ist«.[19] Der Grund dafür ist ziemlich einfach. Wie wir bereits gesehen haben, macht der Ansatz die interne Konsistenz der beobachteten Wahl zur Bedingung – doch diese kann durchaus durch tatsächliche Beobachtungen widerlegt werden und die Theorie in dem von Samuelson beabsichtigten Sinne »bedeutungsvoll« machen.

Die Bedingung der Konsistenz ist überraschenderweise ein sehr brauchbares Instrument. Verschiedene allgemeine Merkmale von Nachfragekorrespondenzen lassen sich daraus ableiten. Im gegenwärtigen Kontext geht es jedoch um die Möglichkeit, die Konsistenzbedingung für eine tatsächliche *Überprüfung* zu verwenden. Samuelson spezifiziert die Notwendigkeit von »idealen Beobachtungsbedingungen«, die nötig wären, um die Implikationen des Ansatzes »zu verifizieren oder zu widerlegen«. Diese Bedingung ist allerdings nicht leicht zu erfüllen, denn auf der einen Seite wäre es aufgrund unserer Vorliebe für Abwechslung illegitim, individuelle Wahlentscheidungen (statt einer Abfolge von Entscheidungen) als geeignete Einheiten zu betrachten, während andererseits der Zeitablauf die Unterscheidung zwischen Inkonsistenzen und Änderungen des Geschmacks erschwert. Es hat de facto sehr wenige systematische Versuche gegeben, das Alltagsverhalten von Personen auf seine Konsistenz zu prüfen, obwohl es interessante und nützliche Experimente gibt, die bestimmte Reaktionen von Personen unter Laborbedingungen testen. Es bleibt aber weiterhin unklar, was als zulässiger Beweis gelten würde. Würden Sie heute eine Umfrage unter Ökonomen machen, so fänden Sie gewiß folgende koexistierende Überzeugungen: (1) Die Theorie rationalen Verhaltens ist unfalsifizierbar; (2) sie ist falsifizierbar, aber bislang unfalsifiziert; (3) sie ist falsifizierbar und offenkundig falsch.[20]

Für mein Vorhaben hier ist das jedoch nicht von zentraler Bedeutung. Auch wenn die geforderte Konsistenz vorläge, wäre freilich die Frage des Egoismus immer noch ungelöst, außer in dem rein definitorischen Sinn, wie ich schon ausgeführt habe. Eine konsistent wählende Person kann jeden beliebigen Grad von Egoismus besitzen, den wir nur zu spezifizieren vermögen. Natürlich versucht die Theorie der offenbarten Präferenz im Spezialfall der reinen Konsumentscheidung über private Güter die »Präferenz« oder den »Nutzen« der Person zu deren *eigenem* Bündel von Bedarfsgütern in Beziehung zu setzen. Diese Einschränkung ergibt sich jedoch nicht aus irgendeiner Garantie, daß es der Person nur um ihre eigenen Interessen geht, sondern aus der Tatsache, daß das eigene Bündel von Bedarfsgütern – oder das ihrer Familie – das einzige Bündel ist, über das sie in ihren Wahlentscheidungen direkte *Kontrolle* ausübt. Dabei ist die Frage des Egoismus gänzlich offen.

Ich glaube, daß die Frage auch einer klareren Formulierung bedarf als die, welche sie gewöhnlich erhält. Diesem Problem möchte ich mich jetzt zuwenden.

IV

Wenn wir Ansätze betrachten, die von Edgeworths »teilnahmsloser Isolation, die die Ökonomie abstrakt unterstellt«, abweichen, dann müssen wir zwischen zwei unterschiedlichen Konzepten unterscheiden: (1) Mitgefühl und (2) Verpflichtung. Das erstere bezieht sich auf eine Sorge um andere, die das eigene Wohlergehen unmittelbar berührt. Wenn Sie das Wissen, daß andere Menschen gefoltert werden, nicht ertragen können, handelt es sich um einen Fall von Mitgefühl. Wenn Sie nicht persönlich betroffen sind, aber denken, daß Folter falsch ist, und bereit sind, etwas dagegen zu unternehmen, handelt es sich um einen Fall von Verpflichtung. Ich möchte nicht behaupten, daß die gewählten Begriffe von großem Nutzen sind, aber die Unterscheidung ist meines Erachtens wichtig. Man kann nun begründen, daß das Verhalten, das auf Mitgefühl beruht, in wichtiger Hinsicht egoistisch ist. Denn da man sich über die Freuden anderer selbst freut und ihre Leiden selbst leidet, sind die auf Mitgefühl beruhenden Handlungen auf den eigenen Nutzen ausgerichtet. Nicht egoistisch ist unter diesem Gesichtspunkt nicht so sehr die Handlung, die durch Mitgefühl motiviert ist, sondern die, die auf Verpflichtung beruht. (Zu beachten ist allerdings, daß aus der *tatsächlichen Bekundung* von Mitgefühl nicht folgt, daß die hilfsbereite Handlung auf Mitgefühl *basieren* muß in dem Sinne, daß sie nicht erfolgt wäre, wenn das Wohlergehen anderer einem fürs eigene Wohl nichts gebracht hätte. Auf diese Frage der *Kausalität* werde ich noch eingehen.)

In gewisser Weise läßt sich der Begriff des Mitgefühls leichter analysieren als der der Verpflichtung. Wenn das Gefühl des Wohlbefindens einer Person psychologisch vom Wohlergehen anderer abhängig ist, handelt es sich um Mitgefühl. Oder anders formuliert: Das Bewußtsein, daß das Wohl einer anderen Person zugenommen hat, läßt es einem unmittelbar bessergehen. (Wenn dieser Einfluß negativ ausfällt, nennt man diese Beziehung natürlich lieber »Antipathie«, doch wir können mit der Terminologie sparsamer umgehen, wenn wir beim Begriff Sympathie oder Mitgefühl bleiben, nur sollte beachtet werden, daß diese Beziehung sowohl positiv als auch negativ sein kann.) Während Mitgefühl Gleiches mit Gleichem verbindet – das jeweilige Wohlergehen verschiedener Personen –, stellt die Verpflichtung einen Zusammenhang zwischen der Entscheidung einer Person einerseits und antizipierten Graden des Wohlergehens andererseits her. Eine Möglichkeit, Verpflichtung zu definieren, lautet folgendermaßen: Eine Person entscheidet sich für eine Handlung, von der sie glaubt, daß diese ihr persönliches Wohl in geringerem Maße befördern wird als eine mögliche alternative Handlung. Es gilt jedoch zu beachten, daß es sich bei dieser Abwägung um *antizipierte* Grade des Wohlergehens handelt; diese Definition der Verpflichtung schließt daher solche Handlungen aus, die nur deshalb gegen das

Eigeninteresse gehen, weil ihre Konsequenzen falsch eingeschätzt wurden.

Schwieriger wird es, wenn mit der Entscheidung einer Person zwar die Maximierung ihres abzusehenden persönlichen Wohlergehens einhergeht, diese aber nicht den *Grund* ihrer Wahl darstellt. Wenn wir diesen Fall berücksichtigen möchten, können wir die Definition der Verpflichtung so erweitern, daß sie auch die Fälle mit einschließt, in denen die Entscheidung einer Person, auch wenn sie die Maximierung des eigenen antizipierten Wohls bewirkt, dann unberührt bliebe, wenn sie unter zumindest einer kontrafaktischen Bedingung aufhören würde, das persönliche Wohlbefinden zu befördern. Verpflichtung in diesem weiteren Sinn mag schwer nachzuweisen sein, nicht nur im Zusammenhang mit den Wahlentscheidungen anderer, sondern auch, wenn es die eigenen betrifft; denn es ist nicht immer klar, was man getan hätte, wären die Umstände andere gewesen. Diese weitere Definition ist besonders dann relevant, wenn man auf der Grundlage eines Pflichtbewußtseins handelt, das, wenn es mißachtet wird, zu Gewissensbissen führen kann; doch die Handlung ist wirklich aus Pflichtbewußtsein erfolgt, und nicht deshalb, weil man die Qualen des schlechten Gewissens vermeiden wollte, die man erleiden müßte, hätte man anders reagiert. (Selbstverständlich deckt schon die engere Bedeutung von Verpflichtung den Fall ab, in dem die aus schlechtem Gewissen resultierenden Qualen, wenn es denn welche gibt, weniger ins Gewicht fallen als der Gewinn an Wohlbefinden.)

Bisher bin ich noch nicht auf die Ungewißheit eingegangen, die das zu erwartende Wohlbefinden betrifft. Wird sie berücksichtigt, so bleibt der Begriff des Mitleids davon unberührt, allerdings muß der der Verpflichtung umformuliert werden. Die notwendige Modifikation hängt davon ab, wie die betreffende Person auf Ungewißheit reagiert. Der einfachste Fall ist wahrscheinlich dann gegeben, wenn sich die Person den »zu erwartenden Nutzen« für das persönliche Wohl als den jeweiligen persönlichen Profit vorstellt, den sie von einer Art »Lotterieverfahren« erwarten kann (d. h. wenn sie die persönlichen Profite, die aufgrund der Wahrscheinlichkeit ihres Eintretens gewichtet werden, gegeneinander aufrechnet). In diesem Fall wird die ganze Diskussion umformuliert, indem man einfach persönliches Wohl durch *zu erwartendes* persönliches Wohl ersetzt;

Verpflichtung heißt dann, sich für eine Handlung zu entscheiden, die ein geringeres Wohl erwarten läßt als eine mögliche Handlungsalternative. (Die weitere Definition kann entsprechend modifiziert werden.)

In der Terminologie der modernen Wirtschaftstheorie ist Mitgefühl ein Fall des »Externalismus«. Viele Modelle schließen Externalitäten aus, z. B. das Standardmodell, dem zufolge jedes Wettbewerbsgleichgewicht ein Pareto-Optimum bildet und im Kern der Wirtschaft angesiedelt ist. Würde die Existenz von Mitgefühl in diesen Modellen berücksichtigt, würden einige, wenn auch nicht alle, dieser Standardergebnisse hinfällig.[21] Dieser Umstand macht aber keine wesentliche Veränderung der Grundstruktur dieser Modelle notwendig. Auf der anderen Seite jedoch beinhalten Verpflichtungen in einem sehr realen Sinne Entscheidungen gegen die eigene Präferenz und zerstören damit die wesentliche Voraussetzung, daß die gewählte Alternative für die betreffende Person besser (oder wenigstens genausogut) sein muß als die anderen Alternativen. In dieser Hinsicht müssen die Modelle durchaus grundlegend umformuliert werden.

Der Unterschied zwischen Mitgefühl und Verpflichtung kann anhand folgender Geschichte veranschaulicht werden: Zwei Jungen finden zwei Äpfel, einen großen und einen kleinen. Junge A sagt dem Jungen B: »Wähl' du!« B nimmt sofort den größeren Apfel. A ist wütend und erlaubt sich die Bemerkung, daß dies total unfair sei. »Warum?« fragt B, »welchen hättest *du* genommen, wenn du statt meiner gewählt hättest?« »Den kleineren natürlich«, antwortet A. Jetzt triumphiert B: »Warum beschwerst du dich also? Du hast ja den Apfel bekommen, den du gewollt hast!« B hat sicherlich diese Runde des Disputs gewonnen, aber tatsächlich hätte A aufgrund von B's Wahl nichts verloren, wenn seine eigene hypothetische Wahl des kleineren Apfels auf Mitgefühl statt Verpflichtung beruht hätte. A's Ärger zeigt, daß dies offensichtlich nicht der Fall war.

Verpflichtungen hängen natürlich eng mit der eigenen Moral zusammen. Aber Moral umfaßt ein breites Spektrum von Motiven, das sich von religiösen bis zu politischen, von irrigen bis zu wohlbegründeten erstreckt. Als Judith Anderson in Bernard Shaws *The Devil's Disciple* Richard Dudgeons Bereitschaft, sich anstelle ihres Mannes aufhängen zu lassen, dahingehend interpretiert, daß er es aus Mitleid mit ihm oder aus Liebe zu ihr tun würde, streitet dies Richard vehement ab: »Wie ich mich letzte Nacht entschieden habe, hat nichts mit Gefühlen zu tun. Mir ging es nicht sosehr um deinen Mann oder um dich als nur um mich. Ich hatte kein Motiv, noch irgendein Interesse. Ich kann dir nur sagen: Als es darum ging, ob ich meinen Hals aus der Schlinge ziehen sollte, damit ein anderer gehängt wird, konnte ich es nicht tun.«[22]

Der charakteristische Punkt der Verpflichtung, um den es mir hier geht, besteht darin, daß er einen Keil zwischen persönliche Wahl und persönliches Wohl treibt, während viele ökonomische Theorien gerade auf deren Identität beruhen. Diese Identität wird manchmal durch die Doppeldeutigkeit des Ausdrucks »Präferenz« verschleiert, da einerseits die normale Verwendung des Wortes die Identifikation von Präferenz mit der Vorstellung von persönlichem Vorteil erlaubt und es andererseits nicht unnatürlich ist, »bevorzugt« als »gewählt« zu definieren. Ich lege aber keinen allzu großen Wert auf den »richtigen« Gebrauch des Wortes »Präferenz«, solange nicht beide Verwendungsweisen *gleichzeitig* benutzt werden, um eine empirische Behauptung kraft zweier Definitionen zu erzielen.[23] Das grundlegende Band zwischen den jeweiligen Entscheidungen einer Person und ihrem Nutzen wird getrennt, sobald Verpflichtungen als Element von Entscheidungen berücksichtigt werden.

V

»Na, gut«, mögen Sie sagen, »aber wie wichtig ist das alles für die Art von Wahlentscheidungen, mit denen sich Ökonomen beschäftigen? Die Wirtschaft hat wenig mit Richard Dudgeons Gang zum Galgen zu tun.« Ich denke, man sollte unmittelbar zugeben, daß Verpflichtungen für viele Verhaltensarten wahrscheinlich nicht entscheidend sind. Bei Privatkäufen vieler Konsumgüter wird der Einfluß von Verpflichtungen sehr beschränkt sein und sich eher selten in derart exotischen Handlungen wie dem Boykott südafrikanischer Avocados oder dem Ausbuchen eines Spanienurlaubs äußern. Daher stellen Verpflichtungen für viele Untersuchungen und Interpretationen des Verbraucherverhaltens kein besonderes Problem dar. Sogar Mitgefühl ist generell nicht von großer Bedeutung, da die Grundlagen für interpersonale Abhängigkeiten woanders liegen, z. B. in dem

Wunsch, mit den Nachbarn mitzuhalten, oder in der Beeinflussung durch die Gewohnheiten der anderen.[24]

Doch die Wirtschaft beschäftigt sich nicht nur mit dem Konsumverhalten, noch beschränkt sich der Konsum auf »private Güter«. Ein Bereich, in dem Verpflichtungen höchst wichtig sind, ist der der sogenannten öffentlichen Güter. Diese stehen im Gegensatz zu den privaten Gütern, die nicht von mehr als einer Person genutzt werden können: Wenn Sie ein Stück Apfelkuchen essen, würde ich es nicht auch noch essen wollen. Öffentliche Güter dagegen, eine öffentliche Straße oder ein Park z. B., können von uns beiden genutzt werden. In vielen Wirtschaftsmodellen gibt es nur private Güter, und dies ist typischerweise der Fall, wenn die »unsichtbare Hand« die Aufgabe hat, das sichtbar Gute zu tun. Aber in Wirklichkeit sind öffentliche Güter für die meisten Ökonomien wichtig; sie decken einen weiten Dienstleistungsbereich ab, der von Verkehrswegen über Straßenbeleuchtung bis zur Verteidigung reicht. Es gibt viele Anhaltspunkte dafür, daß der Anteil an öffentlichen Gütern im jeweiligen nationalen Verbraucherverhalten der meisten Staaten der Welt stark angewachsen ist.

Das Problem der optimalen Verteilung öffentlicher Güter ist auch häufig diskutiert worden, vor allem in der neueren wirtschaftswissenschaftlichen Literatur.[25] Insbesondere hat man sich dem Problem der richtigen Offenbarung von Präferenzen gewidmet. Am deutlichsten wird dieses Problem im Fall von beitragsfinanzierten Projekten, bei denen Personen gemäß dem bezogenen Nutzen zur Kasse gebeten werden. Das Hauptproblem liegt darin, daß jedem einzelnen daran gelegen ist, seinen erwarteten Nutzen herunterzuspielen; diese Untertreibung kann jedoch dazu führen, daß ein öffentliches Projekt abgelehnt wird, das sich durchaus rechtfertigen ließe, wäre nur der wahre Nutzen bekannt. Analysen dieser Problematik, die manchmal als »Schwarzfahrer-Problem« bezeichnet wird, haben in jüngster Zeit einige glänzende Vorschläge hervorgebracht, wie man diese Ineffizienz im Rahmen egoistischer Handlungen umgehen kann.[26] Der Belohnungsmechanismus ist darin mit einer solch gottlosen Schlauheit aufgestellt, daß die Menschen dazu angespornt werden, ihre wahre Bereitschaft aufzudecken, für das in Frage stehende öffentliche Gut zu bezahlen. Dieser Lösungsansatz birgt freilich die Schwierigkeit, daß er die strategischen Möglichkeiten, die einem jeden Individuum vermeintlich offenstehen, begrenzt; die Aufhebung dieser Begrenzung führte zu einem Unmöglichkeitsergebnis.[27] Eine weitere Schwierigkeit besteht darin, daß durch den Anreiz, die Wahrheit zu enthüllen, Geld in Umlauf gebracht und die Einkommensverteilung in einer Weise verändert würde, die nicht mehr durch Verteilungsüberlegungen kontrolliert wird. Dieser Effekt kann zwar durch eine Umverteilung der anfänglichen individuellen Ausstattung oder durch Profitbeteiligungen aufgehoben werden[28], aber diese Maßnahmen führen offensichtlich zu neuen Schwierigkeiten.

Im Mittelpunkt des Problems steht die Voraussetzung, daß ein Individuum, wenn es gefragt wird, die Antwort gibt, die seinen persönlichen Gewinn maximiert. Wie plausibel ist diese Annahme? Ich bezweifle, daß sie, allgemein betrachtet, viel taugt. (»Wo ist der Bahnhof?« fragt er mich. »Da«, antworte ich und zeige auf das Postamt, »und können Sie bitte diesen Brief für mich mit einstecken?« »Ja«, antwortet er – mit der Absicht, den Umschlag zu öffnen und zu prüfen, ob etwas Wertvolles für ihn darin enthalten ist.) Sogar im speziellen Kontext der Aufdeckung von Präferenzen für öffentliche Güter braucht das vorteilsmaximierende Verhalten nicht die beste Annahme zu sein. Leif Johansen, einer der wichtigsten Theoretiker im Bereich der öffentlichen Wirtschaft, hat meines Erachtens recht, wenn er diese Annahme in diesem Kontext anzweifelt: »Die Wirtschaftstheorie neigt in diesem Bereich, wie auch in anderen, zu der Annahme, daß die Menschen nur in dem Maße ehrlich sind, wie es ihren ökonomischen Anreizen entspricht. Dies ist eine Homo-oeconomicus-Annahme, die keineswegs unmittelbar einleuchtet, sondern einer Konfrontation mit der Wirklichkeit bedarf. Tatsächlich stellt ein einfacher Gedankengang die Annahme in ihrer extremen Ausrichtung in Frage. Ohne eine gewisse Menge von Normen und Verhaltensregeln kann keine Gesellschaft funktionieren. Diese Normen und Regeln sind gerade in den Bereichen unentbehrlich, in denen strikte ökonomische Anreize nicht vorhanden sind und nicht erzeugt werden können.«[29] Es geht hier nicht darum, ob Menschen immer eine ehrliche Antwort auf jede Frage geben, sondern ob sie immer eine vorteilsmaximierende Antwort geben, oder ob sie die vorteilsmaximierenden Antworten oft genug geben, um sie zur angemessenen Voraussetzung für die Wirtschaftstheorie zu machen. Das Vorhandensein von nicht-vorteilsmaximierenden Antworten, die wahrhaftigen eingeschlossen, bringt automatisch Verpflichtungen als Aspekt des Verhaltens ins Spiel.

Die Frage ist zudem für die neuere Literatur zum strategischen Wählen von Bedeutung. Eine Reihe hübscher Analysen ist kürzlich entwickelt worden, die die Unmöglichkeit einer jeden Wahlprozedur zeigen, die gewisse elementare Bedingungen erfüllen und ehrliches Wählen zur vorteilsmaximierenden Strategie eines jeden machen soll.[30] Die Richtigkeit der Analysen steht außer Frage, aber ist die Unterstellung angebracht, daß Menschen in ihrem Wahlverhalten immer darauf aus sind, ihren persönlichen Vorteil zu maximieren? Bei größeren Wahlen ist es zweifelhaft, ob ein Wähler reale Aussichten hat, mit seiner Stimme das Wahlergebnis zu beeinflussen, und geht man davon aus, daß Wahlen auch Kosten verursachen, dann würde man erwarten, daß der Nettoertrag der Wahl in der Regel negativ ausfällt. Dennoch kann die Wahlbeteiligung bei einer großen Wahl recht hoch sein, und ich habe an anderer Stelle zu zeigen versucht, daß viele Menschen bei solchen Wahlen häufig »nicht so sehr von der Maximierung des erwarteten Nutzens geleitet werden, sondern ganz einfach von dem Wunsch, die eigene Präferenz zu bekunden«.[31] Wenn dieser Wunsch ein Gefühl von Verpflichtung widerspiegelt, dann stimmt das entsprechende Verhalten nicht mit dem Menschenbild der traditionellen Wirtschaftstheorie überein.

VI

Die Frage der Verpflichtung ist für eine Reihe anderer ökonomischer Kontexte von Bedeutung[32], insbesondere für die Arbeitsmotivation, die für die Produktionsleistung von großer Wichtigkeit ist.

Gewiß ist es kostspielig und vielleicht sogar unmöglich, ein Supervisionssystem zu entwickeln, das nach dem Prinzip »Zuckerbrot und Peitsche« verfährt und jeden dazu motiviert, sich anzustrengen. Deswegen pflegte sich bisher jedes ökonomische System auf eine Arbeitsmoral zu verlassen, die über die reine Nutzenkalkulation der jeweiligen Leistungseinheiten hinausgeht. Soziale Konditionierung spielt hierbei eine große Rolle.[33] Ich bin davon überzeugt, daß Englands Wirtschaftskrise [von 1976 – A.d.Ü.] viel mit Problemen der Arbeitsmotivation zu tun hat, die die Logik von Gratifikationen und Sanktionen sprengen. Ein Grund, warum Ökonomen so wenig auf diesem Gebiet beizutragen scheinen, ist die Vernachlässigung dieses Themenkomplexes und der damit zusammenhängenden Fragen von Verpflichtungen und sozialen Beziehungen in den traditionellen Wirtschaftswissenschaften.[34]

Natürlich sind diese Fragen mit der Moral verknüpft, da moralische Überlegungen das eigene Handeln beeinflussen, aber im weiteren Sinne betreffen sie die Kultur, zu der auch die Moral gehört. Um ein extremes Beispiel zu nennen: Eines der Hauptanliegen der chinesischen »Kulturrevolution« war, ein Gefühl der Verpflichtung im Hinblick auf ökonomische Ergebnisse zu stärken. So hieß es: »Die Große Proletarische Kulturrevolution bezweckt, die Ideologie der Bevölkerung zu revolutionieren und in der Konsequenz höhere, bessere, schnellere und zahlreichere wirtschaftliche Ergebnisse in allen Arbeitsbereichen zu erzielen.«[35] China experimentierte offenbar mit einer dramatischen Reduktion der Rolle, die materielle Anreize bis dahin in der Produktion gespielt hatten, was bedeutete, daß an ihrer Statt das Gewicht der Verpflichtung zunehmen sollte. Doch auch innerhalb traditioneller Lohnsysteme vertraut man gewöhnlich auf Verhaltensnormen, die über rein ökonomische Anreize hinausgehen.[36] Ein Unternehmen *ausschließlich* auf der Basis von Anreizen persönlichen Profits führen zu wollen ist ein hoffnungsloses Unterfangen.

Ich habe noch einiges mehr darüber zu sagen, was hinter dem Gefühl der Verpflichtung liegen könnte, doch im Moment möchte ich betonen, daß die ihm zugrundeliegende Moral oder Kultur begrenzter Natur ist – und längst nicht so weitreichend, wie es etwa der Utilitarismus will. Das »stillschweigende Abkommen«, das sich am Geschäftsgebaren in Oligopolen beobachten läßt, funktioniert aufgrund eines Systems von gegenseitigem Vertrauen und Verantwortungsgefühl, das engumschriebene Grenzen hat, und es ist keineswegs ausgemacht, daß sich ein solches Verhalten in andere Bereiche übertragen bzw. »universalisieren« läßt. Es handelt sich vielmehr um eine reine Wirtschaftsethik, die nur für einen relativ begrenzten Bereich Geltung besitzt.

Genauso hat der Solidaritätssinn bei Lohn- und Tarifverhandlungen auf beiden Seiten ganz bestimmte Grenzen und läßt sich mitunter überhaupt nicht mit den Grundsätzen des allgemeinen Utilitarismus in Einklang bringen. Edgeworths implizite Voraussetzung, die ich anfangs kommentiert habe, daß mit dem Egoismus und Utilitarismus die Motivationsalternativen erschöpft seien, wird sich besonders in diesem Kontext als ungeeignet erweisen. Während der Bereich der Verpflichtung groß sein kann, mögen davon solche Verpflichtungen, die auf dem Utilitarismus oder anderen universalistischen Moralsystemen beruhen, nur einen relativ kleinen Teil ausmachen.

VII

Die ökonomische Nutzentheorie, die auf der Theorie des rationalen Verhaltens beruht, wird manchmal dahingehend kritisiert, daß sie zu sehr durchstrukturiert sei; angeblich seien Menschen in Wirklichkeit »einfacher«. Wenn unsere Argumentation soweit richtig ist, scheint genau das Gegenteil der Fall zu sein: Die traditionelle Theorie ist zu *wenig* strukturiert. Einer Person wird *eine* Präferenzordnung zugestanden, und je nach Bedarf soll sie ihre Interessen widerspiegeln, ihr Wohl ausmachen, ihre Vorstellung von dem, was getan werden soll, zusammenfassen und ihre Wahlentscheidungen sowie ihr tatsächliches Verhalten beschreiben. Kann eine einzige Präferenzordnung dies alles leisten? Eine derart beschriebene Person mag »rational« in dem eingeschränkten Sinne sein, daß sie in ihrem Wahlverhalten keine Inkonsistenzen zeigt, aber wenn ihr nicht daran gelegen ist, zwischen so stark differierenden Konzepten zu unterscheiden, muß sie ein ziemlicher Trottel sein. Der *rein ökonomische* Mensch wäre tatsächlich so etwas wie ein sozialer Idiot. Die Wirtschaftstheorie hat sich nahezu ganz diesem rationalen Trottel in seinem Mäntelchen einer einzigen allumfassenden Präferenzordnung gewidmet. Um dagegen den unterschiedlichen Konzepten des Verhaltens Rechnung tragen zu können, brauchen wir eine elaboriertere Struktur.

Wie müßte eine solche Struktur aussehen? Eine erste Erweiterung gewährt John Harsanyis wichtige Unterscheidung zwischen den »ethischen« und den »subjektiven« Präferenzen einer Person: »Die ersteren drücken das aus, was ein Individuum auf der alleinigen Grundlage von unpersönlichen sozialen Erwägungen bevorzugt (oder vielmehr: bevorzugen würde); die letzteren drücken das aus, was das Individuum faktisch vorzieht, egal ob auf der Grundlage seiner persönlichen Interessen oder auf irgendeiner anderen Basis.«[37] Diese duale Struktur erlaubt uns das, was eine Person vom sozialen

Standpunkt aus für richtig hält, davon zu unterscheiden, was sie von ihrem persönlichen Standpunkt aus für gut erachtet. Vermutlich wird hier der Aspekt des Mitgefühls unter der sogenannten subjektiven Präferenz subsumiert, aber die Rolle von Verpflichtungen bleibt ein wenig unklar. Insofern die »subjektiven« Präferenzen einer Person »ihre Nutzenfunktion definieren« sollen, scheint die Absicht zu sein, Verpflichtung daraus auszuschließen. Allerdings liegt eine Zweideutigkeit darin, daß diese subjektiven Präferenzen einer Person laut Definition »ihre Präferenzen im vollen Sinne des Wortes, also so, wie sie faktisch sind, ausdrücken«. Heißt das im Sinne von tatsächlich getroffenen Entscheidungen oder im Sinne der Vorstellung, die eine Person von ihrem individuellen Wohlergehen hat? Vielleicht meinte Harsanyi das letztere, da im Gegensatz dazu »ethischen« Präferenzen die Rolle zukommt, das auszudrücken, »was eine Person nur in den denkbar seltenen Momenten vorzieht, in denen sie sich eine besondere unparteiische und unpersönliche Haltung auferlegt«.[38] Aber was, wenn die Person von der Maximierung ihres individuellen Wohls (Mitgefühl eingeschlossen) absieht, und zwar nicht aufgrund eines unparteiischen Interesses am Wohl aller[39], sondern aufgrund eines Gefühls der Verpflichtung gegenüber einer bestimmten Gruppe, z. B. der Nachbarschaft oder der sozialen Klasse, der sie angehört? Immer noch reicht die Struktur nicht aus.

Auch wenn sie moralische Urteile von einem unpersönlichen Standpunkt zum Ausdruck bringt, ist eine *duale* Struktur unzulänglich. Eine Präferenzrangordnung kann nämlich zwar ethischer sein als eine andere, aber zugleich weniger ethisch als eine dritte. Auch in dieser Hinsicht müssen wir die Struktur erweitern. Ich habe 1972 auf der Konferenz in Bristol über »Praktische Vernunft« vorgeschlagen, daß wir vielleicht *eine Rangordnung der Präferenzrangordnung* brauchen, um unsere moralischen Urteile auszudrücken.[40] Diese Struktur möchte ich näher diskutieren. Eine bestimmte Moral kann nicht nur als die »moralischste« Rangordnung einer Menge von Handlungsalternativen betrachtet werden, sondern auch als moralische Rangordnung der Rangordungen von Handlungsalternativen (was über die bloße Feststellung der »moralischsten« Rangordnung von Handlungen hinausgeht). X sei die Menge der alternativen und sich gegenseitig ausschließenden Handlungskombinationen, die in Frage kommen, und Y sei die Menge der hierarchischen Anordnungen der Elemente von X. Eine Rangordnung dieser Menge Y (die aus Rangordnungen von Handlungen besteht) wird Metarangordnung der Handlungsmenge X genannt. Meine These ist nun, daß eine Rangordnung der Handlungsmenge X nicht differenziert genug ist, um über eine gegebene Moral besonders viel auszudrücken. Eine Metarangordnung von Handlungen (d. h. eine Rangordnung der Menge Y anstatt von X) würde eine aussagekräftigere Gliederung ergeben. Natürlich kann eine solche Metarangordnung inter alia eine bestimmte Handlungsrangordnung als die »moralischste« ausweisen, aber sofern tatsächliches Verhalten auf einem Kompromiß zwischen Moralansprüchen und der Verfolgung anderer Ziele (einschließlich des Eigeninteresses) beruhen kann, muß man genauso den jeweiligen relativen moralischen Rang derjenigen Handlungsrangordnungen betrachten, die *nicht* »am moralischsten« sind.

Um dies zu veranschaulichen, betrachte man die Menge der alternativen Handlungskombinationen X und ihre folgenden drei Gliederungen: Rangordnung A repräsentiert die Ordnung unter dem Gesichtspunkt meines persönlichen Wohlergehens (also im gewissen Sinne meines Eigeninteresses). Rangordnung B richtet sich nach meinem »isolierten« Eigeninteresse unter Ausschluß des Mitgefühls (wenn eine entsprechende Trennung überhaupt möglich ist, was nicht immer der Fall sein muß).[41] Rangordnung C stellt die tatsächlichen Entscheidungen dar, die ich getroffen habe (wenn sich solche Entscheidungen überhaupt durch eine Rangordnung repräsentieren lassen, was wiederum nicht immer gegeben ist).[42] Die »moralischste« Rangordnung M könnte durchaus A, B oder C sein, aber ebenso sind ganz andere Rangordnungen als diese drei möglich. (Dies wird zum Beispiel der Fall sein, wenn die tatsächlichen Handlungsentscheidungen nicht die »moralischsten« im Sinne des fraglichen Moralsystems sind, und wenn zudem das Moralsystem eine teilweise Preisgabe des Eigeninteresses oder des »isolierten« Eigeninteresses fordert.) Doch auch wenn eine von A, B und C unterschiedene Rangordnung M oben auf der moralischen Skala anzusiedeln ist, bleibt die Frage, wie A, B und C selbst im Verhältnis untereinander eingeordnet werden können. Wenn zum Beispiel die Verfolgung des Eigeninteresses, das Freude und Leid aus Mitgefühl einschließt, zufällig moralisch höher steht als die Verfolgung aus »isoliertem« Eigeninteresse (und somit das Eigeninteresse teilweise mit der Moral zusammenfällt) und wenn die tatsächlichen Handlungsentscheidungen moralisch höher zu bewerten sind als die Verfolgung des Eigeninteresses (vielleicht weil sie aufgrund eines moralischen Kompromisses getroffen wurden), dann schlägt sich die entsprechende Moral in der Metarangordnung M, C, A, B in absteigender Folge nieder. Dies geht natürlich weit über die Feststellung hinaus, daß M »moralisch am besten« ist.

Die Methode der Metarangordnung erlaubt, verschiedene Grade der Moralität zu differenzieren. Damit soll nicht behauptet werden, daß eine moralische Metarangordnung die *vollständige* Anordnung der Menge Y enthalten, d. h. alle Rangordnungen von X berücksichtigen muß. Sie kann vielmehr aus einer *teilweisen* Anordnung bestehen. Ich glaube, daß die Metarangordnung zwar häufig unvollständig ausfällt, doch es sollte in den meisten Fällen kein Problem sein, die eingeschränkten Ausdrucksmöglichkeiten mittels der Unterscheidung zwischen »ethischen« und »subjektiven« Präferenzen zu übertreffen.

Die Rangfolge von Handlungen kann sich natürlich auch nach einem anderen Maß als dem eines bestimmten Moralsystems richten: Die Metarangordnung ist eine allgemeine Methode, die verschiedene Interpretationen der Metarangordnung zuläßt. Sie kann dazu benutzt werden, eine bestimmte Ideologie, eine Menge politischer Prioritäten oder ein System von Klasseninteressen zu beschreiben. In einem ganz anderen Kontext wiederum bietet sie die Möglichkeit auszudrücken, welche Präferenzen man präferieren würde (»Ich wünschte, ich würde vegetarisches Essen mehr mögen« oder »Ich wünschte, ich würde nicht so gern rauchen«), oder sie könnte klären helfen, welche Konflikte im Suchtverhalten eine Rolle spielen (»Bei meinen jetzigen Vorlieben ginge es mir mit Heroin besser, da aber Heroin zur Sucht führt, würde ich es vorziehen, diese Vorlieben nicht zu haben«). So kann die Methode der Metarangordnung auf verschiedenste Weise und in den verschiedensten Zusammenhängen angewendet werden.

Hier kann es aber nicht darum gehen, bis ins Detail zu analysieren, wie eine erweiterte Struktur ein besseres Verständnis von Präferenzen und Verhalten ermöglicht. Eine Struktur ist natürlich keine Theorie, und mit ein und derselben Struktur lassen sich verschiedene Theorien bilden. Ich sollte jedoch hinzufügen, daß diese Struktur weitaus mehr Informationen erfordert als die, welche durch die Beobachtung der tatsächlichen Handlungsentscheidungen von Personen gewonnen werden; diese würden lediglich die Rangordnung C ergeben. Es bedarf zusätzlich der Introspektion und Kommunikation. Zur Verdeutlichung möchte ich einige technische Ergebnisse heranziehen. Stellen Sie sich vor, ich würde Ihre Konzeption Ihres eigenen Wohlergehens untersuchen wollen. Als erstes legen Sie die Rangordnung A dar, welche die Rangfolge Ihres Wohlergehens repräsentiert. Ich möchte aber weiter gehen und eine Vorstellung von Ihrer *kardinalen* Nutzenfunktion bekommen, d.h. vereinfacht ausgedrückt, ich möchte nicht nur wissen, welche Rangfolge Ihnen ein größeres Maß an Wohlergehen bietet, sondern auch, um wieviel größer dies wäre. Ich bitte Sie dann, die verschiedenen Rangordnungen hinsichtlich ihrer »Nähe« zu Ihrer tatsächlichen Rangordnung A anzuordnen, so wie ein Polizist, der mit Ihrer Hilfe ein Phantombild erstellt: Sieht er eher so oder so aus? Wenn sich aus Ihren Antworten ergibt, daß das Ergebnis durch die Umkehrung einer stärkeren Präferenz weiter abweicht als durch die Umkehrung einer schwächeren Präferenz, genügen Ihre Antworten gewissen Konsistenzkriterien, und die Anordnung der Rangfolgen wird uns erlauben, die jeweiligen unterschiedlichen Grade Ihres Wohlergehens paarweise miteinander zu vergleichen. Indem wir immer höherstufige Rangfolgen betrachten, können wir Ihre kardinale Wohlfahrtsfunktion so genau bestimmen, wie man will.[43] Damit möchte ich nicht sagen, daß diese Form des Dialogs der beste Weg sei, Ihre Wohlfahrtsfunktion herauszufinden, aber sie zeigt, daß sich, geben wir die Voraussetzung einmal auf, daß die Beobachtung von Wahlentscheidungen die einzige Quelle für Daten über das jeweilige Wohlergehen darstelle, eine ganz neue Welt auftut, in der wir von den Scheuklappen des traditionellen Ansatzes befreit sind.

Die erweiterte Struktur eignet sich ebenfalls für andere Anwendungen und erlaubt zum Beispiel eine genauere Analyse der *akrasia* – der Willensschwäche – oder die Klärung einiger widersprüchlicher Überlegungen zur Theorie der Freiheit, die ich an anderer Stelle erörtert habe.[44] Zudem trägt sie dazu bei, auf Verpflichtungen beruhendes Verhalten in solchen Situationen zu analysieren, wie sie in der Spieltheorie z.B. unter dem Titel des »Gefangenendilemmas« beschrieben werden.[45] Mit gewisser Berechtigung wird dieses Spielszenario oft als klassischer Fall des Versagens individualistischer Rationalität betrachtet. Es gibt dabei zwei Spieler, denen zwei Strategien zu Gebote stehen, die wir der Einfachheit halber als eigennützig bzw. uneigennützig bezeichnen können.

Für jeden einzelnen Spieler wäre es persönlich besser, wenn er sich *ungeachtet* der Entscheidung des anderen für die eigennützige Strategie entscheiden würde, doch für beide wäre es besser, wählten sie die uneigennützige Strategie. Individuell gesehen ist die Eigennützigkeit optimal: Man kann nur über seine eigenen Handlungen entscheiden, und nicht über die des anderen, und so wäre es angesichts der Entscheidungsmöglichkeiten des anderen – wie sie auch immer ausfallen mögen – besser, sich eigennützig zu verhalten. Doch die Kombination der eigennützigen Strategien, die sich aus dem jeweiligen Eigeninteresse der Spieler ergibt, führt für beide zu einem schlechteren Ergebnis, als wenn beide die uneigennützige Strategie wählen würden. Es läßt sich zeigen, daß die vielfache Wiederholung des Spiels immer wieder zum selben Konflikt führen kann.

Manche finden es verwunderlich, daß die individuelle Verfolgung des Eigeninteresses durch einen jeden ein schlechteres Ergebnis für alle bewirken sollte. Doch es handelt sich dabei um ein bekanntes Problem, das in seiner allgemeinen Form bereits seit langem diskutiert wird. So veranlaßte es bereits Rousseau zu seiner Unterscheidung zwischen dem »Gemeinwillen« und dem »Willen aller«.[46] Verwunderlich aus der Sicht des rationalen Verhaltens ist allerdings vielmehr, daß Menschen in konkreten Situationen häufig keine eigennützige Strategie verfolgen. Es gibt dafür viele Beispiele aus komplexen lebensweltlichen Situationen, aber sogar im Rahmen von kontrollierten Experimenten unter Laborbedingungen, im Spiel des Gefangenendilemmas, entscheiden sich Personen häufig für ein uneigennütziges Verhalten.[47]

Solche experimentellen Ergebnisse werden von den Spieltheoretikern nicht selten auf die mangelnde Intelligenz der Testpersonen zurückgeführt: »Offensichtlich sind die durchschnittlichen Spieler strategisch nicht gescheit genug, um zu erkennen, daß [die eigennützige] Strategie DD die einzige vernünftig begründbare Strategie darstellt, und dieses intellektuelle Versagen bewahrt sie davor, das Spiel zu verlieren.«[48] Es wäre vielleicht sinnvoller einzuräumen, daß die Testpersonen gescheiter sind, als die Theorie erlaubt, und daß sie sich überlegt haben, welche Art der Präferenz sie von seiten ihrer

Mitspieler wünschen. So haben sie sich womöglich in mehr oder weniger kantischer Manier vorgestellt, wie es wäre, wenn sie selbst diese Präferenz hätten oder sich so verhielten, *als ob* sie sie hätten. Bei dieser Art der Überlegung müssen sie die Modifikationen des Spiels berücksichtigen, die sich aufgrund von Verpflichtungen ergeben (im Sinne von »offenbarten Präferenzen« würde es so aussehen, *als ob* sie Präferenzen hätten, die sich von ihren faktischen Präferenzen unterschieden). Zudem müßten sie in diesem Licht verschiedene Verhaltensnormen bewerten. Ich habe diese Fragen bereits an anderer Stelle erörtert.[49] Deshalb kann ich mich hier mit dem Hinweis begnügen, daß die Methode der *Rangordnung von Rangordnungen* die Vorzüge zu untersuchen hilft, die sich ergeben, wenn man über mehrere Präferenztypen verfügt (bzw. so handelt, als ob man sie hätte).

VIII

Die Berücksichtigung auch jener Verhaltensweisen, die auf Verpflichtungen beruhen, zieht natürlich für eine Vielzahl von ökonomischen Modellen weitreichende Konsequenzen nach sich. Ich habe zu zeigen versucht, warum diese Anpassung erforderlich ist und warum die Konsequenzen durchaus ernsthaft sein können. Manche Fragen bleiben freilich unbeantwortet, z. B. die empirische Tragweite der Verpflichtung als eines Faktors im Verhalten; wie ich bereits angedeutet habe, würde sie je nach Kontext variieren. Ich habe ebenfalls darauf hingewiesen, daß in diesem Zusammenhang empirische Befunde sich nicht lediglich auf die Beobachtung tatsächlich getroffener Entscheidungen stützen können, sondern auch andere Informationsquellen, darunter Introspektion und Kommunikation, mit einschließen müssen.

Bleibt jedoch die Frage, ob diese Sicht des Menschen bedeutet, ihn als irrationales Wesen anzusehen. Allerdings kommt es darauf an, welchen Begriff von Rationalität man zugrunde legt, und da gibt es eine Vielzahl von Möglichkeiten. Wenigstens was die *Konsistenz* der Entscheidungen anbelangt, besteht kein Grund anzunehmen, daß die Berücksichtigung von Verpflichtungen zu einem Verlust an Rationalität führt. Dies ist jedoch ein schwacher Begriff von Rationalität.

Der andere in der Wirtschaftstheorie vorherrschende Begriff von Rationalität setzt sie mit der Möglichkeit gleich, jedwede Handlung im Sinne von Eigeninteressen zu begründen. Wenn sich eine Person *i* für die Handlung *x* und gegen die Handlung *y* entscheidet, bedeutet dies, daß dem Eigeninteresse von *i* ihrer Erwartung nach mit *x* mehr gedient ist als mit *y*. Meines Erachtens ist dieser Ansatz durch drei verschiedene Elemente gekennzeichnet. Es handelt sich erstens um eine konsequentialistische Sichtweise: Handlungen werden ausschließlich nach ihren Konsequenzen beurteilt.[50] Zweitens beruht der Ansatz auf der Bewertung von *Handlungen*, nicht von *Regeln*. Und drittens werden bei der Bewertung von Handlungen nur solche Konsequenzen berücksichtigt, die sich für das Eigeninteresse der handelnden Person ergeben, während alles übrige allenfalls als indirekte Folge betrachtet wird. Offenkundig ließe sich für jedes dieser drei Elemente bestreiten, sie seien ein notwendiger Bestandteil von Rationalität im Wörterbuchsinn des »Vermögens, von seiner Vernunft Gebrauch zu machen«. Überdies ließen sich leicht Argumente finden, um die Zwangsjacke, die diese Elemente jeweils darstellen, zu verwerfen. Daß manche Handlung auf einer Verpflichtung beruht, ließe sich schon aufgrund der Verletzung nur eines dieser drei Prinzipien begründen. Verpflichtungen gehen bisweilen auf ein Pflichtgefühl zurück, das sich über die Konsequenzen hinwegsetzt. Manchmal werden Menschen hinnehmen, daß bestimmte *Handlungen* ihnen keinen persönlichen Nutzen bringen, weil sie gewisse Verhaltens*regeln* wertschätzen. Doch selbst im Rahmen der konsequentialistischen Bewertung von Handlungen scheint der Ausschluß von allen Motiven außer dem Eigeninteresse den Begriff der Rationalität auf völlig arbiträre Weise zu verengen.

Bereits Henry Sidgwick erkannte, wie arbiträr die Voraussetzung des Egoismus ist:

> Wenn der Utilitarist die Frage zu beantworten hat: »Warum sollte ich mein eigenes Glück zugunsten des größeren Glücks eines anderen opfern?«, so ist es sicherlich erlaubt, den Egoisten zu fragen: »Warum sollte ich eine meiner heutigen Freuden für eine zukünftige opfern? Warum sollte ich mich mit meinem zukünftigen Gemütszustand mehr beschäftigen als mit den Empfindungen anderer Personen?« Dem Common sense mag es paradox anmuten, nach einem Grund zu verlangen, wieso man generell sein eigenes Glück suchen soll; aber ich halte es nicht für absurd, diesen Grund von jenen zu fordern, die sich den Ansichten der extremen Schule der empirischen Psychologie verschrieben haben, auch wenn allgemein unterstellt wird, daß diese Ansichten mit dem Egoistischen Hedonismus eng ver-

> wandt seien. Gesetzt, das Ego ist bloß ein System kohärenter Phänomene und das permanent identische »Ich« kein Faktum, sondern eine Fiktion, wie Hume und seine Anhänger behaupten; warum sollte dann der eine Strang der Reihe von Empfindungen, in die das Ich aufgelöst wird, überhaupt mit einem anderen Strang der Reihe verbunden sein, und nicht etwa mit irgendeiner anderen Reihe?[51]

Die Gleichsetzung von Rationalität mit der konsequentialistischen Bewertung von Handlungen aufgrund des Eigeninteresses kann unter jedem der drei genannten Gesichtspunkte in Frage gestellt werden. Die Berücksichtigung von Verpflichtungen als Faktor des Verhaltens impliziert nicht, daß vernünftige Urteile als Handlungsgrundlage ausgeschlossen würden.

Es ist nicht besonders sinnvoll, viel Mühe auf die »richtige« Definition von Rationalität zu verschwenden. Der Begriff wird in ganz unterschiedlichen Bedeutungen verwendet, doch die hier vorgebrachte Kritik an den behavioristischen Grundlagen der Wirtschaftstheorie wird von der jeweils gewählten Definition nicht berührt. Die Kernfrage betrifft die Gültigkeit der Voraussetzung, daß Handlungen ausnahmslos durch die Verfolgung von Eigeninteressen gekennzeichnet seien. Diese Art des Verhaltens rational zu nennen, oder abweichendes Verhalten irrational, ändert nichts an der Relevanz der vorgetragenen Kritik, sondern bedeutet lediglich eine arbiträre Engführung der Definition von Rationalität. In diesem Aufsatz ging es nicht um die Frage, ob menschliches Verhalten als rational oder eher als irrational zu beschreiben ist. Die Hauptthese besagt vielmehr, daß die Rolle von Verpflichtungen für das Handeln berücksichtigt werden muß. Verpflichtungen beruhen zwar nicht unbedingt auf rationaler Überlegung, schließen sie aber auch nicht aus; insofern jedoch Handlungskonsequenzen für andere jeweils stärker im Sinne eigener Werte und Intuitionen verstanden und beurteilt werden müssen, könnte die Reichweite des rationalen Kalküls sehr wohl ausgedehnt werden. Ich habe die strukturellen Erweiterungen des Konzepts der Präferenz zu analysieren versucht, die sich angesichts von Verhaltensformen ergeben, die auf der vernünftigen Beurteilung von Verpflichtungen beruhen. Präferenzen im Sinne von Rangordnungen müssen durch eine Struktur ersetzt werden, die Metarangordnungen und ähnliche Konzepte mit einschließt.

Ich habe auch die Auffassung kritisiert, nach der sich Verhalten gemäß der traditionellen Dichotomie zwischen Egoismus und universalistischen moralischen Systemen (wie dem Utilitarismus) einteilen ließe. Zwischen dem Einzelnen und allen gibt es eine Vielzahl von Gruppen, wie soziale Klassen und Gemeinschaften, und sie bilden den Mittelpunkt von Handlungen, die auf Verpflichtungen beruhen. Wenn man den Egoismus als alleinige Beschreibung von Handlungsmotivationen verwirft, muß man noch nicht eine universalistische Moral als Grundlage tatsächlichen Verhaltens annehmen. Ebensowenig macht es Menschen zu besonders noblen Wesen.

Und selbstverständlich impliziert die rationale Überlegung noch keine außerordentliche Weisheit.

War Cäsars Name zweifelsohne Kaiser,
so sicher war kein Ökonom je weiser,

mit diesen Worten lobte Robert Frost einst ironisch die zeitgenössischen Ökonomen. Vielleicht läßt sich ein ähnlich zweifelhaftes Lob auf den *homo oeconomicus* nach unserer veränderten Konzeption aussprechen: Wenn er überhaupt glänzt, so glänzt er im Vergleich – im Kontrast – zum vorherrschenden Bild des rationalen Trottels.

WIE FUNKTIONIEREN PRAKTISCHE GRÜNDE?

Bernard Williams

INTERNE UND EXTERNE GRÜNDE

Es scheint naheliegend zu sein, daß Sätze der Form ›A hat einen Grund zu ⌀-en‹ und Sätze der Form ›Es gibt für A einen Grund zu ⌀-en‹ (wobei ›⌀-en‹ für ein Handlungsverb steht) zwei verschiedenartige Interpretationen haben. Nach der ersten impliziert die Wahrheit des Satzes, sehr grob gesprochen, daß A über ein Motiv verfügt, dem durch sein ⌀-en genützt oder gedient werden wird, und wenn sich herausstellt, daß das nicht der Fall ist, dann ist der Satz falsch. Es gibt eine Bedingung in bezug auf die Ziele des Handelnden, und wenn die nicht erfüllt ist, trifft es nach dieser Interpretation nicht zu, daß er einen Grund hat zu ⌀-en. Nach der zweiten Interpretation gibt es keine solche Bedingung, und der Begründungssatz wird nicht durch die Abwesenheit eines entsprechenden Motivs falsch. Ich werde die erste die ›interne‹, die zweite die ›externe‹ Interpretation nennen. (Gegeben zwei derartige Interpretationen und die beiden angeführten Satzformen, ist die Annahme vernünftig, daß der erste Satz auf eine natürliche Weise die interne und der zweite die externe Interpretation erfaßt, doch es wäre verkehrt nahezulegen, daß beide Formen jeweils nur eine Interpretation zuließen.)

Ich werde der Bequemlichkeit halber, wie im Titel, auch manchmal von ›internen Gründen‹ und ›externen Gründen‹ sprechen, doch das ist nur als Bequemlichkeitslösung aufzufassen. Die Frage steht erst zur Untersuchung an, ob es zwei Arten von Handlungsgründen gibt, denen zwei Arten von Sätzen über die Handlungsgründe der Menschen gegenüberstehen. Wie wir schließlich sehen werden, ist in der Tat schon die Interpretation in einem der Fälle problematisch.

Ich werde zunächst die interne Interpretation erwägen und fragen, wie weit man damit kommt. Ich werde dann mit größerer Skepsis der Frage nachgehen, was in einer externen Interpretation enthalten sein könnte. Ich werde mit einigen sehr kurzen Bemerkungen schließen, die das alles mit der Frage öffentlicher Güter und sozialer Trittbrettfahrer verknüpfen.

Das einfachste Modell für die interne Interpretation wäre dies: A hat einen Grund zu ø-en dann und nur dann, wenn A einen Wunsch hat, dessen Erfüllung sein ø-en nützt. Oder wir könnten auch sagen: ein Wunsch, bezüglich dessen Erfüllung A glaubt, daß sein ø-en ihr nützt; dieser Unterschied wird uns später beschäftigen. Ein solches Modell wird manchmal Hume zugeschrieben, doch weil Humes eigene Auffassungen in Wirklichkeit komplexer sind, könnten wir es *das sub-Humesche Modell* nennen. Das sub-Humesche Modell ist gewiß zu einfach. Mein Ziel wird der Versuch sein, es durch Ergänzung und Überarbeitung zu einer angemessenen Fassung auszuarbeiten. Dabei werde ich vier Behauptungen zusammenbringen, die mir für interne Begründungssätze gültig zu sein scheinen.

Grundsätzlich und per Definition muß jedes Modell für die interne Interpretation zeigen, daß ein Zusammenhang zwischen dem Begründungssatz und der *subjektiven motivationalen Verfassung* des Handelnden besteht, die ich als das V des Handelnden bezeichnen würde. Auf die Inhalte von V werden wir noch zu sprechen kommen, doch wir können sagen:

(i) Ein interner Begründungssatz wird durch die Abwesenheit eines entsprechenden Elements in V falsch.

Das einfachste sub-Humesche Modell behauptet, daß jedes Element in V zu einem internen Grund führt. Es gibt jedoch Gründe, die das bestreiten, nicht wegen bedauerlicher, unkluger oder abweichender Elemente in V – sie werfen verschiedenartige Fragen auf –, sondern wegen Elementen in V, die auf falschem Glauben beruhen.

Der Handelnde glaubt, daß dieses Zeug Gin ist, wobei es sich in Wirklichkeit um Benzin handelt. Er möchte einen Gin mit Tonic. Hat er Grund dafür oder einen Grund dafür, dieses Zeug mit Tonic zusammenzuschütten und zu trinken? Es gibt hier zwei Möglichkeiten (wie bereits durch die beiden alternativen Formulierungen für das sub-Humesche Modell nahegelegt). Einerseits ist es einfach sehr seltsam, wenn man sagt, daß er einen Grund hat, dieses Zeug zu trinken; und es ist natürlich zu sagen, daß er keinen Grund hat, es zu trinken, obwohl er glaubt, daß er einen hat. Andererseits haben wir, wenn er es trinkt, nicht nur eine Erklärung dafür (einen Grund dafür, warum er es tat), sondern wir verfügen über eine derartige Erklärung in Form von Gründen zum Handeln. Diese Erklärungsdimension ist sehr bedeutsam, und wir werden noch mehr als einmal darauf zurückkommen. Wenn es Gründe zum Handeln gibt, muß es sich so verhalten, daß die Leute manchmal aus diesen Gründen handeln, und wenn sie das tun, dann müssen ihre Gründe in einigen richtigen Erkärungen ihres Handelns auftreten (es folgt nicht, daß sie in allen richtigen Erklärungen ihres Handelns auftreten müssen). Der Unterschied zwischen falschen und wahren Meinungen seitens des Handelnden kann nicht die *Form* der Erklärung ändern, die auf seine Handlung paßt. Diese Erwägung könnte uns dazu bewegen, über die zuvor bemerkte Intuition hinwegzusehen, und könnte uns dazu verleiten, einfach gesetzgeberisch festzulegen, daß im Fall des Handelnden, der Gin möchte, der Handelnde einen Grund hat, das Zeug zu trinken, bei dem es sich um Benzin handelt.

Ich glaube jedoch nicht, daß wir das tun sollten. Eine solche Festlegung lenkt in die verkehrte Richtung, indem sie genaugenommen impliziert, daß es der Konzeption interner Gründe nur um Erklärungen geht und überhaupt nicht um die Vernünftigkeit des Handelnden; und das wiederum kann möglicherweise Anlaß sein, sich auf die Suche nach anderen Arten von Gründen zu machen, die mit der Vernünftigkeit des Handelnden verknüpft sind. Der Konzeption der internen Gründe geht es aber um die Vernünftigkeit des Handelnden. Was wir ihm zutreffenderweise in einem internen Begründungssatz in der dritten Person zuschreiben können, ist auch dasjenige, was er sich selber als Ergebnis von Überlegungen zuschreiben kann, wie wir noch sehen werden. Ich meine demnach, wir sollten eher sagen:

(ii) Ein Element von V, W, wird A keinen Grund geben zu ⌀-en, wenn die Existenz von W entweder auf falschem Glauben beruht, oder As Glaube an die Relevanz von ⌀-en zur Erfüllung von W falsch ist.

(Diese Doppelformulierung kann durch den Gin/Benzin-Fall veranschaulicht werden: W kann auf die erste Weise als der Wunsch betrachtet werden, dasjenige zu trinken, was in der Flasche ist, und auf die zweite Weise als der Wunsch, Gin zu trinken.) Gleichwohl wird wahr sein, daß, wenn er unter diesen Umständen wirklich ⌀-t, es nicht nur einen Grund gab, warum er ⌀-te, sondern auch, daß der Grund ihn als jemanden zeigt, der in Relation zu seinem falschen Glauben vernünftig handelte.

Wir können die epistemische Konsequenz vermerken:

(iii) (a) A kann fälschlicherweise einen internen Begründungssatz über sich selber glauben, und (wir können hinzufügen)

(b) A kann von einem wahren internen Begründungssatz über sich selber keine Kenntnis haben.

Der Satz (b) entspringt zwei verschiedenen Quellen. Die eine ist, daß A von einer Tatsache in der Weise keine Kenntnis haben mag, daß, wenn er davon Kenntnis hätte, er kraft eines Elementes in V dafür disponiert wäre zu ø-en. Wir können sagen, daß er einen Grund zu ø-en hat, obwohl er ihn nicht kennt. Damit es aber wirklich der Fall ist, daß A einen derartigen Grund hat, scheint die unbekannte Tatsache für seine Handlungen von nächstliegender Bedeutung sein zu müssen; anderenfalls sagt man bloß, daß A einen Grund hätte zu ø-en, wenn er von der Tatsache Kenntnis hätte. Ich werde der Frage nach den Voraussetzungen dafür, wann man das eine sagt oder das andere, nicht weiter nachgehen, doch sie dürften eng mit der Frage zusammenhängen, wann die Unkenntnis einen Teil der Erklärung von dem ausmacht, was A wirklich tut.

Die zweite Quelle von (b) ist, daß A von einem Element in V keine Kenntnis haben mag. Wir sollten jedoch beachten, daß ein unbekanntes Element in V, W, nur dann für A einen Grund abgeben wird zu ø-en, wenn ø-en auf rationale Weise mit W verknüpft ist; das heißt, grob gesprochen, ein Vorhaben zu ø-en könnte die Antwort auf eine erwägende Frage sein, in die zum Teil W eingeht. Wenn W A unbekannt ist, weil es im Unbewußten liegt, mag es diese Bedingung sehr wohl nicht erfüllen, obwohl es natürlich den Grund dafür abgeben mag, warum er ø-t, das heißt, obwohl es sein ø-en erklären oder dieser Erklärung dienlich sein mag. In solchen Fällen mag das ø-en mit W nur symbolisch verknüpft sein. Ich sagte bereits,

(iv) interne Begründungssätze können in erwägender Überlegung entdeckt werden.

Es lohnt sich, den bereits impliziten Punkt zu bemerken, daß ein interner Begründungssatz sich nicht nur auf die Handlung bezieht, die als Resultat einer Präferenzüberlegung als einzige übrigbleibt. ›A hat Grund zu ø-en‹ bedeutet nicht ›Die Handlung, zu der A umfassenden und definitiven Grund hat, ist ø-en‹. Er kann Grund haben, eine Menge Dinge zu tun, zu deren Unterlassung er andere und stärkere Gründe hat.

Das sub-Humesche Modell setzt voraus, daß ø-en als kausales Mittel zum Zweck mit einem Element in V verknüpft werden muß (außer vielleicht, daß es sich dabei geradewegs um die Ausführung eines Wunsches handelt, der selber dieses Element in V ist). Das ist jedoch nur ein Fall: Tatsächlich stellt die bloße Entdeckung, daß eine Handlungsweise das kausale Mittel für einen Zweck ist, in sich selber kein Stück praktischer Überlegung dar.[1] Ein klarer Fall praktischer Überlegung liegt vor, wenn sie zu der Schlußfolgerung führt, daß man Grund hat zu ø-en, weil ø-en die bequemste, ökonomischste, angenehmste usw. Art wäre, ein Element in V zu erfüllen, und das wird natürlich durch andere Elemente in V gesteuert, wenn auch nicht notwendig auf sehr klare oder bestimmte Weise. Es bestehen jedoch weitaus umfassendere Möglichkeiten für die praktische Überlegung, wie etwa: darüber nachdenken, wie die Erfüllung von Elementen in V vereinigt werden kann, durch zeitliches Abstimmen beispielsweise; dort, wo es einen unlösbaren Widerstreit unter den Elementen von V gibt, abwägen, welchem man das größere Gewicht beimißt (es ist von Belang, daß das nicht impliziert, daß es genau ein Gut gibt, das die Elemente jeweils in unterschiedlicher Menge bereitstellen); oder wiederum gestaltende Lösungen finden, wie etwa die Entscheidung, was zu einem unterhaltsamen Abend führen würde, vorausgesetzt, man hat Lust auf Unterhaltung.

Als Ergebnis solcher Vorgänge kann ein Handelnder zu der Einsicht gelangen, daß er Grund hat, eine Sache zu tun, die zu tun er sich bis dahin in überhaupt keiner Weise veranlaßt wähnte. Auf diese Art kann der Überlegungsvorgang zu neuen Handlungen führen, für die es interne Gründe gibt, ebenso wie auch auf neue interne Gründe für gegebene Handlungen. Der Vorgang der Überlegung kann auch Elemente aus V entfernen. Die Reflexion mag dem Handelnden den Weg zu der Einsicht weisen, daß eine Meinung falsch ist, und also zu der Einsicht, daß er in Wirklichkeit keinen Grund hat, eine Sache zu tun, für die er einen Grund zu haben glaubte. Es kann sich auch subtiler verhalten: Er mag glauben, Grund zu haben zur Förderung einer Entwicklung, weil er nicht ausreichend darauf bedacht war, sich vorzustellen, wie es wäre, wenn die Entwicklung einträte. Allein aufgrund vernünftiger Erwägung, oder angespornt durch die Überzeugungskraft anderer, mag er ein fester umrissenes Gefühl dafür gewinnen, was in der Entwicklung eingeschlossen wäre, und seinen Wunsch danach verlieren, ebenso wie positiv gewendet die Imagination neue Möglichkeiten und Wünsche schaffen kann. (Hier handelt es sich um wichtige Möglichkeiten sowohl für die Politik als auch für das individuelle Handeln.)

Wir sollten V also nicht für statisch gegeben halten. Die Überlegungsvorgänge können alle möglichen Auswirkungen auf V haben, und eine Theorie interner Gründe sollte sich glücklich schätzen, diesem Faktum Rechnung tragen zu können. So sollte sie gegenüber den möglichen Elementen in V ebenfalls größere Aufgeschlossenheit als einige bisherige Theoretiker an den Tag legen. Ich habe V in erster Linie im Sinne von Wünschen erörtert, und dieser Term kann formal für alle Elemente in V verwendet werden. Diese Terminologie mag einen jedoch vergessen lassen, daß V solche Dinge wie Dispositionen für Bewertungen enthalten kann, Muster für Gefühlsreaktionen, persönliche Loyalitäten und, wie man sie abstrakt nennen kann, verschiedenartige Vorhaben, die Bindungen des Handelnden verkörpern. Vor allem wird natürlich nicht vorausgesetzt, daß die Wünsche oder Vorhaben eines Handelnden egoistisch sein müssen; er wird hoffentlich nichtegoistische Vorhaben unterschiedlicher Art haben, und diese können gleichermaßen interne Gründe für Handlungen liefern.

Über die Inhalte von V gibt es aber eine weitere Frage: Ob man V im Einklang mit dem allgemeinen Gedanken interner Gründe so auffassen sollte, daß es *Bedürfnisse* enthält? Es ist gewiß natürlich zu sagen, daß A einen Grund hat, X zu verfolgen, einfach mit der Begründung, daß er des X bedarf; doch wird das auf eine natürliche Weise in einer Theorie interner Gründe folgen? Es gibt nur dann ein besonderes Problem damit, wenn für den Handelnden die Möglichkeit besteht, daß er nicht motiviert ist, das zu verfolgen, dessen er bedarf. Ich werde hier nicht versuchen, die Natur von Bedürfnissen zu erörtern, aber ich meine, daß, insoweit als es bestimmt erkennbare Bedürfnisse gibt, es einen Handelnden geben kann, dem jegliches Interesse abgeht, das zu erlangen, dessen er tatsächlich bedarf. Ich bin ferner der Auffassung, daß dieser Mangel an Interesse nach abwägender Überlegung fortbestehen kann und auch, daß es verkehrt wäre zu sagen, ein solcher Mangel an Interesse müsse immer auf falschem Glauben beruhen. (Insofern als er tatsächlich auf falschem Glauben beruht, können wir ihm unter (ii) in der bereits erörterten Weise Rechnung tragen.)

Wenn ein Handelnder wirklich uninteressiert ist daran, das zu verfolgen, dessen er bedarf; und wenn das kein Ergebnis falschen Glaubens ist: und er kein solches Motiv aus Motiven erreichen könnte, die er durch die erörterte Art von Überlegungsvorgängen besitzt; dann müssen wir, meine ich, sagen, daß er im internen Sinne in der Tat keinen Grund hat, diese Dinge zu verfolgen. Bei dieser Behauptung müssen wir jedoch im Auge behalten, wie stark diese Voraussetzungen sind und wie selten wir wahrscheinlich von ihrer Wahrheit Kenntnis zu haben glauben werden. Wenn wir sagen, daß eine Person Grund hat, eine Arznei zu nehmen, deren sie bedarf, obwohl sie durchweg und auf überzeugende Weise jegliches Interesse an der Erhaltung ihrer Gesundheit abstreitet, mögen wir wohl noch im internen Sinne reden, insofern wir denken, daß sie eigentlich auf irgendeiner Ebene ihr eigenes Wohlbefinden wollen *muß*.

Wenn uns jedoch deutlich wird, daß wir nichts dergleichen denken und doch weiterhin behaupten, daß die Person diesen Grund hat, dann müssen wir in einem anderen Sinne reden, und das ist der externe Sinn. Die Menschen sagen tatsächlich Dinge, die nach einer externen Interpretation verlangen. In James' Geschichte von Owen Wingrave, aus der Britten eine Oper gemacht hat, drängt Owens Vater sehr nachdrücklich auf dessen Eintritt ins Heer, weil alle seine männlichen Vorfahren Soldat waren und der Familienstolz ihm Gleiches abverlangt. Owen Wingrave hat überhaupt keine Motivation, ins Heer einzutreten, und alle seine Wünsche weisen in eine andere Richtung: Ihm ist alles verhaßt, was mit dem militärischen Leben und dem, was es bedeutet, zusammenhängt. Sein Vater hätte sich so ausdrücken können, daß *es für Owen einen Grund gibt, ins Heer einzutreten*. Die Kenntnis davon, daß in Owens V nichts ist, das Owen durch erwägende Überlegung zum Eintritt führte, würde ihn nicht zur Zurücknahme der Behauptung veranlassen oder zu dem Eingeständnis, daß er sich damit im Irrtum befände. Er meint die Behauptung in einem externen Sinne. Welcher ist dieser Sinn?

Der erste Punkt ist, daß das nicht dieselbe Frage wie die ist nach dem Status eines angeblichen kategorischen Imperativs, im kantianischen Sinne eines ›Sollens‹, das für einen Handelnden unabhängig davon gilt, was der Handelnde zufällig will. Jedenfalls ist es nicht zweifelsohne dieselbe Frage. Erstens ist ein kategorischer Imperativ häufig, wie von Kant, für einen Imperativ gehalten worden, der notwendig ein moralischer Imperativ ist, doch externe Begründungssätze beziehen sich nicht notwendig auf Moralität. Zweitens bleibt es eine dunkle Frage, welche Beziehung zwischen den Wendungen ›Es gibt einen Grund für A zu ...‹ und ›A sollte ...‹ besteht. Einige Philosophen betrachten sie als äquivalent, und aus dieser Sicht rückt die Frage externer Gründe natürlich in eine sehr viel größere Nähe zur Frage eines kategorischen Imperativs. Ich werde jedoch keinerlei Annahme über eine derartige Äquivalenz machen und ›sollen‹ nicht weiterhin erörtern.

Bei der Überlegung, was ein externer Begründungssatz bedeuten könnte, müssen wir uns wieder die Dimension möglicher Erklärung ins Gedächtnis rufen – eine Erwägung, die für jeglichen Grund zum Handeln gilt. Wenn etwas ein Grund zum Handeln sein kann, dann könnte es jemandes Grund sein, bei einer besonderen Gelegenheit zu handeln, und es würde dann in einer Erklärung dieser Handlung auftreten. Nun könnte kein externer Begründungssatz *durch sich selber* eine Erklärung für irgend jemandes Handeln darbieten. Selbst wenn es zuträfe (was immer das am Ende bedeuten könnte), daß es für Owen einen Grund gab, ins Heer einzutreten, würde diese Tatsache durch sich selber niemals etwas erklären, was Owen täte, nicht einmal seinen Eintritt ins Heer. Denn wenn das überhaupt zutraf, dann traf es zu, als Owen nicht motiviert war, ins Heer einzutreten. Die ganze Pointe externer Begründungssätze liegt darin, daß sie unabhängig von den Motivationen des Handelnden wahr sein können. Es vermag jedoch nichts die (absichtlichen) Handlungen eines Handelnden zu erklären, außer etwas, das ihn zu einem solchen Handeln motiviert. So ist neben der Wahrheit des externen Begründungssatzes noch etwas anderes nötig, um Handlungen zu erklären, ein psychologisches Bindeglied; und dieses Bindeglied wäre, so scheint es, das Glauben: Daß A einen externen Begründungssatz über sich selbst glaubt, kann zur Erklärung seines Handelns dienlich sein.

Externe Begründungssätze sind zunächst bloß in der allgemeinen Form ›E gibt einen Grund für A zu ...‹ eingeführt worden, doch wir müssen nun über diese Form hinaus und zu spezifischen Begründungssätzen gelangen. Ohne Zweifel gibt es einige Fälle, in denen ein Handelnder ø-t, weil er glaubt, daß es für ihn einen Grund gibt zu ø-en, wobei er jedoch keinerlei Meinung darüber hat, was das für ein Grund ist. Das wären Fälle, in denen er sich auf eine Autorität stützt, der er Vertrauen schenkt, oder Fälle wiederum, in denen er sich daran erinnert, daß er von einem Grund für sein ø-en Kenntnis hatte, sich jedoch seiner nicht mehr zu entsinnen vermag. In dieser Hinsicht sind Gründe zum Handeln wie Gründe für Meinungen. Doch wie bei den Gründen für Meinungen handelt es sich dabei offenkundig um Fälle von zweitrangiger Bedeutung. Der grundlegende Fall muß der sein, worin A ø-t, nicht weil er glaubt, daß es für ihn den einen oder anderen Grund gibt zu ø-en, sondern weil er bezüglich einer bestimmten Erwägung glaubt, daß sie für ihn einen Grund darstellt zu ø-en. So könnte Owen Wingrave am Ende ins Heer eintreten, weil er (nun) glaubt, daß ein Grund dafür für ihn der Umstand ist, daß seine Familie eine Tradition militärischer Ehre besitzt.

Liefert der Glaube, daß eine bestimmte Erwägung ein Grund dafür ist, auf eine bestimmte Weise zu handeln, eine Handlungsmotivation, oder stellt er eine solche sogar dar? Falls nicht, sind wir um keinen Schritt weiter. Nehmen wir an, daß er das tut – diese Behauptung scheint in der Tat plausibel, wenigstens solange wie die Verbindung zwischen einem solchen Glauben und der Disposition zum Handeln nicht bis zu dem unnötig hohen Grade festgeknüpft wird, der *akrasia* ausschließt. Die Behauptung ist genau genommen *derartig* plausibel, daß dieser Handelnde mit diesem Glauben sich wie einer ausnimmt, über den nun ein *interner* Begründungssatz wahrheitsgemäß behauptet werden könnte: Er ist jemand mit einer angemessenen Motivation in seinem V. Wer wirklich glaubt, daß Rücksichtnahmen auf die Familienehre Gründe zum Handeln ausmachen, der ist jemand mit einer gewissen Disposition zum Handeln und auch mit Dispositionen von Zustimmung, Empfindung, gefühlsmäßiger Reaktion und so fort.

Nun folgt daraus nicht, daß an externen Begründungssätzen nichts dran ist. Was daraus folgt, ist, daß ihr Gehalt sich nicht durch die bloße Erwägung des Zustands von jemandem offenbaren wird, der einen solchen Satz glaubt, und es folgt daraus nicht, wie dieser Zustand Handlungen erklärt, denn dieser Zustand ist bloß der Zustand, in bezug auf den ein interner Begründungssatz wahrheitsgemäß behauptet werden könnte. Der Gehalt des externen Satztyps wird vielmehr durch die Erwägung dessen aufgezeigt werden müssen, was es heißt, *zum Glauben* eines solchen Satzes *zu gelangen* – dort wird sich, wenn überhaupt, ihre Eigenheit erweisen müssen.

Wir werden den Fall nehmen (implizit haben wir das bereits getan), in dem ein externer Begründungssatz über jemanden behauptet wird, der wie Owen Wingrave nicht bereits in der erforderlichen Weise motiviert ist und der mithin jemand ist, über den ein interner Begründungssatz nicht gleichfalls behauptet werden könnte. (Weil die Unterscheidung zwischen externen und internen Sätzen sich auf die vom Sprecher akzeptierten Implikationen richtet, können externe Sätze natürlich über bereits motivierte Handelnde behauptet werden; doch das ist nicht der interessante Fall.) Der Handelnde glaubt den externen Satz gegenwärtig nicht. Wenn er dazu gelangt, ihn zu glauben, wird er zum Handeln motiviert sein; also muß das Erlangen dieses Glaubens wesentlich den Erwerb einer neuen Motivation einschließen. Wie kann das sein?

Das ist eng mit einer alten Frage verwandt, nämlich: ›Wie die Vernunft eine Motivation entstehen lassen kann‹, eine Frage, der bekanntlich durch Hume eine abschlägige Antwort beschieden worden ist. In dieser Form ist die Frage jedoch selber unklar, und sie ist auf eine unklare Weise mit dem Argument verknüpft – denn natürlich kann die Vernunft, das heißt können rationale Vorgänge neue Motivationen entstehen lassen, wie wir in der Explikation praktischer Erwägung gesehen haben. Darüber hinaus lädt sich die herkömmliche Art, die Frage zu stellen, auch (wie ich zu bedenken gebe) eine Beweislast bezüglich dessen auf, was als ›reiner rationaler Vorgang‹ gelten soll, die sie sich nicht nur nicht aufladen sollte, sondern die eigentlich der Kritiker hat, der sich Humes allgemeiner Schlußfolgerung widersetzen und aus externen Begründungssätzen großes Kapital schlagen will – jemand, den ich ›den externen Begründungstheoretiker‹ nennen werde.

Der grundlegende Punkt liegt in der Einsicht, daß der externe Begründungstheoretiker den Zusammenhang zwischen dem Erwerb einer Motivation und dem Weg zum Glauben des Begründungssatzes *auf eine spezielle Weise* begreifen muß. Denn natürlich gibt es verschiedene Wege, wie der Handelnde in den Besitz der Motivation und auch zu dem Glauben des Begründungssatzes gelangen könnte; die jedoch nicht die richtige Art von Wegen sind, um das Interesse des externen Begründungstheoretikers zu erwecken. Owen könnte so durch die eindringliche Wortgewalt seines Vaters überzeugt werden, daß er sowohl die Motivation als auch den Glauben erwerben würde. Aber das schließt ein Element aus, das der externe Begründungstheoretiker unbedingt haben will, nämlich, daß der Handelnde die Motivation erwerben sollte, *weil* er dazu gelangt, den Begründungssatz zu glauben, und daß er darüber hinaus letzteres deshalb tun sollte, weil er die Sache nun irgendwie im richtigen Lichte sieht. Wenn der Theoretiker an diesen Bedingungen festhalten soll, dann wird er, so meine ich, die Bedingung, unter der der Handelnde auf angemessene Weise die Motivation erlangt, in etwa so fassen müssen, daß er richtig überlegen sollte; und der externe Begründungssatz wird selber als einer betrachtet werden müssen, der grob gesprochen zur folgenden Behauptung äquivalent ist oder zumindest die folgende Behauptung einschließt: Wenn der Handelnde vernünftig überlegte, dann würde er – welches auch immer seine ursprüngliche Motivation wäre – dazu gelangen, motiviert zu sein zu ⌀-en.

Wenn das jedoch stimmt, dann scheint Humes grundlegendem Punkt in der Tat große Kraft innezuwohnen, und die Annahme ist sehr plausibel, daß alle externen Begründungssätze falsch sind. Denn es gibt für den Handelnden *ex hypothesi* keine Motivation, die ihm *als Ausgangsbasis* dienen könnte, um die neue Motivation zu erlangen. Geht man von der früheren Motivation des Handelnden und dieser neuen Motivation aus, muß es nach dieser Interpretationslinie für die Wahrheit externer Begründungssätze der Fall sein, daß die neue Motivation, gesetzt die früheren Motivationen, auf irgendeine Weise rational erreicht werden könnte. Dennoch darf sie zugleich zu den früheren Motivationen nicht die Art rationale Beziehung aufweisen, die wir vorhin bei der Erörterung der Überlegung erwogen haben – denn in dem Falle wäre als erstes ein interner Begründungssatz wahr gewesen. Ich sehe keinen Grund für die Annahme, daß die Erfüllung dieser Bedingungen irgend möglich sein könnte.

Man könnte sagen, daß die Kraft eines externen Begründungssatzes folgendermaßen erklärt werden kann. Ein solcher Satz impliziert, daß ein vernünftiger Handelnder motiviert wäre, entsprechend zu handeln. Und ein solcher Satz kann deshalb Träger dieser Implikation sein, weil ein vernünftiger Handelnder gerade einer ist, der in seinem V eine allgemeine Disposition hat, das zu tun, wofür es (nach seiner Auffassung) Grund gibt für ihn, es zu tun. Wenn er mithin den Glauben erlangt, daß es für ihn Grund gibt zu ⌀-en, ist er motiviert zu ⌀-en, obwohl er zuvor weder ein Motiv hatte zu ⌀-en noch irgendein Motiv, das mit ø-en auf eine Art verknüpft ist, wie sie bei der Erläuterung praktischer Erwägung betrachtet worden ist.

Diese Replik verschiebt das Problem jedoch bloß. Sie wendet das (grob gesprochen) Wunsch- und Glaubensmodell der Erklärung erneut auf die fraglichen Handlungen an, macht dabei jedoch von einem Wunsch und einem Glauben Gebrauch, deren Inhalt zur Debatte steht. *Was* ist dasjenige, zu dessen Glauben einer gelangt, wenn er den Glauben erlangt, daß es für ihn Grund gibt zu ø-en, wenn nicht die Proposition oder etwas, das die Proposition zur Folge hat, daß er, wenn er vernünftig überlegte, motiviert sein würde, entsprechend zu handeln? Wir stellten die Frage, wie irgendeine wahre Proposition diesen Inhalt haben könnte; es kann nicht nützen, sich bei der Antwort auf einen angenommenen Wunsch zu berufen, der durch einen Glauben genau dieses Inhalts aktiviert wird.

Diese Überlegung zu der Frage, was es heißt, einen externen Begründungssatz zu akzeptieren, schließt Gedanken darüber ein, was unter der bereits gegebenen Explikation praktischer Überlegung möglich und was durch diese Darlegung ausgeschlossen ist. Hier mag man jedoch einwenden, daß die Darlegung der Überlegung sehr vage ist und beispielsweise den Gebrauch der Imagination zur Erweiterung oder Einschränkung der Inhalte des V des Handelnden zuließ. Verhält es sich jedoch so, dann ist unklar, was die Grenzen für dasjenige sind, wozu ein Handelnder durch vernünftige Überlegung im Ausgang von seinem bestehenden V gelangen könnte.

Es *ist* unklar, und ich halte es für ein grundlegend wünschenswertes Charakteristikum einer Theorie des praktischen Denkens, daß sie diese Unklarheit bewahren und darüber Rechenschaft ablegen sollte. Es gibt eine essentielle Unbestimmtheit in dem, was als Prozeß vernünftiger Überlegung betrachtet werden kann. Praktisches Denken ist ein heuristischer Vorgang und ein imaginativer, und es gibt keine feststehenden Grenzen im Kontinuum von vernünftigem Denken zu Inspiration und Bekehrung. Für jemanden, der der Auffassung ist, daß Gründe zum Handeln von Grund auf im Sinne des internen Begründungsmodells begriffen werden müssen, bereitet das keine Schwierigkeit. Es gibt in der Tat eine Vagheit in bezug auf ›A hat Grund zu ø-en‹ im internen Sinne, insofern als die Überlegungsvorgänge, die von As gegenwärtigem V aus dazu führen könnten, daß er motiviert wäre zu ø-en, auf mehr oder weniger ambitionierte

Weise begriffen werden können. Das ist jedoch denen kein Hindernis, die die interne Konzeption von Gründen zum Handeln für grundlegend halten. Es zeigt bloß, daß es, anders als man hätte denken können, einen weniger festgelegten Bereich von Zuständen gibt, die dahingehend aufgefaßt werden können, daß A einen Grund hat zu ⌀-en.

Es ist der externe Begründungstheoretiker, der an dieser Stelle auf ein Problem stößt. Es gibt natürlich viele Dinge, die ein Sprecher zu jemandem sagen kann, der nicht disponiert ist zu ⌀-en, wenn der Sprecher glaubt, daß er das sein sollte, etwa, daß er rücksichtslos ist oder grausam oder eigennützig oder unklug, oder, daß die Dinge und er selber sich weitaus freundlicher ausnehmen würden, wenn er derart motiviert wäre. Das können alles vernünftige Kommentare sein. Jemandem, der großen Wert darauf legt, der Kritik die Form eines externen Begründungssatzes zu verleihen, scheint es jedoch um den Kommentar zu tun zu sein, daß das, was mit dem Handelnden eigentlich nicht in Ordnung ist, der Umstand ist, daß er *unvernünftig* ist. Es ist dieser Theoretiker, der diesen Vorwurf insbesondere präzisieren muß: im besonderen deshalb, weil er von jedem vernünftigen Handelnden als solchem will, daß er das Erfordernis anerkennt, die fragliche Handlung zu tun.

Owen Wingraves Vater drückt sich in der Tat anders als im Sinne von ›einem Grund‹ aus, doch er hätte, wie wir uns vorstellten, von der Formulierung mit den externen Gründen Gebrauch machen können. Dieses Faktum stellt selber ein gewisses Problem für den externen Begründungstheoretiker dar. Dieser Theoretiker, der die Wahrheit eines externen Begründungssatzes als potentielles Fundament für einen Vorwurf der Unvernünftigkeit gegen einen Handelnden betrachtet, der ihn unbeachtet läßt, könnte sehr wohl sagen wollen, daß, wenn Wingrave *père* seine Klagen gegenüber Owen in dieser Form vortragen würde, er sehr wahrscheinlich etwas behaupten würde, das in dem besonderen Falle falsch wäre. Was dem Theoretiker noch größere Mühe bereiten würde, wäre der Nachweis, daß die Worte, so wie sie von Wingrave verwendet werden, etwas anderes *bedeuteten*, als wenn sie, wie der Theoretiker annimmt, wahrheitsgemäß geäußert werden. Was sie bedeuten, wenn Wingrave sie äußert, lautet jedoch fast mit Gewißheit *nicht*, daß vernünftige Überlegung Owen dazu brächte, zu einem Eintritt ins Heer motiviert zu sein – was (sehr grob gesprochen) die Bedeutung oder Implikation ist, die wir für den Fall ausgemacht haben, daß ihnen dasjenige Gewicht zukommen soll, das solche Theoretiker ihnen gerne zukommen lassen würden.

Die Art der hier vorgebrachten Erwägungen machen es mir sehr wahrscheinlich, daß externe Begründungssätze, wenn sie völlig als solche herausgesondert werden, falsch sind oder inkohärent oder in Wirklichkeit etwas anderes, das auf mißverständliche Weise zum Ausdruck gebracht worden ist. Es fällt in der Tat schwerer, sie im Reden der Leute abzusondern, als ihre Einführung am Anfang dieses Kapitels es nahelegt. Diejenigen, die diese Worte gebrauchen, scheinen oft eher eine optimistische interne Begründungsbehauptung im Sinn zu haben, doch der Satz wird tatsächlich manchmal so geäußert, als stünde er endgültig außerhalb des V des Handelnden und außerhalb dessen, was er daraus in vernünftiger Überlegung schließen könnte; und dann herrscht, scheint mir, eine große Unklarheit über das Gemeinte. Manchmal ist es wenig mehr, als daß die Dinge zu einem Besseren stünden, wenn der Handelnde so handelte. Doch die Formulierung durch Gründe zeitigt Wirkung, zumal in ihrer Unterstellung, daß der Handelnde unvernünftig ist, und diese Unterstellung ist, wenn man die Grundlage für eine interne Begründungsbehauptung einmal eindeutig verlassen hat, Bluff. Wenn das so ist, dann werden die einzigen wirklichen Behauptungen über Gründe zum Handeln interne Behauptungen sein.

Ein Problem, das man in einen sehr engen Zusammenhang mit dem gegenwärtigen Thema gestellt hat, ist dasjenige öffentlicher Güter und sozialer Trittbrettfahrer, das (sehr grob gesprochen) die Situation betrifft, in der jede Person egoistischen Grund hat, ein gewisses bereitgestelltes Gut haben zu wollen; in der jedoch zugleich jede Person egoistischen Grund hat, an seiner Bereitstellung nicht mitzuwirken. Ich werde keinerlei Erörterungen dieses Problems versuchen, doch es mag hilfreich sein, einfach um meine eigenen Auffassungen über Gründe zum Handeln deutlich zu machen und Kontraste zu einigen anderen Auffassungen hervorzuheben, wenn ich zum Abschluß eine Liste von Fragen angebe, die sich auf das Problem beziehen, zusammen mit den Antworten, die einer darauf gäbe, der wie ich der Auffassung ist, daß (um es oberflächlich zu sagen) die einzige Vernünftigkeit des Handelnden die Vernünftigkeit interner Gründe ist.

1. Können wir Begriffe von Vernünftigkeit definieren, die nicht rein egoistisch sind?

Ja.

2. Können wir Begriffe von Vernünftigkeit definieren, die nicht rein Zweck-Mittel orientiert sind?

Ja.

3. Können wir einen Begriff von Vernünftigkeit definieren, in dem die für A vernünftige Handlung in keiner Weise relativ ist auf As bestehende Motivationen?

Nein.

4. Können wir zeigen, daß eine Person, die nur egoistische Motivationen hat, darin unvernünftig ist, daß sie nichtegoistische Ziele nicht verfolgt?

Nicht notwendig, obwohl wir in speziellen Fällen vielleicht dazu in der Lage sind. (Das Problem mit der egoistischen Person ist nicht charakteristischerweise Unvernünftigkeit.)

Angenommen ein Gut G und eine Reihe von Personen P derart, daß jedes Mitglied von P egoistischen Grund hat, die Bereitstellung von G zu wollen; doch die Lieferung von G erfordert von jeder echten Teilmenge von P die Handlung C, die Kosten einschließt; und angenommen, A sei ein Mitglied von P: dann

5. Hat A egoistischen Grund C zu tun, wenn er sich dessen vernünftigerweise sicher ist, daß entweder zu wenig Mitglieder von P C zur Bereitstellung von G tun werden oder daß genügend andere Mitglieder von P C tun werden, so daß G bereitgestellt werden wird?

Nein.

6. Gibt es irgendwelche Umstände dieser Art, unter denen A egoistischen Grund haben kann, C zu tun?

Ja, in den Fällen, in denen das Erreichen der kritischen Anzahl derer, die C tun, mit davon abhängt, ob er C tut, oder in denen er Grund hat, das zu glauben.

7. Gibt es irgendwelche Motivationen, die es für A vernünftig sein lassen würden, C zu tun, obgleich er sich nicht in der eben genannten Situation befindet?

Ja, wenn er nicht rein egoistisch ist: viele. Es gibt zum Beispiel expressive Motivationen – die etwa im viel gerühmten Abstimmungsfall angemessen sind.[2] Es gibt auch Motivationen, die vom Sinn für Fairneß herrühren. Das kann gerade das Dilemma zwischen ›entweder unnötig oder zwecklos‹ transzendieren durch die Argumentform ›Einer, doch kein Grund, irgendeinen Besonderen auszusparen, also alle‹.

8. Ist es für einen Handelnden unvernünftig, solche Motivationen zu haben?

In jeglichem Sinne, in dem diese Frage verständlich ist, nein.

9. Ist es für die Gesellschaft vernünftig, Menschen mit diesen Arten von Motivationen aufzuziehen?

Insoweit als die Frage verständlich ist, ja. Und wir haben gewiß Grund dazu, Menschen, die diese Motivationen haben, zu ermutigen – z. B. vermöge dessen, daß wir sie selber besitzen.

Ich gestehe, daß ich auf dieser Ebene von Allgemeinheit keine anderen schwerwiegenden Fragen auszumachen vermag, die in diese Probleme hineinspielen. Alle diese Fragen haben klare Antworten, die vollkommen mit einer Konzeption praktischer Rationalität im Sinne interner Gründe zum Handeln verträglich sind und die auch, wie mir scheint, vollkommen vernünftige Antworten sind.

Christine M. Korsgaard

Skeptizismus bezüglich praktischer Vernunft

Der Kantische Ansatz in der Moralphilosophie besteht in dem Versuch zu zeigen, daß die Ethik auf praktischer Vernunft beruht, d. h., unsere ethischen Urteile können durch rationale Standards erklärt werden, die direkt auf unser Verhalten oder unsere Überlegungen bezogen sind. Der besondere Reiz dieses Ansatzes liegt u. a. darin, daß er bestimmte Anlässe zum Skeptizismus vermeidet, mit denen andere Auffassungen unausweichlich konfrontiert sind. Denn wenn wir eine ethisch gute Handlung einfach mit einer rationalen Handlung gleichsetzen können, brauchen wir keine besonderen moralischen Eigenschaften in der Welt oder im Bewußtsein zu postulieren, um Moral zu begründen. Doch der Kantische Ansatz führt zu einer eigenen Form des Skeptizismus – zum Skeptizismus bezüglich praktischer Vernunft.*

Unter »Skeptizismus bezüglich praktischer Vernunft« verstehe ich Zweifel, inwieweit menschliche Handlungen durch die Vernunft geleitet sind oder geleitet werden können. Eine Form dieses Skeptizismus besteht darin, die Relevanz rationaler Gesichtspunkte für Überlegungen und Entscheidungen zu bezweifeln; er fragt, ob »formale« Prinzipien überhaupt irgendeinen Inhalt haben und Entscheidungen und Handlungen leiten können. Ein Beispiel hierfür ist der verbreitete Zweifel, ob der Widerspruchstest, der mit der ersten Formulierung des kategorischen Imperativs verbunden ist, überhaupt etwas ausschließen kann. Diesen Zweifel werde ich »inhaltlichen Skeptizismus« nennen. Eine zweite Art des Skeptizismus hinsichtlich praktischer Vernunft beruht auf Zweifeln darüber, inwieweit die

* Mein Dank gilt Timothy Gould, Charlotte Brown und den Zuhörern einer früheren Fassung dieses Vortrags an der Columbia University und der University of Chicago. Ihre Kommentare und Diskussionsbeiträge waren für mich äußerst hilfreich.

Vernunft ein Handlungsmotiv sein kann. Dies bezeichne ich als »motivationalen« Skeptizismus. In diesem Aufsatz geht es mir hauptsächlich um den motivationalen Skeptizismus und um die Frage, ob dieser gerechtfertigt ist. Denn einige meinen, daß motivationale Erwägungen allein bereits in Frage stellen, ob Ethik in praktischer Vernunft fundiert werden kann. Im folgenden werde ich gegen diese Auffassung und dafür argumentieren, daß motivationaler Skeptizismus immer auf inhaltlichem Skeptizismus beruhen muß. Ich werde allerdings die Frage, ob der inhaltliche Skeptizismus gerechtfertigt ist oder nicht, nicht beantworten. Ich möchte lediglich beweisen, daß der motivationale Skeptizismus keine unabhängige Kraft besitzt.

I

Seine klassische Formulierung erhält der Skeptizismus bezüglich praktischer Vernunft in der berühmten Passage des »Traktat[s] über die menschliche Natur«, in der Hume zu folgender Schlußfolgerung kommt:

> Die Vernunft ist nur der Sklave der Affekte und soll es sein; sie darf niemals eine andere Funktion beanspruchen als die, denselben zu dienen und zu gehorchen.[1]

Nach allgemeinem Verständnis dieser Passage beschränkt sich die Rolle der Vernunft in Handlungen darauf, die Mittel für unsere Ziele zu erkennen. Die Vernunft könne uns lehren, wie wir unsere Wünsche oder Affekte befriedigen, aber sie könne uns nicht sagen, ob diese Wünsche oder Affekte nun ihrerseits »rational« sind; d. h. es mache keinen Sinn, von rationalen oder irrationalen Wünschen oder Affekten zu sprechen. Unsere Wünsche suchten sozusagen unser Ziel aus und bestimmten letztlich, was wir tun. Normative, auf das Verhalten bezogene Standards speisen sich aus anderen Quellen (wie z. B. dem Moralgefühl), aber der einzige Standard, der von der Vernunft herrühre, bestehe darin, die geeigneten Mittel zu bestimmen.

Indem die Vernunft auf ihre instrumentelle Rolle beschränkt wird, wird sie nicht nur der Aufgabe enthoben, Ziele zu bestimmen, sondern auch diese zu hierarchisieren; es sei denn hinsichtlich ihrer Nützlichkeit für andere Ziele. Sogar die Ansicht, vernünftigerweise seien die Wünsche und Handlungen, die unserem Eigeninteresse dienen, den selbstzerstörerischen vorzuziehen, ist durch diese instrumentelle Einengung in Frage gestellt. Denn das Eigeninteresse selbst hat keine rationale *Autorität* über die auch noch so grillenhaft ausfallenden Wünsche.

Wie Hume sagt:

> Es läuft der Vernunft nicht zuwider, wenn ich lieber die Zerstörung der ganzen Welt will, als einen Ritz an meinem Finger. Es widerspricht nicht der Vernunft, wenn ich meinen vollständigen Ruin auf mich nehme, um das kleinste Unbehagen eines Indianers oder einer mir gänzlich unbekannten Person zu verhindern. Es verstößt ebenso wenig gegen die Vernunft, wenn ich das erkanntermaßen für mich weniger Gute dem Besseren vorziehe und zu dem Ersteren größere Neigung empfinde, als für das Letztere. (154)

Unter dem Einfluß des Eigeninteresses [oder »das allgemeine Streben nach einem Guten und die Abneigung gegen das Übel, rein als solche« (155)] mögen wir zwar unsere Ziele nach dem für uns größten Gewinn an Gutem ordnen und sie nach dem, wie Hume sagt, »größte(n) und wertvollste(n) Genuß« (416) bestimmen. Das Eigeninteresse jedoch, das uns das Bessere vorziehen läßt, brauche nicht selbst ein stärkerer Wunsch oder ein durchschlagenderer Grund zu sein als der Wunsch nach dem weniger Guten oder als irgendein anderer besonderer Wunsch. Weder wähle die Vernunft unsere Ziele noch ordne sie sie.

Hume formuliert sein Argument als Argument gegen »die Regel der Moralphilosophie, die alte und die moderne« (151). Moralphilosophen behaupten Hume zufolge, daß wir unser Verhalten nach der Vernunft ausrichten sollen, und dementsprechend entweder unsere Affekte unterdrücken oder der Vernunft anpassen müssen. Daß diese Behauptung jedoch falsch ist, zeigt Hume, indem er erstens darlegt, daß die Vernunft allein nie das Motiv einer Handlung sein kann, und zweitens, daß sich die Vernunft den Affekten mit Bezug auf das Wollen nicht entgegenstellen kann. Sein Argument für den ersten Punkt lautet folgendermaßen: Jedes Begründen richtet sich entweder auf die abstrakten Beziehungen der Vorstellungen oder auf die Beziehungen der Dinge, besonders die Kausalverbindungen, von denen wir aus Erfahrung wissen. Mit den abstrakten Beziehungen der Vorstellungen beschäftigen sich Logik und Mathematik, und niemand behauptet, daß diese abstrakten Verbindungen selbst irgendwelche Motive verursachen. Sie führen zu keinen Handlungskonsequenzen. Manchmal werden wir durch die Wahrnehmung kausaler Beziehungen veranlaßt, etwas zu tun, aber nur dann, wenn in diesem Fall ein bereits existierendes Motiv vorliegt. Oder, wie Hume formuliert, wenn »wir von einem Gegenstand Lust oder Unlust erwarten« (152), haben wir es mit Ursache und Wirkung zu tun. Das Argument, Vernunft könne sich nicht den Affekten motivational entgegenstellen, hängt an der Auffassung und folgt tatsächlich direkt aus dieser, daß Vernunft von sich aus kein Motiv zu bilden vermag. Die Vernunft *könnte* nur dann einen Affekt außer Kraft setzen, wenn sie ein *entgegengesetztes Motiv* hervorzubringen vermag.

Wichtig in dieser Diskussion festzuhalten sind Humes Ansichten über den Inhalt von Vernunftprinzipien, die für Handlungen relevant sind, und die Reichweite ihrer motivationalen Wirksamkeit. Die Antwort auf die Frage, welche Art von Operationen, Prozeduren oder Urteilen der Vernunft es gibt, ist in diesen Textpassagen vorausgesetzt. Im ersten Teil seines Arguments untersucht Hume die an dieser Stelle des »Traktates« bereits *etablierte* Liste der Formen von Vernunfturteilen. Seine Beweisführung liegt in einer Art Ausschlußverfahren: Es gibt Vernunfturteile, die sich auf logische und mathematische Beziehungen beziehen, und es gibt empirische Beziehungen wie Ursache und Wirkung: Hume betrachtet nun jede dieser Beziehungen der Reihe nach, um zu sehen, unter welchen Umständen sie mit Entscheidung und Handlung zu tun haben. Oder anders gesagt, Humes Zweifel an einer größeren Mitwirkung der praktischen Vernunft hängen davon ab, was für ihn Vernunft ausmacht – d. h. davon, welche Operationen und Urteile er für »rational« hält. Sein motivationaler Skeptizismus (Skeptizismus darüber, inwieweit Vernunft als Motiv wirkt) hängt voll und ganz von seinem inhaltlichen Skeptizismus ab (Skeptizismus darüber, was die Vernunft über Wahl und Handlung *zu sagen* hat).

Humes Argumente erwecken jedoch den Eindruck, etwas viel Stärkeres zu begründen, nämlich unabhängige, allein auf motivationalen Erwägungen beruhende Einschränkungen dafür aufzustellen, was als praktisches Vernunftprinzip zählen könnte. Er scheint schlicht sagen zu wollen, daß jedes motivational relevante Denken einen Affekt voraussetzt, der die einzig mögliche Quelle für Motivation darstellt, daß es dann zu den Mitteln weiterschreiten muß, da dies die einzige Verfahrensweise der Vernunft ist, die die motivationale Kraft weiterleitet. Hier werden jedoch verschiedene Punkte miteinander vermischt, die man getrennt voneinander in Frage stellen und anfechten kann. Man braucht nicht mit Humes Auflistung der verschiedenen rationalen Urteile, Operationen oder möglichen Abwägungen übereinzustimmen, um ihm dennoch in seinem grundlegenden Punkt hinsichtlich des Ursprungs der Motivation recht zu geben: Jede rationale Motivation hat letztlich einen nicht-rationalen Ursprung wie den Affekt. Zumindest ein zeitgenössischer Philosoph, Bernard Williams, nimmt an, daß Humes Argument diese unabhängige Kraft hat, und argumentiert in diesem Sinn in seinem Aufsatz »Interne und externe Gründe«[2], auf den ich später noch zurückkommen werde.

Ein Kantianer muß allerdings weitergehen und Hume in beiden Hinsichten widersprechen, da der Kantianer davon ausgeht, daß es Operationen der praktischen Vernunft gibt, die Konsequenzen für das Handeln ergeben und die keine erkennbare Verbindung zwischen Affekten (oder irgendwelchen anderen vorausgesetzten Quellen der Motivation) und den entsprechenden Handlungen beinhalten. Die Schwierigkeit des Kantianers wiederum ist zu zeigen, wie die Schlußfolgerungen aus solchen Operationen uns zu motivieren vermögen.

II

Das Problem kann am besten mit Begriffen gefaßt werden, die die neuere moralphilosophische Diskussion bereitstellt. W. D. Falk, William Frankena und Thomas Nagel und andere haben zwei Arten von Moraltheorien unterschieden, die »internalistische« und die »externalistische«.[3] Nach der *internalistischen* Theorie setzt das Wissen (oder die Anerkennung) eines moralischen Urteils die Existenz eines Motivs (nicht notwendig eines vorrangigen), entsprechend dem Urteil zu handeln, voraus. Wenn ich also eine Handlung für richtig halte, impliziert das, daß ich ein Motiv oder einen Grund, diese Handlung auszuführen, habe oder anerkenne. Zur Bedeutung von »Urteil« gehört es, daß es ein Motiv gibt. Oder andersherum: Wenn jemand von der Richtigkeit einer Handlung überzeugt ist, aber kein Motiv oder keinen Grund sehen kann, diese auch auszuführen, müssen wir der internalistischen Ansicht nach unterstellen, daß die Person nicht genau weiß, was sie meint, wenn sie zustimmt, von der Richtigkeit einer Handlung überzeugt zu sein. Im Gegensatz dazu ist für die *externalistische* Theorie diese Verbindung von moralischem Verständnis und totaler Unmotiviertheit sehr wohl möglich: Denn Wissen ist eine Sache und Motivation eine andere.

Beispiele für eindeutige externalistische Theorien sind nicht leicht zu finden. Wie Falk erklärt (125/6), wäre das einfachste Beispiel die Ansicht, die Motive für moralische Handlungen hätten nichts mit dem Verständnis von der Richtigkeit der Urteile zu tun, sondern mit etwas völlig anderem – sagen wir mit dem Interesse, göttlichen Geboten zu folgen. Innerhalb der philosophischen Ethik ist John Stuart Mill (s. Nagel 8/9) das beste Beispiel für eine externalistische Theorie. Er hat konsequent den Beweis für das Prinzip des Utilitarismus von seinen »Sanktionen« unterschieden. Der Grund, warum das Nützlichkeitsprinzip wahr ist, und das Motiv, das man hat, diesem Prinzip entsprechend zu handeln, sind nicht dasselbe: Der theoretische Beweis für die Wahrheit des Nützlichkeitsprinzips befindet sich in Kapitel IV seines Buches *Utilitarismus*, aber die Motive müssen durch eine utilitaristische Erziehung erworben werden. Nach Mills Ansicht muß jedes moralische Prinzip durch Erziehung oder Sozialisation motivational verankert werden, »so daß noch das Unsinnigste und Verderblichste auf solche Weise dazu gebracht werden kann« zu motivieren.[4] Die »fundamentale Sanktion« des Nützlichkeitsprinzips hängt *nicht* an seiner Beweisbarkeit, sondern daran, daß es mit unseren natürlichen sozialen Gefühlen übereinstimmt. Selbst für diejenigen wie Mill, die realisieren, daß Motive erworben werden, gilt, daß das Nutzenprinzip sich ihnen »nicht als ein anerzogener Aberglaube oder als ein von der Gesellschaft despotisch auferlegtes Gesetz darstellt, sondern als etwas, das sie auf keinen Fall entbehren möchten« (59). Die modernen Intuitionisten wie W. D. Ross und H. A. Prichard scheinen auch Externalisten gewesen zu sein, aber eher von einer minimalistischen Spielart. Sie glauben, daß es ein spezifisches moralisches Motiv gibt: ein Gespür für das Richtige oder einen Wunsch, seine Pflicht zu erfüllen. Dieses Motiv wird durch die Information ausgelöst, daß etwas deine Pflicht sei, und nur durch diese Nachricht, aber es ist immer noch von der rationalen Intuition unterschieden, die unser Pflichtverständnis konstituiert. Es ist möglich, diese Intuition zu haben und dennoch nicht von ihr motiviert zu sein.[5] Der Grund für die Richtigkeit der Handlung und das Motiv, das zu dieser Handlung führt, sind zwei verschiedene Dinge, auch wenn das Handlungsmotiv lautet: »weil es richtig ist«, das zu tun. Dies entspricht nicht der internalistischen Position, die besagt, daß der Grund, warum eine Handlung richtig ist, der Grund und das Motiv zugleich ist, sie auszuführen: Es ist ein praktischer Grund. Intuitionismus ist eine Form rationaler Ethik, aber genaugenommen glauben Intuitionisten nicht an die praktische Vernunft. Sie meinen, daß es einen bestimmten Bereich der theoretischen Vernunft gibt, der sich in erster Linie mit der Moral beschäftigt und durch dessen Erkenntnisse Menschen motiviert werden können, weil sie einen bestimmten Mechanismus besitzen: den Wunsch, seine Pflicht zu tun. Führt man sich die Analogie bei der theoretischen Überlegung vor Augen, bekommt diese Ansicht etwas Merkwürdiges. Es ist, als ob Menschen nicht von triftigen Argumenten überzeugt werden können, ohne daß es einen vermittelnden speziellen psychologischen Mechanismus gibt: die Meinung, daß die Schlußfolgerungen aus gültigen Argumenten wahr sind.

Im Gegensatz dazu vertritt der Internalist den Standpunkt, daß die Gründe, warum eine Handlung richtig ist, und die Gründe, warum man die Handlung ausführt, dieselben sind. Der Grund also, warum die Handlung richtig ist, ist sowohl ihre Rechtfertigung als auch ihr Motiv. Nagel führt als Beispiel hierfür Hobbes' Theorie an: Der Grund für die Richtigkeit einer Handlung und das Motiv, diese auch auszuführen, liegen beide im Eigeninteresse begründet. Die diesbezügliche Forschungsliteratur ist jedoch uneinig in der Frage, ob die kantische Position internalistisch zu nennen sei oder nicht. Falk beispielsweise charakterisiert den Unterschied zwischen Internalismus und Externalismus durch die Frage, ob das moralische Gebot von einer außerhalb des Handelnden liegenden Quelle stammt (wie Gott oder die Gesellschaft) oder in ihm selbst liegt. Beschreibt man den Unterschied so, macht man Kant zu einem paradigmatischen Internalisten, indem man auf seinen Versuch abhebt, die Moral von der Autonomie abzuleiten (siehe Falk 125, 129). Betont man allerdings Kants Auffassung, das moralische Gebot sei in bezug auf unsere Wünsche, Bedürfnisse und Interessen indifferent – eben kategorisch –, wird er zu einem paradigmatischen Externalisten.[6] Da Kant selbst den kategorischen Charakter des Imperativs und die Autonomie des moralischen Motivs als notwendig verbunden betrachtet, überraschen diese Divergenzen. Ich werde auf Kant im Abschnitt VII zurückkommen.

Diese Art der Reflexion über die motivationale Kraft moralischer Urteile hat Bernard Williams auf die motivationale Kraft vernünftiger Forderungen im allgemeinen bezogen. In »Interne und externe Gründe« führt Williams aus, daß es zwei Arten von Vernunftforderungen gibt bzw. zwei Arten, Vernunftforderungen aufzustellen. Nehmen wir an, ich behaupte, die Person P hat einen Grund, die Handlung A auszuführen. Wenn ich implizieren will, daß die Person P ein Motiv hat, A zu tun, behaupte ich, daß P einen internen Grund hat, wenn nicht, mache ich eine Aussage über einen externen Grund. Williams möchte beweisen, daß nur interne Gründe existieren. Da die Behauptung, daß es einen externen Grund gibt, nicht die Existenz eines Motivs impliziert, ist sie – laut Williams (112) – unbrauchbar, die Handlungen von jemandem zu erklären, d. h. wir können nicht sagen, daß die Person P die Handlung A aus dem Grund R tat, weil R für P kein Motiv bietet, A zu tun, und das, was wir gerade brauchen, wenn wir erklären wollen, warum P A getan hat, ist ein Motiv. Wenn die Anerkennung einer Vernunftforderung nicht die Anerkennung eines Motivs einschließt, dann – so Nagel – könnte jemand, dem ein Handlungsgrund präsentiert wird, fragen: Warum das tun, wozu ich einen Grund habe, es zu tun? Nagels Argument richtet sich aus der Perspektive des Handelnden auf denselben Punkt, auf den sich Williams aus der Perspektive des Erklärenden bezieht: Wenn Gründe keine Motive sind, können sie keine Handlungen herbeiführen oder sie erklären. Und nur wenn Gründe Motive sind, können wir von uns behaupten, praktisch rational zu sein.

Daher ist es eine Anforderung an praktische Gründe, daß sie uns motivieren können. An diesem Punkt entstehen die Schwierigkeiten mit Gründen, die sich nicht – wie Zweck-Mittel-Gründe – auf eine offensichtliche motivationale Quelle stützen. Solange Zweifel bestehen, ob eine gegebene Überlegung eine rationale Person motivieren kann, ist unklar, ob diese Überlegung die Kraft eines praktischen Grundes besitzt. Die Überlegung, daß diese oder jene Handlung das Mittel ist, das zu bekommen, was man will, hat eine klare motivationale Quelle; niemand bezweifelt, daß dies ein Grund ist. Praktische Vernunftbehauptungen, wenn sie uns wirklich Handlungsgründe liefern, müssen rationale Personen motivieren können. Dies nenne ich die *internalistische Forderung.*

III

In diesem Abschnitt möchte ich darauf eingehen, welche Rolle die internalistische Forderung in einem skeptischen Argument spielt – oder vielmehr nicht spielt. Hume entwickelt sein Argument, indem er es in eine sehr allgemeine Form bettet. Vernunft ist das Vermögen, über Wahrheit und Falschheit zu entscheiden, sie vermag unsere Vorstellungen als wahr oder falsch zu beurteilen, weil sie andere Dinge repräsentieren. Ein Affekt jedoch ist eine originale Existenz [*original existence*] oder ist die Modifikation einer Existenz; er ist nicht eine Nachahmung von etwas: Er kann nicht wahr oder falsch sein und daher nicht vernünftig oder unvernünftig. Affekte sind nur dann unvernünftig, wenn sie mit Urteilen einhergehen. Zwei Fälle sind hier denkbar. Der eine besteht, wenn der Affekt auf der Annahme beruht, ein Objekt existiere, das es in Wirklichkeit gar nicht gibt. So bist du z. B. empört über die spöttischen Dinge, die du mich über dich erzählen hörst, aber eigentlich habe ich über jemand ganz anderen gesprochen. Du hast fürchterliche Angst vor den Einbrechern, die du im Wohnzimmer flüstern hörst, doch in Wirklichkeit hast du das Radio angelassen. Hume kann allerdings nur in einem erweiterten, abgeleiteten Sinn davon reden, daß die Affekte in diesen Fällen irrational sind. Urteile über Irrationalität, sei es von Handlungen oder von Überzeugungen, sind genaugenommen relativ zu den Überzeugungen des Subjekts. Urteile, die aus falschen Prämissen folgen, sind nicht *irrational.*[7] Der Fall der Affekte, die auf falschen Überzeugungen beruhen, scheint hierzu zu gehören.

Der zweite Umstand, in dem Affekte nach Hume unvernünftig genannt werden können, ist dieser:

> [...], wenn wir bei der Betätigung eines Affektes Mittel wählen, die für den beabsichtigten Zweck nicht ausreichen, wenn wir uns also in unserem Urteil über Ursache und Wirkung täuschen. (154)

Aber diese Bemerkung ist selbst zweideutig. Hume könnte meinen und meint auch tatsächlich, daß wir unsere Handlung auf eine falsche Überzeugung über kausale Beziehungen gründen. Dies ist also kein echterer Fall von Irrationalität als der erste. In bezug auf die (falsche) kausale Überzeugung ist die Handlung selbst nicht irrational. Allerdings, und dies ist wichtig anzumerken, könnte man noch etwas anderes in diesem Fall meinen, nämlich daß wir die tatsächlich in diesem Fall beteiligten Kausalbeziehungen kennen und dennoch ungenügende Mittel für unser Ziel wählen können, oder wir ergreifen die offensichtlich ausreichenden und zur Verfügung stehenden Mittel einfach nicht. Auf einen verfügbaren Grund nicht angemessen reagieren zu können, möchte ich als *wahre Irrationalität* bezeichnen.

Wenn die einzige Möglichkeit, die Hume hier herausstellt, die einer Handlung aufgrund einer falschen Überzeugung über Ursachen und Wirkungen ist, dann bekommen wir ein merkwürdiges Ergebnis. Denn keines der Humeschen Beispiele ist ein Fall von wahrer Irrationalität: Relativ zu ihren Überzeugungen handeln Personen niemals irrational. Hume sagt dies tatsächlich:

> Im Augenblick, wo wir die Unwahrheit irgend einer Voraussetzung oder das Unzureichende irgendwelcher Mittel erkennen, geben unsere Affekte ohne Widerstand unserer Vernunft nach. (154)

Doch sieht es so aus, als ob eine Theorie der Mittel-Zweck-Rationalität wenigstens eine Form wahrer Irrationalität zulassen sollte, nämlich die, daß jemand nicht durch Überlegung zu der Handlung motiviert wird, die das Mittel zu seinem Zweck darstellt. Sogar der Skeptiker gegenüber praktischer Vernunft gibt zu, daß Menschen durch die Überlegung motiviert werden können, daß eine gegebene Handlung das Mittel für den gewünschten Zweck sei. Aber um dies zu erklären, reicht es nicht aus, daß Menschen über kausale Zusammenhänge nachdenken können. Es ist durchaus möglich, sich ein Wesen vorzustellen, das kausale Zusammenhänge erfassen und deshalb darüber nachdenken kann, welches Mittel zum Zweck führt, aber dennoch nicht dadurch motiviert ist.

Kant stellt sich in einer Passage zu Beginn seiner »Grundlegung« ein Wesen gerade mit dieser Eigenschaft vor, sozusagen theoretisch, aber nicht praktisch überlegen zu können. Er spricht darüber, wie die Welt aussehen würde, wenn unsere Glückseligkeit der eigentliche Zweck der Natur sei. Unsere Handlungen wären allein durch Instinkte vorgezeichnet, die darauf zielten, unser Glück sicherzustellen, und:

> [...] sollte diese [die Vernunft] ja obenein dem begünstigten Geschöpf erteilt worden sein, so würde sie ihm nur dazu haben dienen müssen, um über die glückliche Anlage seiner Natur Betrachtungen anzustellen, [...].[8]

Das ausgezeichnete Wesen wird so beschrieben, daß es in der Lage ist, seine Handlungen in dem Sinn als rational zu betrachten, daß die Handlungen Mittel sind, die zu seinem Ziel führen (Glückseligkeit); aber es ist nicht durch die Vernünftigkeit motiviert, sondern es handelt instinktiv. Die Vernunft erlaubt ihm, die rationale Angemessenheit seines Tuns zu bewundern, aber dieses Tun ist nicht durch die Vernunft bestimmt – das Wesen hat die Art der Einstellung seinem Verhalten gegenüber, die wir in der Wirklichkeit gegenüber dem unwillkürlichen Funktionieren unseres Körpers haben.

Durch die Überlegung motiviert zu sein, eine Handlung sei das Mittel zu einem wünschenswerten Zweck, geht über diese Form der Reflexion hinaus. Die mit dem Ziel einhergehende motivationale Kraft muß auf die Mittel übertragen werden, damit dies eine Überlegung wird, die den Körper in Bewegung setzt – und nur wenn diese Überlegung den Körper in Bewegung setzt, können wir sagen, daß die Vernunft Einfluß auf unsere Handlung hat. Eine praktisch rationale Person ist nicht nur fähig, bestimmte rationale mentale Operationen durchzuführen, sie kann auch motivationale Kraft übertragen, sozusagen entlang den Wegen, die von den rationalen Operationen gewiesen werden. Sonst würden nicht einmal Mittel-Zweck-Überlegungen die Internalismus-Forderung erfüllen.

Allerdings impliziert die Forderung des Internalismus nicht, daß nichts die motivationale Übertragung stören könnte. Und es gibt auch im allgemeinen keinen Grund, so etwas zu glauben: Viele Dinge können den motivationalen Einfluß einer vorhandenen rationalen Überlegung behindern: Wut, Leidenschaft, Depression, Ablenkung, Trauer, körperliche oder geistige Krankheit. Alle diese Dinge können uns dazu veranlassen, irrational zu handeln, d. h. nicht in der Lage zu sein, auf die uns zugängliche rationale Überlegung motivational zu reagieren.[9] Die Notwendigkeit oder der zwingende Charakter der rationalen Überlegung liegt in diesen Überlegungen selbst, nicht in uns: D. h., wir werden nicht notwendigerweise durch sie motiviert. Oder um es richtiger zu formulieren und um nicht irgendwelche metaphysischen Möglichkeiten von vornherein auszuschließen: Ihre Notwendigkeit könnte in dem Umstand liegen, daß sie, wenn sie uns bewegen – sei es im Bereich von Überzeugungen oder von motivationalen Einstellungen –, dies mit Notwendigkeit tun. Trotzdem bewegen sie uns nicht notwendigerweise. Eine Person ist nicht nur dann irrational, wenn sie rationale Verbindungen nicht sieht – sagen wir, wenn sie übersieht, daß hinreichende Mittel zur Verfügung stehen –, sondern auch, wenn sie die Mittel »willentlich« übersieht oder sogar wenn sie, auf die Mittel hingewiesen, sich ihnen gegenüber indifferent verhält.[10]

In dieser Hinsicht unterscheidet sich die praktische Vernunft keineswegs von der theoretischen Vernunft. Alle möglichen Dinge halten mich davon ab, von einem guten Argument überzeugt zu sein. Um eine theoretisch rationale Person zu sein, muß ich nicht nur logische und induktive Operationen durchführen können, ich muß auch von ihnen entsprechend *überzeugt* sein: Mein Überzeugtsein von Prämissen muß sich sozusagen zu einem Überzeugtsein von Schlußfolgerungen durchhalten. Die Forderung des Internalismus gegenüber theoretischen Gründen besteht also darin, daß sie in der Lage sein müssen, uns – soweit wir rational sind – zu überzeugen. Denn ich kann sehr wohl diese Operationen als eine Art Spiel durchführen, ohne irgendwelche Überzeugungen zu entwickeln, allerdings wäre ich dann keine rationale Person.

Aristoteles beschreibt den naturwissenschaftlichen Studienanfänger als einen, der zwar Argumente zu wiederholen vermag, aber nicht mit der Überzeugung, die er später haben wird, wenn er die Zusammenhänge seines Faches vollständig begriffen hat. Damit ein theoretisches Argument oder eine praktische Überlegung als vernünftig gelten kann, muß es natürlich in der Lage sein, eine rationale Person zu motivieren oder zu überzeugen. Aus der Annahme, daß wir rationale Personen sind, und der Annahme, daß ein gegebenes Argument oder eine gegebene Überlegung rational ist, mag folgen, daß es, sofern wir nicht überzeugt oder motiviert sind, irgendeine Erklärung dafür geben muß. Aber es gibt überhaupt keinen Grund zu glauben, daß eine solche Erklärung immer darauf beruhen wird, daß wir falsche Gründe hatten, die, wären sie wahr gewesen, gute Gründe gewesen wären. Viele Dinge können das Funktionieren rationaler Operationen in einem menschlichen Organismus stören. Deshalb gibt es keinen Grund zu leugnen, daß Menschen in dem Sinn praktisch irrational sein können, den Hume als unmöglich erachtet. Sogar wenn die Wahrheit zu unserer Verfügung steht, können wir aus dem einen oder anderen Grund nicht an den Mitteln für unsere Ziele interessiert sein.

IV

Ich vermute, daß der Skeptizismus gegenüber der praktischen Vernunft manchmal in einem falschen Eindruck davon begründet liegt, worin die Forderung des Internalismus besteht. Sie fordert keineswegs, daß rationale Überlegungen uns immer motivieren müssen. Alles, was sie verlangt, ist, daß rationale Überlegungen uns motivieren müssen, insofern wir rational sind. Man kann die Möglichkeit wahrer Irrationalität zugeben und trotzdem der Ansicht sein, daß jedes praktische Überlegen instrumentell ist. Aber wenn diese Form der Irrationalität im Zweck-Mittel-Fall erlaubt ist, erscheinen einige Gründe für den Skeptizismus gegenüber den ambitionierteren Formen praktischen Überlegens weniger zwingend. Der Fall der Klugheit oder des Eigeninteresses wird zeigen, woran ich denke. Humes Auffassung in dieser Sache habe ich schon erwähnt: Er denkt, es gebe das »allgemeine Streben nach einem Guten und die Abneigung gegen das Übel (155)«, und eine Person reagiere insofern klug, als sie diesen allgemeinen und ruhigen Affekt über andere besondere Affekte die Oberhand behalten läßt. Unter dem Einfluß des Zweckes wiegen wir eine mögliche Befriedigung gegen die andere ab, indem wir bestimmen, welche zu dem größeren Gut führt. Sollte aber dieser allgemeine Wunsch nach dem Guten nicht vorherrschend bleiben, verschwindet nicht nur das Motiv, sondern auch der Grund dafür, das zu tun, was zu dem größeren Gut beiträgt. So widerspricht es nach Hume nicht der Vernunft, das anerkanntermaßen geringere Gut dem größeren Gut vorzuziehen.

Nehmen wir an, du seist mit einer Wahl konfrontiert, und obwohl du darüber informiert bist, daß dich eine bestimmte Option zu dem größeren Gut führt, entscheidest du dich für eine andere. Wenn echte Irrationalität ausgeschlossen ist und du die Mittel für ein bestimmtes Ziel nicht ergreifst, zeigt dies, daß du das Ziel entweder nicht wirklich hast oder daß es nicht das Wichtigste für dich ist. In diesem angenommenen Fall, in dem du nicht das größere Gut wählst, zeigt sich, daß du dir nichts aus dem größeren Gut machst oder daß du dir nicht soviel aus dem größeren Gut machst wie aus dem jeweiligen geringeren Gut. Wenn du dagegen auf die Information reagierst, daß eine Option zu dem größeren Gut führt, dann zeigt sich, daß dir an dem größeren Gut gelegen ist. Damit sieht es so aus, als wäre das größere Gut ein Ziel, an dem dir gelegen ist oder nicht, und die Rationalität ist relativ zu dem, woran dir gelegen ist. Aber wenn wir erst einmal zugeben, daß man aufgrund irgendeiner anderen Ursache nicht auf eine rationale Überlegung reagieren kann, gibt es keinen besonderen Grund, diese Analyse des Beispiels zu akzeptieren. Ich behaupte auch nicht, daß etwas dafür spricht, sie abzulehnen; mein Punkt ist vielmehr, daß, ob du sie akzeptierst, davon abhängt, ob du *bereits* die Einschränkung auf die Mittel-Zweck-Rationalität anerkennst. Wenn du es tust, wirst du sagen, daß es in dem Fall, in dem jemand das weniger Gute wählt, einen stärkeren Wunsch danach gab und deshalb auch einen stärkeren Grund dafür; wenn du es nicht tust und denkst, es *sei* vernünftig, das größere Gut zu wählen (da Klugheit rationale Autorität besitzt), wirst du sagen, daß dies ein Fall von echter Irrationalität sei. Die motivationale Analyse des Falles hängt also davon ab, welche Auffassung wir über den Inhalt der rationalen Handlungsprinzipien vertreten, und nicht umgekehrt. Daß man durch die Überlegung, was zu einem größeren Gut führt, zu einer bestimmten Handlungsentscheidung motiviert sein kann oder auch nicht, zeigt nicht von sich aus, daß das größere Gut nur ein Zweck unter vielen ist und keine besondere rationale Autorität besitzt, etwas, was einigen Leuten wichtig ist, anderen aber nicht. Nehmen wir den parallelen Fall. Der Umstand, daß jemand entweder motiviert oder nicht motiviert sein kann, eine bestimmte Handlungsweise zu wählen, aufgrund der Erwägung, daß sie das beste verfügbare Mittel zu seinem Ziel ist, zeigt nicht, daß die Mittel für sein Ziel zu ergreifen nur ein Ziel unter anderen ist, ein Ziel, das einigen wichtig ist, anderen aber nicht. In beiden Fällen sind Personen manchmal durch Überlegungen dieser Art motiviert und wir alle meinen, daß es im zweiten Fall rational ist, so motiviert zu sein, während nur einige dies für den ersten Fall annehmen.

Das Argument, ob Klugheit oder das größere Gut irgendeine besondere rationale Autorität besitzen – d. h. ob sie rationale Gesichtspunkte sind –, muß auf einer anderen Ebene geführt werden: Es muß eher als metaphysisches Argument darüber geführt werden, was Vernunft ist, wie weit sie reicht und welche Arten von Operationen, Prozeduren und Urteilen rational sind. Ein solches Argument besteht gewöhnlich in dem Versuch, eine allgemeinere Vorstellung von Vernunft einzuführen, indem man Merkmale und Charakteristika ausmacht, die theoretische und praktische Vernunft miteinander teilen. Diese charakteristischen Merkmale der Vernunft sind: Universalität, Vollständigkeit, Zeitlosigkeit, Unpersönlichkeit oder Autorität.[11] Wie das Argument zugunsten von Klugheit aussehen wird, variiert von Theorie zu Theorie. Wichtig ist, daß, wenn jemand nicht durch die Überlegung, etwas diene seinem größeren Gut, motiviert wird, dies allein nicht ausreicht, um einen Zweifel an der Gültigkeit des Arguments – wie immer es aussehen mag – anzumelden, daß es immer rational sei, das größere Gut zu bevorzugen. Wenn jemand nicht durch die logische Operation der Konjunktion überzeugt wird, und somit nicht mit Überzeugung von »A« und von »B« auf »A und B« kommen kann, würden wir nicht darauf versessen sein zu folgern, daß diese Verbindung nur eine Theorie sei, an die einige Personen glauben und andere nicht. Die Konjunktion ist keine Theorie, an die man glaubt oder nicht glaubt, sondern ein Prinzip des logischen Denkens. Nicht alles, was uns zu einer Schlußfolgerung führt, ist eine Theorie. Nicht alles, was uns zu einer Handlung führt, muß der Wunsch nach einem Ziel sein (s. Nagel 20–22).

V

Läßt man die Möglichkeit wahrer Irrationalität zu, folgt daraus interessanterweise, daß es nicht immer möglich ist, jemanden mit Hilfe von Argumenten zum rationalen Verhalten zu bewegen. Wenn Personen nur deshalb irrational agieren, weil sie nicht um die entsprechende Mittel-Zweck-Verbindung wissen, werden sie vielleicht auf Argumente angemessen reagieren: Zeige ihnen die Verbindung, und sie werden ihr Verhalten entsprechend ändern. Bei solchen Personen ist gleichsam der motivationale Weg vom Ziel zum Mittel offen. Eine Person, bei der dieser Weg aus irgendeinem Grund blockiert ist oder nicht funktioniert, wird auf Argumente nicht reagieren können, auch wenn sie diese theoretisch versteht. Aristoteles denkt, daß die unbeherrschte Person unter solchen Bedingungen steht: Dies gilt von Personen in einem Anfall von Wut oder Leidenschaft und ist in der Tat ein psychologischer Zustand.[12] Das ist wichtig, denn manche denken auf der Grundlage der internalistischen Forderung, wenn es einen Grund gibt, etwas zu tun, dann muß es möglich sein, jemanden von dieser Handlung zu überzeugen: Jeder, der das Argument versteht, muß sich sofort danach verhalten. (Die Konklusion des praktischen Syllogismus ist die Handlung.) Frankena z. B. argumentiert gegen die internalistische Konzeption des moralischen »Sollens« mit der Begründung, daß wir auch nach vollständiger Überlegung nicht immer tun, was richtig ist (71). Wenn aber »einen Grund verstehen« und »durch einen Grund motiviert werden« einen Unterschied macht, dann impliziert der Internalismus nicht, daß Personen sich immer zu einem vernünftigen Verhalten bewegen lassen. Der Grund motiviert jemanden, der dazu fähig ist, durch die Wahrnehmung der rationalen Verbindung motiviert zu werden. Rationalität ist eine Verfassung, zu der Menschen fähig sind, es ist keine Verfassung, in der wir uns ständig befinden.

Dies ist der Grund, daß einige ethische Theorien um die Idee kreisen, daß praktische Vernunft am besten so verstanden werden kann, daß sie ein charakterliches Ideal aufstellt. Nach dieser Ansicht hat eine Person einen guten Charakter, wenn sie auf zugängliche Gründe angemessen reagiert und wenn ihre motivationale Struktur auf Empfänglichkeit gegenüber Gründen ausgerichtet ist, so daß die Gründe in Übereinstimmung mit ihrer eigentlichen Kraft und Notwendigkeit motivieren. Es ist kein Zufall, daß die zwei wichtigsten Philosophen unserer westlichen Tradition, die Moral als Form praktischer Vernunft verstanden – Kant und Aristoteles –, sich auch am stärksten mit den Methoden der moralischen Erziehung auseinandersetzten. Menschen müssen unterrichtet oder geübt werden, auf die Vernunft zu hören: Wir sind, so Kant, unvollkommen vernünftig.

Tatsächlich kann der Gedankengang des letzten Abschnitts in bezug auf Tugenden umformuliert werden. Angenommen, *es sei* irrational, nicht das größere Gut zu bevorzugen: Dies braucht nichts damit zu tun zu haben, das größere Gut *unter* anderen gewünschten Zielen zu haben. Natürlich sind einige Personen zuverlässiger durch die Überlegung motiviert, was zum größeren Gut führe, als andere:

Eine solche Person soll *kluge Person* genannt werden. Daß die kluge Person stärker durch Gründe des größeren Guts motiviert wird, zeigt nicht, daß sie stärkere Gründe hätte, einem größeren Gut Beachtung zu schenken. (Menschen haben schließlich auch unterschiedliche theoretische Tugenden.[13]) Was wir allerdings sagen können, ist, daß sich die kluge Person mehr um das größere Gut »kümmert«, aber das heißt nichts anderes, als daß sie stärker auf diese Art der Betrachtung reagiert und die Tugend der Klugheit besitzt. Man muß nicht implizieren, daß ihr größeres Gut ein stärker gewichtetes Ziel für sie ist und daß es deswegen mehr für sie bedeutet, dieses größere Gut zu erlangen, als es für eine weniger kluge Person bedeuten würde. Vielmehr ist es sinnvoller zu sagen, daß diese weniger kluge Person Gründe ignoriert, die sie aber gleichwohl hat. Betrachten wir wieder den Parallelfall: Einige reagieren bereitwilliger und bestimmter auf die Überlegung, daß etwas ein wirksames Mittel zum Zweck sein kann. Wir können diese Personen *bestimmt* oder *resolut* nennen. Wahrscheinlich will keiner sagen wollen, daß die bestimmte oder resolute Person stärkere Gründe hat, die Mittel zum Ziel zu ergreifen, als andere. Wir haben alle dieselben Gründe, die Mittel für unsere Zwecke zu ergreifen. Daß einige Personen in unterschiedlichem Maß durch ihre Gründe motiviert sind, heißt nicht, daß sie andere Gründe haben. Es heißt vielmehr, daß einige Tugenden haben, die andere nicht besitzen. Gemäß der praktischen Rationalitätstheorie bestimmt die Möglichkeit der Rationalität den Standard für den Charakter, doch Standards werden nicht immer eingehalten. Das ist für sich selbst kein Grund zur Skepsis darüber, daß die Vernunft Überlegungen anleiten *kann*. Es ist aber ein Grund zur Skepsis über das Ausmaß, in dem diese Anleitung tatsächlich genutzt wird.

VI

Daß ein praktischer Grund uns motivieren muß, scheint jedoch immer noch die Reichweite der praktischen Vernunft einzuschränken: Man könnte denken, welche Überlegungen einen Einzelnen motivieren, sei subjektiv und daher seien alle Urteile der praktischen Rationalität der Form nach konditional. In Humes Ausführungen findet sich diese Auffassung in der Behauptung, daß Motivation von einem Affekt ausgehen muß. In dem Mittel-Zweck-Fall werden wir durch die Überlegung, daß die Handlung A die Absicht P fördert, dann und nur dann motiviert, wenn ein vorausgegangener motivationaler Impuls (ein Affekt) mit der Absicht P verbunden ist. Eine Verbindung zwischen zwei Dingen, so Hume, wirkt nicht motivational auf uns, wenn nicht eines der beiden Dinge selbst diese Wirkung hat. Damit wird die praktische Vernunft nicht auf die Spielarten der Mittel-Zweck-Beziehungen beschränkt, aber vielleicht auf folgendes: Praktische Vernunftforderungen müssen durch so etwas wie einen erkennbaren rationalen Überlegungsprozeß zugänglich sein, der von bestehenden Interessen und Motiven ausgeht. Diese Position wird von Bernard Williams in seinem Aufsatz »Interne und externe Gründe« verteidigt. Wie ich bereits erwähnt habe, meint Williams, daß es nur interne Gründe gebe und daß diese Auffassung eine starke Humesche Implikation hat. Williams geht davon aus, daß interne Gründe per Definition relativ zu etwas sind, was er die »subjektive motivationale Verfassung« des Handelnden nennt, und zwar folgt dies aus der Tatsache, daß sie motivieren können. Was diese Verfassung inhaltlich ausmacht, bleibt offen, aber mit Sicherheit umfaßt sie die Wünsche und Affekte des Handelnden. Interne Gründe sind Gründe, die durch Überlegung, ausgehend von der motivationalen Verfassung, zugänglich sind: Weil sie mit dieser Verfassung verbunden sind, können sie uns motivieren. Die Mittel-Zweck-Überlegung, in der der Zweck ein Element der Verfassung ist und die Mittel durch die motivierende Überlegung gewonnen werden, ist die charakteristischste, aber nicht die einzige Quelle für Handlungsgründe. Williams nennt die Mittel-Zweck-Ansicht das »sub-Humesche Modell« und führt aus:

> Das sub-Humesche Modell setzt voraus, daß ∅-en [»∅-en« ist ein Handeln, für das wir einen Grund haben] als kausales Mittel zum Zweck mit einem Element in [der subjektiven motivationalen Verfassung] verknüpft werden muß (außer vielleicht, daß es sich dabei geradewegs um die Ausführung eines Wunsches handelt, der selber dieses Element in [der subjektiven motivationalen Verfassung] ist). Dies ist jedoch nur ein Fall [...]. Es bestehen jedoch weitaus umfassendere Möglichkeiten für die praktische Überlegung, wie etwa: darüber nachdenken, wie die Erfüllung von Elementen in [der subjektiven motivationalen Verfassung] vereinigt werden kann, durch zeitliches Abstimmen beispielsweise; dort, wo es einen unlösbaren Widerstreit unter den Elementen in [der subjektiven motivationalen Verfassung] gibt, abwägen, welchem man das größere Gewicht beimißt [...] oder wiederum gestaltende Lösungen finden, wie etwa die Entscheidung, was zu einem

unterhaltsamen Abend führen würde, vorausgesetzt man hat Lust auf Unterhaltung. (109)[14]

Alles, was durch einen Überlegungsprozeß ausgehend von der subjektiven motivationalen Verfassung zugänglich ist, kann etwas sein, für das es einen internen Grund gibt, einen, der motivierend ist. Im Gegensatz dazu existieren externe Gründe, unabhängig davon, wie die subjektive, motivationale Verfassung beschaffen ist. In diesem Fall, so Williams, muß es einen rationalen Prozeß geben, der nicht von der subjektiven motivationalen Verfassung ausgeht und deswegen nicht relativ zu ihr ist, der aber dazu führt, etwas als Grund anzuerkennen und zugleich davon motiviert zu sein. Die Vernunft muß in der Lage sein, ein völlig neues Motiv zu produzieren, was nach Hume nicht geht.

Williams übernimmt also nur einen Teil des skeptischen Arguments: Ein Vorgang praktischen Begründens muß mit etwas beginnen, was dich motivieren kann. Den anderen Teil läßt er weg, nämlich daß die einzige Art der Überlegung die der Zweck-Mittel-Überlegung ist. Man könnte meinen, daß dies die Urteile der praktischen Vernunft auf solche Funktionen einschränkt, die natürliche Erweiterungen des Mittel-Zweck-Spektrums darstellen. Die Bemerkungen von Williams in dem zitierten Abschnitt zum Aufstellen eines Planes, um die verschiedenen Elemente der subjektiven motivationalen Verfassung zu berücksichtigen, oder konstitutive Begründungen werden im allgemeinen so verstanden. Doch dies ist weder Williams' Ansicht, noch macht seine Argumentation dies notwendig, wie er selbst ausführt:

Die Überlegungsvorgänge können alle möglichen Auswirkungen auf die [subjektive motivationale Verfassung] haben, und eine Theorie interner Gründe sollte sich glücklich schätzen, diesem Faktum Rechnung tragen zu können. So sollte sie gegenüber den möglichen Elementen in der [subjektiven motivationalen Verfassung] ebenfalls größere Aufgeschlossenheit als einige bisherige Theoretiker an den Tag legen. Ich habe [die subjektive motivationale Verfassung] in erster Linie im Sinne von Wünschen erörtert, und dieser Term kann formal für alle Elemente in [der subjektiven motivationalen Verfassung] verwendet werden. Diese Terminologie mag einen jedoch vergessen lassen, daß [die subjektive motivationale Verfassung] solche Dinge wie Dispositionen für Bewertungen enthalten kann, Muster für Gefühlsreaktionen, persönliche Loyalitäten und, wie man sie abstrakt nennen kann, verschiedenartige Vorhaben, die Bindungen des Handelnden verkörpern. (110)

Williams kann dem Fall, daß eine Person aus einem Prinzip heraus handelt, Rechnung tragen. In diesem Fall nimmt die Überlegung die Form an, das Prinzip anzuwenden oder zu sehen, wie es auf einen vorliegenden Fall angewendet werden kann. Die Vertreter der Ansicht, daß alles Überlegen strikt zweckrational sei, könnten diesen Fall formal so zu interpretieren versuchen, daß der Handelnde den Wunsch haben muß, nach diesem Prinzip zu handeln. Dies ändert allerdings nichts an der wichtigen Tatsache, daß die Überlegung in diesem Fall die Anwendung des Prinzips mit sich bringt und daß das nicht dasselbe ist wie eine zweckrationale Überlegung.[15]

In diesem Fall wäre Williams' Punkt, daß das Prinzip einem Handelnden nur dann Gründe liefert, wenn die Anerkennung des Prinzips ein Bestandteil von dessen subjektiver motivationaler Verfassung ist. Gründe bestehen relativ zur Verfassung. Wenn dies wahr ist, sieht es im ersten Augenblick so aus, als ob alle praktischen Begründungen vom Individuum abhängen, da sie bedingt sind von dem, was die subjektive motivationale Verfassung bereitstellt. Gründe, die, unabhängig von der subjektiven motivationalen Verfassung, für eine Person bestehen, existieren nicht.

Allerdings löst sich diese Argumentation von Humes sehr genauen Vorstellungen, welche Arten rationaler Operationen und Prozesse es gibt, und es wird unklar, welche Behauptungen sie über die reine praktische Vernunft enthält. Wenn man der Forderung des Internalismus zustimmt, folgt daraus, daß die reine praktische Vernunft dann und nur dann existiert, wenn wir in der Lage sind, durch Schlußfolgerungen aus den Operationen der reinen praktischen Vernunft als solcher motiviert zu werden. Etwas in uns muß uns dazu befähigen, durch diese motiviert zu werden, und es muß sich in unserer subjektiven motivationalen Verfassung befinden. Williams scheint anzunehmen, daß dies ein Grund sei, an der Existenz der reinen praktischen Vernunft zu zweifeln, aber was eigentlich aus der internalistischen Forderung folgt, ist dies: Wenn wir durch Überlegungen motiviert werden können, die von der reinen praktischen Vernunft herrühren, dann gehört diese Fähigkeit zur subjektiven motivationalen Verfassung eines jeden rationalen Wesens. Man kann nicht behaupten, nur Ziele und Wünsche gehörten zur subjektiven motivationalen Verfassung. Dies wäre nur dann wahr, wenn jedes Überlegen zweckrational ist oder zu den natürlichen Verlängerungen der Zweckrationalität gehört. Das, was unsere Verfassung inhaltlich bestimmt, begrenzt nicht die Arten der Begründung, sondern es hängt von ihnen ab. Auch ist es falsch anzunehmen, daß die subjektive motivationale Verfassung nur individuelle oder idiosynkratische Elemente beinhaltet; das würde ohne jede Begründung die Möglichkeit ausschließen, daß die Vernunft Schlußfolgerungen hervorbringt, die jedes rationale Wesen anerkennen muß und von denen es motiviert werden kann. Solange noch offengelassen ist, welche rationalen Verfahrensarten Schlußfolgerungen hervorbringen, was zu tun und was zu verfolgen ist, muß auch offengelassen werden, ob wir in der Lage sind, durch diese motiviert zu werden.

Betrachten wir die Frage: Wie kommt ein Handelnder dazu, ein Prinzip zu akzeptieren, d. h. es als ein Element in seiner subjektiven motivationalen Verfassung zu haben. Wenn wir sagen, der Handelnde akzeptiert dieses Prinzip durch Überlegung – durch die Überzeugung, daß das Prinzip eine endgültige Rechtfertigung zuläßt –, dann können wir annehmen, daß dieses Prinzip zu der subjektiven motivationalen Verfassung einer jeden rationalen Person gehört: Denn alle rationalen Personen können darauf aufmerksam gemacht werden, daß sie einen Grund haben, so zu handeln, wie das Prinzip es verlangt, und das ist alles, was die internalistische Forderung beinhaltet. Natürlich ist dies nicht Williams' Ansicht: Er glaubt, daß die Prinzipien durch Erziehung, Übung usw. erworben werden und daß sie keine endgültige Rechtfertigung zulassen.[16] Zwei wichtige Punkte sind hier zu bedenken.

Betrachten wir erstens folgenden Fall: Eine reflektierte Handelnde, die dazu erzogen worden ist, nach einem bestimmten Prinzip zu leben, stellt dieses in Frage. Einige Zweifel, Versuchungen oder Argumente haben sie dazu gebracht zu erwägen, dieses Prinzip aus ihrer subjektiven motivationalen Verfassung zu eliminieren. Was wird sie jetzt denken? Das Prinzip, so nehmen wir an, läßt keine ultimative Rechtfertigung zu, deshalb wird sie eine solche nicht finden. Das bedeutet allerdings nicht, daß sie notwendigerweise das Prinzip ablehnen wird. Sie könnte aufgrund von Überlegung zu der Ansicht kommen, es sei besser (wobei dies relativ zu den Dingen ist, die sich außerdem noch in ihrer motivationalen Verfassung befinden), daß Menschen dieses Prinzip haben und sich nach ihm verhalten, daß es im großen und ganzen eine gute Idee ist – vielleicht nicht die einzige, aber eine sehr gute Basis für das gemeinschaftliche Miteinander etc. –, deshalb behält sie es bei und gibt es sogar an andere, die unter ihrem Einfluß stehen, weiter. Merkwürdigerweise beschreibt Mill genau so den reflektierten Utilitaristen, dem es nicht leid tut, wenn er erkennt, daß seine Fähigkeit, durch das Prinzip des Utilitarismus motiviert zu werden, Ergebnis seiner Erziehung ist. Doch Mills Position, wie ich bereits erwähnte, wird oft als bestes Beispiel eines *externalistischen* Moralstandpunkts angesehen.

Dieses Beispiel zeigt genauer, daß sowohl für Williams als auch für Hume der motivationale Skeptizismus vom »inhaltlichen Skeptizismus« abhängt, wie ich ihn genannt habe. Williams' Argumentation zeigt nicht, daß wenn es unbedingte, handlungsbezogene Vernunftprinzipien gibt, wir nicht durch sie motiviert werden können. Er glaubt lediglich, daß es keine solchen gibt. Doch genauso wie Hume gibt sich Williams den Anschein, den umgekehrten Weg zu gehen: Es sieht so aus, als ob der motivationale Punkt – die internalistische Forderung – in der Lage ist, das einzuschränken, was man als ein Prinzip der praktischen Vernunft auffassen könnte. Doch tatsächlich ist die eigentliche Ursache des Skeptizismus der Zweifel an der Existenz von Handlungsprinzipien, deren Inhalt sie als ultimativ gerechtfertigt auszeichnet.

VII

Die internalistische Forderung ist richtig, aber wahrscheinlich gibt es keine moralische Theorie, die von ihr ausgeschlossen würde. Ich glaube nicht einmal, daß sie den Utilitarismus oder den Intuitionismus ausschließt, obwohl sie nach einer Reformulierung der damit verbundenen Ansichten über den Einfluß moralischer Begründung oder Motivation verlangt. Die Kraft der internalistischen Forderung ist psychologisch: Sie widerlegt keine moralische Theorie, sondern stellt an sie psychologische Ansprüche.

So haben die Philosophen, die eine Verbindung zwischen Moral und praktischer Vernunft vertreten, tatsächlich darüber gedacht. Nach Überlegungen, daß Gründe notwendig interne Gründe sind und in der Lage sein müssen, uns zu motivieren, die fast mit Williams übereinstimmen, vertritt Nagel zu Beginn von »The Possibility of Altruism« den Standpunkt, daß Untersuchungen über die praktische Vernunft Aufschluß über unsere motivationalen Fähigkeiten geben. Zugestanden, daß Gründe in der Lage sein müssen, uns zu motivieren, glaubt er, daß wir, indem wir zeigen, daß es Gründe gibt, auf etwas hingewiesen haben, das uns (im Prinzip) motivieren kann. In Nagels Augen schränkt die internalistische Forderung die praktische Vernunft nicht ein, sondern verhilft der Moralphilosophie überraschenderweise, an Macht zu gewinnen: Sie kann uns Aufschlüsse über menschliche motivationale Fähigkeiten vermitteln, sie kann uns Psychologie lehren.[17]

Dieser Ansatz, so Nagel, charakterisiert ebenfalls die Moralphilosophie Kants. Am Ende des zweiten Abschnitts der »Grundlegung« gibt es in *einer* Hinsicht keinen Zweifel, daß Kant das getan hat, was er vorhatte: Er hat uns gezeigt, welche Anforderungen die reine Vernunft an Handlungen stellt. Davon ausgehend, daß die Gründe (seien sie theoretisch oder praktisch) universell sein müssen, daß die Vernunft das Unbedingte sucht und daß ihre bindende Kraft von der Autonomie abgeleitet sein muß, hat er gezeigt, wie ein Gesetz der reinen Vernunft, das auf Handlungen anwendbar ist, aussieht. Aber solange noch nicht gezeigt ist, wie wir motiviert werden können, nach dem kategorischen Imperativ zu handeln, ist die Existenz des kategorischen Imperativs nicht vollständig bewiesen. Es ist nicht bewiesen, daß es wirklich ein Gesetz der praktischen Vernunft gibt. Dies liegt in der internalistischen Forderung begründet. Die Frage, wie der Imperativ möglich ist, ist mit der Frage gleichzusetzen, »wie bloß die Nötigung des Willens, die der Imperativ in der Aufgabe ausdrückt, wahrgenommen werden kann« (417). Was also als Beweis durch »Deduktion« übrigbleibt, ist unsere Fähigkeit, durch dieses Vernunftgesetz motiviert zu werden: daß wir einen autonomem Willen haben. Im dritten Abschnitt der »Grundlegung« versucht Kant zu zeigen, daß wir durch den kategorischen Imperativ motiviert werden können, indem er sich auf die reine Spontaneität der Vernunft als Evidenz für unsere intelligible Natur und damit für den autonomen Willen beruft (452). In der »Kritik der praktischen Vernunft« ändert Kant jedoch seine Strategie[18]: Da wir wissen, daß wir durch den kategorischen Imperativ motiviert werden können, wissen wir (im praktischen Sinn), daß wir einen autonomen Willen haben. Nochmals: Erforschungen der praktischen Vernunft legen unsere Natur offen. Jedoch ist es wichtig, daß Kant, obwohl er in der »Kritik der praktischen Vernunft« nicht dafür zu argumentieren versucht, *daß* die reine Vernunft ein Motiv sein kann, dennoch detaillierte Auskünfte gibt, *wie* sie ein Motiv sein kann – wie sie als Triebfeder in Widerstreit mit anderen Anreizen funktioniert.[19] Etwas ist noch der internalistischen Forderung geschuldet: nämlich zu zeigen, welche psychologischen Folgerungen die Moraltheorie beinhaltet.

Es kann sein, daß wir der Motivation der reinen praktischen Vernunft gegenüber immun sind. Aber ebensogut kann es sein, daß wir gegenüber Zweck-Mittel-Verbindungen immun sind. Vielleicht ist unser Bewußtsein dieser Fälle, in denen wir nach ihnen zu handeln scheinen, epiphänomenal. Tatsächlich sind wir ziemlich sicher, daß wir nicht den Gründen gegenüber immun sind, die den Mittel-Zweck-Verbindungen entspringen, und Kant behauptet, wenn wir darüber nachdenken, dann sehen wir, daß wir gegenüber dem Gesetz der reinen praktischen Vernunft auch nicht immun sind: Wir wissen, daß wir tun können, was wir tun sollen. Aber dafür gibt es keine Garantie, denn unser Wissen über unsere Motive ist eingeschränkt. Die Schlußfolgerung daraus lautet: Wenn wir rational sind, dann werden wir so handeln, wie es der kategorische Imperativ verlangt. Aber wir sind nicht notwendigerweise rational.

VIII

In diesem Aufsatz lag mir nicht daran zu zeigen, daß es so etwas wie die reine praktische Vernunft gibt oder daß die Vernunft größeren Anteil an unserem Verhalten hat, als der Empirismus ihr gemeinhin zugestehen will. Ich habe statt dessen zu zeigen versucht, daß die Frage in einer bestimmten Hinsicht offen ist: Erwägungen über Motivation liefern keinen Grund für den Skeptizismus bezüglich praktischer Vernunft unabhängig von deren spezifischer Konzeption. Wenn uns ein Philosoph darlegen kann, daß etwas, das erkennbarerweise ein Gesetz der Vernunft ist, Relevanz für unser Verhalten hat, gibt es keinen besonderen Grund zu zweifeln, daß Menschen durch diese Erwägung motiviert werden können. Die Tatsache, daß das Vernunftgesetz das Verhalten nicht immer bestimmt, selbst nicht das Verhalten desjenigen, der es verstanden hat, stellt keinen Grund für den Skeptizismus dar: Die Notwendigkeit liegt im Gesetz, nicht in uns.

Sofern der Skeptizismus bezüglich der reinen praktischen Vernunft auf der seltsamen Idee beruht, daß ein anerkannter Grund in jedem Fall motiviert, ist die Position unplausibel. Sie beruht auf einem Mißverständnis, und ich habe dargelegt, daß dieses Mißverständnis von dem Verständnis der internalistischen Forderung herrührt. Sofern der Skeptizismus bezüglich der reinen praktischen Vernunft auf der Vorstellung beruht, daß kein Prozeß oder keine Operation der Vernunft gefunden werden kann, die unbedingte Schlußfolgerungen für Handlungen bereitstellt, hängt er von der These ab – und ist keine Begründung für sie –, daß eben kein Prozeß oder keine Operation der Vernunft gefunden werden kann, die unbedingte Handlungskonsequenzen ermöglicht. Sofern der Skeptizismus bezüglich der reinen praktischen Vernunft auf der Forderung beruht, daß Gründe uns motivieren müssen, ist die richtige Erwiderung, daß es lediglich die Grenzen unserer Rationalität zeigt, wenn jemand erkennbare Gründe entdeckt, die relevant für unser Handeln sind und dennoch nicht motivieren. Motivationaler Skeptizismus bezüglich praktischer Vernunft beruht auf der Skepsis bezüglich des möglichen Inhalts der rationalen Forderung und kann deshalb nicht selbst die Grundlage für diese Skepsis bieten. Das Ausmaß zu bestimmen, in dem Menschen durch rationale Überlegungen tatsächlich veranlaßt werden, etwas zu tun oder zu glauben, überschreitet den Rahmen des Geltungsbereichs der Philosophie. Philosophie kann uns höchstens sagen, wie es sein würde, rational zu sein.

Thomas Nagel

WÜNSCHE, MOTIVE DER KLUGHEIT UND DIE GEGENWART

Wünsche

1. Ich werde zeigen, daß die bei oberflächlicher Betrachtung so plausible Methode, jegliche Motivation im Zurückgehen auf die Wünsche der handelnden Person zu erklären, nicht funktioniert und daß die Wahrheit zwar weniger offen zutage liegt, aber dafür um so mehr aussagt. Man wird daher beginnen müssen mit einer Untersuchung der Rolle, die Wünschen (in dem weiten Sinne irgendwelcher Begehrungen) ganz allgemein innerhalb der rationalen Motivation zukommt, um zu zeigen, daß begrenzt ist, was sie zu erklären vermögen, und daß sie sogar in einfachen Fällen Handlungen durch einen Mechanismus generieren, der seinerseits nicht im Rückgriff auf Wünsche zu erklären ist.

Die Strategie, jederlei Gründe aus Wünschen herzuleiten, geht zurück auf die Einsicht, daß Gründen ja eine motivierende Kraft eignen muß, ergänzt um eine Annahme, die ich im folgenden angreifen werde: daß die Quelle aller Motivation das Begehren sei. Die gewiß naheliegende Auffassung, der es entgegenzutreten gilt, sieht so aus: Da jedes motivierte Handeln auf das Wirken irgendeines motivierenden Faktors innerhalb der handelnden Person zurückgehen muß, und da ein bloßes Fürwahrhalten allein kein Handeln hervorzubringen vermag, so folgt, daß ein Begehren der handelnden Person stets wirksam sein muß, wenn die betreffende Handlung im eigentlichen Sinne *ihr* zuzurechnen sein soll. Alles übrige, externe Faktoren oder Überzeugungen, was auch immer man der Handlungserklärung hinzufügen mag, muß nach dieser Auffassung durch irgendein Begehren, das die handelnde Person zu der Zeit hat, mit der Handlung verbunden sein: durch einen Wunsch, der sich auf die Handlung selbst oder ihr Ziel richten kann. Mithin muß jeder Akt der Klugheit oder des Altruismus erklärt werden durch die Verknüpfung des Handlungszieles – das zukünftige Interesse des Handelnden beziehungsweise das Interesse eines anderen – mit einem Begehren, das den Betreffenden jetzt zum Handeln treibt. Was damit prinzipiell in Abrede gestellt wird, ist die Möglichkeit einer ›motivierenden Fernwirkung‹, sei es über die Zeit hinweg, sei es von einer Person zur anderen. Alle sich auftuenden Zwischenräume werden gefüllt mit Wünschen des Handelnden, die für die nötige Verbindung mit der Zukunft und sonstigen für ihn äußerlichen Bedingungen sorgen sollen.

Nach dieser Auffassung verlangt eine Erklärung meiner Klugheit mehr als den Verweis auf meine Einsicht, daß etwas meinem künftigen Wohl dient. Ich muß vielmehr auch *begehren*, dieses zukünftige Wohl zu befördern, damit die Einsicht jetzt Einfluß gewinnen kann. Für den Altruismus ergibt sich etwas Ähnliches: Was mich motiviert, kann nicht einfach nur das Wissen sein, daß eine Handlung von mir bestimmte Folgen für das Wohl anderer hätte, sondern mir muß an dem, was ihnen widerfährt, zunächst einmal überhaupt liegen, damit dieses Wissen wirksam werden kann. Kaum jemand wird in Zweifel ziehen, daß die meisten Menschen über das Begehren verfügen, das Klugheit möglich macht, obgleich es bisweilen durch andere, direktere Impulse überlagert wird. Ein altruistisches oder menschenfreundliches Begehren scheint demgegenüber sehr viel weniger verbreitet. Doch in keinem der beiden Fälle kann uns dann in irgendeinem Sinne *abverlangt* werden, daß wir das betreffende Begehren immer schon haben; *ergo* kann uns auch in keinem der beiden Fälle abverlangt sein, den entsprechenden Einsichten auch die Tat folgen zu lassen. Wenn einer das einschlägige Begehren einfach nicht hat, gibt es dazu nichts weiter zu sagen.

Für ein System normativer Gründe ergibt sich also aus dieser Auffassung, daß die Interessen anderer oder das künftige Eigeninteresse einer Person dieser für sich *allein* keinerlei Gründe zu handeln liefern, wenn man nicht gleich auch noch zugesteht, daß uns Gründe für sich allein oder hinreichende Bedingungen ihres Gegebenseins ohnehin nie mit Motivation für irgendein Handeln versehen können. So ist die strikte Abtrennung des normativen vom motivationalen Diskurs ja auch propagiert worden. Wer diesen Schachzug jedoch unplausibel findet und irgendeine Garantie dafür haben möchte, daß Gründe einem Motive liefern, der hat angesichts der schon dargelegten motivationalen Prämissen keine andere Alternative, als den Bedingungen für das Gegebensein eines jeden beliebigen Grundes zu handeln ein gegenwärtiges Begehren des Akteurs mit passendem Inhalt zuzuschlagen. Das Wohl anderer – oder mein eigenes künftiges Wohl – kann mir folglich nur dann einen Grund liefern, einen Grund, der mich wirklich zu motivieren vermag, wenn in mir zu der betreffenden Zeit ein darauf bezogenes Begehren vorhanden ist.

Die Folgen für eine jede Moral der Rücksichtnahme auf andere sind einschneidend. Denn wer einer solchen Moral eine Anwendbarkeit sichern will, die keine Ausnahmen zuläßt, muß das Gegebensein von Gründen für altruistisches Handeln von nun an auf ein in *allen* Menschen vorhandenes Begehren stützen. (Und so nimmt es nicht wunder, daß man als Grundlage der Gerechtigkeit und der anderen sozialen Tugenden das Eigeninteresse so oft dem Altruismus vorgezogen hat.) Nach dieser Auffassung ist es unmöglich, derart fundierte ethische Prinzipien als Handlungsauflagen zu denken, solange man nicht irgendwie zeigen kann, daß uns auch auferlegt ist, die passenden fundierenden *Wünsche* zu haben.

2. Die Annahme, schlechthin jeder beabsichtigten Handlung liege ein Begehren zugrunde, das diese motiviert, beruht nach meiner Überzeugung auf einer Vermengung zweier Arten von Begehrungen oder Wünschen, *motivierten* und *unmotivierten*. Es ist schon früher einmal betont worden[1], daß wir zu vielen Wünschen (wie auch zu vielen Überzeugungen) erst *gelangen*, indem wir uns nach reiflicher Überlegung dazu entscheiden. Wünsche müssen uns nicht einfach so überkommen, obwohl es gewiß manche gibt, die genau das tun, wie etwa Triebregungen und in bestimmten Fällen Gefühle. Dasselbe gilt für Überzeugungen, denn oft, zum Beispiel wenn wir etwas einfach wahrnehmen, erwerben wir eine Überzeugung, ohne durch eine begründete Entscheidung zu ihr gelangt zu sein. Wünsche, die in dieser Weise schlicht ›über uns kommen‹, sind unmotiviert, wiewohl sie freilich kausal erklärt werden können. Ein Nahrungsdefizit *erzeugt* zwar Hunger, motiviert ihn aber nicht. Andererseits ist mein Drang, schnell etwas zum Essen einzukaufen, nachdem ich in meinem Kühlschrank nichts für meinen Appetit gefunden habe, ein Wunsch, der motiviert ist durch meinen Hunger. Und dieser Wunsch ist ebenso

einer *rationalen* oder *motivationalen* Erklärung zugänglich wie die Handlung selbst.

Die Behauptung, jeder Handlung liege ein *Begehren* oder ein *Wunsch* zugrunde, trifft nur dann zu, wenn letztere so weit gefaßt wird, daß es motivierte und unmotivierte Wünsche gleichermaßen einschließt, und sie trifft dann auch nur in dem folgenden Sinne zu: *Was auch immer* jemanden zum absichtlichen Verfolgen eines Zieles motivieren mag, allein sein derartiges Handeln macht es schon angemessen, ihm einen Wunsch *zuzuschreiben*, der seinerseits das Handlungsziel zum Gegenstand hat. Sobald der Wunsch indes ein motivierter ist, wird die Erklärung für ihn dieselbe sein wie die Erklärung für das entsprechende Handeln, und es ist alles andere als offensichtlich, daß diese weitere Erklärung abermals auf einen Wunsch zurückgreifen muß. Daß manche Wünsche motivierte Wünsche sind, wird zweifellos allgemein zugestanden. Es ist jedoch sehr die Frage, ob hinter dem motivierten Wunsch dann jedesmal ein anderer Wunsch steckt oder ob nicht manchmal die Motivation für den ursprünglichen Wunsch keinerlei Bezug zu irgendeinem anderen, unmotivierten Wunsch hat.

Man kann also als trivial einräumen, daß zum Beispiel Erwägungen meines künftigen Wohlergehens beziehungsweise der Interessen anderer mich nicht zum Handeln motivieren können, ohne daß zur Zeit meines Handelns ein entsprechendes Begehren in mir vorhanden ist. Aus der Tatsache, daß mich diese Erwägungen rational motivieren, *folgt* schlicht und einfach, daß ich den passenden Wunsch habe: Wenn die Wahrscheinlichkeit, daß eine Handlung mein zukünftiges Glück befördern wird, mich motiviert, sie jetzt auszuführen, tut man schießlich recht daran, mir einen auf mein künftiges Glück gerichteten Wunsch zuzuschreiben. Aber daraus folgt überhaupt nichts in Hinsicht auf die Rolle dieses Wunsches als ein *Antezedens*, das zur motivierenden Wirksamkeit jener Erwägungen einen Beitrag leistet. Selbstredend ist er eine notwendige Bedingung ihrer Wirksamkeit, aber eben nur eine logisch notwendige. Als ein beeinflussender Faktor oder als eine kausale Bedingung ist er mitnichten notwendig.

Handelt es sich dabei nun um einen Wunsch, der seinerseits ein motivierter ist, so werden er und die mit ihm einhergehende Motivation ja wohl durch dieselben *Gründe* ermöglicht. Dabei bleibt erneut die Frage offen, ob unter den Bedingungen für eine Motivation durch jeden beliebigen anderen Faktor stets auch ein *unmotivierter* Wunsch zu finden sein müsse. Falls Erwägungen meines künftigen Glücks mich bereits für sich motivieren können, dann sind sie auch geeignet, den Wunsch nach künftigem Glück, der jedem zuschreibbar ist, den diese Erwägungen rational motivieren, sowohl zu erklären als auch verständlich zu machen. Andernfalls könnte jedoch in solchen Fällen ein anderer Faktor wirksam sein, einer, der dann sowohl den motivierenden Einfluß von Erwägungen über die Zukunft erklären kann als auch den *motivierten* Wunsch, in dem sich dieser Einfluß niederschlägt. Doch wenn ein weiterer unmotivierter Wunsch stets unter diesen umfassenderen Bedingungen sein soll, wäre seine Existenz allerdings erst einmal nachzuweisen.

Wenn wir diese Betrachtungen nun auf die Frage zurückbeziehen, ob zu den notwendigen Bedingungen für Handlungs*gründe* jederzeit Wünsche gehören, wird offensichtlich, daß es keinen Grund gibt, dies anzunehmen. Oft werden die Wünsche, die eine handelnde Person bei ihrem Handeln zwangsläufig verspürt, in genau derselben Weise motiviert sein wie die Handlung selbst. Wenn es von gewissen externen Faktoren herrührende *Gründe* sind, durch die sowohl die Handlung als auch der Wunsch, sie auszuführen, motiviert sind, kann der Wunsch schwerlich zu den Bedingungen für das Gegebensein ebendieser Gründe zählen. Das gilt für schlechterdings jeden motivierten Wunsch, der einer Person aufgrund dessen zugeschrieben werden kann, daß sie ein Ziel absichtlich verfolgt. Die Tatsache, daß das Vorhandensein eines Wunsches eine logisch notwendige Bedingung dafür ist, daß Gründe motivieren (weil es eben daraus logisch folgt), impliziert indes nicht, daß dieses Vorhandensein eine notwendige Bedingung des *Gegebenseins* dieser Gründe ist. Und wenn ein Wunsch durch einen solchen Grund motiviert ist, dann *kann* er nicht zu den Antezedenzien des Gegebenseins dieses Grundes gehören.

3. Wie bereits ausgeführt, verhält es sich mit der Versuchung, für jederlei Motivation ein Begehren zu postulieren, in dem sie wurzelt, ganz ähnlich wie mit der Versuchung, ein Fürwahrhalten hinter jeder Schlußfolgerung zu postulieren. Jetzt können wir verstehen, daß die Antwort in beiden Fällen dieselbe ist: Dergleichen stimmt nur in

dem genannten trivialen Sinne, daß ein Wunsch oder eine Überzeugung stets gegeben ist, wenn Gründe motivieren oder überzeugen – aber es trifft nicht zu, daß der Wunsch oder die Überzeugung die Motivation oder die Folgerung erklärt oder etwa ihrerseits begründet. Wenn einer Schlüsse zieht, indem er ein logisches Prinzip wie den *modus ponens* anwendet, darf man ihm die Überzeugung zuschreiben, daß das Prinzip wahr ist. Aber die Erklärung für diese Überzeugung ist just *dieselbe* wie die Erklärung für seine Schlüsse in Anwendung dieses Prinzips. Die *Überzeugung*, daß das Prinzip wahr ist, gehört mit Sicherheit nicht zu den *Bedingungen* dafür, daß man *Gründe* hat, Schlüsse in Übereinstimmung mit dem logischen Prinzip zu ziehen. Vielmehr ist das Gewahren dieser *Gründe* dasjenige, was sowohl die Überzeugung erklärt als auch die einzelnen Schlüsse, die man zieht.

Überzeugungen liefern dem theoretischen Vernunftgebauch den Stoff, doch gibt es in letzter Instanz neben unserem Fürwahrhalten noch etwas anderes: die Vernunft. Sie ist es, die zugrunde liegt, wenn wir aus einigen unserer Überzeugungen auf andere Überzeugungen schließen, und sie ist es, die sowohl die Konklusionen als auch jene spezifisch logischen Überzeugungen erklärt, die sich dann in unseren Schlußprinzipien in propositionaler Form niederschlagen. Ganz entsprechend tragen Wünsche zum Stoff für den praktischen Vernunftgebrauch bei, doch gibt es letztlich neben unserem Begehren etwas, das die Erklärung dafür liefert, wie Gründe funktionieren. Und dieses Moment ist für viele der Verknüpfungen zwischen Gründen (solche, die aus Wünschen hervorgehen, nicht ausgenommen) und Handlungen verantwortlich. Es erklärt darüber hinaus jene allgemeinen Wünsche, die unsere Aneignung der Grundsätze der praktischen Vernunft verkörpern.

Die Omnipräsenz von Wünschen bei unseren Handlungen legt freilich einen Irrtum nahe, denn sie läßt den Eindruck aufkommen, ein Begehren müsse jederzeit auch das *Fundament* einer jeden Motivation sein. Sobald wir aber den logischen Grund dafür untersuchen, weshalb stets ein Begehren vorhanden sein muß, zeigt sich, daß dieses Begehren tatsächlich oftmals durch genau das motiviert sein kann, was auch die Handlung motiviert. Für *diese* Motivation aber muß deshalb nach einem alternativen Fundament gesucht werden. Meine Alternative, die ich im folgenden entwickeln werde, verlangt keine Preisgabe der Annahme, daß Gründen ihrerseits eine motivierende Kraft zukommen muß. Statt dessen kehrt sie heraus, daß Gründe diese Kraft genau deshalb haben können, weil sie Gründe sind, und nicht etwa deshalb, weil zu den Bedingungen ihrer Anwendbarkeit ein weiterer Motivationsfaktor gehört.

Eine Theorie, die auf die *Struktur* von *Gründen* zurückgreift und auf die Beziehungen, die Gründe zueinander und zu ihren jeweiligen Umständen eingehen, bietet den Vorzug, daß sie die Art und Weise, auf die eine Handlung durch solche Umstände motiviert wird, in einer entscheidenden Hinsicht verständlicher macht als Theorien, die sich mit der bloßen Interpolation postulierter Wünsche begnügen. Denn sie erklärt nicht weniger als die eigentümliche Verstehbarkeit von Beweggründen, die der Klugheit entspringen, und sie erklärt ebensogut, wie ich zu zeigen hoffe, die Möglichkeit altruistischer Motive – und zwar beides ohne die Inanspruchnahme interpolierter Wünsche, die auf mein künftiges Glück oder auf das Wohl anderer gerichtet sind.

Motive der Klugheit und die Gegenwart

1. Strukturelle Einflüsse machen sich sogar dann bemerkbar, wenn es ein *unmotiviertes* gegenwärtiges Begehren ist, das eine Handlung motiviert. Es wird sich lohnen, bevor wir uns den komplexeren Fall der Klugheitsmotivation vornehmen, zunächst einen solchen Fall zu betrachten.

Bin ich durstig und steht ein Getränkeautomat in der Nähe, werde ich eine Münze einwerfen, die ausgegebene Flasche öffnen und sie austrinken. Irgendwie wirken in einem Fall wie diesem mein Begehren, mein Fürwahrhalten und ein rudimentäres theoretisches Schließen so zusammen, daß sie in ein Handeln münden. Normalerweise würden wir außerdem davon sprechen, daß uns die Umstände zumindest einen *Prima-facie*-Grund für die betreffende Handlung liefern. Mithin gilt es zwei Fragen zu beantworten: Wie funktioniert die Motivation? Woher stammen die Bedingungen dafür, daß uns ein Grund gegeben ist?

Ich möchte beide Fragen mit ein und derselben These beantworten: *Gründe* übertragen sich jeweils von Zwecken auf die zugehörigen Mittel, und das ist auch die häufigste und nächstliegende Art und Weise, wie motivationaler Einfluß übertragen wird. Weiterer *Wünsche* bedarf es zur Erklärung dieses Phänomens nicht, ganz abgesehen davon, daß solche Erklärungsversuche von vornherein zum Scheitern verurteilt sind.

Man muß allerdings verstehen, daß der genannte Fall durchaus einer Erklärung bedarf. Denkt man einmal darüber nach, mag es wie ein Mysterium aussehen, daß ausgerechnet *Durst* in der Lage sein sollte, jemanden zu motivieren, nicht etwa zu trinken, sondern eine Münze in einen Schlitz zu stecken. Solch instrumentelles Handeln kann doch nie durch Durst allein motiviert sein, ein Verständnis für die Funktion des Geldes und die Logik von Warenautomaten sind hier unabdingbar. Aber einer um diese Faktoren ergänzten Erklärung fehlt nach wie vor das, was uns verständlich macht, wie mein Durst in Kombination mit ihnen mein Handeln hervorbringt.

Hier scheint mir nun sehr wichtig, daß wir der Versuchung widerstehen, die Erklärungslücke dadurch schließen wollen, daß wir den ursprünglichen Wunsch, etwas zu trinken, erweitern oder ihm gar einen weiteren Wunsch hinzufügen. Natürlich, sobald mir klar wird, daß ich nur dadurch etwas zu trinken bekomme, daß ich eine Münze einwerfe, dann *will* ich auch eine Münze einwerfen. Das ist wahr, bedarf jedoch gerade einer Erklärung: Wir haben es hierbei mit einem Wunsch zu tun, der seinerseits *motiviert* ist, und zwar durch Durst plus bestimmte Zusatzinformationen. Fügten wir nun einfach diesen motivierten Wunsch als ein weiteres Motiv hinzu, so würden wir damit der ihm eigenen Angemessenheit nicht gerecht. Denn in *dieser* Funktion könnten wir dann ja gegebenenfalls ebensogut *jeden beliebigen* Wunsch hinzufügen.

Es ist beispielsweise vorstellbar, daß Durst mich dazu treibt, eine Münze in meinen Bleistiftspitzer stecken zu wollen, aber das wäre dann entweder ein unverständlicher Drang oder aber eine Folge bösartiger Konditionierung, jedenfalls wäre es alles andere als eine rationale Motivation. Keiner würde doch davon sprechen wollen, daß Durst mir einen *Grund* gebe, so etwas zu tun, geschweige denn, daß Durst mich dazu *motiviert* haben könne.

Jede Theorie der Motivation, die das Unverständliche als verständlich hinstellt, muß fehlerhaft sein. Erklärt man den normalen Fall, in dem wir die Mittel zu einem gewünschten Zweck ergreifen, im Rückgriff auf irgendeinen zusätzlichen Wunsch oder durch die Erweiterung des ursprünglichen Begehrens, kann man ähnliche Erklärungen für irrationale Fälle nicht zurückweisen.

Tatsächlich aber liefern derlei explanatorische Manöver für gestörtes Verhalten gerade keine angemessenen motivationalen Erklärungen. Und wenn sie den idiosynkratischen Fall nicht adäquat zu erklären vermögen, spricht alles dafür, daß ihr Pendant im Normalfall verfehlt, was ein Handeln *verständlich* macht. Im Normalfall scheinen die entsprechenden Hypothesen die Motivationslücke nur deshalb zu schließen, weil sie nicht wirklich *nötig* sind, um das Verhalten verständlich zu machen, während sie im abnormen Fall, in dem ziemlich offensichtlich irgend etwas Zusätzliches nötig *ist*, nicht erfolgreich sind. Wenn wir uns hier gerade *nicht* mit völlig Beliebigem zufriedengeben wollen, müssen wir also zwischen verständlichen Zusammenhängen und unverständlichen strikt trennen und zu erklären suchen, weshalb die ersteren wirken, die letzteren aber nicht.

2. Die Lösung besteht darin, der Zweck-Mittel-Relation einen privilegierten Status zuzuweisen, was sich ohne weiteres in die Definition eines Grundes einbauen läßt. Wir können sagen: Wenn Durst zu haben uns einen Grund gibt zu trinken, dann gibt es uns auch einen Grund für all das, was uns in die Lage versetzt, zu trinken. Hierin können wir die Folge einer ganz allgemeinen Eigenschaft von Handlungs*gründen* erkennen: Sie übertragen ihren Einfluß vermöge der spezifischen Relation zwischen Zwecken und Mitteln immer weiter. Eine genaue Formulierung der These müßte erstens eine Analyse dieser Relation (oder einer dem gegenwärtigen Zweck angemesseneren Alternative) enthalten und zweitens eine Bestimmung dessen, was überhaupt ein Grund ist. Auf beides werde ich später ausführlicher zu sprechen kommen, doch in ihren Umrissen ist meine Position fürs erste klar: Alle Gründe sind in bestimmter Hinsicht allgemein, und die genannte Eigenschaft von Handlungsgründen gehört einfach zur Reichweite dieser ihrer Allgemeinheit hinzu.

Gibt es in einer besonderen Situation einen Grund, etwas zu tun, dann muß dieser Grund sich in allgemeiner Weise angeben lassen, derart, daß ein und derselbe Grund stets auch in anderen Situationen gegeben sein kann, wenn auch möglicherweise als ein Grund, durchaus anderes zu tun. Was immer sonst noch für sie gelten mag, alle dergestalt allgemeinen Spezifikationen von Gründen werden ein bestimmtes formales Merkmal gemeinsam haben: Sie werden die Geltung des Grundes niemals auf Handlungen nur einer einzigen Art beschränken, sondern immer auch jederlei andere Handlungen einschließen, für die gilt, daß sie solche der ursprünglichen Art *befördern*. Und in manchen Fällen wird die allgemeine Spezifikation den Grund schlechterdings allen Handlungen zuweisen, die ein bestimmtes *Ziel* befördern (das seinerseits nicht in einer Handlung bestehen wird). Intuitiv gesprochen heißt das: Sobald sich eine Person einen Grund dafür zu eigen macht, etwas zu tun, legt sie dem *Eintreten* dessen einen bestimmten *Wert* bei, der dann entweder ein ›Wert an sich selbst‹ sein wird oder aber ein ›instrumenteller Wert‹. In jedem Fall geht die Zweck-Mittel-Relation in die Wertung ein: Handelt es sich um einen sogenannten *Wert an sich*, so vererbt er sich vermöge derivativer Gründe auch auf alles, was das Eintreten der Handlung wahrscheinlicher machen wird; handelt es sich um einen *instrumentellen Wert*, so hat die Handlung ihn als ein Mittel zu irgend etwas anderem – und derselbe Wert kommt dann allen anderen Mitteln ebenso zu.

In dem Fall, von dem wir zunächst ausgegangen sind, war ein Begehren unter den Antezedenzien rationaler Motivation, und das Problem bestand darin, wie dieses Begehren im Zusammenwirken mit bestimmten Überzeugungen seinen motivationalen Einfluß über den Bereich seiner unmittelbaren spontanen Manifestationen hinaus sollte ausüben können. Das System, das in diesem Fall am Werk ist, ist nun aber wirksam nicht allein bei Gründen, die sich Wünschen verdanken, sondern ebenso auch bei allen anderen Gründen. Deshalb kann es sich nicht *nur* in ›Scopusregeln‹ für Begehrungen niederschlagen – etwa derart, daß ein Ziel zu begehren stets ein *Begehren* der Mittel einschließt. Jede Anerkennung eines Handlungsgrundes muß ja unserem allgemeinen Prinzip in bezug auf Mittel und Zwecke genügen, und der *ganze* weitreichende Einfluß von Begehrungen und anderen Formen der Motivation ist durch deren Interaktion mit dem System zu erklären. Folglich vermögen Begehrungen allein dessen Wirkungsweise nicht verständlich zu machen.

3. Dieses System sollte jetzt detailliert untersucht werden, um zu zeigen, wie es sich durch Erweiterung auch auf komplexere Motivatio-

nen applizieren läßt: Erst kommt die Klugheit dran und zu guter Letzt der Altruismus. Ich möchte darlegen, daß strukturelle Erklärungen dieser Art den Phänomenen menschlicher Motivation besser gerecht werden als all jene naheliegenden Alternativen und daß sie uns auch mehr von der menschlichen Natur erkennen lassen.

Was uns in der Erörterung der Klugheit beschäftigen wird, ist allerdings das Moment der praktischen Antizipation und weniger das, was uns bei diesem Begriff für gewöhnlich an das Eigeninteresse denken läßt. Es scheint nicht überflüssig, darauf vorab hinzuweisen, weil der Begriff *Klugheit* im philosophischen Sprachgebrauch mittlerweile fast gleichgesetzt wird mit *Eigeninteresse*, wobei sogar die ihm eigenen futuristischen Konnotationen völlig unter den Tisch fallen. Das hat eine gewisse Basis im alltäglichen Sprachgebrauch, in dem wir ja oftmals kluges Handeln gleichsetzen mit dem Wahren des eigenen Vorteils und ihm selbstloses Handeln ebenso gegenüberstellen wie auch allzu risikoreiche Alternativen. Meines Erachtens können wir jedoch in seiner allgemeinsten Bedeutung mit gutem Sinn von Klugheit (oder von einem Mangel derselben) auch in Fällen sprechen, in denen der Eigennutz des Handelnden gar nicht tangiert ist. Wenn beispielsweise Eltern sich um das Wohlergehen ihrer Kinder kümmern, dann können sie sich als unklug nicht allein im Hinblick auf ihren eigenen künftigen Vorteil erweisen, sondern ebenso im Hinblick auf den ihrer Kinder. Und auch administratives Handeln in Institutionen oder die treuhänderische Verwaltung des Vermögens anderer u. dgl. kann bisweilen so zu werten sein. In allen diesen Fällen gibt das Gewicht, das *künftigen* Handlungsfolgen beigelegt wird, den Ausschlag: Als unklug gilt, wer sie entweder ignoriert oder sie vernachlässigt zugunsten unerheblicher Faktoren in der Gegenwart.

Wenn es darum geht, Klugheitsmotive zu erklären, dann, so behaupte ich, geht die Zweck-Mittel-Relation in den Prozeß, der Gründe generiert, derart ein, daß sie sich nicht allein auf die Reichweite von gegenwärtigen Gründen erweiternd auswirkt, sondern auch auf die von in der Zukunft erwarteten Gründen. Deshalb ist es erstens ein *formales* Merkmal des Systems, daß es nicht nur vernünftig ist, das zu tun, was zu befördern geeignet ist, wofür es gegenwärtig einen Grund gibt, sondern daß es auch vernünftig ist, zu tun, was etwas Zukünftiges zu befördern geeignet ist, wovon zu erwarten steht, daß es dafür einen Grund geben *wird*. Zweitens handelt es sich hierbei um eine vollkommen allgemeine Bedingung, die für schlechthin alle Gründe gilt, und nicht allein für solche, die auf Wünsche oder eigene Interessen zurückgehen.

4. Problematisch ist nicht, ob es Klugheit gibt, sondern wie sie zu analysieren ist. Die Analyse sowohl der Motivation aus Klugheit als auch der Bedingungen des Gegebenseins von Klugheitsgründen ist die Aufgabe. Es liegt auf der Hand, daß Menschen Klugheitsmotive haben und daß es sie beschäftigt, was mit ihnen sein wird. Wen die Möglichkeit eines abwendbaren Übels in der Zukunft oder eines erreichbaren künftigen Vorteils absolut kalt ließe, den würde jeder von uns, welche Theorie der Motivation er auch für wahr hält, für einen höchst befremdlichen Sonderling halten. Die uns mittlerweile vertraute Frage ist: Muß die Wirkung dessen, was ich in Ansehung meiner zukünftigen Interessen glaube, auf mein Handeln in der Gegenwart erklärt werden durch ein interpoliertes Begehren, oder ist es möglich, diesen Wirkungszusammenhang zurückzuführen auf eine Anforderung der praktischen Vernunft, auf einen Grund, dem Handlungen unterstehen? Gibt es eine solche Anforderung und läßt sie sich als eine Bedingung kodifizieren, der Gründe zu genügen haben, dann würde es ihre Wirkungsweise sein, was in der Erklärung bestimmter motivationaler Zusammenhänge, die ja durch ein Begehren nicht erklärbar waren, an die Stelle des Begehrens tritt.

Gegen eine neutrale Theorie, für die hier so etwas wie ein ›übergreifendes Begehren aus Klugheit‹ wirksam sein soll, habe ich drei Einwände: Erstens wird sie den Fakten nicht gerecht, das heißt, all jenen Fällen, die wir im Rückgriff auf Klugheit erklären, und auch nicht den tatsächlichen Klugheitsgründen, von denen wir dabei ausgehen; zweitens handhabt sie die Fälle, die sie tatsächlich abzudekken vermag, nicht korrekt und verschleiert eher die eigentümliche Art der Motivation, die dabei im Spiel ist; und drittens ist mein eigener Vorschlag im Hinblick auf das Wirken der Klugheit und auf die menschliche Natur im allgemeinen luzider und ergiebiger.

Was gegen die Position zu sagen ist, nach der ein Begehren jederzeit präsent sein muß, und zwar erstens als *Ursprung* des Handelns und zweitens (in Korrelation dazu) als eine Bedingung des Gegebenseins von *Gründen* zu handeln, habe ich bereits behandelt. Im vorliegenden Fall, bei dem eine Überzeugung dieser Art gewiß wirksam ist, stellen sich nun die gleichen Schwierigkeiten. Die Auffassung, daß die Kenntnis meiner zukünftigen Wünsche allein nicht hinreicht, mich jetzt zum Handeln zu motivieren, sondern daß es dafür der *Unterstützung* eines in der Gegenwart wirksamen motivierenden Begehrens nach deren künftiger Erfüllung bedarf, hat eine Grundlage darin, daß eine solche Kenntnis mich in einem trivialen Sinne in der Tat nicht zu motivieren vermag, ohne daß ein Begehren *präsent* ist. Doch ist dem nicht deshalb so, weil es etwa der Motivationskraft des Begehrens bedürfte, um die Information wirksam werden zu lassen, sondern vielmehr deshalb, weil mir ein solches Begehen zugeschrieben werden kann *aufgrund* der Wirkung des Motivs. Hat man erst einmal das Argument für die Omnipräsenz von Wünschen untergraben, besteht auch kein Grund für die Annahme, daß als Antezedens eines jeden Grundes stets ein Begehren präsent sein muß, um sicherzustellen, daß dieser Grund, sobald er gegeben ist, dann auch wird motivieren können.

Im Sonderfall der Klugheit gilt nun dasselbe, und ebenso für das Beharren auf der These, daß ein Begehren zweiter Stufe ›aus Klugheit‹ gegenwärtig sein müsse als ein Antezedens sei es der Klugheitsmotivation, sei es von Klugheitsgründen. Das mag (aber nur im inzwischen vertrauten trivialen Sinne) für die *Motivation* aus Klugheit gelten, doch jedenfalls folgt daraus nichts für Klugheits*gründe*.

Mit dem bloßen Nachweis, daß es dürftige Argumente sind, auf die eine Position gestützt werden kann, hat man diese Position allerdings noch nicht widerlegt. Zum Glück sind nun aber auch direktere Attacken möglich. Die Hypothese, daß alle Verbindungen zur Zukunft durch Wünsche in der Gegenwart hergestellt werden, behandelt den Akteur zu jedem beliebigen Zeitpunkt nämlich wie einen Insulaner und unterstellt, er müsse, um ein Interesse an der Zukunft nehmen zu können, seine Fühler etwa so ausstrecken wie jemand, der sein Interesse auf die Vorgänge in einem weit entfernten Land richtet. Die Beziehung einer Person zu den zeitlich entfernten Stadien ihres *eigenen Lebens* muß jedoch enger sein. Die Sorge eines Menschen um seine Zukunft bedarf nicht der Erklärung durch ein vorgängiges Begehren oder Interesse. Es muß vielmehr immer schon eine Verknüpfung geben, die ein solches Interesse allererst verständlich macht, und die nicht etwa von seiner gegenwärtigen Verfassung abhängt, sondern davon, daß diese Zukunft Teil seines *Lebens* ist. Und ein Leben ist keine momentane Episode und auch nicht eine Folge solcher Episoden. Das kritische Potential dieser Überlegung gilt es nun auszubuchstabieren.

5. Die Position, die ich angreife, erklärt Handeln aus Klugheit so: Meine zukünftigen Interessen geben mir Gründe zu handeln, weil ich jetzt wünsche oder begehre, diese Interessen zu befördern. Demzufolge können mir künftige Wünsche für sich genommen keine Gründe liefern, doch gegenwärtige Wünsche können es sehr wohl. Beginnen möchte ich mit einer Kritik des normativen Systems, das hinter dieser Gegenüberstellung steht. Wir können zwar einräumen, daß für die zu prüfende Position normalerweise in der Tat ein ›Begehren nach der Befriedigung künftigen Begehrens‹ präsent ist, so daß letzteres das Gegebensein von Gründen in einiger Entfernung veranlassen kann. Aber gleichwohl ist es für uns nicht unangebracht, das allgemeine System erst einmal ohne die Inanspruchnahme dieses eigentümlichen ›Klugheitsbegehrens‹ zu prüfen. Denn ein solches Begehren zweiter Stufe ist, wiewohl das System ganz darauf zugeschnitten ist, schließlich nicht Teil des normativen Systems, sondern ein motivationaler Faktor, der angeblich durch es wirksam werden soll. Das System selbst soll ja festlegen, wie aus jedem *beliebigen* Begehren, sei es nach etwas Gegenwärtigem oder nach etwas Zukünftigem, Gründe erwachsen. Mithin soll es doch wohl zunächst einmal für Situationen gelten, in denen jenes spezifische ›Klugheitsbegehren‹ nicht präsent ist, dafür aber andere Wünsche, die sich auf Zukünftiges richten – ob dergleichen nun tatsächlich vorkommt oder nicht. Deshalb dürfen wir damit den Anfang machen, das rationale System für sich zu untersuchen, und einstweilen das Klugheitsbegehren außer Betracht lassen.

Es sind zwei Eigenschaften des Systems, an denen ich Anstoß nehme: (a) Es läßt *nicht* zu, daß die Erwartung des Gegebenseins eines zukünftigen Grundes für sich schon irgendeinen Grund für gegenwärtiges Handeln liefert; und (b) es *läßt* zu, daß ein gegenwärtiges Begehren nach etwas Künftigem für sich schon einen Grund liefert, in der Gegenwart etwas in Verfolgung dieses Zieles zu tun. Die folgenden drei Pseudomöglichkeiten läßt das betrachtete System alle als rationale Möglichkeiten gelten:

(1) Wenn mit dem Begehren nach etwas Zukünftigem bereits das Fundament für Gründe gelegt ist zu tun, was einen dem zukünftigen Ziel näherbringt, dann ist es möglich, daß ich jetzt etwas Zukünftiges begehre, von dem ich weder jetzt noch später erwarte, es auch *dann* zu begehren, und von dem ich glaube, daß ich *dann* keinen Grund haben werde, es zu verwirklichen. *Ergo* ist es *möglich*, daß ich jetzt Grund habe, Anstalten zu treffen, etwas zu tun, wovon ich weiß, daß ich nicht den mindesten Grund habe, es zu tun, wenn die Zeit gekommen ist.[2]

(2) Angenommen ich erwarte, daß mich in der Zukunft ein Begehren überkommt: Dann muß ich anerkennen, daß ich in der Zukunft also einen *Prima-facie*-Grund haben werde, zu tun, was mir dieses Begehren diktiert. Doch ist dieser Grund jetzt noch nicht gegeben, und deshalb kann er auch nicht ohne weiteres derivativ für irgendwelche jetzt verfügbaren Mittel zur Befriedigung des künftigen Begehrens in Anspruch genommen werden. *Ergo* ist es *möglich*, daß ich, soweit andere relevante Wünsche in der Gegenwart fehlen, nicht den mindesten Grund habe, Anstalten zu treffen für etwas, wovon ich jetzt schon weiß, daß ich Grund haben werde, es morgen zu tun.

(3) Erwartete künftige Wünsche nach irgend etwas, deren Erfüllung die Erfüllung meiner gegenwärtigen Wünsche für die Zukunft ausschlösse, liefern für sich in der Gegenwart überhaupt keine Gegengründe – noch nicht einmal *Prima-facie*-Gründe, das heißt, noch nicht einmal solche, die durch andere Gründe neutralisiert werden können. Beliebige Wünsche oder Gründe, die bloß zu erwarten stehen, sind samt und sonders motivational unerheblich. *Ergo* ist es möglich, daß ich jetzt einen unangefochtenen Grund habe, etwas Zukünftiges zu befördern, das ich dann, wenn es soweit ist, einen unangefochtenen Grund habe, zu verhindern. – Und falls ich meine zukünftigen Wünsche kenne, dann ist es *möglich*, daß ich jetzt Grund habe, just das zu tun, was für das Scheitern meiner künftigen *rationalen* Anstrengungen sorgen wird: Ich kann mithin Grund haben zu tun, wovon ich bereits weiß, daß ich später Grund haben werde, es nach Möglichkeit ungeschehen zu machen, so daß ich also ganz besonders sorgfältig darauf achten müßte, Fallstricke auszulegen und meinem zukünftigen Selbst unüberwindliche Hindernisse in den Weg zu stellen.[3]

Ein normatives System, das dergleichen als ›Möglichkeiten‹ zuläßt, geht nicht allein darin fehl, daß es noch nicht einmal die elementarste Konsistenz unseres Handelns durch die Zeit hindurch verlangt, sondern es erhöht sogar noch das Potential für intrasubjektive Konflikte, indem es Intrigen eines Subjekts gegen sein eigenes künftiges Selbst in seinen Vernunftapparat einbaut und methodisch mit dem Siegel der Rationalität versieht. All diese Ungereimtheiten des Systems sind formaler Natur und von höchster Allgemeinheit, denn sie betreffen ja schlechthin – das heißt, gleichgültig, welche Quelle die

Gründe jeweils speist – die Beziehung dessen, was vernünftig ist, zu dem, was vernünftig sein wird.

6. Für die nächste Stufe unserer Kritik führen wir das Klugheitsbegehren, das Verfechter eines solchen Systems zu postulieren pflegen, wieder ein und betrachten, wie das so ergänzte System den Phänomenen Rechnung tragen soll. Doch was immer bei dieser Untersuchung herauskommen wird, behält der im vorigen Abschnitt formulierte Einwand jedenfalls seine Gültigkeit. Die Hinzufügung des unterstellten Begehrens zweiter Stufe kann das Rationalitätsparadox, das wir an jener Theorie bemängelt haben, schon allein deshalb nicht auflösen, weil dadurch ja in keiner Weise begrenzt wird, was die Theorie als *rational* zuläßt.[4]

Und in der Tat bewältigt das Postulat eines Klugheitsbegehrens die Probleme, denen das System meiner Argumentation zufolge schon ohne dieses Postulat ausgesetzt ist, nicht zufriedenstellend. Zum ersten wirft bereits seine Formulierung schwerwiegende Probleme auf. Vermutlich soll jenes Klugheitsbegehren doch zu einem Ergebnis führen, dem eine Betrachtung aller anderen Begehrungen (oder was immer sonst noch Gründe generieren mag) in Vergangenheit, Gegenwart und Zukunft zugrunde liegt. Und dieses Ergebnis soll es erzielen, indem es die Ansprüche unterschiedlicher Zeiten gleichsam ›saldiert‹. Dennoch ist und bleibt es seinerseits lediglich *eines* unter anderen *gegenwärtigen* Begehren und wirkt auch als ein solches. Wenn es also unter anderem auf die Befriedigung solcher gegenwärtiger Begehrungen gerichtet ist, die von ihm selbst verschieden sind, dann werden diese letzteren in die ›Saldierung‹ der Gründe gleich zweimal eingehen: einmal aus eigenem Recht und das andere Mal als Objekte des zusätzlich zu befriedigenden Klugheitsbegehrens. Dieser Konsequenz könnte man nur ausweichen, indem man die möglichen Objekte des Klugheitsbegehrens derart einschränkte, daß es nur auf *zukünftige* Befriedigung gerichtet wäre. Aber auch dieser Schachzug wäre kaum zufriedenstellend. Denn ein weiterer Ausgleichsmechanismus würde dann notwendig sein, um *Konflikte* zu bewältigen zwischen solchen Erwägungen, die aus gewöhnlichen gegenwärtigen Begehrungen sich herleiten, und solchen, die vermittels des Klugheitsbegehrens aus der Zukunft hergeleitet sind. Dieser Mechanismus würde nun entweder in einem weiteren Begehren bestehen – womit sich dieselben Probleme nur aufs neue ergäben –, oder aber in einer Struktureigenschaft des Systems von Gründen, womit das Vorhaben preisgegeben wäre, die Klugheit auf Begehrungen zu reduzieren (wie ich bereits unterstellt habe).

Zum zweiten gilt, daß selbst wenn sich diese Schwierigkeit ausräumen ließe und es ein Begehren aus Klugheit *gäbe*, dessen Präsenz doch nichts daran ändern würde, daß das System, durch das es wirkt, es erlaubte, Gründe zu handeln aus jedem *beliebigen* Begehren, das auf Zukünftiges gerichtet wäre, herzuleiten – und nicht allein aus dem unterstellten Klugheitsbegehren. Nach der betrachteten Theorie bedarf ein Begehren, das auf Zukünftiges gerichtet ist, keiner Rechtfertigung, um Gründe zu handeln zu liefern. Deshalb bleibt es selbst dann, wenn das Klugheitsbegehren gegeben ist, nach wie vor möglich, daß andere Begehrungen, die auf Zukünftiges gerichtet sind, mir Gründe liefern, etwas in Angriff zu nehmen, wovon ich bereits weiß, daß ich keinen Grund haben werde, es zu wollen, wenn die Zeit gekommen ist. Dazu wird es dann kommen, wenn ich jetzt für die Zukunft etwas begehre, dem gegenüber ich aber in der Zukunft vollkommen indifferent sein werde (so daß das unterstellte Klugheitsbegehren sich hierzu neutral verhielte). Es ist gar nicht zu vermeiden, daß das betrachtete System die Bildung derart unwillkommener Gründe zuließe.

Drittens mag die Einführung eines Klugheitsbegehrens zwar seinen nächstliegenden Zweck erfüllen, Gründe dafür zu generieren, um künftiger Befriedigung willen in der Gegenwart Anstalten zu treffen, doch zugleich treten damit neue kontraintuitive Nebenfolgen zutage. Denn wenn sich das postulierte Klugheitsbegehren unter anderem auf die Erfüllung *aller* zukünftigen Begehrungen richtet, dann kann dies ja die Befriedigung eines zukünftigen Begehrens einschließen, das seinerseits auf etwas noch Zukünftigeres gerichtet ist. Wenn ich etwa am Montag erwarte, daß mich am Dienstag der Wunsch überkommen wird, am Mittwoch eine Persimone zu genießen, obwohl ich ebenso erwarte, daß mich am Mittwoch (wie schon am Montag) Persimonen völlig kaltlassen werden – dann habe ich der Theorie zufolge am Montag eindeutig einen *Klugheits*grund, die Verfügbarkeit einer Persimone für Mittwoch sicherzustellen, wiewohl ich *dann* nicht den mindesten Grund haben werde, sie zu wollen, und ich bereits am Montag nicht will, daß ich sie am Mittwoch habe.

Das betrachtete System führt mit anderen Worten auch dann noch zu paradoxen Konsequenzen, nachdem man ihm das (keineswegs problemlos formulierbare) Postulat eines Begehrens aus Klugheit hinzugefügt hat. Und schließlich bleibt noch, selbst wenn man alle diese Probleme beiseite ließe, das übrig, was ich für seinen zentralen Defekt erachte. Auch dann, wenn es die Phänomene der rationalen Motivation sozusagen extensional zu ›retten‹ vermöchte, geschähe dies eben auf die falsche Weise, und gäbe die Theorie den Phänomenen einen verkehrten Sinn: Nicht deshalb ist die Zukunft einer Person für diese von Interesse, weil dieses Interesse zu ihren gegenwärtigen Interessen gehört, sondern weil es ihr um *ihre eigene Zukunft* geht. Eine Person steht zu ihrer Zukunft und zu den Wünschen, die zu erfahren sie erwarten kann, immer schon in einer weitaus engeren und auch sehr viel bedeutsameren Beziehung, als es eine Beziehung je sein könnte, die durch ein gegenwärtig erfahrbares Begehren hergestellt würde. Eine Beziehung der letzteren Art ermöglicht einer Person den Zugriff auf etwas, das außerhalb ihrer selbst gelegen ist; die erstere hingegen hängt von der Anerkennung ab, daß ihr gewisse Dinge gerade nicht äußerlich sind, und insbesondere ihrer eigenen Zukunft zuzurechnende Ereignisse für sie jetzt von Interesse sind, weil sie ein und derselben Person zugehören, von der das *gegenwärtige* Stadium nur ein weiteres Personenstadium unter anderen ist. (Das ist noch auszuführen, was ich später und, wie ich hoffe, weniger metaphorisch tun möchte.)

7. Meine abschließende Kritik der betrachteten Theorie soll diese Diagnose ihres zentralen Defekts bekräftigen: Wir müssen die Frage an sie richten, ob Begehrungen nach Zukünftigem *überhaupt* jemals zu wichtigen Gründen Anlaß geben. Ich habe bisher geltend gemacht, daß ein Klugheitsbegehren als Brücke zur eigenen Zukunft *unnötig* ist, weil die nötige Verknüpfung durch formale Bedingungen, denen die praktische Vernunft untersteht, bereits garantiert ist. Aber selbst wenn es vorhanden wäre, würde ein Klugheitsbegehren nicht einfach schon deshalb, *weil* mit ihm etwas Zukünftiges begehrt wird, einem ernst zu nehmende Gründe liefern. Meinen grundsätzlichen Zweifel daran, daß das Begehren die wichtigste Motivationsquelle ist, habe ich ja schon artikuliert. Jetzt möchte ich diesen Zweifel erweitern, indem ich den Sonderfall unmotivierter Begehrungen

nach etwas Zukünftigem herausgreife und näher betrachte. Die Gründe zu handeln, die daraus erwachsen, sind bestenfalls unerheblich. Da das System, das ich angreife, Begehrungen nach Zukünftigem generell eine so wichtige Rolle bei der Bildung von Gründen zuweist, wird es, falls diese Rolle in Frage gestellt werden kann, weiter an Glaubwürdigkeit verlieren.

Es gilt allerdings zu beachten, daß ich mich hierbei auf *unmotivierte* Begehrungen nach Zukünftigem beziehe, die jeweils als Motivations*quellen* wirksam sein sollen. Ich spreche gegenwärtig also nicht von einem motivierten Verfolgen zukünftiger Ziele, zu dem wir uns aus unabhängigen Gründen entschieden haben. Nichts ist alltäglicher, als etwas Zukünftiges zu begehren, aber solche Begehrungen oder Wünsche sind nahezu ausnahmslos durch Gründe, die in der Zukunft *gelten* werden, *motiviert*, und das heißt ja, daß dabei das Begehren nicht die Quelle der Motivation ist.

Betrachten wir dagegen das hypothetische Beispiel eines (in diesem Fall nicht aus Klugheit geborenen) Begehrens, das sich auf die Zukunft richtet, und gerade *nicht* seinerseits von irgendwelchen Handlungsgründen abhängt, die erst dann gegeben sein werden. Nehmen wir an, daß aus keinem besonderen Grund, der mit der Zukunft zu tun hat, jetzt der Wunsch in mir aufkeimt, an meinem fünfunddreißigsten Geburtstag Polizist zu werden. Wenn ich nun nicht der Überzeugung bin, daß dieser Wunsch Bestand haben wird oder daß gewisse Lebensumstände mir zu gegebener Zeit einen Grund liefern werden, Polizist zu sein oder zu werden, ist es dann immer noch möglich zu behaupten, das Begehren selbst liefere mir gleichwohl einen Grund, genau das zu tun, was mich seiner Erfüllung näher bringen wird? Es wäre doch höchst absonderlich, wenn sich jemand durch ein solches Begehren zum Handeln bewegen ließe oder darin mehr sähe als das Symptom einer neurotischen Störung, der mit Mißtrauen zu begegnen ist und deren man sich möglichst bald zu entledigen hat. Für gewöhnlich gilt allerdings, daß niemand etwas Zukünftiges in dieser Weise will, das heißt, ohne einen *Grund*, der sich aus der *Erwartung eines Grundes* herleitet.

Freilich gibt es bisweilen auch Ausnahmen – gewisse Launen im Hinblick auf Petitessen nämlich. So gibt es beispielsweise testamentarische Verfügungen über den Ort, an dem der Verblichene seine Asche verstreut sehen möchte, und es wäre zuviel verlangt, wenn man dies jederzeit durch Gründe erklärt haben wollte, von denen der Erblasser meint, daß sie *nach seinem Tode* dafür sprechen werden, seine Überreste ausgerechnet der Wolga anzuvertrauen. Solch eine Anwandlung von Sentimentalität, die über die Gegenwart hinaus in die Zukunft reichen würde, könnte zwar begrenzte Maßnahmen rechtfertigen, die Erfüllung des Gewünschten sicherzustellen, aber auch wenn dergleichen sehr stark empfunden würde, sind die Gründe, die daraus erwachsen, doch gewiß nicht stark genug, um jene weitreichenden Handlungsketten rationalen Verhaltens fundieren zu können, in denen sich kluge Voraussicht im Normalfall zu erkennen gibt, und die allenfalls durch Gründe zu fundieren sind wie die, die jenem unterstellten allgemeinen Klugheitsbegehren geschuldet wären.

Ich sage damit nicht, daß es unmöglich oder inkohärent ist, einer Person gleichermaßen sinnvolle wie wirkungsmächtige, aber dennoch unmotivierte Wünsche zuzuschreiben, die sich auf Zukünftiges richten. Jedes hinreichend zielgerichtete Verhalten erlaubt uns die Zuschreibung eines Wunsches oder Begehrens, und gemeinschaftliches Handeln kann ja auf praktisch jedes Ziel gerichtet sein. Was ich sage, ist, daß derlei Wünsche nach Zukünftigem selten vorkommen werden und daß die Gründe, die sie liefern, bestenfalls schwache Gründe sind. Ja, solche Wünsche können bisweilen sogar motivational ganz und gar unverständlich sein. Und wir können ein unverständliches zielgerichtetes Verhalten nicht dadurch verständlich machen, daß wir es im Rekurs auf einen ebenso unverständlichen Wunsch erklären, dessen einzige Zuschreibungsgrundlage just dieses Verhalten ist.[5]

8. Sobald uns aufgeht, daß die Präsenz eines unmotivierten Begehrens nach etwas Zukünftigem in den meisten Fällen keinen guten Grund dafür abgibt, das betreffende Ziel auch zu verfolgen, werden wir mit einem Mal daran zu zweifeln beginnen, daß einem gegenwärtigen Begehren nach künftiger Zufriedenheit bzw. nach künftigem Wohlergehen überhaupt jemals Gründe für kluges Handeln entspringen können. Selbst dort, wo solche Wünsche tatsächlich Gründe liefern, handelt es sich um nichts weiter als um Launen, denen zuviel Gewicht beizulegen nachgerade irrational ist. So *könnte* einer aus keinem besonderen Grund heraus gar den Wunsch hegen,

daß es Petersilie auf dem Mond geben solle, und alles in seiner Macht Stehende tun, um ein Sträußchen in die nächstbeste Rakete einzuschmuggeln. Es könnte ja sein, daß ihm die Idee einfach gefällt. Doch käme dem nicht der Status zu, der dem unterstellten Klugheitsbegehren zugedacht war. Dieses nämlich sollte weit ernster zu nehmen sein als eine bloße Laune und etwas sein, das unserem rationalen Handeln einschneidende Forderungen auferlegt. Die Vorstellung unseres künftigen Glücks ist keinesfalls eine Idee, die uns bloß einfach so *gefällt*.

Vielleicht ließe sich die Hypothese dadurch retten, daß wir an diesem besonderen Begehren etwas ausfindig machten, das zu erklären geeignet wäre, weshalb es ernst zu nehmende Gründe liefern sollte. Dem läßt sich jedoch mit einer viel einfacheren Alternative begegnen: Was wir dort, wo Klugheitsgründe entspringen, finden, ist noch etwas anderes als ein Klugheitsbegehren, nämlich etwas, das verantwortlich ist für die Rationalität von sowohl klugem Handeln als auch klugem Begehren, welches sich seinerseits als ebenso motiviert erweist. Und der oben erwähnte strukturelle Faktor erfüllt nun alle diese Bedingungen. Das Begehren meines künftigen Glücks ist im Unterschied zu gewissen anderen Wünschen für die Zukunft vollkommen verständlich, und es war ja ebendeshalb ein vermeintlich plausibler Kandidat für die Position des Ursprungs von sowohl Klugheitsgründen als auch Motivation aus Klugheit, weil für dieses Begehren ein unüberbietbar guter *Grund* immer schon *gegeben war* in Gestalt seiner künftigen Ziele. Ein Begehren nach der Befriedigung künftiger Wünsche ist sowohl gerechtfertigt als auch motiviert durch *Gründe*, die aus der Erwartung jener zukünftigen Wünsche hervorgehen. Wenn man jedoch dieses Begehren seiner Stütze durch solche Gründe beraubt (was man tun muß, wenn es selbst deren Fundament sein soll), dann degeneriert es zu einer aus der Struktur herausfallenden bloßen Laune, der ein nennenswerter rationaler Einfluß auf das Handeln nicht länger zuzubilligen ist.[6]

Jener strukturelle Faktor, von dem die Klugheit abhängt, ist eine allgemeine Bedingung, die nicht allein für Gründe gilt, die sich menschlichem Begehren verdanken. Sie impliziert, daß sich der Einfluß von Gründen über die Zeit hinweg geltend machen kann, weil es rational ist, all das schon jetzt zu *befördern*, wofür ein Grund entweder gegeben ist *oder gegeben sein wird*. Der Einfluß von Gründen überträgt sich durch die Zeit hindurch weiter, weil *Gründe* für etwas stets Werte darstellen, die nicht zeitgebunden sind. Man könnte derlei Werte sogar als *unzeitliche Werte* bezeichnen. Wenn also ein bestimmter Umstand einen Grund dafür generiert, *daß etwas* – sagen wir, daß *p* – *geschehe*, gibt es nicht allein einen Grund, dann dafür zu sorgen, daß *p* geschieht, wenn dieser Umstand gegenwärtig ist, sondern auch einen Grund, das künftige Eintreten von *p* zu befördern, wenn der betreffende Umstand für die Zukunft zu erwarten steht. Ein *erwarteter* Grund ist nichtsdestoweniger ein Grund.[7]

Rainer Forst

PRAKTISCHE VERNUNFT UND RECHTFERTIGENDE GRÜNDE

Zur Begründung der Moral

Die Vernunft muß sich in all ihren Unternehmungen der Kritik unterwerfen, und kann der Freiheit derselben durch kein Verbot Abbruch tun, ohne sich selbst zu schaden und einen ihr nachteiligen Verdacht auf sich zu ziehen. Da ist nun nichts so wichtig, in Ansehung des Nutzens, nichts so heilig, das sich dieser prüfenden und musternden Durchsuchung, die kein Ansehen der Person kennt, entziehen dürfte. Auf dieser Freiheit beruht sogar die Existenz der Vernunft, die kein diktatorisches Ansehen hat, sondern deren Ausspruch jederzeit nichts als die Einstimmung freier Bürger ist, deren jeglicher seine Bedenklichkeiten, ja sogar sein *veto*, ohne Zurückhalten muß äußern können.[1]

§ 1. Vernunft und Begründung

1. Die klassische Bestimmung des Menschen als *animal rationale*, als vernunftbegabtes Wesen, bedeutet, daß der Mensch ein begründendes Wesen ist. »*Ratio*, *raison*, *reason* bedeutet ebensosehr ›Grund‹ wie ›Vernunft‹. Das Vermögen der Vernunft ist die Fähigkeit, für seine Meinungen und für seine Handlungen Rede und Antwort stehen zu können; lat. *rationem reddere*, griech. *logon didonai.*«[2] Gründe stellen – und hier kompensiert die deutsche Sprache den Mangel der direkten Bedeutungsverknüpfung – einen tragenden *Grund* her, auf dem Überzeugungen und Handlungen von Vernunftwesen »stehen« bzw. »bestehen« können.

Die Grundlage, die durch Gründe geschaffen werden soll, muß folglich eine geteilte, gemeinsame Basis des begründeten Denkens und Handelns sein. »Bestehen« können heißt, daß das Begründete Nachfragen und gegebenenfalls Kritik standhalten kann und die jeweiligen Gründe dadurch zu Gemeingut werden: Gründe mögen sich auf sehr spezifische Überzeugungen oder Handlungen beziehen, doch sind sie als Gründe prinzipiell öffentlich zugänglich. Sie können »geliefert«, »akzeptiert« und »verlangt« werden, und zu ihrem Wesen gehört es, daß sie kein Privatbesitz sind.[3] Sie sind nach Vernunftkriterien allgemein beurteilbar und ein Teil des allgemeinen »Spiels des Angebens von und des Verlangens nach Gründen«.[4]

2. Daß die begründete Grundlage von vernünftigen Überzeugungen und Handlungen selbst aber erst »herzustellen« ist, besagt, daß der gemeinsam bewohnte »Raum von Gründen« ein mit Hilfe formaler Regeln zu etablierender und stets hinterfragbarer Raum ist. Eine Theorie der Vernunft wird somit zur Aufgabe haben, diese Regeln auf den Begriff zu bringen.[5] Sie muß untersuchen, welche Aussagen bzw. Ansprüche in welchem Kontext mit Hilfe welcher Kriterien zu begründen sind. Dies kann im folgenden nicht unternommen werden; worauf meine Bemerkungen abzielen, ist vielmehr eine nähere Bestimmung dessen, was Begründung in praktischen Kontexten heißt, d. h. solchen, in denen es um Gründe für Handlungen geht.

§ 2. *Rationale Begründung und vernünftige Rechtfertigung*

1. In bezug auf praktische Kontexte ist es erforderlich, zwischen der *rationalen Begründung* und der *vernünftigen Rechtfertigung* von Handlungen zu unterscheiden. Zwar geht es in all diesen Kontexten um die Beantwortung der Frage »Was soll ich tun?« (in einer jeweils spezifischen Hinsicht), doch verlangt diese Frage nicht in jedem Fall, daß sie mit Hilfe normativer Gründe beantwortet wird. Eine rational begründete Antwort auf diese Frage besteht in einem normativ neutralen Sinne darin, daß eine Person überlegt, welches die geeigneten Mittel zur Realisierung eines subjektiv gegebenen Zieles sind, und der praktischen Konklusion entsprechend handelt, die aus der Relation der Ziele oder Zwecke und der möglichen Mittel folgt. Damit eine in diesem Sinne intentionale (und »rationalisierte«[6]) Handlung als rational begründete bezeichnet werden kann, ist es notwendig, daß sich die zu ihr führende praktische Überlegung an bestimmten Regeln ausrichtet, die sich sowohl auf die Abwägung von Zielen als auch auf die Wahl der Mittel beziehen.[7] Dieser Auffassung rationaler Begründung zufolge kann Handeln nur »relativ« begründet werden: die Wahl der Mittel relativ zu gegebenen Zwekken, und die Überprüfung und Hierarchisierung von Zielen relativ zu dem, was im »aufgeklärten Eigeninteresse« einer Person liegt.[8]

Auch diese Gründe sind Teil des öffentlichen Begründungsspiels, aber nur insofern, als die Gründe, die eine rationale Handlung auszeichnen, von anderen rationalen Wesen potentiell nachvollzogen werden können; sie bedürfen jedoch für ihre Geltung als gute Gründe nicht deren Zustimmung.[9] Hier einen Grund anzugeben heißt zunächst, eine Handlung erklären zu können, es heißt nicht, sie intersubjektiv rechtfertigen zu können. Diese Ebene wird erst erreicht, wenn die Begründung problematisiert wird, und zwar nicht aufgrund der Rückfrage, ob die Handlung rational bzw. die rationalste war, sondern aufgrund der Rückfrage, ob sie in einem ethischen oder moralischen Sinne *gerechtfertigt* und *zu verantworten* war. Zur Beantwortung dieser Rückfrage bedarf es eines Vernunftvermögens, das den Eintritt in den öffentlichen Raum von normativen Rechtfertigungen ermöglicht.

2. Sofern die Frage »Was soll ich tun?« – oder die Rückfrage: »Warum glaubtest du, dies tun zu sollen bzw. zu dürfen?« – in einem normativen, z. B. moralischen, Handlungskontext gestellt wird, verlangt sie nach einer Rechtfertigung, die sich von obigem Verständnis von Begründung unterscheidet.[10] Denn bei der Suche nach moralisch begründeten Antworten kommt es darauf an, Gründe liefern zu können, die nach den im moralischen Kontext geltenden Kriterien Handlungen rechtfertigen können. Und diese Geltungskriterien sind nicht in dem Sinne subjekt-relativ, wie es die Konzeption praktischer Rationalität vorsieht: Hier geht es bei der Handlungsbegründung nicht darum, eigene Ziele und Zwecke möglichst rational zu realisieren, und es geht auch nicht primär darum, die eigenen Ziele rational zu überprüfen und zu ordnen; hier ist vielmehr nach einer Begründung gefragt, die sowohl das Handlungsziel als auch die Handlungsmittel der Rechtfertigung *vor anderen* als moralisch Betroffenen unterwirft. Praktische Vernunft erscheint in diesem Kontext als die Fähigkeit, auf eine moralische Frage eine moralisch gerechtfertigte Antwort zu finden, die intersubjektiv vertreten werden kann. Sie ist auf *vernünftige* Weise gerechtfertigt, sofern keine moralischen Gründe gegen sie sprechen – und entsprechend ist das Handeln auf der Basis dieser Gründe ein vernünftiges Handeln. Wichtig ist hierbei jedoch zu sehen, daß angesichts der subjektiven Ziele und Wünsche einer Person und der gegebenen Vielfalt von Handlungsmöglichkeiten die moralisch gerechtfertigte Antwort zwar als rational

gilt (da gute Gründe für sie sprechen), sie eventuell jedoch nicht als die einzig rationale oder rationalste erscheinen mag.[11]

3. Doch stellen sich normative Fragen, die einer gerechtfertigten Antwort bedürfen, nicht nur im moralischen Kontext. Während die Frage »Was soll ich tun?« in moralischer Hinsicht in Ansehung der legitimen Ansprüche aller moralisch betroffenen Personen zu beantworten ist, stellt sie sich in ethischen Kontexten als die Frage nach den Werten, Idealen und »letzten Zwecken«[12], die ein gutes Leben ausmachen, und danach, wie dies zu realisieren ist.[13] So kann auch in diesem Zusammenhang eine in obigem Sinne rational begründete Handlung noch einmal daraufhin befragt werden, ob sie hinreichend ethisch gerechtfertigt ist.

Ethische Rechtfertigung ist in drei Dimensionen zu sehen.[14] Erstens bedeutet sie im Kontext der individuellen Frage nach dem guten bzw. nicht verfehlten Leben, daß man die Antworten, die man für sich auf diese Frage gibt, gegenüber sich selbst und anderen rechtfertigen – und das heißt: verantworten – kann. Diese »anderen« sind freilich spezifische und signifikante andere, die verschiedene »ethische Gemeinschaften« bilden, welche in ihrem Selbstverständnis für die eigene Identität konstitutiv sind (von der Familie über Freunde bis zu größeren Wert- und Überzeugungsgemeinschaften). Ethische Rechtfertigung bedeutet hierbei, daß man zur Begründung eigener Lebensentscheidungen auf Werte und Überzeugungen zurückgreifen kann, die vor diesen Gemeinschaften vertreten und von ihnen geteilt werden können – was die Möglichkeit von Kritik und Dissens und auch des Wechsels ethischer Gemeinschaften bei nicht aufhebbaren Unterschieden einschließt. Die ethische Person als autonomes Individuum bleibt mit ihren »starken Wertungen«[15] und »letzten Zielen«[16] die entscheidende Autorität in ethischen Fragen, die sich auf ihr Leben beziehen, doch sind diese Wertungen konstitutiv auf andere bezogen.[17]

Zweitens betrifft ethische Rechtfertigung die Frage der Rechtfertigung des Verhaltens gegenüber solchen besonderen anderen. Hier gilt es, das eigene Handeln in Ansehung der geteilten Werte und der bestehenden konkreten Beziehungen zu diesen Personen zu rechtfertigen; hier ist die praktische Vernunft in einem anderen Sinne gezwungen, der Situierung und Partikularität von Individuen gerecht zu werden, als im Kontext der Moral, der dadurch gekennzeichnet ist, daß es um das Verhalten gegenüber Menschen »als Menschen« geht, zu denen keine besonderen ethischen Beziehungen bestehen.[18] Moralische *Pflichten* bezeichnen das, was man anderen Menschen grundsätzlich schuldet, während durch das Teilen eines bestimmten ethischen Kontexts konkrete und partikulare ethische (gewählte oder nicht gewählte) *Verpflichtungen* entstehen, die man nur um den Preis der Verletzung der eigenen Identität und der der spezifischen anderen vernachlässigen kann. Zwar gibt es hier auch allgemeine ethische Verständnisse dessen, was es etwa heißt, sich »als Freund« zu verhalten, doch erscheinen solche Verpflichtungen stets in einem ganz spezifischen Gewande.[19]

Drittens kann ethische Rechtfertigung bedeuten, daß sich die Mitglieder einer ethischen Gemeinschaft ihrer eigenen Identität versichern und den Charakter ihrer Gemeinschaft neubestimmen. Hier ist eine Ausübung der praktischen Vernunft gefordert, die Solidarität und Loyalität mit Kritikfähigkeit verbindet und die eigene Perspektive immanent mit der der Gemeinschaft und ihrem Wohlergehen verknüpft. Diese Transzendierung der eigenen Perspektive ist anderer Natur als diejenige, die in der moralischen Reflexion gefordert ist; leitend ist dabei die Beantwortung der Frage »Was ist das für uns Gute?«, wobei das eigene Gute und das Wohl der Gemeinschaft als eng verwoben angesehen werden.

4. Die Unterscheidung zwischen ethischen und moralischen Kontexten wirft eine Reihe von Problemen auf, die hier nicht behandelt werden können. Wichtig ist dabei, diese Unterscheidung nicht zu einem strikten Dualismus zwischen abgegrenzten sozialen Sphären bzw. »Werten« und »Normen«, dem »Guten« und »Richtigen«, dem »nur für mich« und dem »für alle« Geltenden zu reifizieren, obwohl es im einzelnen sinnvoll ist, diese Begriffe in bezug auf diese Kontextunterscheidung anzuwenden. Ohne Zweifel überlagern sich ethische und moralische Gesichtspunkte bei vielen praktischen Fragen, die somit Antworten erfordern, in denen diese Gesichtspunkte auf begründete Weise gegeneinander abgewogen werden müssen. Damit aber wird diese Kontextunterscheidung nicht obsolet, denn letztlich ist es von zentraler Bedeutung, ob man eine Frage primär aus einem ethischen oder einem moralischen Blickwinkel betrachtet, d. h. ob man bei der Rechtfertigung seines Verhaltens konkrete ethische Verpflichtungen oder allgemeine moralische Pflichten zu beach-

ten hat; ob es primär darum geht, eine für das eigene gute Leben zuträgliche Entscheidung zu treffen oder eine, die vor allen moralisch betroffenen Personen gerechtfertigt werden kann; ob man in seinem Verhalten das eigene Gute (oder das einer ethischen Gemeinschaft, zu der man gehört) aufs Spiel setzt oder die berechtigten Ansprüche anderer verletzt. Entscheidend ist letztlich, daß moralische Antworten auf eine praktische Frage in einem strikten Sinne gegenüber einer jeden betroffenen Person gleichermaßen normativ gerechtfertigt werden müssen und moralischen Normen dadurch, daß kein vernünftiger moralischer Grund gegen sie geltend gemacht werden kann, eine *kategorisch* bindende Kraft innewohnt. Bei ethischen Antworten ist dies nicht der Fall; sie können auch dann für eine Person oder eine Gemeinschaft ethisch gerechtfertigt und verpflichtend sein, wenn vernünftige – ethische oder moralische – Gründe gegen sie geltend gemacht werden können. Ihr Geltungsgrund liegt in der Partikularität jeweiliger Wertperspektiven und der Möglichkeit, sich mit ihnen zu identifizieren.[20] Dies bedeutet wiederum nicht, daß ethische Antworten sich aus der Sicht der von ihnen überzeugten Personen als bloß subjektiv oder relativ geltend darstellen, oder daß ethische Verpflichtungen generell leichter wiegen als moralische Pflichten. Während es im ethischen Gebrauch der praktischen Vernunft darum geht, das für das eigene Leben Gute zu realisieren bzw. sich gegenüber besonderen anderen angemessen zu verhalten, geht es im moralischen Gebrauch derselben darum, seine Handlungen mit moralisch akzeptablen Gründen[21] vertreten zu können.[22]

Es ergibt sich somit, daß sich der ethische und der moralische Gebrauch der Vernunft nicht nur voneinander unterscheiden und in sich differenziert sind, sondern auch, daß sie von dem zu unterscheiden sind, was sich aus einer Perspektive praktischer Rationalität allein ergibt. Zentral bei letzterem Unterschied ist die direkte und konstitutive Einbeziehung der Rechtfertigungsdimension in die Begründung des Handelns. Erst dadurch tritt der oder die Überlegende in den Raum intersubjektiv zu vertretender Gründe ein, d. h. als jemand, der oder die bereit ist, einen Anspruch auf moralische Richtigkeit etwa einzulösen. Diese Fähigkeit und Bereitschaft zeichnet praktisch-vernünftige Personen aus. Das Vermögen zu praktisch-vernünftiger Rechtfertigung ist somit fundamentaler als das Vermögen zu rationaler Begründung, weil es die Rechtfertigungsdimension des Handelns einschließt, der letzteres lediglich aufruht; erst dieses Vermögen erlaubt es, von *autonomen* Handlungen zu sprechen, die eine Person vor sich und anderen *verantworten* kann. Das autonome Vernunftvermögen »umrahmt«[23] dasjenige des Rationalen, weil es diesem einen Grund legt.[24]

5. Zusammenfassend läßt sich »praktische Vernunft« als das grundlegende Vermögen verstehen, praktische Fragen in einer jeweils den praktischen Kontexten, in denen sie entstehen und zu verorten sind, angemessenen Weise mit rechtfertigenden Gründen zu beantworten. Daher ist eine differenzierte Theorie der praktischen Vernunft notwendig, die die unterschiedlichen Rechtfertigungskontexte rekonstruiert. Eine solche Theorie allein kann die Reduktionismen vermeiden, die sich häufig in kantischen, utilitaristischen oder aristotelischen Ansätzen finden.[25] Dabei sind neben den erwähnten Kontexten der Moral und der Ethik die des Rechts und der demokratischen Selbstbestimmung zu bedenken. Auch ihnen entsprechen jeweilige Kriterien der Rechtfertigung und Verantwortung von Handlungen bzw. Normen und spezifische Formen der Ausübung praktischer Vernunft.[26]

6. Zu einer vollständigen Bestimmung praktischer Vernunft gehört freilich nicht nur die *kognitive Komponente*, Kontextunterscheidungen begründeterweise vornehmen und entsprechende Gründe suchen, erkennen und vertreten zu können, sondern auch die *volitive Komponente* der Bereitschaft, ihnen gemäß, sofern sie sich als gerechtfertigt erwiesen haben, zu handeln. Ohne diese Komponente handelte es sich nicht um praktische Vernunft, sondern allenfalls um eine Form der Vernunft, die sich auf die Praxis bezieht; damit Vernunft im eigentlichen Sinne praktisch werden kann, muß sie nicht nur handlungsrechtfertigend, sondern auch handlungsleitend sein und d. h. den menschlichen Willen leiten können.[27] Praktisch vernünftige Wesen »stehen« als autonome und verantwortliche Personen zu ihren Geltungsansprüchen und Begründungspflichten, d. h. sie sind nicht nur fähig und bereit, adäquate Gründe zu liefern, sondern auch dazu, sie zur Grundlage ihres Handelns zu machen.[28]

§ 3. *Moralische Rechtfertigung*

1. Das grundlegende Prinzip der praktischen Vernunft besagt somit, daß normative Antworten auf praktische Fragen auf genau die Weise zu rechtfertigen sind, auf die ihr Geltungsanspruch verweist. Dies ist allgemein als *Prinzip der Rechtfertigung* zu bezeichnen. Eine umfassende Analyse praktisch-normativer Rechtfertigung hätte somit die Aufgabe, die verschiedenen Kontexte der Rechtfertigung im Rahmen einer rekursiven Rekonstruktion der dort jeweils erhobenen Geltungsansprüche auf die Bedingungen der Einlösung dieser Ansprüche hin zu untersuchen.[29] An die Rechtfertigungspraxis werden keine externen oder kontextfremden Kriterien herangetragen, sondern nur die, die im Anspruch, zum Handeln berechtigt zu sein, selbst enthalten sind. Die Analyse hätte zu fragen, welcher Art die Gründe sein müssen, die jeweils Antworten auf die Frage »Was soll ich tun?« stützen und tragen können. Dies kann an dieser Stelle nicht geleistet werden; worauf ich mich im folgenden beschränke, ist das Problem der Rechtfertigung im Kontext der Moral.

2. Dieser Kontext praktischer Rechtfertigung zeichnet sich dadurch aus, daß in ihm Gründe für Handlungen bzw. für Handlungen legitimierende Normen benötigt werden, deren Beachtung eine jede moralische Person von jeder anderen verlangen kann – eben auch dort, wo die Betroffenen keinen näher zu bezeichnenden ethischen oder politischen Kontext teilen. So konkret die jeweilige Rechtfertigungssituation auch ist, so müssen doch die Gründe, die hier rechtfertigend sind, solche sein, die für einen jeden Menschen vernünftigerweise akzeptabel wären. Hier zeigt sich die Verbindung von *Vernunft und Moral*: Rechtfertigende Gründe müssen prinzipiell einer jeden vernünftigen Person zugänglich und für sie einsichtig sein. Anders gesagt muß eine moralische Person in der Lage sein, ihre Handlungen vor den betroffenen anderen wie auch allgemein *verantworten* zu können. Die »Rechtfertigungsgemeinschaft« in moralischen Fragen ist die Gemeinschaft aller Menschen als moralische Personen, und jeweils konkret Betroffene sind sozusagen als Vertreter dieser Gemeinschaft die primären Adressaten der Rechtfertigung. Dies bedeutet nicht, daß sie zu »verallgemeinerten«[30] und identitätslosen anderen reduziert werden, sondern daß sie bei aller

Partikularität die Autorität der moralischen Gemeinschaft aller Menschen (bildlich gesprochen) »hinter sich« haben.

Der Geltungsanspruch einer moralischen Norm – der gemäß eine jede Person die Pflicht hat, x zu tun oder zu unterlassen – besagt im Kern, daß niemand gute Gründe hat, gegen diese Norm zu verstoßen. Entsprechend tragen sowohl Gegeneinwände wie auch Ausnahmeansprüche eine hohe Begründungslast. Die kategorische Sollgeltung der Norm beansprucht somit, daß in ihre Rechtfertigung die relevanten Gründe eingegangen sind und daß eine jede moralische Person diese Begründung einsehen kann und akzeptieren muß.[31] Daß keine guten Gegengründe gegen die Norm sprechen, bedeutet, daß sie reziproke und allgemeine Geltung beanspruchen kann: gegenüber jeder einzelnen Person und der moralischen Gemeinschaft insgesamt – was heißt, daß eine jede Person diese Norm als Handelnde beachten soll und ihre Beachtung von allen anderen verlangen kann, da sie wahrhaft allgemein begründet ist. Fragt man von diesem Geltungsanspruch *rekursiv* zurück nach seiner Einlösung, so verlangt dies nach einem *diskursiven* Rechtfertigungsverfahren, in dem die Adressaten der Norm deren reziprok-allgemeine Geltung überprüfen können – ein Verfahren, in dem die Kriterien von Reziprozität und Allgemeinheit bestimmend sind. Hier gilt es zu erweisen, ob der normative Anspruch auf Geltung wirklich *reziprok* (d. h. ohne daß ein Teil der Adressaten anderen gegenüber bestimmte Vorrechte beansprucht und ohne daß eigene Interessen oder Bedürfnisse auf andere projiziert werden) und *allgemein* (d. h. ohne den Ausschluß der Einwände Betroffener) aufrechterhalten werden kann. Reziprozität und Allgemeinheit sind somit die entscheidenden Rechtfertigungskriterien im Kontext der Moral; ersteres unterstreicht die Gleichberechtigung und Notwendigkeit der konkreten Respektierung moralischer Personen als Individuen, letzteres verhindert den Ausschluß möglicher Betroffener und verleiht den einzelnen die Autorität der moralischen Gemeinschaft. In diesem Kontext ist das allgemeine Prinzip vernünftiger Rechtfertigung somit als *Prinzip reziprok-allgemeiner Rechtfertigung* zu verstehen.

Dieses Prinzip gilt sowohl für die Rechtfertigung von Normen als auch von Handlungen. Denn so richtig es ist, daß es in moralischen Situationen in der Regel um die Rechtfertigung von Handlungen bzw. um die Vermeidung nicht-verallgemeinerbarer Handlungsweisen geht[32], so richtig ist es auch, daß Handlungen mit dem Verweis auf moralisch geltende – und zur Anwendung zu bringende – Normen begründet werden können.[33] Entscheidend ist auch hier, daß nur reziprok-allgemein begründbare Normen zu einer solchen Rechtfertigung dienen, und daß Handlungen, sofern sie reziprok-allgemein begründbar sind, mit gerechtfertigten Normen im Einklang stehen. In einer konkreten Rechtfertigungssituation stehen somit zugleich die situative und normative Angemessenheit bestimmter Handlungsweisen wie auch die Gründe für bestimmte Normen, die Handlungen rechtfertigen sollen, zur Debatte; letztlich muß nicht nur die Geltung von Normen, auf die man sich beruft, sondern auch die jeweilige Handlung konkret reziprok und allgemein bestehen können. Bei der Suche nach einer legitimen moralischen Antwort treten die analytisch zu trennenden Momente der Normenbegründung und der Handlungsrechtfertigung in der Regel gemeinsam auf.

3. Mit Hilfe der Kriterien von Reziprozität und Allgemeinheit läßt sich die Idee einer »universalisierbaren« Antwort auf eine moralische Frage in zweierlei Weise konkretisieren. Zunächst – und hierin besteht die diskurstheoretische Pointe[34] – wird nicht die Verallgemeinerung einer Handlungsmaxime derart gefordert, daß der Handelnde sich fragt, ob seine Handlung allgemein widerspruchsfrei gewollt werden kann bzw. ob er wollen kann, daß eine jede Person sich in der gegebenen Situation so wie er entscheiden würde[35]; die Rechtfertigung wird vielmehr als diskursiver Prozeß verstanden, dessen primäre Adressaten die in relevanter Weise[36] Betroffenen sind. Damit wird dem Sinn der Moral weit mehr entsprochen, der ja in der Respektierung gerechtfertigter Ansprüche verletzbarer Wesen besteht. Diese Ansprüche gehen nun direkt in die moralische Rechtfertigung ein.[37]

Im Unterschied zu einer reinen Konsenstheorie moralischer Rechtfertigung erlauben es die Kriterien von Reziprozität und Allgemeinheit jedoch, auch im Falle von – bei moralischen Problemen zu erwartenden – Dissensen Aussagen über die Rechtfertigbarkeit von Ansprüchen zu machen. Denn sofern einige Ansprüche mit reziprok-allgemeinen Gründen gestützt werden können, ihnen aber mit Gründen widersprochen wird, die diesen Kriterien nicht entsprechen, kann (vorläufig) geschlossen werden, daß die normativen Ansprüche als »nicht vernünftigerweise zurückweisbar«[38] gerechtfertigt sind –

selbst wenn kein Konsens erreicht werden konnte. Damit ist die Sollgeltung der behaupteten Normen oder die Legitimität normativer Ansprüche begründet – zumindest solange keine reziprok-allgemeinen Gründe gegen sie geltend gemacht werden können.[39]

4. Dem Prinzip reziprok-allgemeiner Rechtfertigung zufolge haben moralische Personen ein grundlegendes *Recht auf Rechtfertigung*[40] – und eine entsprechende unbedingte *Pflicht zur Rechtfertigung* moralisch relevanter Handlungen. Dieses Recht verleiht einer jeden moralischen Person ein Vetorecht gegen moralisch nicht zu rechtfertigende Handlungen oder Normen. Eine jede Person kann dieses Recht geltend machen und Gründe verlangen, und eine jede Person hat die Pflicht, im moralischen Kontext solche zu liefern. In der Beachtung dieses Grund-Rechts liegt die basale Form moralischen Respekts; Kantisch gesprochen bedeutet die Achtung moralischer Personen als »Zwecke an sich selbst«, daß man ihr Recht auf Rechtfertigung anerkennt und die Pflicht, ihnen entsprechende Gründe angeben zu können.[41]

5. Die zentrale Bestimmung der Gründe, die moralische Ansprüche rechtfertigen können, lautet also, daß dies *nicht vernünftigerweise – d. h. nicht reziprok-allgemein – zurückweisbare Gründe* sein müssen. Als solche begründen sie Normen – und entsprechend Handlungsweisen –, die einen moralisch unbedingten Sollenscharakter besitzen und in einem strikten Sinne kategorisch bindend sind: als Normen, gegen deren Geltung – zumindest prima facie – keine guten Gründe sprechen. Sie stellen den »Grund« her, auf dem moralische Personen ihr Verhalten wechselseitig verantworten können – und können müssen. Die genannte Bestimmung ist stärker als die ebenfalls zutreffenden, aber nicht hinreichenden Formulierungen, daß moralische Gründe »intersubjektiv«, »nachvollziehbar«, »akzeptabel«, »öffentlich« oder »akteursneutral« sein müssen. Sie entspricht der Charakterisierung, daß solche Gründe »geteilte«[42] Gründe sein müssen, versieht dies jedoch mit der modalen Spezifizierung, daß sie *teilbar* sein müssen, um der prinzipiellen Offenheit des Rechtfertigungsverfahrens gerecht zu werden und jenseits der faktischen Akzeptanz oder Nichtakzeptanz von Gründen das (in diesem Sinne kontrafaktische) Moment rechtfertigender reziprok-allgemeiner Akzeptabilität – und besser: Nichtzurückweisbarkeit – zu unterstreichen.[43]

Gründe dieser Art ermöglichen jenseits von bloßer »Übereinstimmung« oder »Gleichgestimmtheit« eine Art des »Einverständnisses«[44] oder der »kognitiven Zustimmung«[45] in dem Sinne, daß die einzelnen die Gründe einsehen, die für bestimmte Ansprüche bzw. Normen sprechen, und durch diese Einsicht, dieses Überzeugtsein, zu gemeinsamen und geteilten normativen Überzeugungen finden. Gründe bzw. Überzeugungen dieser Art entstehen in einer Praxis wechselseitiger, reziprok-allgemeiner Begründung und konstituieren einen »Raum von Rechtfertigungen«, der freilich nicht einen ein für allemal festgelegten Vorrat an moralischen Wahrheiten enthält, sondern der in konkreten Begründungspraktiken stets aufs neue aktualisiert und validiert werden muß. Die Mitglieder dieses Raumes erkennen sich als moralische Personen an, die sich wechselseitig bestimmte Gründe für ihre Handlungen schulden; sie verstehen sich gleichzeitig als vernünftige, autonome und moralische Wesen, die ihre Handlungen voreinander verantworten können müssen.[46] In diesem Sinne sind sie Mitglieder eines gemeinsamen »Reichs der Gründe«, welches in moralischer Hinsicht einem »Reich der Zwecke« korrespondiert: einer Gemeinschaft von moralischen Personen, die die Achtung des grundlegendes Rechts auf Rechtfertigung zur Basis ihres Handelns machen.[47]

6. An dieser Stelle mag es sinnvoll sein, die Bedeutungen des Terminus »Moralbegründung« zu klären. Drei Verwendungsweisen bzw. Ebenen sind hier zu unterscheiden:

Erstens kann »Moralbegründung« sich auf die Frage beziehen, wie der moralische Standpunkt angemessen verstanden und expliziert werden soll: *Was heißt es, auf moralisch gerechtfertigte Weise zu handeln?* Welche Kriterien sind es, die moralisches Handeln auszeichnen? Hier wird einerseits eine vergleichende Untersuchung zwischen utilitaristischen, kantianischen, aristotelischen und anderen Moralkonzeptionen gefordert sein[48], und andererseits bedarf es einer Analyse der menschlichen Eigenschaften, die als Basis der Rekonstruktion des moralischen Standpunkts und moralischer Reflexion dienen.[49] Im vorliegenden Vorschlag dient die rekursive Rekonstruktion des praktischen Vernunftprinzips reziprok-allgemeiner Rechtfertigung zur Beantwortung dieser Frage.

Zweitens kann mit »Moralbegründung« die Rechtfertigung moralischer Normen bzw. Handlungsweisen gemäß des auf der ersten

Ebene begründeten Verständnisses des moralischen Standpunktes gemeint sein: *Welche Normen sind moralisch gerechtfertigt?*[50] Das Verfahren der Rechtfertigung von Normen mit Hilfe der Kriterien von Reziprozität und Allgemeinheit beantwortet diese Frage.

Drittens wird »Moralbegründung« in bezug auf die Frage nach dem »praktischen Grund der Moral« oder den »Quellen der Normativität«[51] verwendet: *Warum moralisch sein?* Hierbei geht es darum, den »letzten« Verpflichtungsgrund anzugeben, der Menschen dazu motiviert, überhaupt moralisch zu handeln bzw. sich als moralische Personen – gemäß des oben explizierten Rechtfertigungsprinzips – zu verstehen.[52] Ersichtlicherweise müssen Antworten auf diese Frage mit denen auf die erste, oben genannte zusammenstimmen, doch ist etwa in dem Fall, in dem die erste Frage mit einem Verweis auf ein Prinzip der Vernunft beantwortet wird, noch nicht ausgemacht, ob in bezug auf letztere Frage nicht noch andere Motive hinzutreten müssen; es läßt sich zwischen der moralischen Reflexion, die den moralischen Standpunkt kennzeichnet, und der Fähigkeit und Bereitschaft, diesen Standpunkt einzunehmen, unterscheiden.[53] Wie noch zu zeigen sein wird (vgl. § 5), liegt in der Trennung dieser beiden Dimensionen der Moralbegründung allerdings die Gefahr, daß durch eine instrumentelle oder ethische Begründung des Moralischseins die Antworten, die auf der ersten bzw. zweiten Ebene gegeben werden, nicht mehr als allgemein – oder gar kategorisch – verpflichtende verstanden werden können.

§ 4. *Gründe und Motive*

1. Bevor die Frage nach dem praktischen »Grund« der Moral gestellt werden kann, ist die vorgeschlagene Konzeption praktischer Vernunft und rechtfertigender Gründe in einer wesentlichen Hinsicht zu vervollständigen. Denn es wurde zwar oben (§ 2.6) darauf hingewiesen, daß das vernünftige Handeln in dem Sinne eine volitive Komponente hat, daß moralische Personen reziprok-allgemeine Gründe nicht nur einsehen, sondern auch ihnen gemäß handeln können müssen, doch ist bislang nicht deutlich geworden, in welchem Sinne gerechtfertigte Gründe als Motive handlungsleitend, d.h. wirklich *praktische* Gründe sein können.

Hier gilt es zunächst, zwei Arten von Gründen zu unterscheiden:

handlungsrechtfertigende bzw. normative Gründe einerseits und handlungsmotivierende bzw. erklärende Gründe andererseits.[54] Erstere sind teilbare Gründe, die eine Handlung intersubjektiv legitimieren können, letztere sind Gründe, die eine Person hatte, eine bestimmte Handlung auszuführen. Rechtfertigende Gründe geben an, inwiefern eine Handlung gefordert bzw. erlaubt war; erklärende Gründe geben an, weshalb eine Person etwas tat – welcher Art dieses Motiv auch war. Diese Ebene der Erklärung wird verlassen, wenn normativ zurückgefragt wird, ob die Person »gute« – und d. h. im moralischen Kontext: reziprok-allgemein nicht zurückweisbare – Gründe für ihre Handlung hatte.

Zur Analyse des Zusammenhangs zwischen diesen beiden Arten von Gründen bieten sich zwei Positionen an. Die erste geht davon aus, daß rechtfertigende Gründe in dem Sinne motivierende Gründe sein müssen, »daß die Gründe, warum eine Handlung richtig ist, und die Gründe, warum man die Handlung ausführt, *dieselben* sind«.[55] Der Einsicht in normative Gründe entspricht – sozusagen »intern« – eine Handlungsabsicht bzw. ein Handlungsmotiv. Die zweite Position behauptet demgegenüber, daß die Einsicht in normative Gründe nicht hinreichend ist, um eine Person zu entsprechendem Handeln zu bewegen, sondern daß dazu weitere Überlegungen und Faktoren hinzukommen müssen. Die erste Position wird »Internalismus« genannt, die zweite »Externalismus«.[56]

Vor dem Hintergrund der bislang skizzierten Moralkonzeption ist der internalistischen These darin zuzustimmen, daß moralisches Handeln – im Unterschied zu bloß moralkonformem Handeln – aus moralischen Gründen erfolgen muß, d. h. aus moralisch gerechtfertigten Gründen. Die vernünftige Einsicht in solche nicht reziprok-allgemein zurückweisbaren Gründe ist dann zugleich die *praktische Einsicht*, daß ein entsprechendes Handeln nicht nur in einem allgemeinen Sinne gefordert ist, sondern daß man selbst konkrete Gründe hat, entsprechend zu handeln. Die Gründe, die normativ für die Handlung sprechen, sprechen auch subjektiv-motivational für sie, da sich in dem gegebenen normativen Kontext keine vertretbaren Gegengründe finden. Stärker als oben formuliert heißt dies, daß die Einsicht in normative Gründe die entsprechende Handlungsabsicht *begründet*. Sofern eine Person im praktischen Sinne vernünftig ist, besteht somit diese interne Verbindung zwischen Gründen und Motiven.[57] Ein »extern« motiviertes Handeln – etwa aus der Furcht vor Sanktionen durch die Gesellschaft oder eine göttliche Instanz – wäre demgegenüber nicht in einem vollständigen Sinne als moralisches Handeln zu bezeichnen, da es nicht in beiden Dimensionen des Kognitiven und des Volitiven auf moralischen Gründen beruhte. In einem solchen Fall läge keine wirkliche moralisch-praktische Einsicht vor, da moralische Gründe nur aus einer hypothetischen Einstellung betrachtet würden.

Sofern die externalistische These sich allerdings nicht primär auf die Frage der Motivationsgründe, sondern auf die normative Qualität rechtfertigender Gründe bezieht, hebt sie zu Recht die intersubjektiv-objektive Unabhängigkeit gerechtfertigter Gründe für bestimmte Handlungsweisen oder Normen gegenüber subjektiven Motiven hervor – wozu es nicht notwendig ist, diese »Natur« von Gründen im Sinne eines moralischen Realismus zu erklären.[58] Mit Hilfe der Kriterien von Reziprozität und Allgemeinheit ist es möglich zu sagen, daß es für eine Handlung gute, nicht vernünftigerweise zurückweisbare Gründe gab, die eine vernünftige Person hätte berücksichtigen sollen – und ihr dieses Versäumnis vorzuwerfen. Nur diese Qualität von Gründen erlaubt Forderungen bzw. Vorwürfe moralischer Art, die auf handlungsrechtfertigende bzw. -verbietende Gründe verweisen, die zwischen Personen und damit für eine jede Person Geltung beanspruchen können. Sosehr im moralischen Handeln Gründe »meine« Gründe sein müssen, sosehr sind dies doch als moralische Gründe nicht nur »meine«, sondern allgemein teilbare, rechtfertigende Gründe. Als *inter*subjektive Gründe haben sie einen bestimmten »externen« normativen Status.

Bezieht man folglich die Begriffe »Internalismus« und »Externalismus« in differenzierter Weise auf die Dimensionen von Motivation und Rechtfertigung, so läßt sich die These eines »Motivationsinternalismus« vertreten, ohne gleichzeitig einen »Rechtfertigungsinternalismus« zu implizieren. Bei der Rechtfertigung sind interne und externe Gesichtspunkte angemessen zu gewichten: Einerseits muß die je eigene Perspektive in moralische Begründungen eingehen und sich – in entsprechend *reflektierter* Form – in gerechtfertigten Gründen wiederfinden können, andererseits sind moralische Gründe als teilbare Gründe intersubjektiv gültig und haben damit einen objektiven Gehalt.

2. Ein reiner Rechtfertigungsinternalismus hingegen, dem zufolge Handlungsgründe allein als subjekt-interne Gründe aufzufassen sind, die auf gegebene subjektive Motivationen zurückgehen, wird von Theorien vertreten, die als »neohumesche« Ansätze bezeichnet werden können. Denn trotz wichtiger Abweichungen von Humes Modell stimmen sie mit ihm darin überein, daß die Vernunft nicht aus sich heraus Handlungsgründe liefern kann; Hume zufolge bedarf sie dazu als »Sklavin der Affekte«[59] vorgängiger Gefühlsregungen, die auf Empfindungen von Lust oder Unlust zurückgehen. Sie geben die Basis, den Grund dafür ab, was einer Person als erstrebenswert erscheint und welche Gründe sie hat, etwas zu tun. Die Vernunft hat dabei nur ein begrenztes Zutun: Sie kann einen Affekt lediglich dann als »unvernünftig« kritisieren, wenn er auf falschen Überzeugungen beruht oder wenn die Wahl der Mittel zur Realisierung subjektiver Zwecke unzureichend war: »Beruht ein Affekt nicht auf falschen Voraussetzungen und werden keine für den Zweck unzulänglichen Mittel gewählt, so kann derselbe durch den Verstand weder gerechtfertigt noch verdammt werden. Es läuft der Vernunft nicht zuwider, wenn ich lieber die Zerstörung der ganzen Welt will als einen Ritz an meinem Finger.«[60] Gegenüber den Affekten ist die Vernunft nicht nur (motivationstheoretisch gesehen) *machtlos*, sondern auch (rechtfertigungstheoretisch gesehen) *sprachlos*, sie verfügt weder über ein Zahnrad, in das Getriebe des menschlichen Wollens einzugreifen, noch über ein eigenes Vermögen der Erkenntnis oder Beurteilung des Guten und Richtigen.[61]

Die prominenteste neohumesche, internalistische Theorie von Handlungsgründen wird von Bernard Williams vertreten, wobei wichtige Veränderungen gegenüber Humes Auffassung zu bemerken sind.[62] Erstens wird die Rede von »Affekten« durch die von »Wünschen« (*desires*) ersetzt, womit auch »Dispositionen für Bewertungen«, »Muster für Gefühlsreaktionen«, »persönliche Loyalitäten« und »verschiedenartige Vorhaben, die Bindungen des Handelnden verkörpern« gemeint sein können.[63] In ihrer personenrelativen Gesamtheit bilden sie die grundlegende »subjektive motivationale Verfassung« (»V«) eines Handelnden, die das Spektrum möglicher Handlungsgründe für diese Person umgrenzt und determiniert. Diese Determination ist – und hierin liegt ein zweiter wichtiger Unterschied zu Hume – jedoch nicht mechanisch zu verstehen, sondern läßt Formen rationaler Überlegung zu, die über Humes Vorstellung einer Zweck-Mittel-Rationalität hinausgehen. Die Überlegungen des Handelnden können sich kritisch oder innovativ auf gegebene Motivationen beziehen; entscheidend bleibt dabei aber, daß eine rationale Verbindung zwischen den gegebenen und den neu entstehenden Motivationen besteht. Der von »V« vorgegebene Rahmen kann nicht verlassen, nur modifiziert werden: »A has a reason to ⌀ only if he could reach the conclusion to ⌀ by a sound deliberative route from the motivations he already has.«[64]

Die internalistische These von Williams lautet somit, daß Gründe für Handlungen nur relativ zu den bestehenden Motivationen einer Person entstehen, d. h. erkannt und wirksam werden können. Nur dann, wenn eine Person bereits einen entsprechenden Wunsch hat, hat sie auch einen Grund, etwas zu tun. Handlungsgründe werden also letztlich auf Motive zurückgeführt: jenseits der Wünsche einer Person und dessen, was sie erlauben oder fordern, gibt es keinen »Raum von Gründen«, der eine eigene Geltungskraft besitzt. Handlungsgründe müssen Handlungen *erklären* können, und das können sie nur, wenn sie mit empirischen Motiven verknüpft sind; und dies heißt, daß sie in diesen Motiven begründet sind. Auch wenn Williams es ausdrücklich zuläßt, die Rationalität von Handlungsgründen kritisch zu überprüfen, kann diese Rationalität nur relativ auf das empirische Apriori von »V« verstanden werden; es gibt keine Möglichkeit zu behaupten, jemand habe einen – einsehbaren und verpflichtenden – Grund, eine gewisse Handlung auszuführen, wenn dies nicht mit seinen Motivationen und Wünschen intern verknüpft werden kann. In diesem Sinne gibt es Williams zufolge keine »externen« Handlungsgründe.

In Williams' Theorie führt somit eine spezifische, Humesche Auffassung des Motivationsinternalismus zu einem Rechtfertigungsinternalismus, der die Möglichkeit bestreitet, normativen Gründen eine mehr als nur subjektive Geltungskraft zuzusprechen. Der Weg der Argumentation geht sozusagen rückwärts: nicht von einer Diskussion rechtfertigender Gründe zu der Frage der Motivation, sondern von einer bestimmten Auffassung der Motivation zu einer entsprechenden Konzeption von Begründung und Rechtfertigung. Gründe werden auf Motive und diese auf einen Vorrat an subjektiven Wünschen zurückgeführt, welche den Raum möglicher Begründungen für eine Person und somit auch den zwischen Personen bestimmt. Damit aber wird die Rechtfertigungsdimension des Handelns (insbesondere) im Kontext der Moral – und die Differenz zwischen rationaler Begründung und vernünftiger Rechtfertigung (vgl. oben § 2.1) – nicht ausreichend berücksichtigt. Zwar ist es richtig, darauf hinzuweisen, daß normative Gründe – »Er hat einen Grund, ø zu tun« – die Möglichkeit bieten müssen, das Handeln einer vernünftigen Person erklären zu können, und dazu bedarf es des subjektiven Überzeugtseins der Person von diesem Grund.[65] Aber weder (A) beantwortet das Kriterium des Überzeugtseins bereits die Frage, ob das Handeln moralisch *gerechtfertigt* werden kann und somit hinreichend normativ begründet ist (bzw. ob bestimmte Gründe übergangen wurden), noch (B) muß der Prozeß des Überzeugtwerdens und das Zustandekommen einer Motivation so verstanden werden, daß jemand einen Handlungsgrund auf dem Boden seines *bereits existierenden* Sets an Motivationen verankern kann. Diese Rückfragen verweisen auf Schwierigkeiten von Williams' Internalismus in bezug auf die Fragen von Rechtfertigung und Motivation.

(A) Was Erstgenanntes betrifft, kann Williams die Normativität handlungsleitender Gründe nur personenrelativ verstehen. Normativität bedeutet somit, daß das, was eine Person tun sollte, als *Ratschlag* in der Form an sie gerichtet werden kann, daß man sagt: »Wenn ich du wäre ...«[66] Derjenige, der diesen Rat gibt, muß seinen normativen Hinweis auf plausible Weise an die subjektive motivationale Verfassung des Angesprochenen anknüpfen können, um keinen »externen« Ratschlag zu geben. Das gleiche Modell nun wendet Williams auch auf die Struktur moralischer *Vorwürfe* an. Wenn jemand seine Frau schlecht behandelt, so Williams' Beispiel, kann man nur dann sagen, daß er einen »Grund hat«, sie besser zu behandeln, wenn es in seiner motivationalen Verfassung etwas gibt, das diese Aussage bestätigt. Ist dies nicht der Fall, gelingt also die subjekt-interne Motiv-Grund-Verbindung nicht, kann man den Mann zwar moralisch kritisieren, kann aber nicht sagen, daß er einen Grund hat, gar einen nicht vernünftigerweise zurückweisbaren Grund, sich anders zu verhalten: Moralische Gründe sind nur dann Gründe für jemanden, wenn er moralische Motive hat. Moralische Vorwürfe können sich also nur in dem Sinne an jemanden richten, daß man ihm zeigen kann, daß er seine der Moral zuträglichen Dispositionen – insbesondere den Wunsch, von anderen, die man respektiert, selbst respektiert zu werden – nicht angemessen zur Geltung gebracht hat.[67] Damit aber wird eine spezifische Sichtweise der *Erklärung* von Handeln an die Stelle einer Perspektive der *Teilnahme* an moralischen Argumentationen gesetzt: Wenn wir jemandem einen moralischen Vorwurf machen, sind wir auf der Basis von Gründen, deren Geltung wir als allgemein einsehbar und verbindlich verstehen, überzeugt, daß diese Person auf nicht zu rechtfertigende Weise gehandelt hat, d. h. daß sie die Gründe für eine Handlung, die wir jetzt rückwirkend gegen sie geltend machen, nicht angemessen berücksichtigt hat. Sie hat nicht vernünftigerweise zurückweisbare Gründe entweder nicht gesehen oder nicht sehen bzw. anerkennen wollen. Wir setzen also voraus, daß es einen intersubjektiven Raum von rechtfertigenden Gründen gibt, der *allen* offensteht und Handlungen ebenso wie Vorwürfe legitimiert. Und wir setzen voraus, daß die Person, der wir die Vorwürfe machen, das Vernunftvermögen besaß und besitzt, sich als verantwortliches Mitglied dieses Raumes in ihm zu orientieren. Würde man diese Voraussetzung nicht machen, wäre dies eine Form der Mißachtung: Man würde den anderen nicht als autonome moralische Person respektieren, würde man von ihm nicht erwarten, daß er sein Handeln mit reziprok-allgemein nicht zurückweisbaren Gründen rechtfertigen kann – Gründen, die intersubjektiv einsehbar sind. Man würde den anderen primär als Objekt von Erklärungen, nicht als Subjekt von Rechtfertigungen sehen. So läuft im moralischen Dialog der Vorwurf keinesfalls darauf hinaus, daß man die moralzuträglichen Dispositionen einer Person identifiziert und ihr dann klarzumachen versucht, daß sie sich selbst mißverstanden oder doch einen Teil ihrer subjektiv-motivationalen Verfassung nicht berücksichtigt hat. Denn selbst wenn man so spräche, um jemanden zu überzeugen, setzte dies voraus, daß man von der – *unabhängig* zu rechtfertigenden – Legitimität des Vorwurfs überzeugt ist und auch davon, daß der andere, wenn er vernünftig wäre, für diese Einwände *unmittelbar* und nicht erst über den Umweg des Appells an sein Eigeninteresse offen wäre. Nur wenn diese direkte Rede nicht möglich ist, mag man zu der Hilfskonstruktion greifen, ihn an seine speziellen Interessen und Dispositionen zu erinnern, um der Moral eine Stütze zu geben. Das aber ist nicht der Punkt moralischer Vorwürfe: Sie richten sich auf ein moralisch falsches Verhalten, das allgemein als solches beurteilt und erkannt werden kann, nicht aber gehen sie dahin, daß man jemanden darauf hinweist, daß er besser damit fahre – z. B. von anderen respektiert werden könnte –, sich moralkonform zu verhalten. Hier treten ethische Ratschläge und moralische Vorwürfe eindeutig auseinander und zeigen den Unterschied von Kontexten der Rechtfertigung, den der Humesche Internalismus negiert.

Diese Kontextunterscheidung – und entsprechend die von »guten Gründen« – zeigt sich auch an den von Williams gewählten Beispielen. So ist es zutreffend zu sagen, daß jemand, der wie Owen Wingrave nicht den geringsten Wunsch verspürt, Soldat zu werden, keinen Grund hat, dies zu tun – und man, um dies sagen zu können, an seine Wünsche und Wertvorstellungen in einer für ihn sinnvollen und innovativen Weise anknüpfen müßte.[68] Hier handelt es sich um eine ethische Entscheidung, die der Betroffene selbst vor sich (und signifikanten anderen) rechtfertigen können muß, auf der Basis seiner »starken Wertungen« (vgl. oben § 2.3). Moralische Gründe spielen dabei offenbar (zunächst jedenfalls) keine Rolle. Anders liegt der Fall bei dem Mann, der seiner Frau (oder sonst jemandem) gegenüber »ungrateful, inconsiderate, hard, sexist, nasty, selfish, brutal« ist.[69] Denn ein solches Verhalten läßt sich zwar psychologisch möglicherweise erklären, aber nicht moralisch rechtfertigen: mit Gründen, die den Test reziproker Verallgemeinerbarkeit bestehen könnten. Hier ist es – entgegen Williams' Auffassung – gerechtfertigt zu sagen, daß der Mann *einen Grund hat*, »netter« zu sein – ob er dazu auch ein Motiv hat oder nicht. Denn sofern es reziprok-allgemein vernünftigerweise nicht zurückweisbare Gründe gegen sein Verhalten gibt, gibt es *für ihn* Gründe, sein Verhalten zu ändern. Williams weist zu Recht darauf hin, und hierin liegt einer seiner Haupteinwände gegen den Externalismus, daß es falsch wäre, dem Mann bei fortwährendem Fehlverhalten »Irrationalität« vorzuwerfen, denn sofern es in seiner subjektiv-motivationalen Verfassung nichts gibt, das seinen Handlungen widerspricht, ist dieser Vorwurf nicht möglich; er wäre in der Tat ein »Bluff«.[70] Man kann dem Mann freilich vorwerfen, daß er nicht nur unmoralisch handelt, sondern auch *vernunftwidrig*, da er die in dem moralischen Handlungskontext, in dem er sich befindet[71], geltenden reziprok-allgemein nicht vernünftigerweise zurückweisbaren Gründe mißachtet. Dadurch kann er sein

Handeln nicht angemessen moralisch rechtfertigen, obwohl er eine moralisch relevante Handlung begeht – und in diesem Sinne verstößt er gegen Prinzipien der Vernunft, ohne dabei notwendigerweise als irrational zu gelten. Sein Handeln mag rational begründet, nicht aber vernünftigerweise gerechtfertigt sein.[72] Auch wenn beides – selbst-relative Begründung und intersubjektive Rechtfertigung – nicht übereinstimmt, ist es möglich zu sagen, daß es Gründe für ihn gab, anders zu handeln – Gründe, deren Erkenntnis moralische Personen, die sich wechselseitig als solche respektieren, voneinander erwarten können. Diese Erwartung entspricht einer basalen Form moralischer Anerkennung und ist keineswegs »moralistisch«[73]; moralistisch wäre eine Haltung, die die Unterschiedlichkeit der Kontexte praktischer Probleme und damit Konflikte ignoriert, in denen z. B. ethische Gesichtspunkte moralischen gegenüberstehen und keine einfache Lösung erlauben.[74]

(B) Moralische Gründe sind dann hinreichend, eine Person »intern« zu motivieren, wenn sie vollständig eingesehen werden: Nicht nur wird eingesehen, daß eine Handlungsweise oder Norm reziprok-allgemein gerechtfertigt werden *kann*, sondern auch, daß man entsprechend handeln *soll*, da die Gründe, die für andere Handlungsweisen sprechen, übertrumpft werden. Diese beiden Momente der praktischen Einsicht fallen, sofern kein Konflikt zwischen guten Gründen entsteht, zusammen: Die *Einsicht* in rechtfertigende Gründe führt bei praktisch-vernünftigen Personen zu der *Absicht*, ihnen gemäß zu handeln. Die rechtfertigenden Gründe werden damit zu handlungsmotivierenden Gründen, die das eigene Handeln – reflexiv wie intersubjektiv – tragen und die man auf Nachfrage nennen kann.

Hier liegt eine entscheidende Differenz zum neohumeschen Internalismus, die das Verhältnis von Gründen und Wünschen betrifft. Dessen Auffassung von Motivation und Rechtfertigung zufolge stellen die existierenden Wünsche bzw. Motive einer Person den Rahmen dessen dar, was sie als begründet einsehen und entsprechend zur Grundlage ihres Handelns machen kann. Sie kann den internen Raum ihrer subjektiv-motivationalen Verfassung nicht verlassen, ein jeder »fundierter vernünftiger Weg« (*sound deliberative route*) ist durch diese Verfassung[75] vorgezeichnet; sie erscheint quasi als unverfügbarer Bestimmungsgrund der Reflexion, so als wäre sie – in jeweils partikularer Gestalt – in Individuen als absolutes Muß »eingerammt«.[76] Wünsche erscheinen damit als Basis von Gründen, nicht umgekehrt; keine autonome Reflexion kann diesen Wünschen entgegentreten und sie selbst noch einmal mit Gründen grundsätzlich hinterfragen – und entsprechend erscheinen Einsichten in Gründe nur als Variationen eines individuellen und kontingenten empirischen Codes.[77]

Diese Vorstellung von Motivation liefert jedoch entweder eine Erklärung *zuwenig* oder eine *zuviel* – eine Erklärung zuwenig, da nicht ersichtlich ist, wie Wünsche zu vernünftigem Handeln motivieren können sollen, ohne selbst auf Gründen zu beruhen (a); und eine Erklärung zuviel, da die Gründe für Handeln anscheinend verdoppelt werden – einmal als kognitiv-praktisch eingesehene und einmal als solche, die zu einer vorgängigen Motivationsverfassung passen (b).

(a) In normativen Kontexten müssen die jeweiligen Handlungen in der Weise auf ihre Gründe hin »rationalisierbar« sein, daß die zu ihnen führenden »Proeinstellungen«[78] dem Kontext jeweils angemessene Werturteile oder moralische Rechtfertigungen enthalten; beschreibt man dann eine praktische Handlungsabsicht als den Wunsch, eine Handlung auszuführen, beruht diese Absicht auf der Einsicht in die Qualität der Gründe, die für eine Handlung sprechen.[79] »Wünsche« sind dann nicht selbst etwas Gegebenes als Basis von Motivationen, sondern ruhen selbst Gründen auf: sie sind »motivierte Wünsche«, um mit Thomas Nagel zu sprechen.[80] Man liefert somit eine Erklärung zuwenig, wenn man auf die Frage nach einem Handlungsgrund auf ein Motiv verweist, ohne den Grund zu benennen, der dieses Motiv in dem besagten Handlungskontext bedeutsam und wirksam werden ließ, d.h. die Absicht selbst begründete. Denn einen Wunsch in der Art einer Handlungsabsicht zu haben bedeutet, einen Grund für eine Handlung zu sehen – und so ist es dieser Grund, der der Handlung zugrunde liegt.[81] Aus einer beschreibenden Perspektive fragen Handlungsrationalisierungen nach den Gründen für Wünsche; und aus der Perspektive der Handelnden stellen sich Wünsche als Motivationen dar, die auf Einsichten und Urteilen beruhen.[82]

(b) Nun könnte gegen die These, daß Gründe Wünschen stets zugrunde und damit vorausliegen, eingewandt werden, daß sie dies nur in dem Sinne können, in dem sie selbst auf tieferliegenden, basalen

Wünschen beruhen, die die subjektiv-motivationale Verfassung in Williams' Sinne konstituieren. Dann ist alles, was als Grund erscheinen kann, einen Wunsch zu motivieren, selbst wieder in Wünschen höherer Ordnung begründet.[83] Von ihnen aus lassen sich – auf »fundierten vernünftigen Wegen« (Williams) – Handlungsabsichten begründen. Sie bilden den wahren Grund möglicher Gründe. Diese Rückführung von Gründen auf einen letzten Motivgrund liefert jedoch eine Erklärung zuviel, da sie einerseits nicht bestreitet, daß es vernünftige Erwägungen und Einsichten sind, die zu Handlungsabsichten führen, andererseits aber all das, was einer Person einsichtig ist, mit dem Hinweis auf eine subjektiv-motivationale, apriorische Grundstruktur erklären will. Dies aber erscheint als gänzlich unbestimmte Erklärung, denn sie muß die Möglichkeit, durch Einsichten zu neuen Motivationen zu kommen, äußerst offen lassen, wie Williams selbst betont: »Es gibt eine essentielle Unbestimmtheit in dem, was als Prozeß vernünftiger Überlegung betrachtet werden kann. Praktisches Denken ist ein heuristischer Vorgang und ein imaginativer, und es gibt keine feststehenden Grenzen im Kontinuum von vernünftigem Denken zu Inspiration und Bekehrung. [...] Es gibt in der Tat eine Vagheit in bezug auf ›A hat Grund zu ∅-en‹ im internen Sinne, insofern als die Überlegungsvorgänge, die von As gegenwärtigem V aus dazu führen könnten, daß er motiviert wäre zu ∅-en, auf mehr oder weniger ambitionierte Weise begriffen werden können.«[84] Diese Unbestimmtheit stellt den Sinn solcher Handlungserklärungen insofern in Frage, als unklar wird, wie es dann noch möglich ist, von vorgängigen Grenzen für Einsichten in Gründe zu sprechen, denn nahezu jede Einsicht wird, denkt man an die Möglichkeiten der Revision von Elementen aus »V« oder die Rolle der Imagination, die Williams ausdrücklich hervorhebt[85], sich als mit »V« kompatibel erweisen lassen, sofern nicht grundlegende, allgemein geteilte Prinzipien der Rationalität verletzt werden – was sich auch ohne die Voraussetzung von »V« aufzeigen läßt. Hier also wird für die Möglichkeit von Einsichten und das Zustandekommen von Motivationen eine Erklärung zuviel geliefert, die dem Geschehen des Begründens und Rechtfertigens nichts Wesentliches, diesen Prozeß kritisch Erklärendes, hinzufügt. Die Erklärung, eine Einsicht sei nur möglich gewesen, weil sie auf eine ursprüngliche »subjektiv-motivationale Verfassung« zurückzuführen sei, kommt daher immer zu spät und erhellt nicht das Entscheidende, nämlich die Gründe, die für eine bestimmte Handlung sprachen und eine Person überzeugten *und* motivierten.[86] Sie bringt eine empirische »Hinterwelt« an Motivationen ins Spiel, die für das Verständnis praktischer Überlegungen und konkreter Motivationen irrelevant ist.

3. Die Diskussion der neohumeschen Position in bezug auf die Fragen der Rechtfertigung und der Motivation des Handelns hat gezeigt, daß die in § 3 vorgeschlagene Konzeption »vernünftiger Rechtfertigung« insbesondere im Kontext der Moral, der hier vorrangig behandelt wurde, nicht nur in der Lage ist, der normativen Dimension von Gründen gerecht zu werden, sondern auch ihrer motivationalen Kraft. Das Spiel des Angebens von und des Verlangens nach Gründen läßt sich aus der Perspektive der Handelnden nicht anders beschreiben denn als kontextgebundene Praxis des Austauschs rechtfertigender Gründe und der wechselseitigen Zuschreibung der Fähigkeit zur Einsicht in diese Gründe; und die Teilnahme an dieser Praxis hat wichtige kognitive und volitive Voraussetzungen[87], die im Vorangegangenen skizziert wurden. Eine Voraussetzung aber liegt dieser Praxis insbesondere zugrunde: die Anerkennung seiner selbst und anderer als vernünftige moralische Personen mit einem Recht auf und einer Pflicht zur Rechtfertigung. Von welcher Art nun ist dieser »Grund der Moral«, wie kann die Moralkonzeption reziprok-allgemeiner Rechtfertigung selbst praktisch »verankert« sein?

§ 5. Der Grund der Moral

1. Die Suche nach einem »Grund« der Moral kann, wie oben (§ 3.6) ausgeführt, einerseits als Frage nach dem Aufweis bzw. der theoretischen Rekonstruktion des moralischen Standpunktes verstanden werden, andererseits aber auch (wie im folgenden) als Frage nach dem praktischen Selbstverständnis einer moralischen Person, d.h. nach dem *praktischen* Grund der Moral. In einer umfassenden Moralkonzeption müssen beide Ebenen berücksichtigt werden, sie muß sowohl – wie vorgeschlagen – eine rekursive Rekonstruktion des Rechtfertigungsprinzips in moralischen Kontexten enthalten als auch zeigen können, in welchem Sinne dieses Prinzip Teil der *moralischen* Identität einer Person ist.[88] Aus dieser Perspektive der ersten

Person erst kann erklärt werden, was es heißt, das dem Rechtfertigungsprinzip entsprechende Recht auf (bzw. die Pflicht zur) Rechtfertigung zu achten und zur Grundlage des eigenen Handelns zu machen. Es geht folglich bei der dritten Ebene der Moralbegründung – der Frage »Warum moralisch sein?« – nicht darum, den Amoralisten von der Moral zu überzeugen, sondern es ist zu zeigen, in welchem Sinne eine praktisch-vernünftige Person nicht nur eine Einsicht in das »Wie«, sondern auch in das »Daß« der Rechtfertigung hat.

2. Die Frage »Warum moralisch sein?« läßt sich, sofern das moralische Handeln ein Handeln nach vernünftigerweise gerechtfertigten Gründen ist, auch als Frage »Warum soll ich auf diese Weise praktisch vernünftig sein?« verstehen und damit als Version der Frage »Warum vernünftig sein?«. Und diese Frage stößt auf das bekannte Problem, daß sie sinnwidrig ist, und zwar in zwei Hinsichten. Einerseits fragt sie nach einem Grund für das Fragen nach und das Angeben von Gründen und setzt damit das Erfragte bereits voraus. Nur die Vernunft kann eine solche Antwort geben, und nur für den Vernünftigen ist sie verständlich und einsehbar.[89] So ist die Frage, wenn sie als wirkliche Frage gemeint ist, sinnwidrig, da sie ihre eigenen Voraussetzungen bezweifelt. Wollte man andererseits auf diese Frage mit dem Verweis auf andere Autoritäten antworten und damit die Vernunft auf diese gründen, so würden solche Autoritäten doch wiederum den Fragen nach ihrer vernünftigen Begründbarkeit ausgesetzt sein. Was mit einem Anspruch auf Vernunft auftritt, kann kein »diktatorisches Ansehen« haben, mit Kant zu sprechen, sondern muß sich der »prüfenden und musternden Durchsuchung« eines jeden stellen.[90] Die Vernunft läßt sich weder aus höheren Autoritäten noch aus empirischen Interessen ableiten oder begründen, denn Begründungen sind nur innerhalb ihrer denkbar. Sie ist somit insofern *autonom*, als sie sich selbst quasi vor sich selbst rechtfertigt – nur im Sinne einer rekursiven Selbstrekonstruktion der Vernunft lassen sich ihre Prinzipien und Regeln auf den Begriff bringen, sie lassen sich nicht selbst noch einmal auf einen anderen Grund zurückführen.[91] Alles einzelne, welches als »vernünftig« auftritt, läßt sich so – gemäß Neuraths Boot – hinterfragen und kritisieren, aber nur mit Hilfe der Vernunft und somit nicht die Vernunft insgesamt; zur Kritik möglicher Rechtfertigungen ist das Prinzip der

Rechtfertigung stets vorausgesetzt, das sich rekursiv-rekonstruktiv aufweisen, nicht aber selbst extern rechtfertigen läßt.[92]

3. Verweist demnach die Frage »Warum vernünftig sein?« auf die Autonomie der Vernunft, so verweist die für die dritte Ebene der Moralbegründung zentrale Frage in der Form »Warum moralisch sein?« auf die *Autonomie der Moral.* Hier allerdings stellt sich dieser Verweis anders dar: Während derjenige, der die Frage »Warum vernünftig sein?« stellt, bereits auf dem Boden der Vernunft steht, da er nach Gründen fragt, steht derjenige, der die Frage »Warum moralisch sein?« in einer grundsätzlichen Weise stellt, nicht nur nicht auf dem Boden der Moral, sondern er wird auf dem Weg einer Antwort auf diese Frage auch nicht dorthin gelangen können. Der Sinn dieser Frage liegt, wenn sie überhaupt einen hat, darin zu zeigen, wie sinnwidrig sie ist, denn sie fragt nach einer Art von Gründen, die den moralischen Standpunkt nicht begründen können. Die Gründe, die so gegeben werden können, zeigen in der einen oder anderen Weise, welche Interessen oder Bedürfnisse oder ethischen Wertvorstellungen des Fragenden durch die Moral befriedigt oder realisiert werden. Aber ebendiese Gründe können auf der dritten Ebene der Moralbegründung nicht ausschlaggebend sein, denn sie erlauben nur eine *hypothetische* Einnahme des moralischen Standpunktes (abhängig davon, ob die notwendige Befriedigung von Interessen oder Realisierung von Werten vorliegt) – und verfehlen ihn damit. Plakativ gesagt kann, wer so fragt, die moralische Perspektive nicht einnehmen, und wer sie einnimmt, sieht die Sinnwidrigkeit dieser Frage.

Hier zeigt sich, in welchem Sinne alle drei Ebenen der Moralbegründung zusammenstimmen müssen: Sofern sich auf der ersten und zweiten Ebene der Moralbegründung eine Konzeption kategorisch geltender Normen ergibt, hat dies die Konsequenz, daß eine hypothetische Antwort auf der dritten Ebene die Geltung dieser Normen in Frage stellt. Führt man das moralische Sollen auf ein »Wollen« zurück, sei dieses als instrumentell oder ethisch begründet verstanden, kann das Sollen nur noch als subjektiv-bedingtes aufgefaßt werden. Was bei einer instrumentellen Begründung[93] des Moralischseins auf der Hand liegt, ist auch bei einer ethischen Begründung[94] der Fall: Denn sofern das Moralischsein davon abhängt, daß es als für das eigene gute Leben zuträglich angesehen wird, ist das moralische Sollen dadurch bedingt, daß man eine solche Konzeption des guten Lebens akzeptiert und diese Zuträglichkeit festzustellen ist. Moralisches Handeln ist damit *nicht generell forderbar*, möglich ist allenfalls ein Appell an bestimmte Personen, die den »Wunsch« haben, moralisch zu sein und zu gelten, sie mögen doch *um des eigenen Guten willen* moralisch sein. Damit wird die Moral nicht nur bedingt gültig, ihr Sinn, *anderen* gegenüber verantwortlich zu handeln, wird auch verkehrt: Das Verantwortlichsein gegenüber anderen ist dann primär gegenüber dem *eigenen* Leben als einem geschuldet, das möglichst gut verlaufen soll. Die Vermeidung dieser Verkehrung des moralischen Standpunktes, welche den Bezug der Moral zum handelnden Selbst nur als ethische Selbstbezogenheit (nicht in einem egoistischen Sinne) erklären kann, ist der wichtigste Grund dafür, daß es keine ethische Begründung der Moral geben kann.[95]

Das impliziert freilich keine strikte, quasi-schizophrene Trennung zwischen einem »ethischen« und einem »moralischen« Selbstverständnis, denn beide Gesichtspunkte sind innerhalb der umfassenden praktischen Identität einer Person integriert, wenn auch nicht identifiziert, so daß Raum für Konflikte bleibt. Eine Person muß in der Lage sein, praktische Fragen unter beiden Gesichtspunkten zu betrachten und angemessen zu beantworten. Der zentrale Punkt ist nur, daß der »Grund« der Moral nicht die Sorge um das eigene gute Leben ist oder überhaupt eine Sorge um die Realisierung einer Vorstellung des Guten – sondern eine Sorge um den anderen im Rahmen des reziprok-allgemein Geschuldeten (was die Möglichkeit supererogatorischer Handlungen nicht ausschließt).

Wenn man die Eigenschaft des moralischen Standpunktes, hinsichtlich der dritten Ebene nicht instrumentell oder ethisch begründet werden zu können, d. h. die Eigenschaft, daß keine moralfremden Motive zur Moral motivieren können, »höherstufigen Internalismus« nennen möchte, sieht man bei einigen Moralbegründungen die Gefahr eines spiegelbildlichen »Externalismus« – und zwar ironischerweise insbesondere bei denen, die einen neohumeschen Internalismus in bezug auf moralische Motivation (vgl. oben § 4.2) vertreten. Sofern etwa das wesentliche Motiv zur Einnahme des moralischen Standpunktes der »Wunsch« sein soll, als moralisch handelnde Person respektiert[96] oder geschätzt[97] zu werden, und sofern dieser Wunsch aus der Furcht herrührt, mit jener Form der Anerkennung durch die Gemeinschaft die Möglichkeit des (guten) Lebens in der Gemeinschaft zu verlieren, stellt dies eine externe Motivation im doppelten Sinne dar: Erstens ist sie eine moralexterne Motivation, und zweitens beruht sie auf der Furcht vor externen Sanktionen durch die Gemeinschaft wie Verachtung und Exklusion.

Soviel läßt sich demnach über den »Grund der Moral« sagen: daß eine kategorisch und unbedingt geltende Moral nicht auf einem instrumentell oder ethisch hypothetisch bedingten Grund stehen kann. Sie bedarf eines *unbedingten Grundes*. Dies ist eine der zentralen Einsichten von Kants Moralphilosophie, die freilich zumeist vernachlässigt wird, da sie in der spezifischen Form, die Kant ihr mit der Trennung zwischen der intelligiblen und der empirischen Welt gegeben hat, zu Widersprüchen – insbesondere der »Antinomie der praktischen Vernunft« – geführt hat, die Kant – etwa durch den Begriff eines »höchsten Gutes« – nicht überzeugend lösen konnte. Doch bleibt Kants Auffassung, daß kein subjektives »Moralinteresse«, keine empirische Leiter die Möglichkeit des Eintritts in das »Reich der Rechtfertigungen« bietet, und *dennoch* ein subjektiver und zugleich unbedingter »Grund« der Moral vorhanden sein muß, damit sie Teil der praktischen Identität einer Person (mit ihren Gefühlen, Interessen, Motiven) werden kann, für das Verständnis der Moral unabdingbar – das Problem, das Kant zufolge »die oberste Grenze aller moralischen Nachforschung«[98] markiert. Sofern die Moralphilosophie daraus den Schluß gezogen hat, als Motiv des Moralischseins subjektive Zwecke und Interessen anzunehmen, beruht sie in der Tat auf einem Fehler[99]; die Vermeidung dieses Fehlers aber birgt die Gefahr, die Frage nach dem »Sitz« der Moral im menschlichen Selbstverständnis nicht mehr angemessen erklären zu können (und sich auf die ersten beiden Ebenen der Moralbegründung zu beschränken). Wie also kann die *Autonomie der Moral* in praktischer Hinsicht mit der bislang umrissenen *Moral der Autonomie* vermittelt werden?[100]

4. Der Schlüssel zur Beantwortung dieser Frage liegt im Begriff einer *praktischen Einsicht zweiter Ordnung* – einer grundlegenden Einsicht nicht nur in das Wie, sondern in das Daß der Rechtfertigung, d. h. nicht nur in das Rechtfertigungsprinzip, sondern in die ihm korrespondierende *unbedingte Pflicht zur Rechtfertigung*. Diese Pflicht muß als eine wahrgenommen werden, die man nicht wie eine Verpflichtung (etwa durch ein Versprechen) übernimmt und zugleich

schafft, sondern als eine, die man in seiner Eigenschaft, moralische Person zu sein, schlechterdings *hat*. In der praktischen Einsicht in das Prinzip der Rechtfertigung – und damit letztlich: der moralischen Verantwortung – zeigt sich, daß man in moralischen Kontexten anderen (reziprok-allgemeine) rechtfertigende Gründe *schuldet*: Es zeigt sich, daß (und auf welche Weise) man ihnen gegenüber als autonome Person – *ohne* einen weiteren Grund – verantwortlich ist.

Um diesen komplexen Zusammenhang von Einsicht und Pflicht zu erhellen, ist es sinnvoll, Dieter Henrichs Begriff einer »sittlichen Einsicht« heranzuziehen. Diese wird als grundlegende und nicht weiter begründbare Einsicht in das moralisch Gute dadurch charakterisiert, daß sich in ihr ein *unbedingter Anspruch* des Guten zeigt, dem es zu *entsprechen* gilt: Einsicht, Zustimmung und Sichgebundensehen fallen hier in eins, doch schafft die Zustimmung das Gute – im Falle Kants: das Sittengesetz – nicht, sondern folgt ihm in gewisser Weise: »Für die sittliche Einsicht ist das Gute, das sie billigt, ›in Evidenz‹ legitim. Es bedarf der Begründung nicht. Und wer, ehe er ihm zustimmt, die Frage nach dem Grund des Guten beantwortet wissen will, hat es schon aus den Augen verloren. [...] Durch den ursprünglich legitimierten Anspruch und die jeweils schon geschehene Zustimmung ist das Bewußtsein in der sittlichen Einsicht gleichsam festgestellt. In seiner Einsicht ist es an das Gute ›gebunden‹.«[101] Durch diese Einsicht geht das Gute in das individuelle Selbstverständnis ein, mehr noch, das Selbst konstituiert sich erst in diesem »Akt der Einstimmung« und des »Sich-Identifizierens« als ein sittliches. In anderen Worten entsteht durch das Entsprechen des Anspruchs des Guten die moralische Identität einer Person in einem kognitive, volitive und affektive Momente umfassenden Sinne.[102] Laut Henrich besagt Kants Lehre vom »Faktum der Vernunft«, daß nur eine solche, für die Vernunft unmittelbare Einsicht in das Sittengesetz, welches, wie Kant sagt, »selbst keiner rechtfertigenden Gründe bedarf«[103], dessen unbedingte und nicht weiter begründbare Verbindlichkeit zeigen kann.[104] So entsteht Kant zufolge die Möglichkeit des Handelns aus »Achtung fürs Gesetz« und entsprechend das »Gefühl der Achtung fürs moralische Gesetz«.[105]

Mit einigen Modifikationen läßt sich der Begriff der für die Moral der Rechtfertigung grundlegenden praktischen Einsicht zweiter Ordnung nach dem Modell der »sittlichen Einsicht« verstehen. Was

Kants »Faktum der Vernunft« betrifft, so ist noch einmal auf den Unterschied zwischen der ersten und der dritten Ebene der Begründung hinzuweisen: der Rekonstruktion des Rechtfertigungsprinzips und dem Aufweis eines praktischen Grundes für die Einnahme der moralischen Einstellung. Das Argument eines »Faktums der Vernunft« bezieht sich bei Kant auf beide Ebenen, nämlich einerseits auf die Nichtdeduzierbarkeit des Sittengesetzes als synthetischer Satz a priori der reinen praktischen Vernunft, der die Form der Bestimmung des freien Willens vorgibt, und andererseits auf die unbedingte praktische Verbindlichkeit des Gesetzes.[106] Anstelle des Verweises auf ein solches Faktum muß jedoch die Rekonstruktion des moralischen Standpunktes und des ihn kennzeichnenden Prinzips reziprok-allgemeiner Rechtfertigung vermittels einer nichtmetaphysischen, rekursiven und kontextimmanenten Analyse der Geltungskriterien moralischer Gründe erfolgen (vgl. oben § 3.2).[107]

Aber auch hinsichtlich der dritten Ebene ist eine entscheidende Differenz sowohl zu Henrich als auch zu Kant zu markieren. Denn die Einsicht in den unbedingten »Anspruch des Guten« muß nicht als ontologisch gehaltvolle Einsicht in die »Wirklichkeit des Guten«[108] verstanden, sondern kann als rein normative und autonome Vernunfteinsicht in die nicht vernünftigerweise zurückweisbare Pflicht zur Rechtfertigung und wechselseitigen Verantwortung aufgefaßt werden. Zudem muß deutlicher gemacht werden, als Henrich dies tut, daß diese Einsicht nicht an die Stelle konkreter praktischer Einsichten in moralisch gerechtfertigte Normen oder Handlungsweisen (vgl. oben § 4.1) treten kann, sondern demgegenüber eine Einsicht zweiter Ordnung ist. Und bezüglich Kants Konzeption ist auch auf dieser Ebene eine »Verweltlichung« angebracht, denn der höherstufigen praktischen Einsicht zeigt sich weder primär ein »Anspruch des Guten« noch ein »Anspruch der Vernunft«, sondern – intersubjektivistisch gewendet – *ein Anspruch der anderen, denen gegenüber man moralisch verantwortlich ist.* Die sittliche Einsicht ist demnach wesentlich eine Einsicht in die Verantwortung gegenüber anderen, und zwar eine praktische Einsicht in das (rekursiv rekonstruierte) *Wie* und das unbedingte *Daß* der Rechtfertigung moralisch relevanter Handlungen gemäß der Kriterien von Reziprozität und Allgemeinheit. Dem An-Spruch betroffener anderer Personen auf Rechtfertigung gilt es zu ent-sprechen, ihnen ist mit verantwortbaren Gründen zu antworten. Ihr »Antlitz« – mit Lévinas[109] bildlich zu sprechen – ist es, das zur Wahrnehmung der Pflicht zur Rechtfertigung aufruft – der Pflicht, die man als moralische Person und d. h. als Mensch »hat«. Der Grund der Moral liegt in dieser Haltung der Annahme der unbedingten Verantwortung. Zu unterstreichen ist dabei allerdings (im Unterschied zu Konzeptionen wie der von Lévinas), daß »unbedingte« hier nicht »bedingungslose« oder »selbstlose« oder »absolute« Verantwortung oder eine umfassende Verantwortung »für« anstelle von »gegenüber« andere(n) heißt; gemeint ist im Unterschied zu solchen Vorstellungen, die einerseits die Grenzen des moralisch Forderbaren überschreiten und andererseits nach einem absoluten, religiösen Grund der Moral verlangen, allein die Pflicht zur Rechtfertigung gemäß der Kriterien von Reziprozität und Allgemeinheit in moralischen Kontexten. Wesentlich ist, daß das Annehmen der Pflicht zur Rechtfertigung nicht aus einem beliebigen, gar selbstbezogenen Motiv vollzogen werden kann, sondern allein aus dem Bewußtsein, der grundlegenden Einsicht, daß man dies den anderen – und nicht primär, aber auch sich selbst – *schuldet*.

Das für die Einnahme des moralischen Standpunktes basale Motiv ist somit nicht vorrangig als »Achtung fürs Gesetz« zu verstehen, sondern als Achtung des fundamentalen Rechts auf Rechtfertigung einer jeden autonomen moralischen Person. Das heißt es, eine Person als »Zweck an sich selbst« zu achten (s. o. § 3.4). So bemerkt Kant selbst, daß »Achtung« allein Personen gebührt[110], und erklärt: »Das moralische Gesetz ist heilig (unverletzlich). Der Mensch ist zwar unheilig genug, aber die Menschheit in seiner Person muß ihm heilig sein. [...] Er ist nämlich das Subjekt des moralischen Gesetzes, welches heilig ist, vermöge der Autonomie seiner Freiheit. Eben um dieser willen ist jeder Wille [...] auf die Bedingung der Einstimmung mit der Autonomie des vernünftigen Wesens eingeschränkt, es nämlich keiner Absicht zu unterwerfen, die nicht nach einem Gesetze, welches aus dem Willen des leidenden Subjekts selbst entspringen könnte, möglich ist; also dieses niemals bloß als Mittel, sondern zugleich selbst als Zweck zu gebrauchen.«[111] Eine Moral der Autonomie muß somit als Moral der reziprok-allgemeinen Rechtfertigung in bezug auf die dritte Ebene der Moralbegründung auf der Übernahme der Verantwortung *als Mensch* gegenüber anderen Menschen als vernunftbegabten und – wie Kant betont – potentiell leidenden

Subjekten beruhen. Es ist nicht primär die subjektive Freiheit von Fremdbestimmung, die der autonomen Moral der Autonomie zugrunde liegt, sondern die Einsicht in die Pflicht zur rechtfertigenden und selbstbestimmten Verantwortung gegenüber anderen, ebenso selbstbestimmten Menschen.

Das Rechtfertigungsprinzip bliebe sozusagen in der Luft hängen, wenn die rekursive Einsicht in dieses Prinzip nicht Teil der praktischen Einsicht zweiter Ordnung in die Pflicht zur bzw. das Recht auf Rechtfertigung wäre.[112] Diese praktische Einsicht erst führt zu einem moralischen Selbstverständnis und einer in kognitiver, volitiver und affektiver Hinsicht ausgebildeten *moralischen Identität* bzw. zu einem moralischen Charakter. So wird verständlich, wieso die Rede von einer kategorisch geltenden Moral und von »unbedingten« Pflichten nicht empirisch uneinholbar ist: Sie setzt die vernünftige und praktische Einsicht voraus, daß es nicht nur keine Gründe gibt, anderen Menschen Rechtfertigungen in moralischen Kontexten vorzuenthalten, sondern daß man es ihnen schuldet, sich verantworten zu können – *ohne* daß es dazu eines weiteren Grundes bedürfte. Diese, das moralische Subjekt in gewisser Weise dezentrierende Erkenntnis gehört zum Wesen der Moral: Es bedarf dazu des An-Erkennens seiner selbst als Mensch unter moralisch gleichberechtigten Menschen.

5. Durch die für die Moral grundlegende praktische Einsicht zweiter Ordnung erkennen sich Menschen – selbst und wechselseitig – als Mitglieder der alle Menschen umfassenden moralischen Rechtfertigungsgemeinschaft an (vgl. oben § 3.2 ff.): als vernunftbegabte, autonome und verantwortliche Wesen, die Mitglieder eines geteilten (und gemeinsam zu konstruierenden bzw. reziprok zur Geltung zu bringenden) Raumes rechtfertigender Gründe sind.[113] Als »vernunftbegabte« Wesen sehen sie sich insofern an, als sie einander zutrauen, für Handlungen rechtfertigende Gründe angeben und akzeptieren bzw. vernünftigerweise zurückweisen zu können; als »autonome« Wesen insofern, als es eigene Gründe sind, die hier im »Spiel des Gebens und Annehmens von Gründen« gefordert sind, und eine Person selbstbestimmt genug ist, um ihre Handlungen nicht als kausal determiniert zu erfahren – insofern ist ihr Vernunftvermögen ihr zur »zweiten Natur« geworden, die es ihr erlaubt, sich kritisch und reflexiv gegenüber ihrer ersten Natur zu verhalten[114]; und als »verant-

wortliche« Wesen sehen sie sich insofern an, als sie in der Voraussetzung des autonomen Vernunftvermögens erwarten können, daß sie in ihrem Handeln die Kriterien von Reziprozität und Allgemeinheit beachten und auf die Frage nach der Rechtfertigung ihres Handelns in moralischen Kontexten antworten und sich damit verantworten können.

Hier zeigt sich ein immanenter Zusammenhang von Anerkennung, Freiheit und Verantwortung: Die Anerkennung seiner selbst und anderer als freie, d. h. zu Selbstbestimmung fähige Wesen korrespondiert ihrer Anerkennung als Wesen, die in der Lage sind, rechtfertigende Gründe zu geben, und der Erwartung, daß sie dies in ihrer Eigenschaft, moralische Personen zu sein, auch tun. Als »vernünftige Tiere« muten die sich anerkennenden Personen einander zu, sich mit Gründen von ihrer ersten Natur distanzieren zu können – ohne sie dabei freilich zu negieren oder abzustreifen –, und verstehen sich als Mitglieder eines »Reichs der Zwecke«: einer moralischen Gemeinschaft sich im Sinne des Rechtfertigungsprinzips achtender Personen. Die Anerkennung der menschlichen Freiheit geht mit der Anerkennung menschlicher Vernunftfähigkeit und autonomer Verantwortung einher, und in diesem Sinne ist Autonomie in moralisch relevanter Hinsicht nicht nur an wechselseitige Anerkennung, sondern an die Anerkennung der Kriterien von Reziprozität und Allgemeinheit gebunden. Der »Raum der Freiheit« ist somit nicht »normfrei«, sondern ein Raum normativer Erwartungen und rechtfertigender Gründe.[115] Als freie und »unbestimmte« Wesen sind Menschen zugleich zur Selbstbestimmung aufgerufen – und damit zur Verantwortung ihres Handelns mit Gründen, die den jeweiligen Handlungs- und Rechtfertigungskontexten angemessen sind.[116] Dies ist ein zentraler Aspekt ihrer im praktischen, nicht in einem transzendentalen Sinne zu verstehenden Freiheit.

6. Durch die praktische Einsicht zweiter Ordnung geht jedoch in das Selbstverständnis einer moralischen Person nicht nur das Bewußtsein der eigenen praktischen Verantwortung und Autonomie als Mitglied eines Reichs der Rechtfertigungen ein. Diese Reflexion der Eigenschaft, ein »vernünftiges Tier« zu sein, ist mit der Reflexion verbunden, ein »soziales« und auch ein »natürliches« Tier zu sein: nicht nur ein begründendes, sondern auch ein der Gründe bedürftiges Wesen zu sein. Dies vervollständigt die praktische Einsicht

zweiter Ordnung als »menschliche Einsicht«, die zugleich eine Einsicht in das für die Moral relevante Menschsein ist. Denn man schuldet anderen Menschen nicht nur als autonomen Wesen reziprok-allgemeine Gründe, sondern auch als *endlichen* Wesen, mit denen man Handlungskontexte teilt, in denen moralische Probleme unvermeidbar sind.

Die Einsicht in die Endlichkeit bedeutet hier zweierlei. Erstens ist sie eine Einsicht in die vielfältigen Risiken menschlicher Verletzbarkeit und menschlichen – körperlichen wie psychischen – Leidens. Ohne das Bewußtsein dieser Verletzbarkeit und die entsprechende Sensibilität, ohne das Bewußtsein, daß das eigene Handeln den »Willen des leidenden Subjekts«, mit Kant (s. o.) zu sprechen, berücksichtigen muß, bliebe eine sittliche Einsicht, die ja eine Einsicht in menschliche Verantwortung ist, blind. Eine Moral der Rechtfertigung beruht daher auch auf der Einsicht, daß Menschen als verletzbare und endliche Wesen moralischen Respekts und damit rechtfertigender Gründe bedürfen – und in diesem Sinne ist diese Moral keine Moral für bloße »Vernunftwesen«, sondern für solche, die einen Sinn für die Übel haben, die daraus folgen, sein Recht auf Rechtfertigung vorenthalten zu bekommen und nicht als Autor und Adressat von Geltungsansprüchen respektiert zu werden. Hier zeigt sich, wie bereits erwähnt, daß der moralische Standpunkt kognitive (die Fähigkeit zur Rechtfertigung), volitive (die Bereitschaft zur Rechtfertigung und zu gerechtfertigtem Handeln) und affektive (das Sensorium für moralische Verletzungen) Komponenten vereinigen muß – und wie unbegründet die häufig gemachte Annahme ist, daß in einer deontologischen Moralkonzeption für letztere (und zuweilen auch die zweite) Komponente kein Raum bleibt. Gerade weil mit der sittlichen Einsicht das Bewußtsein der *Bedingtheit* von Menschen als endlichen Wesen Teil der Identität – und somit auch des Gefühlslebens – einer Person wird, stellt sie eine Einsicht in die *Unbedingtheit* der Forderung moralischen Respekts und der Kriterien von Reziprozität und Allgemeinheit dar, die nicht durch andere Kriterien ersetzbar sind.

Zweitens enthält eine Reflexion der Endlichkeit des Menschen auch ein Bewußtwerden der Endlichkeit der Vernunft und der Unmöglichkeit, in Verfahren moralischer Rechtfertigung auf »letzte« und unumstößlich sichere Gründe zurückgreifen zu können. Diese

Unmöglichkeit wächst, je konkreter ein moralisches Problem sich stellt – woraus freilich nicht die Unmöglichkeit rechtfertigender Gründe folgt, sondern die Notwendigkeit, gegebene Rechtfertigungen stets aufs neue reziprok-allgemein zu überprüfen. Eine Moral der Rechtfertigung ist eine im einzelnen kritisier- und revidierbare Moral: eine menschliche Moral »ohne Geländer«[117], die die Möglichkeit von Fehlern und Irrtümern nicht prinzipiell ausschließen kann. Zur Korrektur von Gründen, die nicht länger vertretbar erscheinen, gibt es jedoch wiederum nur eine »Instanz«: die Vernunft selbst. Denn das »Vetorecht«, das sie den Einzelnen verleiht, bleibt jederzeit bestehen. Auch hier spricht die menschliche Endlichkeit und Bedingtheit (von Perspektiven und Einschätzungen) nicht gegen, sondern für die Notwendigkeit einer unbedingten Pflicht zur Rechtfertigung – gerade weil rechtfertigende Gründe diesen Anspruch, gerechtfertigt zu sein, nicht ein für allemal behaupten können, sondern jederzeit belegen können müssen.

7. Diese Überlegungen zeigen, daß der Moral der Rechtfertigung Einsichten zugrunde liegen, die diese in das menschliche Selbstverständnis eingehen lassen, ohne daß dadurch die Moral in einer Weise »selbstbezogen« verstanden wird, die ihrem unbedingten Charakter abträglich ist. Die Einsichten in die vernünftige, gesellschaftliche und endliche Natur menschlicher Wesen bündeln sich somit zur Einsicht, daß sich Menschen in moralischer Hinsicht eine – im wahrsten Sinne des Wortes – *grund-legende Form der Anerkennung* schulden: die Anerkennung als moralische Personen mit einem Recht auf Rechtfertigung.[118] Auf dieser Grundlage lassen sich Normen und Handlungsweisen begründen, die spezifizieren, was es heißt, jemanden moralisch zu achten.

Diese Form der Anerkennung mutet paradox an, denn einerseits wird sie als »geschuldet« verstanden, andererseits aber stellt sie eine autonome Leistung und Zuerkennung des Status, »moralische Person« zu sein, dar; sie erscheint somit als nicht freigestellte und doch freie Form der Anerkennung. Robert Spaemann, der dieses Paradox formuliert, schlägt zu seiner Lösung den Begriff einer »anerkennenden Wahrnehmung«[119] vor: Die Wahrnehmung einer Person geht mit der Wahrnehmung der Pflicht einher, sie als moralische Person anzuerkennen. Der Doppelsinn von »Wahrnehmen« führt hier ein erkennendes und ein anerkennendes, ein kognitives und ein normatives

Moment zusammen, denn eine Person wahrzunehmen heißt zugleich, den »unbedingten Anspruch«[120] und die Pflicht zu sehen, sie als Person, als »meinesgleichen« anzuerkennen: »Die Anerkennung weiß sich selbst als geschuldet, aber dieses Wissen geht dem Akt der Anerkennung nicht voraus, sondern ist wiederum eins mit ihm.«[121] Die Momente von Erkennen und von Anerkennen, die hier zusammentreffen, lassen sich freilich deutlicher differenzieren, wenn man das *Erkennen eines Menschen* durch den Begriff der praktischen Einsicht zweiter Ordnung so mit dem *Anerkennen seiner als moralische Person* verbindet, daß sich dieses Anerkennen als Entsprechen des unbedingten Anspruchs verstehen läßt, einen Menschen moralisch zu achten. Dann kann man sagen, daß derjenige, der anerkennt, dies zwar im Bewußtsein seiner Freiheit tut, diese Anerkennung aber dennoch »nicht als willkürliche Setzung, sondern als angemessene Antwort«[122] versteht, ohne den Status der »Person« (wie Spaemann es tut) zugleich als Bedingung und als Ergebnis dieses Aktes der Anerkennung verstehen zu müssen, womit das Paradox letztlich nicht gelöst wird. Zwar sind Erkennen und Anerkennen hier untrennbar verknüpft, doch ist es das Erkennen des anderen als Menschen, das zugleich das *An-Erkennen* der unbedingten Pflicht ist, ihn als moralische Person anzuerkennen. In diesem Sinne ist die praktische Einsicht zweiter Ordnung die Einsicht, daß es für einen selbst als Mensch keine unter Menschen vertretbaren Gründe gibt, dem Anspruch eines Menschen, als moralische Person anerkannt zu werden, nicht zu entsprechen.[123] Dem An-Erkennen des anderen geht somit das An-Erkennen seiner selbst als Mensch einher, der die (nicht vernünftigerweise zurückweisbare) Pflicht hat, anderen gegenüber verantwortlich zu handeln.

Als in diesem Sinne »menschliche« Einsicht verknüpft die praktische Einsicht die deskriptive und die normative Bedeutung des Begriffes »Mensch«[124]: *menschliche* Wesen sind *menschlich* zu behandeln.[125] Die Art moralischer Wahrnehmung, die hiermit angesprochen ist, kann mit Wittgenstein so aufgefaßt werden, daß dem wahrnehmenden »Sehen« eines Menschen zugleich ein praktisches Verhalten ihm gegenüber, eine »Einstellung zur Seele« entspricht. Einen Menschen als Menschen erkennen heißt somit, ihn in praktisch-normativer Hinsicht anzuerkennen und auf seine Äußerungen – Wittgenstein expliziert dies am Beispiel des Schmerzes[126] – als

Äußerungen eines Menschen »menschlich« zu reagieren – und zwar ohne Frage nach einem weiteren »Grund« für dieses Verhalten.[127] Menschen erkennen sich als Menschen und damit nicht als »Automaten« an: »›Ich glaube, daß er kein Automat ist‹ hat, so ohne weiteres, noch gar keinen Sinn. Meine Einstellung zu ihm ist eine Einstellung zur Seele. Ich habe nicht die *Meinung*, daß er eine Seele hat.«[128] Dabei kommt es nicht darauf an, wie Wittgenstein zuweilen nahelegt, unmittelbar zu wissen, wie man auf die Äußerung eines Menschen angemessen zu reagieren hat, es kommt im gegenwärtigen Zusammenhang darauf an zu sehen, daß es einer menschlichen Form der Reaktion bedarf, und d.h. primär, den Anspruch auf Rechtfertigung anzuerkennen, der von anderen Menschen, die eben keine »seelenlosen« Automaten sind, an das Handeln ergeht.[129] Man kann somit – über Wittgenstein hinausgehend – sagen, daß das Kriterium (in Wittgensteins Sinne)[130] für das Verständnis von »Mensch« darin besteht, Menschen als moralische Personen praktisch anzuerkennen.[131]

Mit Bezug auf Wittgensteins Diskussion des »Aspektsehens«, welches als verstehendes »Seherlebnis« insofern eine Form praktischen Erkennens ist, als dem Sehen eines Aspektes ein Verhalten zu dem Gesehenen, eine reaktive und reflexive »Einstellung« korrespondiert[132], könnte man zudem sagen, daß die anerkennende Wahrnehmung der Eigenschaft des Menschen, eine moralische Person zu sein, ein wesentlicher Aspekt des »Sehens« von Menschen ist – und daß eine »Aspektblindheit«[133] in dieser Hinsicht – Stanley Cavell spricht hier von »Seelenblindheit«[134] – hieße, die Fähigkeit eingebüßt zu haben, Menschen als Menschen wahrzunehmen und entsprechend menschlich zu handeln.[135] Der grundlegenden Form der moralischen Anerkennung anderer Menschen als moralische Personen mit einem Recht auf Rechtfertigung entspricht somit eine bestimmte Fähigkeit zu moralischer Wahrnehmung – die Fähigkeit, sich und andere »als Mensch« wahrzunehmen und zu verstehen.

8. Der »Grund der Moral« liegt, was die dritte Ebene der Begründung des moralischen Standpunktes betrifft, in der An-Erkennung der menschlichen Verantwortung, das eigene Handeln in moralischen Kontexten allen anderen Betroffenen gegenüber reziprok und allgemein rechtfertigen zu können. Im Zuge der vorangegangenen Diskussion sollte deutlich geworden sein, daß die »Unbedingtheit«

dieser Verantwortung sich keinesfalls einer Abstraktion und Losgelöstheit von dem verdankt, was man den »menschlichen Standpunkt« nennen könnte. Es ist vielmehr so, daß ein Bewußtsein dieses Standpunkts, von Menschen als begründungsfähigen, begründungsbedürftigen und in diesem Sinne grund-losen oder »unfestgestellten«[136] Wesen, dazu führt, daß sie die Verantwortung einsehen und annehmen, für ihr Handeln einen gemeinsamen »Grund« zu finden, auf dem sie stehen und bestehen können: keinen »letzten«, aber doch einen gerade durch seine Offenheit für Kritik, der »nichts so heilig« wie die »Einstimmung« bzw. das »Veto« eines jeden ist[137], tragfähigen Grund. In dem Bemühen um einen solchen Grund kann die praktische Vernunft als menschliche, vielleicht als die menschlichste Fähigkeit überhaupt angesehen werden.

GRENZEN DER RATIONALITÄT

DONALD DAVIDSON

PARADOXIEN DER IRRATIONALITÄT *

Daß Handlungen, Meinungen, Absichten, Schlußfolgerungen oder Gefühle irrational sein können, ist eine paradoxe Vorstellung. Da »irrational« nicht dasselbe wie »arational« heißt – denn »arational« ist alles, was außerhalb des Bereichs der Rationalität liegt –, bedeutet »Irrationalität« einen Verstoß innerhalb des Geltungsbereichs der Vernunft. Wenn Hobbes davon spricht, nur Menschen besäßen »das Privileg der Absurdität«, dann will er damit sagen, daß nur rationale Wesen irrational sein können. Irrationalität ist ein mentaler Prozeß oder Zustand – allerdings ein rationaler Prozeß oder Zustand, der verkehrt gelaufen ist. Wie ist das möglich?

Das Paradox der Irrationalität ist nicht so einfach wie das scheinbare Paradox eines mißlungenen Witzes oder eines schlechten Kunststückes. Das Paradox der Irrationalität ergibt sich daraus, wie wir psychologische Zustände und Ereignisse ganz grundsätzlich beschreiben, verstehen und erklären. Sophie freut sich, eine bestimmte Fliege binden zu können. Diese Freude ist dann durch die Meinung verursacht, diesen Knoten binden zu können, und dadurch, daß sie diese Fähigkeit positiv bewertet. Sucht man weiter, mögen sich weitere Erklärungen finden lassen, aber sie können diese erste nicht ersetzen, denn sie folgt aus dem Umstand, was es heißt, sich über etwas tatsächlich Eingetretenes zu freuen. Oder nehmen Sie Roger, der eine Prüfung bestehen will, indem er den Koran auswendig lernt. Seine Absicht muß durch den Wunsch, die Prüfung zu bestehen, und durch die Überzeugung erklärt werden, daß das Auswendiglernen des Korans die Chancen diesbezüglich verbessert. Solche Erklärungen mit

* Eine frühere Fassung dieses Aufsatzes habe ich am 26. April 1978 im Rahmen der Ernest Jones Lecture vor der British Psycho-analytical Association gehalten. Dr. Edna O'Shaughnessy hat den Vortrag kommentiert und ich habe sehr von ihren informativen Beiträgen profitiert. Ebenso schulde ich Dagfinn Føllesdal, Sue Larson und Richard Wollheim Dank für ihre nützlichen Anregungen.

Hilfe von Gründen ist Bestandteil von Absichten, intentionalen Handlungen und vielen anderen Einstellungen und Gefühlen. Diese Erklärungen funktionieren durch »Rationalisierungen« im Sinn von Begründungen: Sie erlauben uns, aus der Perspektive des Handelnden Ereignisse und Einstellungen für vernünftig zu halten. Ein Anschein des Rationalen oder des Eingebettetseins in rationale Muster gehört also unweigerlich zu diesen Phänomenen, wenigstens solange sie in psychologischen Begriffen beschrieben werden. Aber wie können wir dann irrationale Gedanken, Handlungen oder Gefühle erklären oder sogar ihre Möglichkeit zulassen?

Die Psychoanalyse, so wie sie von Freud entwickelt wurde, behauptet, eine Theorie gefunden zu haben, mit der Irrationalität beschrieben und verstanden werden kann. Allerdings sind viele Philosophen der Ansicht, daß es grundsätzliche Irrtümer oder Konfusionen in Freuds Denken gibt. Einige Teile seiner Theorie, die oft angegriffen werden, möchte ich hier vorstellen. Sie bestehen aus ein paar allgemeinen Auffassungen, die in durchgehend allen Entwicklungsstufen von Freuds Hauptschriften zentral sind. Nachdem ich das Problem, das der Erklärung von Irrationalität zugrunde liegt, analysiert habe, werde ich schlußfolgern, daß jeder zufriedenstellende Ansatz einige der wichtigsten Thesen Freuds beinhalten muß. Wenn diese nämlich weit genug gefaßt werden, sind sie nicht mehr begrifflich unklar. Meine »Verteidigung« Freuds, so sollte ich vielleicht noch betonen, bezieht sich nur auf einige seiner Ideen, und zwar eher auf die begrifflichen im Unterschied zu den empirischen, um sich dieser eher vagen Gegenüberstellung zu bedienen.

Vieles, was als irrational bezeichnet wird, ist nicht paradox. So denken viele, es sei angesichts der Gefahren, der Anstrengungen und der dürftigen Erfolgsaussichten für jeden irrational, ohne Sauerstoff (oder sogar mit) den Mount Everest zu erklimmen. Doch es ist nicht schwer, dieses Vorhaben verständlich zu machen, wenn es von jemandem unternommen wird, der soviel Informationen wie möglich gesammelt, seine Wünsche, Ambitionen und Einstellungen gründlich geprüft und gemäß seinem Wissen und seinen Wertvorstellungen gehandelt hat. An Astrologie, fliegende Untertassen oder Hexen zu glauben ist vielleicht in einem Sinn irrational, aber dieser Glaube könnte normale Erklärungen haben, wenn er auf dem basiert, was seine Anhänger als Evidenz betrachten. So ist es auch vernünftig, die

Quadratur des Kreises zu versuchen, falls Sie nicht wissen sollten, daß es unmöglich ist. Die Form der Irrationalität, die theoretische Probleme macht, besteht nicht darin, daß eine Person in ihrem Glauben oder Fühlen gegen das verstößt, was uns als rational erscheint, sondern in der fehlenden Kohärenz oder Konsistenz der Meinungen, Einstellungen, Gefühle, Absichten und Handlungen ein und derselben Person. Beispiele dafür sind Wunschdenken, Handeln gegen das eigene beste Urteil, Selbsttäuschung, Glaube an etwas, von dem man selbst meint, daß es durch das Gewicht der Evidenzen diskreditiert ist.

Freudianer haben solche Phänomene (natürlich unter vielen anderen) mit folgender These zu erklären versucht:

1. Das Bewußtsein besteht aus einer Reihe semi-unabhängiger Strukturen, die durch mentale Attribute wie Gedanken, Wünsche und Erinnerungen charakterisiert sind.

2. Teile des Bewußtseins sind in wichtigen Hinsichten wie Menschen, nicht nur indem sie Meinungen, Ansprüche und andere psychologische Eigenschaften haben (oder daraus bestehen), sondern auch diese Faktoren zu intentionalen Handlungen kombinieren können, um andere Begebenheiten inner- oder außerhalb des Bewußtseins verursachen zu können.

3. Einige der Dispositionen, Einstellungen und Ereignisse, die die zahlreichen Substrukturen des Bewußtseins bestimmen, muß man nach dem Modell physikalischer Dispositionen und Kräfte betrachten, wenn sie andere Substrukturen des Bewußtseins beeinflussen oder von diesen beeinflußt werden.

Eine weitere Auffassung, über die ich allerdings nicht viel sagen werde, besagt, daß einige mentale Phänomene, die wir normalerweise als bewußt oder zumindest als dem Bewußtsein verfügbar betrachten, nicht bewußt sind und, wenn überhaupt, nur mit großen Schwierigkeiten zugänglich sind. In den meisten Hinsichten funktionieren diese unbewußten mentalen Zustände und Ereignisse wie bewußte Meinungen, Erinnerungen, Sehnsüchte, Wünsche und Ängste.

Ich hoffe, es herrscht Konsens, daß sich alle diese Auffassungen bei Freud finden lassen und daß diese für seine Theorie zentral sind. Sie sind hier, wie ich bereits erwähnt habe, nicht so streng und detailliert formuliert wie bei Freud. Doch selbst in ihrer reduzierten

Form erfordern sie nach Ansicht vieler Philosophen mehr Verteidigung, als möglich ist. Diese philosophischen Kritikpunkte, die ich ausräumen möchte, sind in vielerlei Hinsicht miteinander verbunden, aber im wesentlichen sind sie von zweierlei Art.

Zum einen halten viele die Vorstellung, daß das Bewußtsein teilbar ist, für unplausibel. Denn die Aufteilung des Bewußtseins macht es anscheinend erforderlich, daß Gedanken, Wünsche und sogar Handlungen etwas Geringerem und deshalb anderem als Personen zugeschrieben werden. Können wir jedoch Handlungen und Einstellungen verstehen, die nicht die eines Handelnden sind? Zudem würde der Begriff der Verantwortung, wie Sartre anmerkt, seine wesentliche Bedeutung verlieren, wenn Handlungen und Absichten von Personen abgekoppelt und statt dessen semi-autonomen Teilen des Geistes zugesprochen werden. Diese Teile würden dann stellvertretend für die Person stehen: Jeder Teil wäre dann eine kleine Frau, ein kleiner Mann oder ein kleines Kind. Was einmal ein einziges Bewußtsein war, wird zu einem Kriegsschauplatz widerstreitender Kräfte, die einander bekämpfen, betrügen, sich gegenseitig Informationen vorenthalten und strategisch gegeneinander vorgehen. Wie Irving Thalberg und andere gezeigt haben, passiert es manchmal sogar, daß sich ein solcher Teil des Bewußtseins vor seinen eigenen Kräften (Gedanken) schützt.[1] Der Haupthandelnde erscheint dann als eine Art Vorsitzender, Gebieter oder Diktator. Es ist nicht überraschend, daß bezweifelt wird, ob diese Metaphern als konsistente Theorie gehandelt werden können.

Zum anderen und damit zusammenhängend wird die zugrundeliegende Erklärungsmethode angezweifelt. Auf der einen Seite erweitert die Psychoanalyse aufgrund ihrer Entdeckung von bisher unerkannten Motiven, Wünschen und Absichten die Reichweite teleologischer oder rationaler Erklärungen. In dieser Hinsicht hat Freud – wie vielfach bemerkt wurde – die Anzahl und die Vielfalt der Phänomene vergrößert, die als rational betrachtet werden können: So stellte sich heraus, daß wir für unser Vergessen, unsere Versprecher und übertriebenen Ängste Gründe haben. Auf der anderen Seite aber möchte Freud, daß seine Erklärungen das leisten, was naturwissenschaftliche Erklärungen oft versprechen: kausale Darstellungen, die Kontrolle ermöglichen. In diesem Sinn wendet er Begriffe aus der Hydraulik, der Elektromagnetik, Neurologie und Mechanik auf mentale Ereignisse und Zustände an. Die Philosophen Toulmin, Flew, McIntyre, Peters u.a. haben zu verschiedenen Zeiten gezeigt, daß die psychoanalytische Theorie das Unmögliche versucht, nämlich psychologische Phänomene (die Erklärungen mittels Gründen erfordern) unter Kausalgesetze zu subsumieren: Ihrer Ansicht nach erkläre dies zwar, aber rechtfertige nicht Freuds ständigen Gebrauch von naturwissenschaftlichen Metaphern, wenn er vom Bewußtsein spricht.[2]

So bestehen anscheinend zwei unvereinbare Tendenzen in Freuds Methodologie. Zum einen möchte er die Klasse der Phänomene vergrößern, zu denen Erklärungen durch Gründe gehören, und zum anderen möchte er dieselben Phänomene als naturwissenschaftliche Kräfte und Zustände behandeln. Doch in den Naturwissenschaften sind Gründe und propositionale Einstellungen deplaziert, statt dessen herrschen bloße Kausalgesetze.

Um nun diese Vorbehalte gegen die Psychoanalyse zu beurteilen, möchte ich erst das rekapitulieren, was ich als die richtige Analyse einer normalen intentionalen Handlung betrachte. Dann können wir uns der Irrationalität zuwenden.

Ein Mann spaziert durch den Park und stolpert über einen Ast auf seinem Weg.[3] Da der Ast andere gefährden könnte, hebt er ihn auf und wirft ihn in die nebenliegende Hecke. Auf dem Weg nach Hause fällt ihm plötzlich ein, daß der Ast aus der Hecke herausragen könnte und somit immer noch eine Gefahr für unachtsame Spaziergänger bedeutet. Er steigt aus der Straßenbahn, kehrt zum Park zurück und legt den Ast wieder dahin zurück, wo er ihn ursprünglich aufgehoben hat. Für alles das, was der Handelnde hier unternommen hat, hatte er einen Grund (außer dafür, daß er über den Ast gestolpert ist), in dessen Licht die korrespondierende Handlung vernünftig war: Vorausgesetzt, der Ast stellt in den Augen unseres Mannes eine Gefahr dar, wenn er auf dem Weg liegenbliebe, und der Mann wünscht, die Gefahr zu beseitigen, dann war es vernünftig, das Hindernis zu entfernen. Vorausgesetzt, er kommt nach nochmaliger Überlegung zu dem Schluß, daß der Ast in der Hecke gefährlich ist, war es vernünftig, den Ast aus der Hecke zu nehmen und auf den Weg zurückzulegen. Vorausgesetzt, der Mann wollte den Ast nicht in der Hecke lassen, war es vernünftig, die Straßenbahn zu verlassen und zum Park zurückzukehren. In jedem dieser Fälle geben die

Handlungsgründe wieder, was der Handelnde in seinen Handlungen sah, sie stellen die Absichten dar, von denen aus er handelte, und liefern so die Erklärungen für sein Verhalten. Eine solche Erklärung muß es, wie gesagt, geben, damit das, was eine Person tut, als Handlung zählt.

Die Form rationaler Erklärungen ist von vielen Philosophen beschrieben worden. Hume formuliert markig: »Man frage jemand, warum er sich Bewegung mache, so wird er antworten: weil er sich gesund erhalten wolle. Fragt man weiter, warum er Gesundheit anstrebe, so wird er sofort erwidern, weil Kranksein Schmerzen mit sich bringe.«[4] Die Form ist uns so vertraut, daß wir eventuell ihre Subtilität nicht bemerken. Was erklärt werden soll, ist die Handlung, wie in diesem Fall das Sporttreiben. Die Erklärung muß wenigstens zwei Faktoren enthalten: einen Wert, ein Ziel, einen Willen oder eine Einstellung des Handelnden sowie die Meinung, daß die zu erklärende Handlungsweise den entsprechenden Wert oder das entsprechende Ziel hervorbringen kann oder mit der Einstellung übereinstimmt. Die Handlung einerseits und das Meinung-Wunsch-Paar andererseits müssen auf zwei verschiedene Weisen miteinander verbunden sein, um eine Erklärung hervorzubringen. Erstens muß eine logische Beziehung bestehen. Meinungen und Wünsche haben einen Inhalt, und diese Inhalte müssen so beschaffen sein, daß sie etwas Wertvolles oder Wünschenswertes mit der Handlung implizieren. Ein Mann, der also mit Gesundheit etwas Wünschenswertes verbindet und der glaubt, daß Sportübungen ihn gesund machen, kann den Schluß ziehen, daß Sport etwas Wünschenswertes ist, und dies erklärt, warum er Sport treibt. Zweitens müssen die Gründe für eine Handlung, sollen sie Erklärungsfunktion haben, auch die Gründe sein, aus denen der Handelnde wirklich handelt; die Gründe müssen die Handlungen *kausal* verursachen. Diese zwei Bedingungen der Erklärungen mittels Gründen sind beide notwendig, aber nicht hinreichend, da einige kausale Beziehungen zwischen Meinung-Wunsch-Paaren und Handlungen keine Vernunfterklärungen bieten. (Diese Komplikation ist aber hier nicht von Interesse, obwohl es zweifellos irrationale Handlungen gibt, die mit dieser Komplikation zusammenhängen.)

Die soweit dargelegte Handlungsanalyse verdeutlicht, warum alle intentionalen Handlungen, egal ob sie in einem anderen Sinn irrational sind oder nicht, im Kern ein rationales Element haben; dies macht ein Paradox der Irrationalität aus. Aber man sieht auch, daß Freud in einem wichtigen Punkt verteidigt werden kann: Es besteht kein inhärenter Konflikt zwischen Erklärungen mittels Gründen und Kausalerklärungen. Da Meinungen und Wünsche Ursachen für Handlungen sind, für die sie Gründe darstellen, besitzen Erklärungen mittels Gründen ein wesentlich kausales Element.

Was für intentionale Handlungen gilt, kann auf viele andere psychologische Phänomene ausgeweitet werden. Wenn jemand Rosenkohl stehlen möchte, wird diese Absicht – unabhängig davon, ob die Absicht ausgeführt wird oder nicht – von dem Wunsch verursacht, Rosenkohl zu besitzen, und der Meinung, daß man durch Diebstahl in seinen Besitz kommt. (Um es nochmals zu erwähnen, der logische oder rationale Aspekt der Absicht ist offensichtlich.) Ähnlich hängen die meisten unserer Wünsche, Hoffnungen, Gefühle, Meinungen und Ängste von einfachen Schlußfolgerungen aus anderen Meinungen und Einstellungen ab (zweifellos werden diese für gewöhnlich nicht wahrgenommen). Wir fürchten uns vor Armut, weil wir glauben, daß sie zu dem führt, was wir für schlecht halten. Wir hoffen auf Regen, weil wir glauben, daß Regen der Ernte zuträglich ist, und wir möchten, daß die Ernte gut ausfällt. Wir sind aufgrund von Schlußfolgerungen, Hörensagen oder Lektüre usw. der Ansicht, daß Regen die Ernte beeinflußt. In jedem dieser Fälle gibt es eine logische Verbindung zwischen den Inhalten und den jeweiligen Einstellungen und Meinungen und dem, was sie verursachen.

Als bisheriges Ergebnis können wir festhalten: Indem wir lediglich einen psychologischen Zustand oder ein psychologisches Ereignis als propositionale Einstellung bezeichnen, wird die Relevanz einer Erklärung mittels Gründen und somit ein rationales Element gesichert. Natürlich können solche Zustände und Ereignisse auch irrational sein, ihr rationales Element kann nicht verhindern, daß sie zur selben Zeit weniger rational sind. Nehmen Sie folgendes Beispiel: Ein Handelnder handelt nach Berücksichtigung aller relevanter Faktoren dem zuwider, was er für richtig hält. (Aristoteles nennt ein solches Verhalten einen Fall von Akrasia oder in anderen Worten »Unbeherrschtheit« oder »Willensschwäche«.) Man kann sich leicht vorstellen, daß der Mann, der in den Park zurückkehrt, um den Ast wieder in seine ursprüngliche Position auf dem Weg zu legen, erkennt, daß seine Handlung nicht vernünftig ist. Er hat ein Motiv, den Ast zu entfernen, denn der Ast könnte Vorbeikommende gefährden. Aber genauso hat er ein Motiv, nicht zurückzukommen: Die Zeit und die Mühen sind aufwendig. Seinem eigenen Werturteil zufolge wiegt das letztere schwerer als das erste, trotzdem handelt er nach dem ersten Motiv. Kurz, er handelt gegen sein eigenes Urteil darüber, was für ihn das beste ist.

Das Problem, ein solches Verhalten zu erklären, hat viele Philosophen und Moralphilosophen mindestens seit Platon beschäftigt. Nach Platon war Sokrates der Ansicht, daß niemand willentlich im Widerspruch zu dem handelt, was er für das Beste hält; nur Ignoranz kann diese unsinnigen und falschen Handlungen verständlich machen. Dies ist oft als Paradox bezeichnet worden, doch Sokrates' Sichtweise ist nur deshalb paradox, weil er das leugnet, woran wir alle glauben, nämlich daß es Willensschwäche gibt. Hätte Sokrates recht und wären solche Handlungen durch die Logik der Begriffe ausgeschlossen, dann könnte dieses Phänomen ohne Schwierigkeiten erklärt werden. Doch Sokrates (oder Platon) haben unser Problem zugespitzt: Es gibt einen Konflikt zwischen der Standardexplikation von intentionalen Handlungen und der Vorstellung, daß eine solche Handlung irrational sein kann. Da die Ansicht, daß keine intentionale Handlung in sich irrational sein kann, ein Extrem im Spektrum der möglichen Auffassungen darstellt, möchte ich sie das *Platon-Prinzip* nennen. Es ist die Doktrin reiner Rationalität.

Das andere Extrem heißt *Medea-Prinzip*. Nach dieser Auffassung kann jemand wider sein besseres Wissen handeln, aber nur dann, wenn eine fremde, äußere Kraft sich seines Willens bemächtigt. Wie es z. B. bei Medea der Fall war, als sie ihre eigene Hand bat, nicht ihre Kinder umzubringen. Ihre Hand bzw. ihre dahinterstehende Leidenschaft der Rache haben ihren Willen überwältigt. Diese Art, Willensschwäche zu betrachten, ist weit verbreitet.[5] Und angenommen, diese These ist richtig, dann paßt der Begriff auch gut, weil der Wille des Handelnden schwächer ist als die fremde Macht. Besonders Moralphilosophen haben diese Auffassung gern vertreten, da sie nahelegt, daß man lediglich entschlossen genug sein muß, das Richtige zu tun, um der Versuchung zu widerstehen. Trotzdem ist es eine eigenartige Auffassung, denn sie impliziert, daß akratische Handlungen nicht intentional sind und daher keine Handlungen darstellen, wofür der Handelnde verantwortlich gemacht werden kann. Wenn der Handelnde gerügt werden muß, dann nicht für das, was er getan hat, sondern weil er nicht genug Kraft aufbrachte, zu widerstehen. Das, was der Handelnde sich tun sieht, hat einen Grund – Leidenschaft oder ein Impuls überwältigte sein besseres Urteil –, aber dieser Grund ist nicht *der seine*. Vom Standpunkt des Handelnden aus betrachtet ist das, was er getan hat, die Wirkung einer äußeren Ursache, so als ob eine andere Person ihn gesteuert hätte.

Aristoteles war der Ansicht, daß Willensschwäche mit einer Art Vergessen zu tun hat. Der Willensschwache hat zwei Wünsche: In unserem Beispiel möchte er sowohl Zeit und Mühe sparen als auch den Ast entfernen. Er kann nicht beiden Wünschen Folge leisten. Aristoteles aber geht nicht so weit, unserem Mann zuzugestehen, sich seines Problems bewußt zu sein. Denn der Handelnde, so Aristoteles, verliert den aktiven Kontakt zu dem Wissen, daß er sich Zeit und Mühe sparen kann, sofern er nicht in den Park zurückkehrt. Hier stehen nicht unbedingt ein bewußter und ein unbewußter Wunsch im Widerstreit, sondern eher ein bewußter und unbewußter Teil des Wissens. Die Handlungen hängen nun davon ab, welcher Teil des Wissens bewußt ist.

Es gibt Situationen, in denen Aristoteles' Analyse angebracht ist, und wiederum andere Situationen, in denen das Medea-Prinzip bestimmend ist. Doch damit sind nicht schon alle Situationen genannt; zudem handelt es sich nicht um Fälle von Akrasia, wie diese definiert ist, nach der der Handelnde in Anbetracht aller Alternativen absichtlich die schlechtere wählt. Denn kommt das Medea-Prinzip zum Tragen, ist keine Absicht gegeben; trifft Aristoteles' Analyse zu, ist sich der Handelnde keiner Alternativen bewußt.

Denkt man darüber nach, lassen offensichtlich weder das Medea-Prinzip noch die Aristotelische Analyse einfache Konfliktfälle zu: Fälle, in denen der Handelnde sowohl gute Gründe hat, eine Handlung zu tun, als auch solche, sie zu unterlassen, oder was auf dasselbe hinausläuft, er gute Gründe jeweils für sich ausschließende Dinge hat. Solche Situationen sind uns zu geläufig, um noch besonders erklärt werden zu müssen: Wir sind normalerweise nicht schachmatt gesetzt, wenn wir mit zwei widerstreitenden Ansprüchen konfrontiert werden, noch unterdrücken wir relevante Informationen oder schieben sie ins Unbewußte ab. Für gewöhnlich sind wir in der Lage, uns Situationen zu stellen, in denen wir eine Entscheidung treffen müssen. Und wir können uns am besten entscheiden, wenn wir es schaffen, alle Für und Wider zu berücksichtigen. Was einer Erklärung bedarf, ist die Tat eines Handelnden, der, nachdem er alle Gründe auf beiden Seiten abgewogen und festgestellt hat, daß das Übergewicht an Gründen auf der einen Seite liegt, trotzdem gegen sein Urteil handelt. Wir sollten nicht sagen, er hätte keine Gründe für diese Handlung, da es für ihn Gründe sowohl dafür als auch dagegen gibt. Da er einen Grund für das hat, was er tut, können wir die Absicht angeben, nach der er gehandelt hat. Und wie alle intentionalen Handlungen kann auch seine Handlung aufgrund seiner Meinungen und Wünsche, die sie verursacht und ihr ein Ziel gegeben haben, erklärt werden.

Doch obwohl der Handelnde für das, was er tat, einen Grund besaß, hätte er nach seiner eigenen Einschätzung bessere Gründe gehabt, anders zu handeln. Was erklärt werden muß, ist nicht, warum der Handelnde so handelte, sondern warum er nicht anders *gehandelt hat*, wenn er wirklich, nachdem er alle Faktoren berücksichtigt hat, zu diesem Urteil gekommen ist.

Eine Person, die sich darüber bewußt ist, daß sie gute Gründe sowohl für als auch gegen eine Handlung hat, gerät in keinen Widerspruch. Daraus folgt, daß sich moralische Prinzipien oder Urteile, die Wünschen korrespondieren, nicht in Sätzen wie »Es ist falsch, zu lügen« oder »Es ist gut, Freude zu machen« ausdrücken lassen. Zumindest nicht, wenn diese Sätze wie normalerweise üblich als allgemeingültige Behauptungen wie »Alle Lügen sind falsch« oder »Alle Taten, die Freude bringen, sind gut« verstanden werden. Denn ein und dieselbe Handlung kann eine Lüge sein und erfreuen. Sie ist somit gleichzeitig falsch und gut. In vielen Moraltheorien ist dies ein Widerspruch. Oder um ein einfacheres Beispiel zu nennen: Wenn es richtig ist, Versprechen zu halten, und falsch, sie zu brechen, dann macht jemand, der ohne seine Schuld sich widersprechende Versprechungen gemacht hat, etwas falsch, wenn er etwas richtig macht.

Um das Rätsel der Logik praktischer Überlegung zu lösen, muß man erkennen, daß man Werturteile nicht richtig mit der Form »Es ist falsch, zu lügen« wiedergibt. Nicht alle Lügen sind falsch. Es gibt Fälle, in denen Lügen um wichtigerer Gesichtspunkte willen angebracht sind. Daß eine Handlung zu einer Lüge führt oder zum Bruch eines Versprechens oder einen hohen Zeitaufwand darstellt, spricht gegen die Handlung und muß mit anderen Gründen für diese Handlung abgewogen werden. Bei jeder Handlung, die wir tun oder zu tun gedenken, spricht etwas dafür und etwas dagegen, doch sprechen wir erst dann von einem Konflikt, wenn die Gründe dafür und dagegen schwergewichtig sind und sich ungefähr die Waage halten. Eine einfache Deduktion kann mir sagen, wenn ich das Versprechen A halten möchte, muß ich zu einem bestimmten Zeitpunkt in Addis Abeba sein, und wenn ich das Versprechen B halten möchte, muß ich zur selben Zeit in Bora Bora sein. Logik kann mir jedoch nicht sagen, was ich tun soll.

Da Logik hier nicht weiterhilft, ist weder klar, in welcher Hinsicht eine der beiden Handlungen irrational ist, noch ob Irrationalität überhaupt vorliegt, wenn wir hinzufügen, daß ich nach reiflicher Überlegung zu dem Schluß komme, Versprechen A halten zu müssen, und dennoch das Versprechen B einlöse. Das erste Urteil ist nämlich bloß konditional: Angesichts aller meiner Evidenzen müßte ich A tun; dies kann meinem unkonditionalen Urteil nicht widersprechen, daß ich B tun soll. Reine interne Inkonsistenz tritt erst dann auf, wenn ich ebenso der Auffassung bin – was ich tatsächlich bin –, daß ich nach meinem eigenen besten Urteil tun soll, was ich nach Überlegung für richtig oder geboten erachte.

Eine rein formale Beschreibung dessen, was irrational in einer willensschwachen Handlung ist, besteht darin, daß der Handelnde gegen sein Prinzip zweiter Ordnung verstößt, daß er so handeln soll, wie es für ihn nach Überlegung am besten ist. Nur wenn wir seine Handlung auf diese Art und Weise beschreiben können, ist es schwer, diese zu erklären. Wenn der Handelnde überhaupt nicht das Prinzip hat, nach dem zu handeln, was er nach Berücksichtigung aller Evidenzen für das beste hält, dann mag seine Handlung in *unseren Augen*, aber nicht für den Handelnden selbst irrational sein – zumindest wäre es unter dieser Voraussetzung nicht schwer, sie zu erklären. Um sein Verhalten zu explizieren, brauchen wir nur zu sagen, daß sein Wunsch, das zu tun, was er nach Berücksichtigung aller Faktoren für das beste hält, nicht so stark war wie der Wunsch, etwas anderes zu tun.

Aber was tun wir, wenn jemand wissentlich und intentional gegen sein eigenes Prinzip handelt? Das Platon-Prinzip reicht offensichtlich als Erklärung nicht aus, sonst wäre die Handlung absolut rational. Auf der anderen Seite darf das Platon-Prinzip auch nicht ganz aufgegeben werden; sein Kernstück muß bewahrt bleiben, sonst wäre die Handlung nicht intentional. So eine Auffassung erfüllt anscheinend beide Forderungen: Zum einen gibt es, wie wir festgestellt haben, eine normale Erklärung mittels Gründen für eine willensschwache Handlung. So hat der Mann, der in den Park zurückkehrt, um den Ast wieder an seinen alten Platz zu legen, einen Grund, nämlich die Gefahr zu beseitigen. Aber indem er das tut, läßt er außer acht, was er nach Berücksichtigung aller Faktoren für das beste hält. Und zweifellos hat er ein Motiv, dieses Prinzip zu ignorieren, er hat nämlich den womöglich stark ausgeprägten Wunsch, den Ast wieder an seinen alten Platz zu legen. Nehmen wir an, dieses Motiv erklärt den Umstand, daß er gegen sein Prinzip verstößt. Jetzt kommt Irrationalität ins Spiel. Denn der Wunsch, den Ast wieder auf den Weg zu legen, kommt in der Entscheidung, es zu tun, gleich zweimal vor. Erst lief die Überlegung darauf hinaus, den Ast zurückzulegen, die dann nach Ansicht des Handelnden allerdings weniger wichtig war als die Gründe gegen eine Rückkehr in den Park. Deshalb meinte der Handelnde, nachdem er alles berücksichtigt hatte, daß er nicht in den Park zurückgehen sollte. Seinen Grundsatz vorausgesetzt, man sollte dieser Schlußfolgerung Folge leisten, wäre es natürlich rational gewesen, nicht mehr in den Park zu gehen. Irrationalität trat dann ein, als der Wunsch, zurückzukehren, den Handelnden seinen Grundsatz ignorieren oder außer Kraft setzen ließ. Obwohl sein Motiv, seinen Grundsatz zu ignorieren, der Grund war, ihn nicht zu beachten, stellt es keinen Grund gegen den Grundsatz selbst dar. Deshalb war es, als es dieses zweite Mal wieder auftrat, als Grund für das Prinzip und für die Handlung irrelevant. Die Irrationalität hängt von der Unterscheidung zwischen einem Grund, ein Prinzip zu haben oder danach zu handeln, und einem Grund für das Prinzip ab.

Ein anderes, einfacheres Beispiel wird den Punkt klarer machen. Angenommen ein junger Mann wünscht sich sehr, gutgeformte Waden zu haben, und das führt dazu, daß er glaubt, wohlgeformte Waden zu besitzen. Er hat einen normalen Grund, diese Meinung haben zu wollen: Sie macht ihm Freude. Aber wenn die ganze Erklärung für diesen Glauben darin besteht, ihn haben zu wollen, dann ist es irrational, diesen Glauben zu haben. Denn der Wunsch, zu glauben, ist weder Evidenz für die Wahrheit dieses Glaubens, noch gibt er ihm in irgendeiner anderen Weise rationale Stützung. Was seinen Wunsch, diesen Glauben haben zu wollen, rational macht, ist, daß folgende Proposition wahr sein sollte. Er glaubt, wohlgeformte Waden zu haben. Dies »rationalisiert« (im Sinne von »begründen«) seine Meinung: Ich habe wohlgeformte Waden. Dies ist ein Fall von Wunschdenken, der einfachste Typ von Irrationalität. Doch so simpel dieses Modell ist, so komplex ist es auch, was durch die Ambiguität des Ausdrucks »Grund, zu glauben« verdunkelt wird.

In einigen Fällen von Irrationalität ist es für den Handelnden sehr schwer, wenn nicht unmöglich, sich all dessen bewußt zu sein, was in seinem Bewußtsein vor sich geht. Wenn jemand »vergißt«, daß heute Donnerstag ist, da er eine unangenehme Verabredung nicht einhalten möchte, ist es vielleicht unmöglich, daß ihm dies bewußt sein sollte. Aber meistens ist es logisch nicht schwer, dem Handelnden zu unterstellen, daß er weiß, was los ist. Der junge Mann mag wissen, daß er nur deshalb glaubt, wohlgeformte Waden zu haben, weil er es glauben will, genauso wie der Mann, der in den Park zurückkehrt, um den Ast zurückzulegen, sowohl die Absurdität seiner Handlung als auch ihre Erklärung zu realisieren vermag.

In normalen Erklärungen mittels Gründen weisen, wie wir gesehen haben, nicht nur propositionale Inhalte verschiedenster Überzeugungen und Wünsche angemessene logische Verbindungen untereinander und zu den Inhalten von Meinungen, Einstellungen und Absichten auf, die sie zu erklären helfen. Vielmehr verursachen die tatsächlichen Meinungszustände und Wünsche den zu erklärenden Zustand oder das zu erklärende Ereignis. Im Fall von Irrationalität bleibt die Kausalverbindung bestehen, während die logische Verbindung gestört ist oder ganz fehlt. Bei den Beispielen von Irrationalität, die hier diskutiert worden sind, gibt es eine mentale Ursache, die nicht der Grund für das ist, was sie verursacht. Beim Wunschdenken zum Beispiel verursacht ein Wunsch die Meinung. Doch das Urteil, daß etwas wünschenswert ist oder sein wird, ist kein Grund dafür zu glauben, daß es auch wirklich existiert.

Natürlich muß die Ursache in diesem Sinne mental sein: Sie ist ein Zustand oder ein Ereignis mit einem propositionalen Inhalt. Wenn ein vorbeifliegender Vogel die Auffassung verursacht, daß ein Vogel vorbeifliegt (oder ein Flugzeug vorbeifliegt), hat das nichts mit Rationalität zu tun. Es sind Ursachen, aber keine Gründe für das, was sie verursachen. Die Ursache hat keine logischen Eigenschaften und kann daher nicht selbst Irrationalität (in der Form, wie ich sie beschrieben habe) erklären oder erzeugen. Gibt es andere Formen der Irrationalität? Dies ist nicht sicher und ich möchte diesbezüglich nichts behaupten. Meine These bezieht sich nur darauf, daß viele bekannte Beispiele für Irrationalität durch den Umstand charakterisiert werden können, daß es eine mentale Ursache gibt, die kein Grund ist. Diese Charakterisierung zeigt den Weg zu einer bestimmten Form der Erklärung von Irrationalität.

Irrationalität dieser Art tritt dort auf, wo Rationalität operiert. So wie willensschwache Handlungen irrational sind, kann es irrationale Handlungsabsichten geben, ob sie nun ausgeführt werden oder nicht. Meinungen können, wie Überlegungen, irrational sein. Viele Wünsche und Gefühle stellen sich als irrational heraus, wenn sie durch mentale Ursachen erklärt werden, die keine Gründe für sie sind. Dieses allgemeine Konzept gilt auch für Zustände, die sich nicht ändern. Eine Person ist dann irrational, wenn sie der Vernunft nicht zugänglich ist – wenn sie eine Meinung oder eine Einstellung annimmt, die Änderungen anderer Meinungen, Wünsche oder Absichten erfordern, aber diese Änderungen nicht vollzieht. Sie hat einen Grund, der nicht das verursacht, wofür er einen hinreichenden Grund darstellt.

Wir sehen nun, wie es möglich ist, eine irrationale Handlung, Meinung oder ein irrationales Gefühl mit einem rationalen Element in Einklang zu bringen, das in der Beschreibung und Erklärung all dieser Phänomene inhärent ist. So haben wir, zumindest in einem ersten Schritt, ein Paradox der Irrationalität geklärt. Doch es gibt ein zweites Paradox, das nicht so einfach zu lösen ist.

Wenn Ereignisse als Ursache und Wirkung miteinander verbunden sind, bleibt ihr Status gleich, ungeachtet des Vokabulars, das wir benutzen, um sie zu beschreiben. Mentale oder psychologische Ereignisse werden erst zu solchen, indem wir sie auf eine bestimmte Art und Weise beschreiben, da dieselben Ereignisse mit Sicherheit zur selben Zeit neurophysiologisch und letztlich physikalische Ereignisse sind. Sie sind allerdings innerhalb dieses Bereiches nur erkennbar und identifizierbar, wenn es eine neurophysiologische oder physikalische Beschreibung gibt. Wie wir gesehen haben, können wir problemlos mentale Ereignisse in bezug auf neurophysiologische oder physikalische Ursachen erklären. Dies ist z. B. für die Analyse der Wahrnehmung oder des Gedächtnisses von Bedeutung. Wenn aber die Ursache mit nicht-mentalen Begriffen beschrieben wird, fehlt uns notwendigerweise das, was wir brauchen, um das Element der Irrationalität zu erklären. Denn Irrationalität tritt nur da auf, wo Rationalität offensichtlich gefordert ist: nämlich da, wo sowohl Ursache als auch Wirkung solche Inhalte haben, die in jener Art von logischen Beziehung zueinander stehen, die die Rede von Rationalität sowie vom Versagen der Rationalität ermöglicht. Ereignisse, die allein durch physikalische oder physiologische Eigenschaften verstanden werden, können nicht als Gründe gelten oder in Konflikt stehen oder mit einem Inhalt versehen sein. Daher haben wir folgendes Dilemma: Betrachten wir die Ursache neutral, ungeachtet ihres mentalen Status als Meinung oder Einstellung – denken wir sie uns lediglich als eine Kraft im Bewußtsein, ohne sie selbst als Teil des Bewußtseins zu identifizieren –, können wir Irrationalität nicht erklären, nicht einmal beschreiben. Bloße Kräfte gehören zu dem Bereich des Arationalen, nicht des Irrationalen. Wir müssen deshalb eine mentale Beschreibung der Ursache geben und sie damit zu einem Kandidaten für einen Grund machen. Doch bleiben wir damit immer noch außerhalb der einzig klaren Form einer Erklärung, die für Bewußtseinsphänomene gilt, denn diese Form verlangt, daß die Ursache mehr als nur ein Kandidat für einen Grund ist: Sie muß ein Grund *sein*, was in diesem Fall nicht möglich ist. Um eine mentale Wirkung zu erklären, brauchen wir eine mentale Ursache, die ebenso der Grund für diese Wirkung ist. Haben wir diese aber, kann die Wirkung kein Fall von Irrationalität sein. Wenigstens scheint es so.

Jedoch gibt es einen Weg, wie ein mentaler Zustand einen anderen mentalen Zustand verursachen kann, ohne einen Grund für ihn darzustellen. Dieser Weg ist weder rätselhaft, noch ist notwendigerweise Irrationalität im Spiel. Dies ist möglich, wenn Ursache und Wirkung in verschiedenen Bewußtseinen auftreten. Z. B., weil ich mir wünsche, daß du meinen Garten betrittst, pflanze ich dort eine wunderschöne Blume. Du sehnst dich nach einem Blick auf diese Blume und kommst in meinen Garten. Mein Wunsch hat dein Verlangen und deine Handlung verursacht, aber mein Wunsch war weder der Grund für dein Sehnen noch dein Handeln. (Vielleicht wußtest du gar nichts von meinem Wunsch.) Mentale Phänomene können andere mentale Phänomene verursachen, ohne Gründe für sie zu sein. In diesem Fall sind Ursache und Wirkung, ohne daß sie ihren mentalen Charakter verlieren, ausreichend voneinander getrennt. Soziale Interaktionen sind hierfür augenscheinliche und unproblematische Beispiele. Doch möchte ich weitergehen und behaupten, daß diese Vorstellung auch auf eine einzige Person oder ein einziges Bewußtsein anwendbar ist. Wenn wir tatsächlich Irrationalität im ganzen erklären wollen, müssen wir, wie es aussieht, vermuten, daß das Bewußtsein in quasi-unabhängige Strukturen teilbar ist, die in einer Weise miteinander agieren, die das Platon-Prinzip nicht akzeptieren oder erklären kann.

Um eine Struktur dieser Art zu bilden, muß ein Teil des Bewußtseins einen größeren Grad an Konsistenz oder Rationalität aufweisen, als dem ganzen Bewußtsein zugeschrieben wird.[6] Solange dies nicht gegeben ist, stimmt die Analogie mit der sozialen Interaktion nicht mehr. Wenn Teile des Bewußtseins, so die Vorstellung, in gewissem Grade unabhängig sind, können wir verstehen, wie sie Inkonsistenzen bergen und auf einer kausalen Ebene interagieren können. Erinnern Sie sich an den Fall von Akrasia. Dort habe ich nicht von Bewußtseinsaufteilung gesprochen, weil die Analyse an dem Punkt mehr beschreibend denn erklärend war. Aber der Weg für eine Erklärung ist offen, wenn wir zwei semi-autonome Abteilungen des Bewußtseins annehmen, eine, die nach Beurteilung aller Evidenzen einen bestimmten Handlungsablauf für den besten hält, und eine andere, die eine andere Handlung initiiert. Auf jeder Seite, auf der Seite des nüchternen Urteils und auf der Seite der willensschwachen Absicht und Handlung, gibt es eine unterstützende Struktur von Gründen, miteinander verbundenen Meinungen, Erwartungen, Vermutungen, Einstellungen und Wünschen. Dieses Bild läßt noch einiges im unklaren, da wir wissen wollen, warum sich diese doppelte Struktur entwickelte, wie sie die gewählte Handlung erklärt und zweifellos auch ihre psychischen Konsequenzen und Korrekturmöglichkeiten. Was ich hier betonen möchte, ist, daß die Aufteilung des Bewußtseins diese weiteren Erklärungen zuläßt und hilft, die begriffliche Spannung zwischen dem Platon-Prinzip und dem Problem, wie Irrationalität zu erklären ist, zu lösen.

Die Aufteilung, die ich hier vorschlage, hat nichts in Wesen und

Funktion mit der alten Metapher des Kampfes von Tugend und Versuchung oder Vernunft und Leidenschaft zu tun. Denn widerstreitende Wünsche oder Werte, die für Willensschwäche nötig sind, legen an sich meines Erachtens keine Irrationalität nahe. Tatsächlich setzt ein nach Berücksichtigung aller Faktoren gefälltes Urteil, in einer bestimmten Weise zu handeln, voraus, daß die widerstreitenden Faktoren in denselben Bewußtseinsbereich gebracht worden sind. Auch besteht Irrationalität nicht im Eingreifen eines feindlichen oder fremden Gefühls wie im Medea-Prinzip. Was wir brauchen, sind organisierte Elemente, die einen bestimmten Grad an Konsistenz besitzen und bei denen ein Element auf ein anderes auf nicht-rationale, kausale Weise einwirken kann.

Indem man Bereichen des Bewußtseins ein gewisses Maß an Autonomie zubilligt, löst man in gewissem Sinn die Probleme, die wir diskutiert haben. Aber es entstehen auch neue. Insoweit nämlich das Platon-Prinzip das Funktionieren des Bewußtseins nicht erklären kann, werden rein kausale Verbindungen an seine Stelle gesetzt, und diese explizieren am besten oder am naturwissenschaftlichsten, da sie in Gesetzen zusammengefaßt werden können. Es stellt sich jedoch die Frage, inwieweit die Funktionen des Bewußtseins auf streng deterministische Gesetze reduziert werden können, wenn die Phänomene mit mentalen Begriffen identifiziert werden. Zum einen kann der Bereich des Mentalen kein geschlossenes System bilden: Vieles, was in ihm geschieht, ist notgedrungen durch nicht-mental beschreibbare Ereignisse verursacht. Zum anderen betreten wir einen Bereich ohne einheitliche und kohärente Menge von Prinzipien, wenn wir die kausalen Verbindungen von mentalen Ereignissen betrachten und teilweise ihre logischen Verbindungen zu den Beschreibungen dieser Ereignisse außer acht lassen: Die angewendeten Begriffe müssen als gemischt betrachtet werden. Teils gehören sie zur Welt nicht-mentaler Kräfte, teils haben sie mentalen Charakter und sind mit einem propositionalen Gehalt verbunden. Dies führt uns direkt zur wichtigen Frage, welche Arten von Gesetzen oder Verallgemeinerungen in diesem Bereich angenommen werden, und damit zu der Frage, wie wissenschaftlich die Wissenschaft vom Mentalen sein kann; dies ist jedoch ein Thema, das ich hier nicht weiter verfolgen möchte.

Es gibt noch ein anderes Problem, das sich aus der Annahme von semi-unabhängigen Abteilungen ein und desselben Bewußtseins ergibt. Wir schreiben Menschen Überzeugungen, Absichten, Motive und Wünsche zu im Bemühen, ihr Verhalten zu systematisieren, zu erklären und vorauszusagen – verbal oder anderweitig. Wir beschreiben ihre Intentionen, ihre Handlungen und ihre Gefühle im Lichte des einheitlichsten und verständlichsten Schemas, das wir finden können. Sprache bietet keinen direkteren Zugang zu diesem Schema als andere Formen des Verhaltens, da die Sprache selbst interpretiert werden muß – tatsächlich beansprucht Sprache zwei Ebenen der Interpretation, zum einen muß interpretiert werden, was die Worte des Sprechers bedeuten, und zum anderen, was der Sprecher damit sagen will. Nicht, daß ein Handelnder oft direkt wüßte, was er glaubt, will oder beabsichtigt, so daß seine Beobachter zu bloßen Detektiven reduziert würden. Obwohl der Handelnde oft sagen kann, was in seinem Kopf vorgeht, haben seine Wörter Bedeutung in der Öffentlichkeit. Was seine Wörter meinen, hängt sowohl vom Interpreten als auch von ihm selbst ab. Wie er verstanden werden muß, ist sowohl ein Problem für ihn wie für andere.

Was die Interpretation schwierig macht, ist die Fülle der mentalen Faktoren, die Verhalten und Sprache ermöglichen. Wenn wir wissen, um ein Beispiel zu nennen, daß eine Person mit bestimmten Worten den Anstieg des Plutoniumpreises mitteilen will, müssen wir generell einiges mehr über ihre Intentionen, Überzeugungen und die Bedeutung ihrer Wörter wissen. Wenn wir uns vorstellen, daß wir aus dem Nichts eine Theorie konstruieren sollten, die das vereinheitlicht und erklärt, was wir beobachten – eine Theorie über die Gedanken, Gefühle und Sprache der Person –, würden wir von der Schwierigkeit überwältigt sein. In dieser Gleichung sind zu viele Unbekannte. Notwendigerweise behandeln wir das Problem mit einer an sich einfachen Strategie, die aber äußerst komplex in der Anwendung ist: Die Strategie besteht darin zu vermuten, daß die Person so zu verstehen ist, wie wir uns selbst verstehen. Dies ist notgedrungen die Anfangsstrategie, von der wir dann abweichen, wenn die Evidenzen zunehmen. Wir beginnen damit zu unterstellen, daß die anderen im großen und ganzen ähnliche Überzeugungen und Wertvorstellungen haben wie wir. Wir müssen vermuten, daß derjenige, den wir verstehen wollen, sich in unserer makroskopischen Welt mit ihren mehr oder weniger beständigen physikalischen Objekten und gewöhnlichen

Kausalbedingungen bewegt. Seine Welt enthält wie die unsrige Menschen mit Bewußtsein und Motiven, er teilt mit uns das Bedürfnis nach Wärme, Liebe, Sicherheit und Erfolg sowie den Wunsch, Kummer und Schmerzen zu vermeiden. Wenn wir mehr ins Detail gehen oder Dinge betrachten, die für unser Denken nicht zentral sind, können wir mehr und mehr Unterschiede zwischen uns und anderen zulassen. Doch wenn wir andere nicht dahingehend interpretieren können, daß sie den größten Teil dessen, was unseren Common sense ausmacht, teilen, werden wir keine ihrer Überzeugungen, Wünsche und Intentionen oder irgendwelche ihrer propositionalen Einstellungen identifizieren können.

Der Grund liegt im holistischen Charakter des Bewußten. Die Bedeutung eines Satzes, der Inhalt einer Meinung oder eines Wunsches, ist nicht etwas, das dem Bewußtsein isoliert von anderen zugeschrieben werden kann. Wir können nicht sinnvoll jemandem den Gedanken zuordnen, daß ein Stück Eis schmilzt, der kaum wahre Überzeugungen über die Natur des Eises, seine physikalischen Eigenschaften im Zusammenhang mit Wasser, Kälte, Festigkeit usw. besitzt. Diese Zuschreibung beruht auf vielen anderen – unendlich vielen. Und von den Überzeugungen, die wir einer Person zuschreiben, müssen viele (unserer Ansicht nach) wahr sein, wenn sie von uns verstanden werden sollen. Die Klarheit und Stichhaltigkeit unserer Zuschreibungen von Einstellungen, Motiven und Überzeugungen sind in dem Maße angemessen, wie wir andere Einstellungen, Motive und Überzeugungen für konsistent und richtig halten. Oft finden wir andere Einstellungen, Motive und Überzeugungen gerechtfertigterweise irrational und falsch, aber diese Urteile sind am fundiertesten, wenn größte Übereinstimmung herrscht. Wir verstehen jemanden am besten, wenn wir ihn für rational und weise halten, und dies Verständnis läßt unsere Auseinandersetzungen mit ihm heftig werden.

Keine Frage, daß das sogenannte »Prinzip der Nachsichtigkeit« im Gegensatz zur Aufteilung des Bewußtseins steht. Denn die Aufteilung erlaubt inkonsistente und sich widersprechende Überzeugungen, Wünsche und Gefühle in einem Bewußtsein, während die grundsätzliche Methode aller Interpretationen uns sagt, daß Inkonsistenz Verstehen verhindert.

Dies ist eine Sache des Grades. Uns fällt es leicht, Irritationen oder Störungen vor einem Hintergrund zu verstehen, mit dem wir weitestgehend übereinstimmen, aber große Abweichungen von Realität oder Konsistenz unterlaufen unsere Fähigkeit, mentale Vorgänge zu beschreiben und zu erklären. Die Grenze des Maßes an Irrationalität, die wir psychologisch noch verstehen können, ist rein begrifflicher oder theoretischer Natur – bestimmt durch die Tatsache, daß mentale Zustände und Ereignisse durch ihre Anordnung im logischen Raum als die Zustände und Ereignisse, die sie sind, konstituiert werden. Was auf der anderen Seite die Konsistenz und Korrespondenz mit der Realität einschränkt, so wie wir sie bei unseren Mitmenschen vorfinden, liegt in der Schwäche der menschlichen Natur: mangelnde Imagination und mangelndes Einfühlungsvermögen auf seiten des Interpreten und die dickköpfige Unvollkommenheit auf seiten des Interpretierten. Das dahinterliegende Paradox der Irrationalität, dem sich keine Theorie voll und ganz entziehen kann, ist folgendes: Wenn wir es zu gut erklären, verwandeln wir es in eine versteckte Form der Rationalität; wenn wir Widersprüchliches zu leichthin feststellen, bringen wir unsere Fähigkeit in Gefahr, Irrationalität zu diagnostizieren, weil wir genau den Hintergrund von Rationalität aufgeben, der nötig ist, überhaupt eine solche Diagnose zu rechtfertigen.

Ich habe zu zeigen versucht, daß genau die hier erwähnten allgemeinen Merkmale der psychoanalytischen Theorie, die Philosophen und andere beschäftigen, wenn ich recht habe, die Merkmale sind, die jede Theorie beinhalten muß, die Irrationalität erklären möchte.

Das erste Merkmal besteht darin, daß das Bewußtsein zwei oder mehr semi-autonome Strukturen besitzt. Dieses Merkmal haben wir als notwendig betrachtet, um mentale Ursachen erklären zu können, die keine Gründe für die mentalen Zustände sind, die sie verursachen. Nur wenn wir das Bewußtsein unterteilen, scheint es möglich zu sein zu erklären, wie ein Gedanke oder ein Impuls einen anderen verursachen kann, zu dem er keine rationale Verbindung hat.

Das zweite Merkmal schreibt einer oder mehreren Unterteilungen des Bewußtseins eine bestimmte Struktur zu: eine Struktur ähnlich der, die nötig ist, um gewöhnliche Handlungen zu erklären. Dies spricht für eine solche Konstellation von Überzeugungen, Absichten und Affekten, die uns mit Hilfe des Platon-Prinzips erlaubt, bestimmte Ereignisse als mit einem Ziel oder einer Absicht versehen zu charakterisieren. Diese Analogie braucht nicht so weit geführt zu werden, daß wir von Teilen des Bewußtseins als unabhängig Handelnde sprechen. Wichtig ist, daß bestimmte Gedanken und Gefühle einer Person als interagierend begriffen werden, um Konsequenzen gemäß den Prinzipien intentionaler Handlungen produzieren zu können. Diese Konsequenzen dienen dann als Ursachen, aber nicht als Gründe für weitere mentale Ereignisse. Der Zusammenbruch von Beziehungen von Gründen definiert die Grenzen einer Unterteilung. Obwohl ich hier mit Freud von Teilen und Handlungseinheiten spreche, so scheint jedoch keine Metapher erforderlich. Die Teile sind durch Funktionen definiert; letztlich in den Begriffen von Grund und Ursache. Die Vorstellung einer quasi-autonomen Untereinheit fordert keinen kleinen Handelnden in dieser. Um es zu wiederholen: Die operativen Begriffe sind die von Ursache und Wirkung.

Das dritte Merkmal, das erwähnt wurde, besteht darin, daß gewisse mentale Ereignisse den Charakter bloßer Ursachen in bezug auf andere mentale Ereignisse im selben Bewußtsein annehmen. Dieses Merkmal ist für jede Erklärung von Irrationalität erforderlich. Es kann, wie ich dargelegt habe, theoretisch eingeordnet werden, aber dafür müssen wir Bewußtseinsteilen ein gewisses Maß an Autonomie erlauben.

Die drei Elemente der psychoanalytischen Theorie, auf die ich mich konzentriert habe – das sind die Aufteilung des Bewußtseins, das beträchtliche Maß an Strukturiertheit jedes der quasi-autonomen Teile und die nicht-logischen Kausalrelationen zwischen diesen Teilen –, bilden zusammengenommen die Basis einer kohärenten Beschreibung und Erklärung für wichtige Formen der Irrationalität. Sie erklären und rechtfertigen ebenfalls Freuds Mischung aus üblichen Erklärungen mittels Gründen und kausalen Interaktionen, die eher denen aus den Naturwissenschaften ähneln und bei denen Vernunft nicht die übliche normative und rationalisierende Rolle spielt.

Schließlich muß ich die These erwähnen, daß viele mentale Phänomene, die normalerweise dem Bewußtsein zugänglich sind, manchmal weder bewußt sind, noch leicht bewußtgemacht werden können. Ich habe diese Behauptung aus dem Grund nicht erwähnt, weil ich denke, daß den einschlägigen Vorbehalten gegenüber unbewußten mentalen Zuständen und Ereignissen begegnet werden kann, indem man zeigt, daß die Theorie ohne diese akzeptabel ist. Es ist zum Beispiel auffallend, daß die Beschreibung von Willensschwäche nicht erfordert, daß irgendein Gedanke oder Motiv unbewußt ist – ich habe gerade deshalb Aristoteles kritisiert, weil er ein unbewußtes Wissen eingeführt hat, obwohl es nicht notwendig war. Im Standardfall von Willensschwäche weiß der Handelnde, was er tut und warum er es tut und daß es nicht zu seinem Besten ist und warum. Er gibt seine eigene Irrationalität zu. Wenn dies alles möglich ist, kann die Beschreibung nicht dadurch unhaltbar werden, daß man annimmt, daß irgendwann einige der beteiligten Gedanken oder Wünsche unbewußt sind.

Wenn wir bei einer Theorie, gegen die ansonsten nichts einzuwenden ist, die Annahme unbewußter Elemente hinzufügen, kann die Theorie nur akzeptabler gemacht werden, d. h. fähiger, mehr zu erklären. Denn nehmen wir an, wir begreifen mit Hilfe des Genies Freud, daß wir, wenn wir gewisse mentale Zustände oder Ereignisse konstatieren, mehr Verhalten explizieren können, das sonst unerklärt bliebe. Aber wir entdecken auch, daß das damit in Zusammenhang gebrachte verbale Verhalten nicht in das normale Erklärungsmuster paßt. Der Handelnde bestreitet, daß er die Einstellungen und Gefühle besitzt, die wir ihm zuschreiben würden. Wir können Theorie und Beobachtung in Einklang bringen, indem wir die Existenz von unbewußten Ereignissen und Zuständen konstatieren, die, außer Bewußtsein, ansonsten wie bewußte Überzeugungen, Wünsche und Gefühle sind. Hier lauern noch weitere Rätsel. Aber die Rätsel scheinen eher von anderen Problemen herzurühren; unbewußte mentale Ereignisse tragen nichts zu den anderen Problemen bei, sondern sind ihre natürlichen Begleiter.

Ich habe die Auffassung vertreten, daß ein gewisses Analyseschema auf wichtige Fälle von Irrationalität paßt. Wahrscheinlich findet sich eine Version dieses Schemas in jedem Fall von »interner« Inkonsistenz oder Irrationalität. Aber stellt dieses Schema eine hinreichende Bedingung für Irrationalität dar? Wahrscheinlich nicht. Denn einfache Fälle von Assoziation gelten nicht als irrational. Wenn es mir gelingt, einen Namen zu erinnern, wenn ich eine bestimmte Melodie summe, gibt es eine mentale Ursache für etwas, für das sie kein Grund ist; ähnliches gilt für viele andere Fälle. Aber weit interessanter und wichtiger ist eine Form der Selbstkritik und Besserung, die wir sehr schätzen und die sogar als der wesentliche Kern der Rationalität und die Quelle der Freiheit verstanden wird. Doch es ist klar ein Fall mentaler Kausalität und gehört damit nicht mehr zur Vernunft (in dem mehr technischen Sinn, in dem ich den Begriff verwendet habe).

Ich denke dabei an eine bestimmte Art eines Wunsches oder Wertes zweiter Ordnung und die Handlungen, die er auslösen kann. Dies geschieht, wenn eine Person ein positives oder negatives Urteil über einige ihrer eigenen Wünsche fällt und sie sich so verhält, daß sich diese Wünsche ändern. Aus der Perspektive des geänderten Wunsches gibt es keinen Grund für den Wechsel – der Grund kommt von einer unabhängigen Quelle und basiert auf weiteren, teilweise konträren Überlegungen. Der Handelnde hat Gründe, seine Gewohnheiten und seinen Charakter zu ändern, aber diese Gründe kommen aus dem Bereich der Werte, der notwendigerweise extrinsisch gegenüber den Inhalten der zu verändernden Ansichten oder Werte ist. Die Ursache der Änderung, wenn sie geschieht, kann daher nicht der Grund für das sein, was sie verursacht. Eine Theorie, die Irrationalität nicht erklären kann, kann auch nicht unsere heilsamen Anstrengungen und gelegentlichen Erfolge bei Selbstkritik und Besserung verständlich machen.

Ursula Wolf

ZUM PROBLEM DER WILLENSSCHWÄCHE

Das Wort »Willensschwäche« ist zum einen ein Ausdruck unserer Umgangssprache, zum anderen fungiert es in der Philosophie als Übersetzung des griechischen Wortes »akrasia«. »Akrasia« kann man ungefähr mit »Unbeherrschtheit« übersetzen, und die Wörter »Willensschwäche« und »Unbeherrschtheit« sind sicher nicht völlig gleichbedeutend. Nun wurde auch in der griechischen Philosophie »akrasia« nicht genau im Sinn der damaligen Umgangssprache verwendet, sondern in einem terminologischen Sinn. Aristoteles hat dieses Wort als Terminus eingeführt für das Phänomen, daß jemand nicht tut, was er für das beste hält, obwohl er es tun könnte. Sokrates hatte bestritten, daß es dieses Phänomen gibt, und er hat mit dieser zunächst wohl erstaunlichen und provokanten These eine Diskussion angefacht, die noch heute im Gang ist. Da es diese Diskussion ist, an der ich mich beteiligen möchte, ist das Wort »Willensschwäche« in meinem Titel so zu verstehen, daß es zunächst einfach eine Abkürzung für die genannte ausführliche Phänomenbeschreibung ist.

Daß wir nicht tun, was wir für besser halten, auch wo wir es könnten, scheint ein so häufiges Phänomen zu sein, daß man sich fragen wird, wie Philosophen überhaupt dazu kommen konnten, sich ausgerechnet über seine Existenz zu streiten. Warum sie das tun und worüber sie dabei genauer streiten, kann uns vielleicht immer noch am besten Aristoteles erläutern, der sich ausführlich und differenziert mit der These des Sokrates auseinandersetzt.

Aristoteles wirft Sokrates zunächst vor, daß seine Behauptung den Phänomenen widerspricht (1145 b 27f.), entwickelt dann jedoch eine Position, die zwischen schwächeren und stärkeren Versionen von Willensschwäche unterscheidet und die Sokratische These für die starke Version bestätigt. Ich beginne unmittelbar mit dem Beispiel, das Aristoteles in dem zentralen Text EN VII 5 erörtert.

Jemandem wird eine Süßigkeit angeboten. Er hat den Wunsch,

seine Gesundheit zu erhalten, und die Meinung, daß Süßigkeiten schädlich sind, und daher kommt er in einer praktischen Überlegung, in der er fragt, was er in der Situation am besten tun sollte, zu dem Ergebnis, daß er die Süßigkeit ablehnen sollte. Damit wird sein konkretes Wollen in der Situation mit der Erforderlichkeit dieser Handlung des Ablehnens konfrontiert, d. h. diese Handlung müßte jetzt zu einer in der Situation gewollten werden. Nun kann es sein, daß unsere unmittelbaren oder sinnlichen Wünsche zufällig in Einklang mit dem sind, was aufgrund von Überlegung das beste zur Erreichung bestimmter höherstufiger oder langfristiger Ziele ist. Es kann sein, daß der Handelnde kein großes Bedürfnis nach Süßigkeiten oder sogar eine Abneigung dagegen hat. Es kann aber ebensogut sein, daß überlegtes Wollen und unmittelbares Wollen sich widerstreiten. Es kann sein, daß dem Betreffenden einerseits viel an seiner Gesundheit liegt, daß er aber andererseits in der vorliegenden Situation große Lust auf die Süßigkeit hat. In solchen Situationen, in denen das Tun des Besseren sozusagen gegen innere Widerstände erfolgen müßte, erweist sich Willensstärke oder Willensschwäche: Der Willensstarke tut gegen seine unmittelbaren Antriebe das, was ihm die Überlegung als das beste erweist, der Willensschwache folgt gegen die Überlegung seinem unmittelbaren Antrieb.

Nun ist diese Überlegung nicht irgendeine Überlegung, sondern sie ist eine Überlegung darüber, was für mich in dieser Situation zu tun das beste ist. Nach Aristoteles sind für eine solche praktische Überlegung u. a. zwei Dinge charakteristisch: Erstens muß ich berücksichtigen, was ich in der Situation tun kann, was überhaupt in meiner Macht steht (sowohl was die äußeren Situationsbedingungen als auch was meine – physischen, technischen, intellektuellen usw. – Fähigkeiten angeht). Zweitens gehören in die praktische Überlegung nur diejenigen meiner Wünsche, die nicht bloße Wunschvorstellungen, sondern handlungsbezogene Wünsche sind, d. h. deren Realisierung ich wirklich anstrebe. Der Handelnde in dem Beispiel überlegt also nicht einfach abstrakt, was das beste zur Erhaltung seiner Gesundheit wäre, um sich dann vielleicht zu sagen, daß es schön wäre, wenn er ein anderer Mensch wäre, der wirklich so handeln wollte oder könnte; sondern seine Überlegung geht aus von dem handlungsbezogenen Willen zur Erhaltung der Gesundheit, und d. h. von einer praktischen Einstellung, die sich in jeweiligen Situationen in geeigneten Handlungsvorsätzen manifestiert. Die praktische Überlegung fragt nach der hier und jetzt und für mich besten Handlung, gegeben meine verschiedenen handlungsbezogenen Wünsche, meine Fähigkeiten sowie die Situationsumstände, und ihr Ergebnis hat daher unmittelbar die Form eines Handlungsvorsatzes.

Ein konkreter Handlungsvorsatz hinsichtlich einer jetzt anstehenden Handlungssituation ist aber dadurch definiert, daß er zur Ausführung kommt, wenn kein äußeres Hindernis vorliegt und der Handelnde ihn ausführen kann (1147a 30f.). Wenn daher jemand den Vorsatz, die nach seiner Überlegung beste Handlung zu tun, nicht ausführt, obwohl kein äußeres Hindernis vorliegt und obwohl er die Fähigkeit im gewöhnlichen Sinn der physischen usw. Fähigkeit besitzt, dann folgt analytisch, daß er entweder den Vorsatz nicht wirklich hat oder ihn aufgrund bestimmter innerer Bedingungen nicht ausführen kann. Wir können jetzt sehen, was das Problematische an der Beschreibung ist, daß jemand das seiner Meinung nach Beste nicht tut, obwohl er es tun könnte. Wenn die Meinung über das Beste Vorsatzcharakter hat, dann verwickeln wir uns in einen Widerspruch, wenn wir sagen, daß jemand das, was er für das in der Situation Beste hält, in dieser Situation tun könnte, es aber doch nicht tut. Ich stimme daher Sokrates und Aristoteles zu, daß es dieses Phänomen in der Tat nicht geben kann. Andererseits hatten wir, als uns die These des Sokrates auf den ersten Blick unplausibel vorkam, doch offenbar ein Phänomen im Auge, und es bleibt daher die Frage, wie dieses gesuchte Phänomen angemessen zu beschreiben wäre.

Aristoteles selbst macht dazu folgenden Vorschlag. Derjenige, der es für das in der Situation beste hält, die Süßigkeit abzulehnen, wird in dem Augenblick, in dem er den Vorsatz faßt, von einem Verlangen nach der Süßigkeit überwältigt, das einfach hinter dem Rücken des Vorsatzes oder an dem Vorsatz vorbei Einfluß auf sein Handeln gewinnt (1147a 34). Seine Handlung ist dann nur noch freiwillig in dem Sinn, daß sie nicht unter äußerem Zwang geschieht, aber sie ist nicht mehr freiwillig in dem Sinn, daß er zu diesem Zeitpunkt auch hätte anders handeln können. Dieser Verlust an Freiwilligkeit ist für Aristoteles letztlich immer ein Verlust an Wissen: In dem Moment, in dem die Begierde wirksam wird, macht sie den Handelnden sozusagen vorübergehend blind, so daß er, selbst wenn er seine Meinung über das Beste ausspricht, das nur wie ein Betrunkener oder Träumender tut, und d. h. ohne sich in diesem Moment über die Bedeutung und Handlungsrelevanz der Aussage im klaren zu sein (1147b 9ff.).[1]

Neben diesem wohl eher seltenen, wenn auch denkbaren Fall, daß jemand, der eine Überlegung bis zum Ende durchgeführt hat, dann doch noch von einer Begierde oder einem Affekt überwältigt wird, bezeichnet Aristoteles als Willensschwäche auch das sicher häufigere Phänomen, daß jemand in der konkreten Situation unter dem Einfluß einer Begierde überhaupt nicht überlegt, sondern einfach unmittelbar handelt (1150b 19ff.).[2] Hier ist sein höherstufiger Wunsch bzw. sein allgemeines Handlungsprinzip, z. B. das Vermeiden von Dingen, die der Gesundheit schaden, in der Handlungssituation nur potentiell vorhanden, ohne in einer Überlegung aktualisiert und auf die Situation angewandt zu werden (1146b 31ff.).

Erfaßt Aristoteles auf diese Weise dasjenige Phänomen, das wir neu zu beschreiben versuchen, nachdem sich die Beschreibung, daß jemand freiwillig gegen das seiner Meinung nach Beste handelt, als widersprüchlich erwiesen hat? Solange wir noch nicht über eine neue Beschreibung verfügen, kann ich selbst dieses Phänomen vorläufig nur vage benennen. Aber es wäre jedenfalls dort zu suchen, wo jemand sich in der konkreten Situation in einem bewußten Konflikt zwischen überlegter Meinung und unmittelbarem Wollen befindet und dann dem unmittelbaren Wollen folgt. Dieses Phänomen aber kommt bei Aristoteles – wenn ich ihn richtig interpretiere – nicht vor. Es liegt ohnehin nicht vor, wo der Handelnde unter dem Einfluß der Begierde überhaupt nicht überlegt; aber es kommt bei Aristoteles auch dann nicht vor, wenn er überlegt hat, weil die Begierde, sobald sie eingreift, die Meinung über das Beste für den Moment in einen Status der Potentialität zurückversetzt, so daß ein Konflikt nicht vorhanden ist. Wie läßt sich das gesuchte Phänomen aber dann beschreiben?

Moderne Anhänger der sokratisch-aristotelischen Position versuchen es dadurch zu fassen, daß sie den von Aristoteles angenommenen Zusammenhang zwischen Wissen und Handlungsfreiheit auflösen. So beschreibt z. B. Hare den Willensschwachen als jemanden, der eine klare Meinung über das Bessere hat, jedoch in der Situation aufgrund einer psychischen Unfähigkeit nicht entsprechend handelt[3]; andere reden statt von psychischer Unfähigkeit von zwangsneurotischem Verhalten.[4] Was diese Begriffe bedeuten und ob man die Rede von Unfähigkeit oder Zwang hier wörtlich nehmen darf, müßte genauer geklärt werden. Zwar können wir bei Freud den Satz lesen: »[Der Zwangsneurotiker] ist vollkommen klar, teilt Ihr Urteil über seine Zwangssymptome ... Er kann nur nicht anders«[5], aber das ist durchaus auch in der Psychologie nicht die einhellige Meinung.[6] Man könnte es plausibler finden zu sagen, daß es für den Zwangsneurotiker nicht unmöglich, sondern nur besonders schwierig ist, anders zu handeln, d. h., man könnte an dem Zusammenhang zwischen Wissen und Handlungsfreiheit festhalten, den Aristoteles annimmt und den später mit allen Details Spinoza aufzuzeigen versucht hat. Obwohl ich selbst diese letztere Auffassung für überzeugender halte, kann ich diesen Punkt offenlassen; denn gerade dann, wenn es dem Zwangsneurotiker in einem wörtlichen Sinn unmöglich ist, anders zu handeln, kommen wir nicht zu dem gesuchten Phänomen. Die praktische Überlegung fragt nach der besten der mir möglichen Handlungen, und daher kann, wenn ich mich selbst so sehe, daß ich unter innerem Zwang stehe und nicht anders handeln kann, die betreffende Handlung nicht Inhalt meiner Meinung über das Beste sein.[7]

Das gesuchte Phänomen, daß jemand sich in einer Situation, in der er so oder anders handeln könnte, in einem bewußten Konflikt zwischen unmittelbarem Wunsch und überlegter Meinung befindet und dann dem unmittelbaren Wunsch folgt, wird also sowohl von Aristoteles als auch von seinen modernen Anhängern übersprungen, wenn auch auf verschiedene Weise. Bei den modernen Autoren dadurch, daß sie sich auf den Spezialfall des zwangsneurotischen Handelns konzentrieren. Aber schließlich haben wir es nicht immer, wenn wir einem unmittelbaren Wunsch nachgeben, mit einer neurotischen Handlung zu tun, d. h. mit einer Manifestation von fest verankerten wiederkehrenden Verhaltensstrukturen. Wenn jemand z. B. am Abend ins Kino geht, obwohl er eigentlich noch arbeiten wollte, braucht das kein Fall von zwanghafter Arbeitsflucht zu sein, sondern kann einfach heißen, daß er gegen seinen höherstufigen Wunsch seiner Unlust nachgibt. Aristoteles andererseits verfehlt das Phänomen dadurch, daß er sich auf den Spezialfall des blinden Verlangens beschränkt, welches die Seite der Überlegung ausschaltet. Aber nicht in jedem Fall, in dem jemand einem unmittelbaren Wunsch folgt, braucht dieser ihn in dem Maß überwältigt zu haben, daß er nicht mehr weiß, was er tut.[8]

Das Phänomen, das wir suchen, muß also irgendwo zwischen dieser unteren Ebene des entweder zwanghaften oder blinden Handelns, welches kein Anders-handeln-Können impliziert, und der Ebene des Handelns nach den besten Gründen liegen. Daß jemand einem unmittelbaren Wunsch nachgibt, wo er sich in einem echten Konflikt zwischen diesem Wunsch und einer Meinung über das Beste befindet, läßt sich erst dort sinnvoll sagen, wo der Betreffende in der Situation überlegen und so oder anders handeln kann. Das aber heißt, daß die Konfliktsituation eine Wahlsituation ist, in der der Handelnde sich zwischen seinem unmittelbaren Wunsch und seinem höherstufigen Wunsch entscheidet. Wir könnten die Situation des Willensschwachen jetzt so beschreiben, daß er überlegt hat und d. h. eine Entscheidung gefunden hat, daß aber der unmittelbare Wunsch in der Situation dann doch so stark bleibt, daß er das Ergebnis der Überlegung sofort wieder in Frage stellt. Nehmen wir an, jemand hat aus seinem langfristigen Wunsch nach Erhaltung seiner Gesundheit zusammen mit bestimmten Kausalgesetzen und Tatsachen geschlossen, daß er nicht mehr rauchen sollte. Und er hat nach diesem Überlegungsschritt, der fragt, wie sich sein langfristiger Wunsch am besten realisieren läßt, in einem zweiten Schritt zwischen seinen verschiedenen Wünschen abgewogen und ist zu dem Ergebnis gekommen, daß ihm die Erhaltung der Gesundheit wichtiger ist als das Rauchen. Wenn jetzt in der konkreten Situation sein Bedürfnis nach Zigaretten sehr stark ist, könnte er zunächst die abwägende Überlegung wiederholen. Da der Willensschwache jemand sein soll, der gegen seine überlegte Meinung handelt, müssen wir jedoch den Fall so konstruieren, daß er auch in dieser Überlegung, in der die Stärke des Verlangens als ein Faktor berücksichtigt wird, zu dem Ergebnis kommt, daß er keine Zigarette anzünden sollte, und daß er doch anders handelt. Er handelt dann freiwillig und aus einem Grund, nämlich weil er das Verlangen hat. Aber er entscheidet sich dadurch zugleich zum Handeln gegen seine besten Gründe, und diese Entscheidung kann jetzt nur noch eine bloße Entscheidung sein, weil weitere Gründe nicht mehr zur Verfügung stehen.

Auf diese Weise wird die Willensschwäche von Philosophen wie Davidson und Thalberg beschrieben[9], die gegen Sokrates Partei ergreifen. Der Willensschwache entscheidet sich gegen das, was er für das in der Situation Beste hält, und wenn wir ihn fragen würden, warum er das tut, könnte er keine Antwort mehr geben. Er handelt frei, aber er kann seine Handlung prinzipiell nicht rechtfertigen. Nun haben wir aber schon vorhin gesehen, daß es Willensschwäche in diesem Sinn nicht geben kann, weil diese Beschreibung in einen Widerspruch führt. In der praktischen Überlegung geht es nicht um irgendein Bestes, sondern um die Frage, was hier und jetzt für mich zu tun das beste ist, und daher hat die Antwort die Form eines Handlungsvorsatzes.[10] Da wir jetzt davon ausgehen, daß der Handelnde in der Situation so oder anders handeln kann, folgt aus dem Vorliegen eines Vorsatzes analytisch die Ausführung. D. h. umgekehrt: Handelt der Betreffende freiwillig gegen das, was er für besser zu halten behauptet, dann folgt analytisch, daß er es nicht wirklich für besser hält.

Oder ist das vielleicht doch nicht zwingend? Kenny meint, daß es dann nicht folgt und daß sich daher die antisokratische Position dann verteidigen läßt, wenn wir beachten, daß unsere individuellen Wünsche auf allgemeinen Wunschdispositionen beruhen.[11] Nach Kenny meinen wir mit Willensschwäche nicht, daß jemand gegen das handelt, was er in der konkreten Situation für das beste hält, sondern nur, daß er gegen das Bessere im Sinne eines höherstufigen oder langfristigen Wunsches handelt, den er grundsätzlich höher bewertet. Daß jemand einen solchen höherstufigen Wunsch in einem handlungsrelevanten Sinn hat, impliziert nur, daß er ihn meistens in relevanten Situationen realisiert; aber wir sprechen ihm einen solchen Wunsch nicht schon dann ab, wenn er ihn in seltenen Fällen nicht realisiert. Also geraten wir hier nicht in den Widerspruch, der sich aus der Orientierung am konkreten Handlungsvorsatz ergibt.

Aber auf diese Weise kommen wir nicht zu einer Beschreibung des gesuchten Phänomens, bei dem ein Konflikt in der konkreten Situation vorliegen sollte. Denn nach dieser Beschreibung handelt der Betreffende in der konkreten Situation nicht gegen das, was er für das in der Situation beste hält, sondern er hält es eben in dieser Situation für besser, seinem unmittelbaren Wunsch zu folgen. Daß wir seinem höherstufigen Wunsch nicht einfach die Handlungsrelevanz absprechen, wenn er das in seltenen Fällen tut, ist richtig. Aber wir würden doch in jedem solchen Fall von seinem höherstufigen Wunsch ein kleines Stück an Gewicht oder Handlungsrelevanz abziehen. Anders gesagt: Er handelt dann nicht gegen den Wunsch, in allen Situationen der und der Art so und so zu handeln, sondern er hat dann eben vielmehr nur den Wunsch, in den meisten derartigen Situationen so zu handeln. Würden wir ihm einen handlungsrelevanten Wunsch für alle derartigen Situationen zuschreiben, würden wir bereits dann, wenn er in einer solchen Situation anders handelt, ebenso in einen Widerspruch geraten wie dort, wo wir sagen, daß jemand gegen einen konkreten Vorsatz handelt.

Wenn jemand sagt, daß er etwas für das beste hält, aber doch anders handelt, können wir also in der Tat nur noch die vorhin schon erwähnte Konsequenz ziehen, daß er es nicht wirklich für das beste hält bzw. nicht wirklich im handlungsrelevanten Sinn will. So erweist sich als die einzig mögliche Beschreibung des gesuchten Phänomens, welche nicht in Paradoxien führt und doch zugleich das Vorliegen eines echten Konflikts in der konkreten Situation erfassen kann, diejenige, die sich bei Thomas von Aquin findet: Daß jemand, der sich in einem echten Konflikt zwischen einem unmittelbaren Wollen und einer Meinung über das Beste befindet, dem unmittelbaren Wollen folgt, kann nicht heißen, daß er gegen seine überlegte Meinung bzw. seinen Vorsatz handelt, sondern es kann nur heißen, daß er diese Meinung bzw. diesen Vorsatz zunächst erwägt, aber sofort wieder aufgibt. Und bezogen auf den höherstufigen Wunsch, der in dieser Meinung enthalten ist, kann es nur heißen, daß er seine Realisierung nicht sehr fest, sondern nur auf schwächere Weise bzw. nicht für alle, sondern nur für manche Fälle intendiert.[12] Thomas bezeichnet das Phänomen auch unter dieser Beschreibung als Willensschwäche (incontinentia), aber es scheint angemessener, hier einfach von der Änderung eines Vorsatzes hinsichtlich der konkreten Situation bzw. der Änderung des Status der höherstufigen Wünsche zu reden.

Wer gegen seine Meinung über das Beste seinem unmittelbaren Wollen folgt, müßte also sehen, daß er damit in Wirklichkeit seine Meinung geändert hat und damit seine Überlegungen revidieren müßte. Für eine solche Revision bestehen zwei Möglichkeiten. Nehmen wir z. B. an, jemand habe seiner eigenen Aussage zufolge den höherstufigen Wunsch, schlank zu werden, und er halte es daher für das beste, keine Süßigkeiten zu essen; er handelt jedoch nicht entsprechend. Dann wäre die erste Möglichkeit die, daß er zugibt, daß er seinem höherstufigen Wunsch keinen handlungsrelevanten Status gibt, sondern den eines bloßen Wunsches; er fände es zwar schön, schlank zu sein, aber er will die erforderlichen Verzichte doch nicht auf sich nehmen. Bloße Wünsche aber sind nicht Gegenstand der praktischen Überlegung, so daß er diesen Wunsch aus der Überlegung streichen müßte. Es braucht jedoch, zweitens, nicht der Fall zu sein, daß der höherstufige Wunsch überhaupt keinen Handlungsbezug hat. Es könnte z. B. sein, daß der Betreffende nur manchmal der Versuchung durch Süßigkeiten nachgibt, oder es könnte sein, daß er in anderen Handlungsbereichen Dinge tut, die der Realisierung seines Wunsches förderlich sind, daß er sich z. B. viel bewegt und Sport treibt. Dann muß er denjenigen Schritt in seiner Überlegung revidieren, in dem er seine verschiedenen Wünsche gegeneinander abgewogen hat. Er müßte dem Genuß von Süßigkeiten ein größeres Gewicht einräumen, als er das in seiner ursprünglichen Äußerung, die zu seinem Handeln in Widerspruch steht, getan hat.

Würde der Handelnde seine Überlegung auf eine dieser Weisen revidieren, dann käme er zu derjenigen Meinung über das in der Situation Beste, die mit seinem Handeln übereinstimmt, d. h. die die Befriedigung des unmittelbaren Wollens als das in der Situation Beste erweist. Wir können daher die thomasische Beschreibung des gesuchten Phänomens jetzt auf folgende Weise präzisieren: Es liegt dort vor, wo jemand, wenn ein unmittelbarer Wunsch das Ergebnis seiner Überlegung immer noch in Zweifel zieht, durch sein tatsächliches Verhalten seinen konkreten Vorsatz ändert bzw. den Status eines höherstufigen Wunsches abschwächt, ohne sich mit der Erforderlichkeit eines erneuten Überlegungsschritts, in dem er die Gewichtung oder den Status seiner Wünsche revidiert, zu konfrontieren.

Man könnte daher sagen, daß wir es hier letztlich mit einem kognitiven Fehler zu tun haben, wenn auch von besonderer Art, nämlich einem Fehler im Selbstverständnis. Dieser Fehler ist ein interessierter Fehler. Wir machen ihn deswegen, weil wir einerseits vor uns selbst und vor anderen jemand sein möchten, der bestimmte höherstufige Wünsche als wirkliche Handlungsabsichten hat, weil wir aber andererseits im Konfliktfall ungern auf die Befriedigung unmittelbarer Wünsche verzichten. Da wir gern beides zugleich hätten, reden wir so, als wäre das möglich, und versuchen zu übersehen, daß wir uns damit in einen Widerspruch verwickeln. Aber diesem Widerspruch können wir nicht entgehen. Er ergibt sich nicht aus zufälligen begrifflichen Abgrenzungen, die wir auch ändern könnten, sondern daraus, daß es an uns selbst liegt, ob wir so oder anders handeln, d. h. daraus, daß wir Handlungsfreiheit besitzen. Der Begriff der Handlungsfreiheit impliziert den Begriff des Wollens, und zwar nicht in irgendeinem Sinn von »wollen«, sondern im Sinn des handlungsrelevanten Wollens: Wenn ich etwas hier und jetzt tun kann oder auch nicht, und es nicht tue, dann folgt analytisch, daß ich es nicht im handlungsrelevanten Sinn will, d. h. nicht wirklich für das in dieser Situation beste halte. Da wir selbst es sind, auf die diese Begriffe angewandt werden, sind wir mit den analytischen Notwendigkeiten, die sie implizieren, praktisch oder von innen konfrontiert. Behaupten wir eines für das beste zu halten und tun gleichwohl ein anderes, dann verwickeln wir uns in einen Widerspruch, der sich nur dadurch auflösen läßt, daß wir zugeben, daß wir in Wirklichkeit nicht ganz die Menschen sind, als die wir uns gerne verstehen würden.

Glücklicherweise jedoch besitzen wir mit der Handlungsfreiheit zugleich auch eine Fähigkeit, die es uns ermöglicht, diese unerfreuliche Konsequenz zumindest in manchen Fällen zu umgehen, die Fähigkeit zur Selbsttäuschung. Mit Hilfe dieser Fähigkeit gelingt es uns, die Diskrepanz zwischen unserem wirklich handlungsrelevanten Wollen und denjenigen Wünschen, die wir uns gern als handlungsrelevante zuschreiben würden, ein Stück weit zu überbrücken bzw. die vorhin erläuterten Revisionen der Überlegung, nämlich entweder die Abschwächung des Gewichts eines höherstufigen Wunsches oder die Änderung seines Status vom handlungsrelevanten zum bloßen Wunsch, zu umgehen.

Daß wir diese Möglichkeit haben und benutzen, bestätigt meine Auffassung von Willensschwäche als widersprüchlichem Verhalten: Wenn wir nicht selbst unser Verhalten als widersprüchlich empfinden würden, bestünde kein Grund, von einer Verdeckung durch Selbsttäuschung Gebrauch zu machen. Die Untersuchung des Begriffs der Willensschwäche müßte also jetzt in eine Untersuchung des Begriffs der Selbsttäuschung übergehen. Ich kann eine solche Untersuchung hier nicht mehr wirklich durchführen, möchte aber wenigstens noch damit beginnen, indem ich die zwei wichtigsten Verfahren erläutere, deren sich Selbsttäuschung bedienen kann, nämlich Rationalisierung und Ausnutzung von Zeitdifferenzen.

Das Problem des sog. Willensschwachen war, daß er einerseits ein bestimmtes ideales Selbstverständnis aufrechterhalten will und andererseits nicht auf die Befriedigung unmittelbarer Wünsche verzichten will, daß aber beides zusammen oft nicht möglich ist. Die unmittelbaren Wünsche können uns jedoch zu einer Weise des Überlegens veranlassen, durch die es etwas öfter möglich wird. Unsere höherstufigen Wünsche erfordern in relevanten Situationen Handlungen, die Prinzipien oder Kausalgesetze befolgen. Wer z. B. ein guter Mensch sein will, muß nach bestimmten Moralprinzipien handeln; wer seine Gesundheit erhalten will, muß sein Handeln an den entsprechenden Kausalgesetzen orientieren. Wenn die praktische Überlegung fragt, welche Handlung in einer konkreten Situation zur Realisierung eines solchen Wunsches erforderlich ist, bewegt sie sich daher in einem gewissen Spielraum der Unbestimmtheit: Handlungsprinzipien sind Prima-facie-Prinzipien, d. h. sie sehen Ausnahmen in begründeten Fällen vor, ohne daß diese im voraus festgelegt wären. Kausalgesetze andererseits haben häufig Wahrscheinlichkeitscharakter; z. B. sind nicht für alle Menschen dieselben Dinge schädlich, und der Schwellenwert, an dem die Schädlichkeit beginnt, sowie der Zeitpunkt, zu dem der Schaden eintreten wird, lassen sich selten exakt angeben. Außerdem erfordert die Anwendung eines Prinzips oder Kausalgesetzes eine Interpretation der konkreten Handlungssituation, und Situationsinterpretationen sind nie in dem Sinn definitiv, daß wir hier nicht ebenfalls Spielräume hätten.

Durch Ausnutzung dieser Unbestimmtheitsspielräume können wir oft auch dort, wo wir in einem Konflikt zwischen einem unmittelbaren und einem höherstufigen Wollen einfach dem unmittelbaren Wunsch nachgeben, das Eingeständnis umgehen, daß wir damit das Gewicht des höherstufigen Wunsches in der Überlegung abschwächen müßten. Denn wir können, indem wir z. B. unliebsame Situationsfaktoren für irrelevant erklären oder falsch interpretieren, indem wir Wahrscheinlichkeitsgesetze für zu unsicher halten usw., die Überlegung so wenden, daß wir zu dem Ergebnis kommen, daß wir in dieser Situation eine wohlbegründete Ausnahme von der Befolgung des Prinzips oder Gesetzes machen können. Wohlbegründete Ausnahmen aber sind in den Prinzipien selbst vorgesehen, und daher bedeutet es keine Abschwächung des Prinzips, wenn wir sie machen. Solche Überlegungen, in denen wir unseren wirklichen Handlungsgrund, einen unmittelbaren Wunsch, durch Scheingründe verdecken, kann man als Rationalisierungen bezeichnen. Sie haben insbesondere zwei Merkmale. Erstens steht hier von vornherein fest, was das für den Handelnden Beste ist, nämlich das Handeln nach dem unmittelbaren Wunsch, und die Überlegung sucht nur nachträglich nach solchen Gründen, die die Handlung in ein möglichst gutes Licht stellen. Zweitens sind diese Gründe nicht die Gründe, aus denen der Betreffende handelt, sondern der Grund, aus dem er in Wirklichkeit handelt, ist, daß er seinen unmittelbaren Wunsch befriedigen will.

Es gibt noch eine zweite Weise der Rationalisierung, die es uns anders als die erste ermöglicht, offen unseren unmittelbaren Wünschen zu folgen, indem wir gerade eine solche Verhaltensweise zu einem bestimmten Selbstverständnis hochstilisieren. Wenn wir uns von unmittelbaren Wünschen bestimmen lassen, ohne die weiteren Folgen zu bedenken, reden wir häufig so, daß wir sagen, daß es schließlich nicht so wichtig ist, was wir tun und wie wir sind, daß im Grunde nichts daran liegt oder daß es egal ist, was man tut. Auf diese Weise brauchen wir nicht zu sagen, daß uns die unmittelbaren Wünsche als solche das wichtigste sind, sondern können unser Verhalten als Ausdruck eines distanzierten Verhältnisses zu uns selbst und zur Welt hinstellen.

Damit möchte ich nicht sagen, daß jemand ein solches Selbstverständnis nicht aufrichtig und ohne Rationalisierungsabsichten haben kann. Das ist vielmehr ohne weiteres möglich. Daß die Selbstdistanzierung häufig nur Rationalisierungsfunktion hat, zeigt sich jedoch daran, daß viele Leute sie gerade nur in den Situationen vertreten, in denen sie sie gebrauchen können, um ihre höherstufigen Wünsche in den Status bloßer Wünsche zu verweisen, während sie sich in anderen Situationen, in denen sie unter negativen Folgen ihrer Handlungen zu leiden haben, eher ernstnehmen und bereuen, daß sie diese Folgen nicht verhindert haben.

Der Kunstgriff der Rationalisierung ist also, was ebenfalls für die zuvor genannte Form gilt, nur in Grenzen wirksam. Wir können uns seiner in der konkreten Situation bedienen, in der unmittelbares und höherstufiges Wollen konfligieren, und wir können ihn dort so verwenden, daß wir uns die Tatsache, daß wir rationalisieren, nicht bewußtmachen. Aber wenn wir nachträglich und außerhalb dieser Situation die Folgen unseres Verhaltens nicht einfach in Kauf nehmen, sondern unsere Handlungsweise bereuen, wird uns bewußt, daß wir nicht richtig überlegt, sondern rationalisiert haben und uns in Wirklichkeit einfach von einem unmittelbaren Wunsch bestimmen ließen. Wir fassen dann häufig zu solchen späteren Zeitpunkten den Vorsatz, künftig unseren höherstufigen Wünschen nicht nur scheinbar, sondern wirklich mehr Gewicht zu verleihen bzw. sie nicht als bloße Wünsche, sondern als zu realisierende Wünsche zu behandeln. Da dieser Vorsatz außerhalb der Handlungssituation gefaßt wird und sich auf unbestimmte künftige Zeitpunkte bezieht, bietet sich uns hier eine weitere Möglichkeit der kostenlosen Identifikation mit unserem idealen Selbstverständnis. Wir können jeweils in den Zeitintervallen zwischen relevanten Konfliktsituationen unseren höherstufigen Wunsch als handlungsrelevanten ausgeben und ihn selbst für handlungsrelevant halten, auch wenn sich schon in der nächsten Konfliktsituation zeigen wird, daß wir ihm nicht wirklich einen handlungsrelevanten Status geben.

Die Rationalisierung durch Ausnutzung von Überlegungsspielräumen sowie durch Überhöhung unmittelbarer Wünsche und die Ausnutzung von Zeitdifferenzen zwischen Vorsatz und Handlung ermöglichen es uns also in manchen Fällen, daß wir uns in der Handlungssituation oder für eine gewisse Zeitspanne mit einem höherstufigen Wunsch identifizieren können, ohne entsprechend zu handeln. Aber die Rationalisierung verliert ihre Wirkung, wo wir nachträglich mit negativen Handlungsfolgen konfrontiert sind, und die Benutzung von Zeitdifferenzen verliert ihre Wirkung, sobald die nächste relevante Situation auftritt, in der sich der Vorsatz zeigen müßte. Nun ist das natürlich etwas, was wir wissen. Wir wissen, daß wir uns gerne dieser Kunstgriffe bedienen, und wir wissen auch, daß sie sich nachträglich immer wieder als wirkungslos erweisen. Da wir es wissen, sind diese Kunstgriffe nur im Modus von Selbsttäuschung sinnvoll. Denn dieses Wissen ist ja ein zusätzlicher Faktor, den wir in der praktischen Überlegung in Rechnung stellen müßten, womit aber die Kunstgriffe von vornherein als solche entlarvt und damit wirkungslos wären. Damit sie wenigstens partiell und zeitweise wirksam sein können, müssen sie mit Selbsttäuschung verbunden sein. D. h. ihre Wirksamkeit setzt voraus, daß wir dieses zusätzliche Wissen über unsere Neigung zu Überlegungsmanipulationen und über deren nur partielle und vorübergehende Wirksamkeit beiseite schieben oder vergessen können.

Ich möchte an diesem Punkt, an dem die Aufklärung des Phänomens der Selbsttäuschung erst richtig beginnen müßte, enden. Aber wir können immerhin sehen, welches die Funktion dieses Phänomens ist. Es kommt gerade dadurch zustande, daß es Willensschwäche in dem Sinn, daß jemand etwas für das beste hält und es nicht tut, nicht geben kann, weil diese Beschreibung widersprüchlich ist. Dieser Widerspruch, in den uns unsere Handlungsfreiheit verwikkelt, ist in der Selbsttäuschung in versteckter Form vorhanden, die uns ermöglicht, uns mit höherstufigen Wünschen zu identifizieren und im Konfliktfall doch möglichst oft nach unmittelbaren Wünschen zu handeln. Aber auch in der Selbsttäuschung können wir den Widerspruch nur verschieben und nicht beseitigen. Er kommt immer wieder zum Vorschein, weil die Kunstgriffe, mit denen wir ihn verdecken, nur partiell und zeitweise wirksam sind.

Nicholas Rescher

Die Begründung von Rationalität: Warum der Vernunft folgen?

ÜBERSICHT (1) Warum der Leitung der Vernunft folgen? Einfach weil dies, soweit wir es feststellen können, die optimalen Erfolgschancen bei der Verwirklichung der angemessenen Ziele liefert. Aber wie kann man wirklich sicher sein, daß das, was lediglich »soweit wir es feststellen können« optimal ist, *tatsächlich* optimal ist? Man kann es nicht! Es gibt kein Mittel zu beweisen, daß Rationalität sich auszahlt. (2) Wir können nur die im wesentlichen *pragmatische* Rechtfertigung erreichen, nämlich zu zeigen, daß der Ratschlag der Vernunft, so gut wir es beurteilen können, die vielversprechendste Aussicht auf Verwirklichung unserer Ziele darstellt. Selbst kognitive Rationalität ist letztlich nur innerhalb der praktischen Ordnung der Vernunft zu rechtfertigen. (3) Wenn man eine *rationale* Rechtfertigung der Rationalität liefert – und was sonst könnten wir beabsichtigen? –, ist das Beste, was man tun kann, der im wesentlichen zirkulären (aber *nicht vitiös* zirkulären!) Argumentationslinie zu folgen und nachzuweisen, daß sich die Vernunft selbst dazu verpflichtet, diese Richtung einzuschlagen.

Das Problem der Bewertung von Rationalität

Warum sollte man rational sein? In gewisser Hinsicht ist dies eine dumme Frage. Denn die Antwort ist nur zu offensichtlich – angenommen, daß das, was wir rationalerweise tun sollen, dasjenige ist (effektiv, per definitionem), für welches die stärksten Gründe sprechen, haben wir *ipso facto* allen Grund, es zu tun. Kurt Baier hat diesen Punkt auf eine schwerlich zu übertreffende Weise ausgeführt:

Die Frage »*Warum* sollte ich der Vernunft folgen« ergibt einfach keinen Sinn. Sie zu stellen, zeigt ein völliges Fehlen des Verständnisses der Bedeutung einer »Warum-Frage«. »Warum sollte ich dies tun?« ist eine Bitte, um den Grund genannt zu bekommen, daß ich dies tun sollte. Sie wird normalerweise gestellt, wenn irgend jemand schon gesagt hat »Du solltest dies tun« und sie wird mit der Angabe des Grundes beantwortet. Weil aber »Sollte ich der Vernunft folgen?« bedeutet »Sag mir, ob das zu tun, was von den besten Gründen gestützt wird, dasjenige ist, was von den besten Gründen gestützt wird«, gibt es einfach keine Möglichkeit,

»Warum« hinzuzufügen. Denn die Frage bekommt nun die Form »Nenne mir den Grund, weshalb das zu tun, was von den besten Gründen gestützt wird, das Tun desjenigen ist, das von den besten Gründen gestützt wird«. Es ist genauso, als fragte man »Warum ist ein Kreis ein Kreis?«.[1]

Aufgrund ihrer Natur als solcher ist die rationale Lösung eines Problems die beste für uns bewältigbare Lösung – diejenige, welche wir annehmen *sollten* und annehmen *würden*, wenn wir intelligent vorgingen. Der Impetus zur Rationalität liegt in unserer Verpflichtung, intelligent vorzugehen – »unseren Verstand zu gebrauchen« – begründet. (»Warum rational sein?« »Es ist intelligent, so zu handeln.« »Aber warum intelligent vorgehen?« »Komm, du machst wohl Witze!«) Wenn wir schließlich einmal zugestanden haben, daß etwas sinnvollerweise getan werden sollte, welchen *weiteren* Grund könnten wir dann noch verlangen? Wenn es erst einmal ausgemacht ist, daß es rational ist, A zu tun – was selbst eine Menge Aufwand erfordern mag –, dann gibt es keinen Freiraum für irgendeinen *weiteren* Grund, A zu tun; keinen weiteren Punkt, um zu fragen, »Warum A tun?«. Denn *auf dieser Stufe* spricht – *ex hypothesis* – der beste aller Gründe bereits dafür, A zu tun. Wenn Rationalität erst einmal etabliert ist, gibt es keine weiteren außer-(oder über-)rationalen Gründe, an die wir vernünftigerweise für eine Beurteilung appellieren könnten. In diesem Sinne also ist die Frage »Warum das Rationale tun?« einfach töricht: Es ist eine Bitte um weitere Gründe zu einem Zeitpunkt, zu dem, ex hypothesis, alle benötigten Gründe bereits vorhanden sind.

Obwohl diese Art der Beantwortung unserer Frage vollkommen stichhaltig ist, ist sie doch ein wenig zu einfach. Die zu bewältigende Aufgabe ist in Wirklichkeit komplizierter.

Überzeugung, Handlung und Bewertung, wenn sie mit den wirklich – wahrhaftig und tatsächlich – »besten Gründen« begründet sind, müssen notwendig erfolgreich sein. Diese Behauptung ist schlicht zirkulär, weil solche theoretisch »besten Gründe« genau deshalb die besten sind, weil sie es sind, die die Realisierung der besten Ergebnisse sichern. Aber in dieser Welt sind wir im allgemeinen nicht in der Lage, von dem tatsächlich Besten als solchem auszugehen, sondern nur von dem uns zur Verfügung stehenden sichtbar Besten – »den best*erhältlichen* (oder *erkennbaren*) Gründen«. Wir müssen uns damit zufriedengeben, das »*anscheinend* Beste« zu tun –

das unter den vorherrschenden Umständen erkennbar Beste. Aber es bleibt die Tatsache, daß die Alternativen, deren Annahme wir angesichts der uns zu einem Zeitpunkt zur Verfügung stehenden Information vernünftigerweise und angemessenerweise als rational ansehen, nicht notwendig tatsächlich optimal sind. Das Problem hinsichtlich des Tuns des Rationalen – des Tuns desjenigen, von dem wir vernünftigerweise unterstellen, daß es von den besten Gründen gestützt wird – ist, daß uns unsere Information, indem sie unvollständig ist, sehr wohl die falsche Richtung weisen kann. Angesichts dieses »Dilemmas der Vernunft« erkennen wir die Fallstricke und bemerken durchaus die Fragilität dieser »am besten ausgearbeiteten Schemata«. So bleibt das Problem: Weshalb sollten wir aufgrund der vielversprechendsten sichtbaren Alternative handeln, wenn Sichtbarkeit auf die begrenzten Horizonte unseres eigenen, potentiell inadäquaten Ausgangspunktes begrenzt ist?

Um diese Frage zu beantworten, wollen wir damit beginnen, die Situation im Lichte der Berechnung des Gewinn-Erwartungswertes, wie sie im Schaubild ausgeführt ist, zu betrachten. Es ist in dem dort postulierten Kontext klar, daß solange *d* (die Erhöhung der Erfolgswahrscheinlichkeit aufgrund der Beachtung des Ratschlages der Vernunft) größer als Null ist – das ist, solange »das rationalerweise Angebrachte zu tun« die Erfolgswahrscheinlichkeit irgendwie erhöht, egal wie geringfügig –, diese Vorgehensweise dann entscheidungstheoretisch vernünftig ist. Solange wie Rationalität die Erfolgsaussichten verbessert, gleich wie bescheiden, stellt ihre Entscheidung die beste Chance dar, den angeratenen Weg für das, was vernünftigerweise zu tun ist. Es sind keine *Garantien* erforderlich.

Rationalität unter entscheidungstheoretischer Perspektive

	Ich tue nicht das rationalerweise Angebrachte	Ich tue das rationalerweise Angebrachte
Wahrscheinlichkeit, (optimalen) Erfolg zu haben	p	$p + d$
Wahrscheinlichkeit, den (optimalen) Erfolg zu verfehlen	$1 - p$	$1 - (p + d)$
Wert des (optimal) zu erzielenden Erfolges	x	x
Wert des verfehlten (optimalen) Erfolges	y	y

Es ergibt sich der folgende Erwartungswert (EV):
EV (nicht-rational 1) = $px + (1 - p)\,y = p(x - y) + y$
EV (rational 1) = $(p + d)x + (1 - p - d)y = p(x - y) + d(x - y) + y$
Man bemerke: EV (rational 1) > EV (nicht-rational 1) genau dann, wenn $d(x - y) > 0$ genau dann, wenn $d > 0$ (weil offensichtlich $(x - y) > 0$).

Schließlich ist doch Wahrscheinlichkeit, wie Bischof Butler sagte, in dieser unvollkommenen sublunaren Welt die »Führerin des Lebens«. Wir müssen uns – und wir müssen es *rationalerweise* – der Führung der deutlich erkennbaren Wahrscheinlichkeit anvertrauen, daß sich die allgemeine Maxime, das »rationalerweise Angebrachte zu tun«, im großen und ganzen als unsere »beste Chance« herausstellen wird. Rationalität hat es nicht mit dem gegenwärtigen Augenblick und dem gerade aktuellen Problem zu tun, als vielmehr mit der gesamten Situation und der gesamten Zeitdauer.

Per definitionem ist der rationale Mensch jemand, der Intelligenz gebraucht, um die Wahrscheinlichkeit (d. h. *die zuverlässig gebildete subjektive Wahrscheinlichkeit*), daß sich die Dinge vorteilhaft für die Beförderung seiner wirklichen Interessen entwickeln, zu maximieren. Genau dadurch wird das Beschreiten des Rationalitätswegs zu einer vernünftigen Vorgehensweise. Rationalität verlangt nach der Annahme der alles in allem (ersichtlich) besten Alternative – d. h. der besten, die für uns unter den jeweiligen Umständen praktisch erreichbar ist. Und wenn in diesem Sinne A dasjenige ist, was rationalerweise zu tun ist, sollten wir erwarten, schlechter gestellt zu sein, wenn wir etwas von A Verschiedenes tun. Freilich mag es gar nicht so weit kommen; wir könnten Glück haben. Aber das ist etwas, das wir nicht verdienen und auch sicherlich keinen Grund haben zu erwarten.

Weshalb billigen wir schließlich die Zustandsbeschreibungen der Welt durch die zeitgenössische Wissenschaft? Warum folgen wir den medizinischen Empfehlungen der derzeitigen Ärzteschaft oder den Geschäftsempfehlungen der heutigen Ökonomen? Weil wir wissen, daß sie korrekt sind – oder daß sie zumindest höchstwahrscheinlich wahr sind? Nicht im geringsten! Wir wissen oder glauben nichts Derartiges – dafür gibt es in der Erfahrung zu starke Gegenbeispiele. Wir akzeptieren sie vielmehr nur deswegen als Richtlinien, weil wir sie als vielversprechender ansehen als alle *erkennbaren* Alternativen, die wir überschauen können. Wir akzeptieren sie, weil sie uns die größtmögliche subjektive Erfolgswahrscheinlichkeit bieten – die Wette mit den deutlich besten Chancen. Wir gehen nicht mit uneingeschränktem Vertrauen vor, als vielmehr mit der resignierten Einsicht, daß wir momentan nicht besser handeln können. Ähnlich liefern die Empfehlungen der Vernunft keine Erfolgs*garantie*, sondern lediglich *die alles in allem besten Chancen*, unsere Ziele zu erreichen. Wir handeln, kurz gesagt, auf der Grundlage von *faute de mieux*-Überlegungen bzw. Betrachtungen der Art »dieses oder nichts Besseres – soweit man sehen kann«. In den realen Situationen der Lebenswelt geht die Vernunft nach Handlungsmustern vor, deren Effizienz nur erhofft werden kann und deren Rechtfertigung eine Sache der »dieses oder nichts Besseres«-Argumentation ist.

Wie der Ertrinkende schnappen wir nach dem nächstbesten Gegenstand. Wir erkennen in aller Deutlichkeit, daß selbst das auf rationalste Weise ausgeführte Schema in die Irre führen kann. Die Realität ist nicht immer und unvermeidlich auf seiten der stärksten Argumente. Die Vernunft gibt keine Erfolgsgarantie, sondern lediglich die Bestätigung, die aussichtsreichste Wette abgeschlossen zu haben – so gut gehandelt zu haben, wie es unter den vorliegenden Umständen möglich war. Man kann nicht schlichtweg und ohne nähere Bestimmung sagen: »Du solltest rational sein, weil Rationalität sich – wenn nicht sicher, so jedenfalls sehr wahrscheinlich – im Erreichen von Erfolg bezahlt macht.« Wir müssen uns vielmehr zufriedengeben mit: »Du solltest rational sein, weil dies – aufs Ganze gesehen und auf die Dauer – die besten, rational vorhersehbaren, Erfolgsaussichten verspricht.«

Und deshalb folgen wir der Vernunft, weil dies für uns rationalerweise sehr sinnvoll ist, insofern es uns mit der ersichtlich besten Aussicht, unsere Ziele zu verwirklichen, versorgt. Man sollte im allgemeinen aus demselben Grunde rational sein, wie man es in dem besonderen Falle der Wahl des Hungrigen zwischen dem Essen von Brot oder von Sand sein sollte – daß nämlich allem Anschein nach diese Art des Handelns die vielversprechendste Aussicht darstellt, die eigenen vernünftigen Ziele[2] zu erreichen.

Dennoch bleibt, nachdem all dies gesagt und getan ist, unser Ausgangsproblem realer vs. scheinbarer Optimalität. Denn dieser ganze

Ansatz hängt von der Annahme ab, daß »das Tun des Rationalen« in der Tat die Gesamtaussichten auf einen erfolgreichen Abschluß unserer Pläne erhöhen wird. Ist dies tatsächlich so?

Allem Anschein nach ist die Antwort ein schallendes »Natürlich!«. Was hier vorliegt, scheint eine offensichtliche Tautologie zu sein. Es ist klar: Besäße dieser Gegenstand keine Klinge, würden wir ihn nicht als »Messer« bezeichnen. Ebenso klar ist: Akzeptierten wir nicht, daß das Tun von *A* die relevanten Erfolgsaussichten erhöhen würde, dann würden wir *A* nicht als »das, was rationalerweise in dieser Situation getan werden muß«, beschreiben. Wir könnten diesen Handlungsverlauf einfach nicht als »unter den vorliegenden Umständen rational empfehlenswert« billigen, wenn wir nicht davon überzeugt wären, daß er die Aussichten auf eine erfolgreiche Problemlösung erhöhte. Denn genau dies ist es, was irgend etwas zu einem »rational Empfohlenen« macht: seine Erhöhung (soweit man das sagen kann) unserer Chancen, in größerem Maße als mit jeder anderen zur Verfügung stehenden Alternative erfolgreich zu sein. Wir mögen Schwierigkeiten damit haben, das »rational Angebrachte« unter den besonderen Umständen zu erkennen. Aber wenn unser Verstand damit erst einmal ins reine gekommen ist, ist auch das Problem der rationalen Ratsamkeit gelöst.

Unglücklicherweise ist dies immer noch nicht ganz die Lösung. Denn das Problem bleibt: Welche genau sind die Wahrscheinlichkeiten, mit denen wir operieren? Natürlich *wollen* wir, daß sie objektive, der realen Welt entstammende Wahrscheinlichkeit sind; das ist es, was wir idealerweise *gerne hätten*. Aber in der Tat sind sie nicht mehr als unsere wohlüberlegten *Schätzungen* solcher Wahrscheinlichkeiten, so gut wir sie angesichts der erhältlichen Information vornehmen können. Und dies bedeutet, daß wir uns wieder einmal rationalen Entscheidungen gegenübersehen, die auf der Grundlage der *erhältlichen* Daten getroffen worden sind. Wir sind hier mit einer unmittelbaren, lokalen Neuauflage des globalen Problems konfrontiert, dem wir uns bereits widmeten. Während wir uns bemühen, dem Dilemma der Vernunft zu entfliehen, spottet es über uns und kommt durch die Hintertür wieder herein. Denn wir sind hier einmal mehr mit dem bekannten und verzwickten Problem der wirklichen Optimalität von scheinbaren Optima konfrontiert. Und wir können nichts tun, um diesem ungünstigen Umstand zu entfliehen –

wir haben keine andere Wahl, als ihn in unser Konzept aufzunehmen.

Leider sind wir überhaupt nicht in der Lage, beweisen zu können, daß Rationalität sich auszahlt – weder mit Notwendigkeit noch auch nur mit Wahrscheinlichkeit und auf lange Sicht. Wir wissen nicht, ob rationales Handeln in einem besonderen, vorliegenden Falle sich *tatsächlich* auszahlen wird – noch können wir gar mit fester Zuversicht behaupten, daß dies *wahrscheinlich* der Fall sein wird (mit eher realer denn subjektiver Wahrscheinlichkeit). Wir können lediglich sagen, daß es, so gut wir den Fall beurteilen können, den für uns vielversprechendsten zur Verfügung stehenden Weg darstellt. Wir haben keine Garantie – uns stehen keine Mittel zur Verfügung, um im voraus zu entscheiden, daß es sich tatsächlich auszahlt, den Ratschlägen der Vernunft zu folgen.

Man betrachte die Folge der Thesen, nach der wir, *so gut wir es beurteilen können*, das im vorliegenden Falle rational Angemessene tun werden:

1. uns des Erfolgs versichern;
2. uns des Erfolgs versichern, wenn Erfolg überhaupt möglich ist;
3. in diesem gerade vorliegenden Falle die Erfolgsaussichten (ihre objektive Wahrscheinlichkeit) erhöhen;
4. die Aussichten auf einen guten Gesamterfolg in der vorstehenden Reihe in ähnlichen Fällen erhöhen.

Wenn wir diese Liste durchgehen, erreichen wir zunehmend schwächere und damit plausiblere Behauptungen. Und um irgend etwas Vertretbares zu erreichen, müssen wir bis zum Ende der Liste heruntergehen – wir können nicht kurz vor Punkt 4 anhalten. Und selbst hier müssen wir zwischen den *sichtbaren*, als den *wirklichen* Chancen entgegengesetzt, unterscheiden. Die Effizienz von Rationalität kann nur in der erörterten Weise einer vernünftigen Erwartung behauptet werden.

Unsere gesamten kognitiven und praktischen Angelegenheiten hindurch müssen wir unsere Vorhaben unter Risikobedingungen durchführen. Und wenn wir demzufolge das rational Angebrachte tun und dieses gerade nicht funktioniert, bleibt uns nichts anderes übrig, als »gute Miene zum bösen Spiel« zu machen. Es handelt sich hier um kalkulierte Risiken und plausiblerweise erwartbare Nutzen. Rationalität bietet, wie gesagt, keine Garantien. Angesichts dessen, was eine rationale Prozedur beinhaltet, stehen die Erfolgschancen zu ihren Gunsten. Aber das dürfte ein schwacher Trost sein, wenn etwas schiefgeht. Alles, was wir dann besitzen, ist die Befriedigung, unser Bestes getan zu haben. Der langen Rede kurzer Sinn ist, daß uns nichts dazu »verpflichtet«, rational zu sein, außer unsere Rationalität selbst.

Natürlich kann man es irgendwie *vorziehen*, nicht rational zu sein. In bezug auf Überzeugung mag ich Kongenialität der Wahrheit vorziehen. In bezug auf Handlung mag ich Bequemlichkeit der Optimalität vorziehen. In bezug auf Wertschätzung mag ich das gering einzustufende Angenehme dem entsagungsvolleren Besseren vorziehen. In jeder Hinsicht kann ich mich mutwillig eher für das entscheiden, »was ich einfach mag«, als für dasjenige, was normativ angemessen ist. Aber wenn ich das tue, verliere ich die wichtigen Ziele der kognitiven, praktischen und evaluativen Vorhaben aus den Augen – zum Nachteil meiner *wirklichen* Interessen (als den *scheinbaren* entgegengesetzt). Es liegt in der Natur der Sache, daß die Vernunft auf der Seite der Rationalität ist. Freilich liefert sie uns keine Garantien. Dennoch: Wenn wir die Vernunft verlassen, haben wir keinen besseren Ort, wo wir (rationalerweise) hingehen könnten.

Die pragmatische Wende: selbst kognitive Rationalität hat eine pragmatische Basis

Einige zeitgenössische Theoretiker betrachten Rationalität als eine Sache unverfrorenen Egozentrismus – als schlicht übereinstimmend mit den etablierten Normen sozialer Praxis. Eine solche Sichtweise hat verschiedene entscheidende Mängel: (1) Kein sorgfältiger Benutzer der Sprache beabsichtigt, die Unterscheidung rational/irrational einfach auf dasselbe hinauslaufen zu lassen wie konformistisch/nonkonformistisch, und (2) bliebe kein Spielraum übrig für irgendeine mögliche Bewertung der Rationalität sozialer Praktiken selbst. Tatsache ist, daß die verschiedenen sozialen Praktiken (seien sie bezogen auf Untersuchung, Kommunikation, interpersonales Verhalten oder was auch immer) fast immer in einer Gemeinschaft intelligent Handelnder zu bestimmten Zwecken eingerichtet sind – mit denen des Selbstinteresses an allererster Stelle. Und diese Praktiken können jenen Zwecken mehr oder weniger effektiv und effizient dienen. Rationalität ist deshalb der Bewertungsstandard sozialer Praktiken, und nicht umgekehrt. Betrachtungen theoretischer, allgemeiner Art können sicherlich nicht begründen, daß dasjenige, was der optimale Handlungsverlauf zu sein scheint – »so gut man dies sagen kann« –, *tatsächlich* optimal ist. Hier können wir nicht mit zwingenden Schlußfolgerungen innerhalb der auf Evidenz und Kognition ausgerichteten Vernunftordnung vorgehen, sondern müssen uns einer völlig anderen Richtung zuwenden und innerhalb der praktischen Ordnung der Vernunft unsere Schlüsse anwenden. Die besterhältliche Rechtfertigung von Rationalität ist ein praktischer Schluß etwa der folgenden Art:

1. Wir wollen und benötigen rational zwingende Antworten auf unsere Fragen – Antworten, die die verfügbare Information optimal widerspiegeln.

2. Dem Wege kognitiver Rationalität (wie sie gewöhnlich konstruiert wird) zu folgen, ist die beste *zur Verfügung stehende Alternative*, um rational zwingende Antworten auf unsere Fragen sicherzustellen.

Deshalb: Es ist rational angebracht, bei Fragen der Untersuchung (d. i. bei der Beantwortung unserer Fragen) dem gewöhnlichen Weg kognitiver Rationalität zu folgen: Wir tun rationalerweise gut daran, unsere Fragen in Übereinstimmung mit den gewöhnlichen Verfahren kognitiver Rationalität zu beantworten.

Es muß betont werden, daß diese Überlegung nach dem folgenden Muster verläuft: Wir haben das inhärent angemessene Ziel *O*; Handlungsverlauf *A* ist der optimal verfügbare Weg zu diesem Ziel; deshalb tun wir rationalerweise gut daran, diesem Weg zu folgen. Dies ist klarerweise ein durch und durch pragmatischer Argumentationsstil.

Es ist angebracht, rational vorzugehen, nicht weil wir wissen, daß wir damit (unvermeidlich oder wahrscheinlich) Erfolg haben werden, sondern weil wir erkennen, daß, wenn wir so handeln, wir immer unser Bestmögliches getan haben werden, um dieses Ergebnis zu erzielen: Wir werden die Sache »mit allen Kräften« unterstützt haben.[3]

Diese praktische Wende ist letztlich unvermeidbar. Wir können nicht mehr tun, als einen Ansatz zu vertreten, der das, wozu wir am besten in der Lage sind, widerspiegelt. Denn wir können natürlich nicht behaupten: »Wenn du auf rationale Weise zu einer Überzeugung gelangst, dann wird sie sich als wahr herausstellen.« Das sitzt einfach nicht drin. Wir können höchstens behaupten:

Allen relevanten Anzeichen nach besteht guter Grund für die Annahme, daß eine rational gebildete Überzeugung wahr ist. (Genau das ist es, was wir mit »eine rational gebildete Überzeugung« *meinen.*)

Die Stichhaltigkeit unseres praktischen Arguments beruht auf der Tatsache, daß wir in Situationen des alltäglichen Lebens einfach das Beste, wozu wir in der Lage sind, tun müssen – daß es sinnlos (und irrational!) wäre, mehr als dies zu verlangen.

Um es zusammenzufassen: Die Antwort auf unsere zentrale Frage – »Warum das *Rationale* tun, wenn man bedenkt, daß wir seinen Erfolg nicht garantieren können?« – ergibt sich aus mehreren Erwägungen:

1. Soweit wir es sagen können, ist es das Beste, was man tun kann (es ist das *scheinbare* Optimum).

2. Obwohl *scheinbare* Optima nicht notwendig *wirkliche* Optima sind – nicht notwendig optimal als solche sind –, lehrt uns die Erfahrung, daß wir keine Vorgehensweise finden können, die dem, was anscheinend optimal ist, überlegen wäre. (»Dies oder nichts Besseres«.)

3. Wenn wir derart vorgehen (nach der Devise: »Ob wir gewinnen oder verlieren, es ist das Beste, was wir tun können«), kommen wir der entscheidenden Forderung, uns selbst zu vergewissern, das für uns in den entsprechenden Umständen Bestmögliche getan zu haben, auf effektivste Weise entgegen.

Und die Begründung, weshalb wir uns mit einem solchen praktischen Argument zufriedengeben, erfolgt selbst auf praktische Weise:

1. Wir haben ein bestimmtes (angemessenes) Ziel – nämlich die für eine erfolgreiche Zusammenarbeit wesentliche Garantie der Berechtigung und der interpersonellen Effizienz von Koordination zu leisten.

2. Wir erkennen, daß praktische Vernunft uns den einzigen wirklich praktikablen Weg bietet, eine derartige rationale Koordination und Bewertung zu erreichen. (»Dies oder nichts anderes.«)

Deshalb: Wir sind rationalerweise gut beraten, den Weg der praktischen Vernunft einzuschlagen, wenn wir die Vernunft beurteilen.

Die betrachtete Art des Arguments für Rationalität ist deshalb eher ein *praktisches* Argument als eines, das sich an den strikt kognitiven Bereich von Vernunft hält. Und dies ist das Beste, was zu haben ist. Es abzulehnen – zu sagen, daß das am besten Erhältliche einfach nicht gut genug ist – heißt schlicht irrational zu sein. Es überrascht nicht, daß Rationalität hier auf der Seite der Vernunft steht.

Pragmatisch gesonnene Philosophen haben schon immer die letztliche Unangemessenheit jeder strikt theoretischen Verteidigung von kognitiver Rationalität betont. Und ihre Vermutungen in dieser Hinsicht sind sicherlich richtig. Man kann eine letztendlich befriedigende Verteidigung rationalen Denkens nicht mittels einer Strategie durchführen, die *vollkommen* in sich selbst verbleibt. Um eine brauchbare Rechtfertigung zu liefern, ist es schließlich erforderlich, aus der gesamten kognitiv-theoretischen Sphäre herauszutreten und nach irgendeiner außerkognitiven Untersuchung für unsere kognitiven Vorhaben zu suchen. Es ist genau an dieser Stelle, daß ein *pragmatischer* Verweis auf die Voraussetzung für effektives Handeln zu Recht in Kraft tritt.

Und dieser pragmatische Aspekt der Problematik weist noch eine andere Seite auf. Die zentrale Rolle der Rationalität als ein Prinzip der Koordination muß ebenfalls hervorgehoben werden. Die *conditio humana* ist derart beschaffen, daß der adäquate Umgang mit unseren eigenen individuellen Interessen eine ernsthafte Koordination mit anderen erfordert und die Notwendigkeit zu Kooperation und Zusammenarbeit erzwingt. Aber dies ist nur dann zu erreichen, wenn wir uns gegenseitig »verstehen«. Und hier wird Rationalität entscheidend wichtig. Sie ist eine wesentliche Ressource des gegenseitigen Verstehens, des Sich-verständlich-Machens der Menschen untereinander wie auch der Möglichkeit effektiver Kommunikation und Kooperation.

Die folgenden drei Punkte sind in dieser Hinsicht entscheidend. (1) Es ist für uns geradezu eine Überlebensfrage, eine geistige Einstellung einzunehmen, die uns in großem Maße für andere vorhersagbar macht, weil wir nur auf dieser Basis gegenseitiger Vorhersagbarkeit Bedingungen erreichen können, die für unser eigenes Wohlergehen wesentlich sind. (2) Der leichteste Weg, um für andere vorhersagbar zu werden, besteht darin, in der Weise vorzugehen, daß sie meine Handlungen auf der Grundlage der Frage »Was würde ich an seiner

Stelle tun?« erklären, verstehen und antizipieren könnten. (3) In dieser Hinsicht ist das »anscheinend Beste« die eindeutig zu treffende Entscheidung, nicht nur wegen ihrer (zugegeben losen) Verbindung zu Optimalität *per se*, sondern auch wegen ihrer »*Auffälligkeit*«. Die Suche nach dem »am besten Erhältlichen« führt einen dazu, diejenige Alternative ins Auge zu fassen, von welcher zu erwarten wäre, daß auch andere sie unter den vorliegenden Umständen erreichen – so daß sie auch die eigenen Entscheidungen verstehen können.

Das Streben nach Optimalität ist dementsprechend ein für Rationalität bestimmender Faktor, nicht nur durch seinen direkten Nutzen bei der Erzielung unserer anscheinend besten Erfolgschancen, sondern auch durch sein Bereitstellen eines Prinzips der Handlungsanleitung, das das entscheidende Erfordernis sozialer Koordination auf die am effizientesten realisierbare Weise liefert. (Weshalb aber auf der Grundlage dessen, was *rational* ist, koordinieren – warum nicht einfach nach der Gewohnheit oder der Mode oder »so wie immer«? Teilweise, weil diese Möglichkeiten uns im Stich lassen, wenn wir den einmal eingeschlagenen Weg »des normalen Gangs der Dinge« verlassen. Und teilweise, weil sie instabil und von Natur aus unzuverlässig sind.)

Die Selbstbezüglichkeit der Rationalität ist nicht vitiös zirkulär

Diese praktische Argumentationslinie scheint die Situation noch in einem unbefriedigenden Zustand zu belassen. Sie besagt (ungefähr): »Du solltest beim Treffen deiner Entscheidungen rational sein, *weil es rational ist, zu glauben*, daß die am ehesten erreichbaren Aussichten auf das Erreichen von Optimalität auf diese Weise effektiv realisiert werden.« Freilich könnte man es für besser halten, wäre der kursiv gesetzte Satzteil völlig unterdrückt. Ein Skeptiker ist jedenfalls verpflichtet, auf folgendem Einwand zu bestehen:

> Die vorgeschlagene praktizistische Rechtfertigung der Vernunft stimmt mit dem Muster überein: »Du solltest genau deshalb rational sein, weil dies das rational Angebrachte ist!« Und das ist klarerweise zirkulär.

Es mag fragwürdig erscheinen, den Zuständigkeitsbereich der Vernunft durch einen Appell an das Urteil der Verunft selbst zu etablieren. Aber diese Zirkularität ist in der Tat nicht wirklich vitiös. Vitiöse Zirkularität macht unsere Anstrengungen dadurch zunichte, daß sie »an der eigentlichen Frage vorbeigeht«; virtuose Zirkularität koordiniert lediglich verwandte Elemente in ihrer gegenseitigen Verknüpfung. Die erstere setzt voraus, was erst zu beweisen ist, die letztere zeigt einfach, wie die Dinge in einer wohlkoordinierten und sich gegenseitig unterstützenden Beziehung miteinander verbunden sind. Die Selbstbezüglichkeit der Rationalität verdeutlicht lediglich diesen letzten Umstand einer inhärenten Koordination innerhalb all ihrer Teilbereiche.

Zugegebenermaßen weist die vorliegende Argumentation einen *Anschein* vitiöser Zirkularität auf, weil die Kraft des Argumentes selbst auf einem Appell an Rationalität beruht: »Wenn du in deinen Überzeugungen rational sein willst, dann mußt du auch rational handeln, weil es rational ist, zu glauben, daß rationales Handeln in puncto Zielerreichung optimal ist.« Aber diese Art, der Frage auszuweichen, ist unter den vorliegenden Umständen einfach *unvermeidbar.* Sie ist genau das, was wir wollen und brauchen. Wo sonst sollten wir nach einer *rationalen* Bewertung der Rationalität suchen als bei der Vernunft selbst? Die einzigen Gründe, rational zu sein, nach denen zu fragen sinnvoll ist, sind *rationale* Gründe. In diesem epistemischen System haben wir keine Möglichkeit, direkt zu den Tatsachen zu gelangen – ohne den epistemischen Umweg der Sicherung ihrer Ursachen und Gründe. Und es sind natürlich rationalerweise zwingende Gründe und Ursachen, die wir wollen und benötigen. Die Rechtfertigung der Rationalität *muß* alles in allem reflexiv und selbstbezüglich sein. Eine Begründung von Rationalität zu liefern heißt, zu zeigen, daß Rationalität in einer angemessenen Verbindung mit den Prinzipien der Rationalität steht. Vom Standpunkt der Rechtfertigung aus ist Rationalität ein kreisförmiger Prozeß, der in sich selbst endet – kein linearer Prozeß, der letztlich auf etwas außerhalb seiner selbst beruht.

Es gibt dementsprechend keinen Grund für irgendeine rational berechtigte Unzufriedenheit, keinen Raum für irgendeine Enttäuschung oder Klage bezüglich einer »zirkulären« Rechtfertigung von Rationalität. Wir würden es nicht (sollten es nicht) anders wollen. Wenn es uns keine Ruhe läßt, auf die Frage »Weshalb rational sein?« überhaupt eine Antwort zu erhalten, ist es klarerweise eine *rationale*

Antwort, die wir benötigen. Die einzige Art, irgend etwas zu rechtfertigen – Rationalität eingeschlossen –, die überhaupt von Wert ist, ist eine rationale. Diese Voraussetzung der Rationalität widerlegt diese nicht, ist nicht schlecht zirkulär, sondern wesentlich – eine unvermeidliche Konsequenz der Selbstgenügsamkeit der kognitiven Vernunft. Es gibt einfach keine befriedigende Alternative, als die Vernunft zu ihrer eigenen Verteidigung zu gebrauchen. Wenn wir uns schon auf dem Meer der Rationalität eingeschifft haben, wollen wir doch hier und jetzt eine Sicherheit, daß wir das Richtige getan haben. Und eine derartige Rückversicherung kann in der Tat gegeben werden – genau entlang der gerade ausgeführten Gedankenlinien. Es liegt unvermeidlich in der Art und Weise des in Frage stehenden Legitimationsverfahrens, daß man es einfach nicht vermeiden kann, die Rationalität in der Rechtfertigung ihrer selbst bestehen zu lassen. (Wonach schließlich gefragt wird, ist ein rationales Argument für rationales Handeln, eine Basis für rationale Überzeugung, und nicht Überredung durch irgend etwas möglicherweise Irrelevantes wie Bedrohungen *höherer Gewalt.*) Man würde nicht nur erwarten, nein *fordern*, daß Rationalität derart selbstunterstützend sein sollte – daß dies, soweit man es sagen kann, als die beste Vorgehensweise herauskommen *muß*.

Ein wichtiger Punkt muß jedoch sorgfältig beachtet werden. Die vorangegangene Diskussion scheint eine Inkonsistenz zu begehen. Denn es wurde einerseits behauptet (1), daß eine »rein theoretische« Rechtfertigung von Rationalität nicht möglich ist und daß eine überzeugende Begründung auf einen außer-theoretischen, pragmatischen Zugang zurückgreifen muß. Andererseits wurde aber auch behauptet (2), daß es für die Rechtfertigung der Rationalität entscheidend und einzig und allein sinnvoll ist, wenn man nach einer *rationalen* Rechtfertigung verlangt. Und dieser zweite Punkt verkörpert klarerweise eine »rein theoretische« Betrachtung, der jedes Element pragmatischer Überlegung vollkommen fehlt – ein Umstand, der allem Anschein nach im Konflikt steht mit Punkt (1).

Die Lösung dieses scheinbaren Konflikts liegt in der Überlegung, daß, falls die in Punkt (2) in Frage stehende Situation die ganze Geschichte wäre, dann der Einwand des vorherigen Absatzes in der Tat berechtigt wäre. Aber dies ist nicht die ganze Geschichte. Denn alles, was die »rein theoretische« Argumentation in Punkt (2) zeigt, ist, daß wir nach einer rationalen Rechtfertigung von Rationalität verlangen sollten (und in gewisser Weise auch »müssen«), *weil uns nichts Besseres zur Verfügung steht.* Was sie jedoch nicht zeigt, ist, daß diese Art von Rechtfertigung – die beste, die uns erhältlich ist – tatsächlich insofern gut genug ist, als das Vertrauen auf die Vernunft angesichts der Zwecke, die wir mit ihrer Hilfe erreichen wollen, wirklich effektiv ist. (Theoretisch kann sogar das beste uns zur Verfügung stehende Instrument nutzlos sein.) Und genau dieser Punkt ist für die von mir vorgeschlagene Gesamtlinie des rechtfertigenden Argumentierens entscheidend. Denn es ist genau an dieser Stelle, daß der Faktor tatsächlicher Effizienz ins Spiel kommt. Es ist demgemäß klar, daß der pragmatische Aspekt der Rechtfertigung von Rationalität keine zu vernachlässigende, irrelevante Größe ist, sondern ein wichtiger und unentbehrlicher Bestandteil des Gesamtprogramms der Rechtfertigung unseres Vertrauens auf kognitive Rationalität.

Vom Rechtfertigungsgesichtspunkt aus ist Rationalität autonom und muß es auch sein. Sie kann keiner externen Autorität unterworfen werden. Rationalität ist im allgemeinen eine Sache der Systematisierung, und die Rechtfertigung von Rationalität ist dementsprechend eine Sache systematischer Selbstgenügsamkeit. Der selbstbezügliche Charakter einer Rechtfertigung von Rationalität ist eher eine Vorbedingung ihrer Angemessenheit, als daß er den Fehler vitiöser Zirkularität aufzeigen würde! *Nur* eine rationale Legitimation von Rationalität würden wir akzeptieren: Irgendeine andere Art würde uns nichts nutzen. Und wenn eine derartige rationale Bewertung nicht zu erwarten wäre, ließe dies auf einen schwerwiegenden Mangel schließen.

Freilich interpretieren einige Theoretiker Rationalität als heteronom – als irgendeiner Art externer Autorität, wie etwa dem »Gefühl« oder dem »Willen«, unterworfen. Derart betont ein zeitgenössischer Philosoph:

> Jedem Urteil zugrundeliegend gibt es eine Entscheidung, die der Handelnde getroffen hat – einen Typus von Entscheidung, bei der das Individuum auf der fundamentalsten Ebene nicht von guten Gründen gezwungen wird; genau deshalb, weil seine getroffene Wahl eine Entscheidung für etwas ausdrückt, was für es als ein guter Grund zählt.[4]

Eine solche Sichtweise betrachtet rationale Rechtfertigung doch als linear und regressiv – und damit als letztlich auf einem nicht rationalisierten Fundament aufruhend, das selbst völlig außerhalb des Bereichs der Vernunft liegt. Aber jede derartige Sichtweise ist völlig falsch. Denn rationale Bewertung geschieht *nicht* linear und regressiv, sondern eher zyklisch und in einem systematischen Sinne selbstgenügsam. Wir müssen und dürfen uns nicht mit dem Irrtum ursprünglich zugrunde liegender axiomatischer Wesenheiten einverstanden erklären. Es gibt keine Möglichkeit, gute Gründe durch Willkür oder anderweitige, nicht rationalisierbare Entscheidungen zu begründen. (»Zu entscheiden, was als ein guter Grund gelten soll« – Wahrlich! Selbst Gott ist dazu nicht in der Lage!)[5] Niemand kann *entscheiden*, was als gute Gründe zu zählen hat. Im allgemeinen lernen wir nur in der Schule bitterer Erfahrung, was hierfür in Frage kommt.

Zur Zeit herrscht ein gewisser Irrationalismus, der die Suche nach rational bewerteten Gründen zurückweist und ein freischwebendes »anything goes« befürwortet – selbst in der kognitiven Sphäre empirischer Untersuchung.[6] Aber natürlich würde jede vernünftige Person, die sich nicht bereits zu einer solchen Position verpflichtet hat, wissen wollen, ob es irgendeinen guten Grund gibt, diese einzunehmen. Und dann sind wir wieder einmal in die Sphäre der Rationalität und der guten Gründe zurückgekehrt.

Deshalb gewährt das Dilemma der Vernunft keinen Trost für den Skeptizismus oder den Irrationalismus, und es liefert keine Gründe dafür, die Vernunft zu verlassen oder, noch schlimmer, sich gegen sie zu wenden. Diese selbstunterstützende Rechtfertigung von Rationalität ist die einzige zwingende Art der Bewertung, die wir erhalten können. Aber letztendlich ist es die einzige Art von Rechtfertigung, nach der zu fragen sinnvoll ist, zumal die Rationalität selbst uns ermahnt, dasjenige, was wir aller Voraussicht nach erreichen können, als gut genug zu erachten.[7]

Ein verzweifelter Einwand bleibt noch: »Die Rationalität spricht also in eigener Sache. Nun gut. Aber weshalb sollte ich mich um Rationalität bemühen? Warum sollte ich mich darauf festlegen, intelligent und angemessen zu handeln?«

An diesem Punkt gibt es kaum noch etwas zu sagen. Wenn ich überhaupt einen Grund haben will, muß ich einen *rationalen* Grund wollen. Wenn ich mich überhaupt um Gründe kümmere, bin ich bereits mitten im Rationalitätsprojekt. Wenn ich aber erst einmal innerhalb des Projekts bin, gibt es für die Vernunt nichts *darüber* Hinausgehendes, das gesagt werden könnte oder gesagt werden müßte, um es zu rechtfertigen. Auf *dieser* Stufe sorgt Rationalität bereits für ihre eigene Unterstützung – ihre Rechtfertigung ist ihr sozusagen aufgeprägt. (Das Unterfangen, mit jemandem zu argumentieren, der außerhalb des Rationalitätsbereichs steht, um ihn zu überzeugen, in diesen einzutreten, ist klarerweise eine sinnlose und vergebliche Übung.)

Natürlich kann man völlig angemessen Fragen stellen wie: »Warum sollte ich nach der Wahrheit streben; Warum sollte ich meine besten (oder wahren) Interessen verfolgen?« Aber schon indem ich diese Fragen stelle, frage ich nach Gründen – d. h. ich drücke damit meine Verpflichtung gegenüber dem Rationalitätsprojekt aus. Sich um die Wahrheit und um die eigenen besten Interessen zu kümmern, ist einfach ein fester Bestandteil dieser Verpflichtung. Wenn ich mich nicht um derartige Probleme kümmere, gibt es wirklich keinen Punkt, an dem ich diese Fragen stellen könnte. Denn in diesem Falle *habe ich bereits* einen Platz außerhalb des Bereichs der Rationalität, jenseits der Reichweite der Vernunft, eingenommen.

Irrationalität – Wunschdenken und Selbsttäuschung – kann bequem und sogar, in gewissem Maße, psychologisch beruhigend sein. Aber sie ist nicht *auf kognitive Weise* befriedigend. Wenn wir eine brauchbare Verteidigung einer Position wollen, dann muß diese gezwungenermaßen eine rationale sein. Die einzige Rechtfertigung von Rationalität, die vernünftigerweise verlangt werden kann – und die einzige, die Wert hat –, muß in Betrachtungen der systemischen Selbstgenügsamkeit der Vernunft liegen. Letztendlich muß »Warum rational sein?« mit der einzigen rational angemessenen Erwiderung beantwortet werden: »Weil Rationalität selbst uns dazu verpflichtet.« Indem wir für eine *rationale* Rechtfertigung von Rationalität sorgen – und welche sonst sollten wir beabsichtigen? –, ist das Beste, was wir tun können, der im wesentlichen zirkulären (aber *nicht vitiös* zirkulären!) Gedankenlinie zu folgen und anzuerkennen, daß die Vernunft selbst diese Vorgehensweise billigt. Die Selbstbestätigung der Verunft ist ein wichtiger *und notwendiger* Aspekt der Rechtfertigung dieses Unternehmens.

Aber öffnet die Selbstbezüglichkeit der Vernunft nicht dem Skeptizismus Tür und Tor? Denn die Skeptiker haben immer schon genau auf diesem Punkt insistiert, daß wir das Zugeständnis der Stichhaltigkeit der Vernunft – daß wir nicht fehlgehen werden, wenn wir unserer Vernunft vertrauen – nicht im voraus *beweisen* können. Und dies ist, zugegebenermaßen, völlig korrekt. Was man aber natürlich tun kann, ist zu zeigen, daß, wenn wir die Vernunft zurückweisen, wir uns selbst jeglicher (rational gerechtfertigten) Erfolgserwartung berauben. Es gibt keine Garantien, daß unsere vertrauensvoll durchgeführten Unternehmungen sich als erfolgreich erweisen werden. Ob unser Vertrauen tatsächlich in allen möglichen Umständen (Vertrauen in uns selbst, in unsere kognitiven Fähigkeiten, in andere Menschen und dergleichen) gerechtfertigt ist, ist etwas, das wir nicht – den Ereignissen vorausgreifend – in der Natur der Dinge feststellen können. Eine Verknüpfung von Vertrauen mit Hoffnung und Schicksal ist dem kognitiven, dem praktischen und dem evaluativen Projekt gleichermaßen angemessen. Alles in allem müssen wir unsere Unternehmungen unter Risikobedingungen durchführen, ohne gesichertes Vertrauen in die Ergebnisse und ohne Erfolgsgarantien im voraus. Effizienz ist in allen diesen Punkten eine Sache der Hoffnung und des Vertrauens in die am ehesten verfügbare Wahlmöglichkeit, deren Begründung von einer »Dieses oder nichts Besseres«-Argumentation abhängt.

Eine derartige Argumentation wird den Skeptiker natürlich nicht befriedigen. Für ihn unterminiert das Fehlen von Garantien das gesamte Rationalitätsprojekt. Die Einwände des Skeptikers gegen die kognitive Rationalität bedürfen der eingehenderen Behandlung.

ANMERKUNGEN

Stefan Gosepath: *Eine Problemübersicht*

1 Der Ausdruck »space of reason« stammt von Wilfried Sellars, *Empiricism and the Philosophy of Mind*, Cambridge, Mass. 1997, S. 76, der ihn als Raum von Rechtfertigung bestimmt.

2 Die Klärung unseres Sprachgebrauchs kann *allein* nicht alle philosophisch kontroversen Sachfragen entscheiden. Oft ist, auch in Sachen Vernunft bzw. Rationalität, unser Sprachgebrauch ambig und unsere Intuitionen variieren manchmal. Dennoch sind sprachliche Intuitionen und phänomenologische Befunde, die natürlich noch gedeutet und theoretisch beschrieben werden müssen – wobei unterschiedliche Auffassungen zutage treten können –, eine wichtige, wenn nicht *die* Basis einer jeden sinnvollen philosophischen Theoriebildung.

3 D. Davidson, *Handlung und Ereignis*, Frankfurt am Main 1985.

4 Vgl. R. Audi, »Rationalization and Rationality«, in: *Synthese* 65 (1980).

5 N. Luhmann, *Zweckbegriff und Systemrationalität*, Tübingen 1968 u. Frankfurt am Main 1973; vgl. A. Dorschel, M. Kettner, »Systemrationalität?«, in: K.-O. Apel, M. Kettner (Hg.), *Die eine Vernunft und die vielen Rationalitäten*, Frankfurt am Main 1996.

6 J. Elster, »Rationality«, in: G. Fløistad (Hg.): *Contemporary Philosophy*, Vol. 2, The Hague/Boston/London 1982.

7 I. Kant, *Anthropologie in pragmatischer Absicht*, in: ders., *Werke*, hg. v. W. Weischedel, Bd. VI, S. 673; vgl. dazu Herbert Schnädelbach, »Zur Rehabilitierung des animal rationale«, in: ders., *Zur Rehabilitierung des animal rationale*, hier bes. S. 18.

8 C. G. Hempel, »Rationales Handeln«, in: G. Meggle (Hg.): Analytische Handlungstheorie Bd. I, Frankfurt am Main 1985, S. 388–414.

9 Vgl. E. Tugendhat, *Vorlesungen zur Einführung in die sprachanalytische Philosophie*, Frankfurt am Main 1976, S. 107.

10 Vgl. die vielen Beispiele für solche falschen Beziehungen in R. Hursthouse, »Arational Action«, in: *Journal of Philosophy* 88 (1991).

11 Diese Beziehung wird von J. Elster, »Wesen und Reichweite rationaler Handlungserklärung«, in diesem Band, ausführlich erläutert.

12 So ist der Terminus der Zweckrationalität von Max Weber eingeführt worden; vgl. M. Weber, *Wirtschaft und Gesellschaft*, Tübingen 1921, [5]1980, S. 13.

13 Diese oder ähnliche Unterteilungen finden sich vor allem in der Kantischen Tradition. Kant unterscheidet bekanntlich zwischen Imperativen der Geschicklichkeit, der Klugheit und der Sittlichkeit. Vgl. I. Kant, *Grundlegung*

zur Metaphysik der Sitten, AA 414–417. Korsgaard u. a. unterscheiden ihm folgend zwischen instrumenteller, prudentieller und moralischer Vernunft. Vgl. C. Korsgaard, »The Normativity of Instrumental Reason«, in: G. Cullity, B. Gaut (Hg.), *Ethics and Practical Reason*, Oxford 1997, S. 215–217. Eine ähnliche, wenn auch nicht völlig deckungsgleiche Unterscheidung findet sich bei Habermas, wenn er zwischen dem pragmatischen, ethischen und moralischen Gebrauch der praktischen Vernunft differenziert. Vgl. J. Habermas, »Vom pragmatischen, ethischen und moralischen Gebrauch der praktischen Vernunft«, in: ders., *Erläuterungen zur Diskursethik*, Frankfurt 1991, S. 100–119. Vgl. auch die weitere Differenzierung dieser Unterscheidung bei R. Forst, »Praktische Vernunft und rechtfertigende Gründe«, bes. § 2, in diesem Band.

14 Daß diese Normen unumstritten sind, heißt nicht, daß sie einfach zu erklären sind, wie wir weiter unten noch sehen werden.

15 Vgl. D. Davidson, »Handlungen, Gründe, Ursachen«, in: ders., *Handlung und Ereignis*, Frankfurt am Main 1990, S. 19–42.

16 Näheres dazu findet sich gut erklärt bei J. Elster, »Wesen und Reichweite rationaler Handlungserklärung«, in diesem Band.

17 So ergibt sich der pejorative Sinn von »Rationalisierung«.

18 Zur Herkunft dieser Unterscheidung siehe die Bemerkungen von C. Korsgaard, »Skeptizismus bezüglich praktischer Vernunft«, in diesem Band. Diese terminologische Unterscheidung ist etwas »ausgeleiert«, weil sie in unterschiedlichen Bedeutungen von verschiedenen Autoren verwendet wird.

19 Zum kantischen Modell vgl. vor allem J. Hampton, *The Authority of Reason*, Cambridge 1998; C. Korsgaard, *Creating the Kingdom of Ends*, Cambridge 1996; O. O'Neill, *Constructions of Reason. Explorations of Kant's Practical Philosophy*, Cambridge 1989.

20 Zum aristotelischen Modell vgl. J. McDowell, »Virtue and Reason«, »Values and Secondary Qualities«, wieder in: ders., *Mind, Value, and Reality*, Cambridge, Mass. 1998; vgl. dazu auch J. Wallace, »Virtue, Reason and Principle«, in: *Canadian Journal of Philosophy* 21 (1991), S. 469–495; B. Gaut, »The Structure of Practical Reason« und T. Irwin, »Practical Reason Divides: Aquinas and his Critics«, beide in: G. Cullity, B. Gaut (Hg.), *Ethics and Practical Reason*, Oxford 1997. Eine aristotelische Theorie praktischer Überlegung und Rationalität, die sich nicht nur auf Mittel-Zweck-Beziehungen, sondern vornehmlich auf die Spezifizierung von Zielen bezieht, vertreten vor allem: A. Kolnai, »Deliberation is of Ends«, wieder in: ders., *Ethics, Value and Reality*, Oxford 1977, S. 44–62; H. Richardson, *Practical Reasoning about Final Ends*, Cambridge 1994; D. Wiggins, »Deliberation and Practical Reason«, wieder in: ders., *Needs, Value, Truth*, Oxford 1987.

21 O. O'Neill unterscheidet vier Modelle in: »Vier Modelle praktischer Vernunft«, in: *Vernunftbegriffe der Moderne*, hg. von H. F. Fulda, R.-P. Horstmann, Stuttgart 1994, S. 586–606. Entweder eine teleologische Konzeption der praktischen Vernunft mit Bezug auf das objektiv Gute (1. platonisches

Modell) oder mit Bezug auf subjektive Zwecke (2. humesches Modell instrumenteller Vernunft) oder eine auf Handlungen gegründete Konzeption der praktischen Vernunft, die auf geteilten Normen und persönlichen Wertvorstellungen beruht (3. Modell), oder auf kritischen Revisionen der Normen und Wertvorstellungen (4. kantisches Modell).

22 Vgl. J. von Neumann, O. Morgenstern, *Spieltheorie und wirtschaftliches Verhalten*,[2]1967; L. Savage, *The Foundations of Statistics*, New York 1954, 2. Ausgabe New York 1972; R. D. Luce, H. Raiffa, *Games and Decisions*, New York 1957; R. C. Jeffrey, *The Logic of Decision*, Chicago 1983.

23 Die Entscheidungstheorie von J. von Neumann und O. Morgenstern beruht auf objektiven Wahrscheinlichkeiten, Savage entwickelte eine alternative Axiomatisierung, wobei er auf F. Ramseys Idee zurückgriff, daß man Wahrscheinlichkeiten subjektiv mittels Informationen über die Präferenzen des Handelnden definieren kann. Vgl. F. Ramsey, »Truth and Probability«, in: D. H. Mellor (Hg.), *Foundations of Mathematics*, London 1978 (orig. 1931), wieder in: Gardenfors, P., N. Sahlin (Hg.), *Decision, Probability and Utility. Selected Readings*, Cambridge 1988. Bei Entscheidung mehrerer Personen zusammen kommt neben individueller, auf eigene Nutzenmaximierung bezogener Rationalität kollektive Rationalität ins Spiel, bei der es darum geht, den Nutzen aller beteiligten Akteure zu maximieren, wobei das Handeln der einzelnen zum Teil davon abhängt, wie sich die anderen verhalten (Spieltheorie). Die Entscheidungs- und Spieltheorie mit ihren Axiomatisierungen und Formalisierungen sind nicht direkt Gegenstand dieses Bandes. Deshalb brauchen hier weitere Details, vor allem die Axiome, nicht weiter aufgezählt zu werden. Siehe dazu die Literaturangaben in der Auswahlbibliographie unter dem Stichwort »Entscheidungstheorie« am Ende dieses Bandes.

24 Vgl. D. Hume, *Ein Traktat über die menschliche Natur*, II,3,3, Hamburg 1978. (Original: *A Treatise of Human Nature*, hg. von L. A. Selby-Bigge, Oxford 1978; vgl. M. Smith, »The Humean Theory of Motivation«, *Mind* 96 (1987), S. 36–61.

25 Vgl. C. Korsgaard, »Skeptizismus bezüglich praktischer Vernunft«, in diesem Band.

26 Vgl. auch T. Scanlon, *What we owe To Each Other*, Cambridge, Mass. 1999, Kap. 1.

27 David Hume, *Ein Traktat über die menschliche Natur*, II,3,3.

28 Zu dieser Interpretation von Hume als praktischem Vernunftskeptiker vgl. J. Hampton, »Does Hume Have an Instrumental Conception of Practical Reason?«, in: *Hume Studies* 21 (1995), S. 57–74; U. Heuer, *Gründe und Motive. Über Humesche Theorien praktischer Vernunft*, unv. Diss. 1998; C. Korsgaard, »Skeptizimus bezüglich praktischer Vernunft« (in diesem Band), dies., »The Normativity of Instrumental Reason«; E. Millgram, »Was Hume a Humean?«, in: *Hume Studies*, 21 (1995), S. 75–93. Dieser Interpretation widerspricht E. Radcliffe, »Kantian Tunes on a Humean Instru-

ment: Why Hume is not Really a Sceptic About Practical Reasoning«, in: *Canadian Journal of Philosophy*, Vol. 27 (1997), S. 247–270.

29 Dies wird von den Kritikerinnen auch stets betont, so z. B. von Korsgaard in diesem Band.

30 Vgl. B. Williams, »Interne und externe Gründe«, in diesem Band, und ders., »Internal Reasons and the Obscurity of Blame«, in: ders., *Making Sense of Humanity*, Cambridge 1995, S. 5–45.

31 Vgl. M. Smith, »The Humean Theory of Motivation«, in: *Mind* 96 (1987), S. 36–61.

32 Vgl. G. E. M. Anscombe, *Intention*, Oxford 1957.

33 Vgl. zu diesem Punkt J. Wallace, »Internal Reasons and the Deliberative Point of View«, MS 1998; W. Quinn, »Putting Rationality in its Place«, in: ders., *Morality and Action*, Cambridge 1993; B. Williams, »Internal Reasons and the Obscurity of Blame«.

34 Vgl. J. Raz, »Incommensurability and Agency«, in: R. Chang (Hg.), *Incommensurability, Incomparability, and Practical Reason*, Cambridge, Mass. 1997, S. 110–128.

35 J. Wallace, »Internal Reasons and the Deliberative Point of View«, MS 1998.

36 Das will z. B. Ernst Tugendhat, *Vorlesungen über Ethik*, Frankfurt 1993, zeigen.

37 Vgl. W. Quinn, »Putting Rationality in its Place«, bes. S. 236; D. Velleman, »The Guise of the Good«, in: *Nous* 26 (1992), S. 3–26; J. Hampton, *The Authority of Reason*, Cambridge 1998; C. Korsgaard, »The Normativity of Instrumental Reason«.

38 Vgl. C. Korsgaard, »The Normativity of Instrumental Reason«; J. Hampton, *The Authority of Reason*, Cambridge 1998; W. Quinn, »Putting Rationality in its Place«.

39 Kognitivisten (wie Davidson) stellen Motivation selbst als Inferenz dar, wobei sich ein die Handlung rechtfertigender Anteil in der motivationalen Einstellung selbst findet. D. h. Wünsche werden als Werturteile verstanden. Dagegen versucht Velleman, in: »The Guise of the Good«, zu zeigen, daß Wünsche keine Werturteile sind und keine Werturteile enthalten.

40 Vgl. H. Frankfurt, »Willensfreiheit und der Begriff der Person«, in: P. Bieri (Hg.), *Analytische Philosophie des Geistes*, Königstein/Ts. 1981, S. 287–303.

41 Vgl. z. B. C. Korsgaards eigenen kantischen Lösungsvorschlag, daß man sich selbst zu einem Willen verpflichtet, in: *Sources of Normativity,* Cambridge 1996, bes. Absch. 3.3.1., S. 100–102, und dies., »The Normativity of Instrumental Reason«. Etwas wirklich zu wollen, sich mit dem Ziel zu identifizieren, in Rückgriff auf die eigene praktische Identität (integrity) und Vorstellung vom Sinn des Lebens, bedeutet, daß das Ziel irgendwie normativ wird. Dies sei die Quelle der Normativität.

42 Vgl. W. Quinn, »Putting Rationality in its Place«.

43 Vgl. T. Nagel, *Die Möglichkeit des Altruismus*, Frankfurt 1998, Kap. V;

J. McDowell, »Are Moral Reasons Hypothetical Imperatives?«, in: *Proceedings of the Aristotelian Society* 52, Supplementary Volume (1978); J. Wallace, »How to Argue about Practical Reason«, in: *Mind* 99 (1990); W. Quinn, »Putting Rationality in its Place«; J. Raz, »Incommensurability and Agency«, in: Ruth Chang (Hg.), *Incommensurability, Incomparability, and Practical Reason*, Cambridge, Mass. 1997.

44 T. Nagel, »Wünsche, Motive der Klugheit und die Gegenwart«, in diesem Band.

45 Vgl. dazu die Interpretation von T. Nagel bei J. Wallace, »How to Argue about Practical Reason«, bes. S. 362–66.

46 So vor allem Korsgaard, »Skeptizismus bezüglich praktischer Vernunft«, in diesem Band. Vgl. auch R. Forst, »Praktische Vernunft und rechtfertigende Gründe«, in diesem Band.

47 Vgl. dazu interessanterweise I. Kants eigene Analyse: »Wer den Zweck will, will (sofern die Vernunft auf seine Handlungen entscheidenden Einfluß hat) auch das dazu unentbehrliche Mittel, das in seiner Gewalt ist. Dieser Satz ist, was das Wollen betrifft, analytisch; denn in dem Wollen eines Objekts als meiner Wirkung wird schon meine Kausalität als handelnder Ursache, d.i. der Gebrauch der Mittel gedacht [...].«, *Grundlegung zur Metaphysik der Sitten*, AA 417. Der Kantischen Position, so wie sie heute gegen die Humesche ins Feld geführt wird, kann Kants eigene Analyse instrumenteller Rationalität nicht recht sein, weil sie den im Text angeführten Einwänden fehlender Normativität ausgesetzt ist. Die Kantianerinnen Korsgaard und Hampton setzten sich auch beide kritisch mit dieser berühmten Textstelle Kants auseinander und vertreten, gestützt auf andere Kantstellen, eine andere Position. Vgl. J. Hampton, *The Authority of Reason*, bes. S. 130–135, 161–166; C. Korsgaard, »The Normativity of Instrumental Reason«, bes. S. 234 ff.

48 Vgl. zum Vorwurf der mangelnden Begründung des instrumentellen Prinzips C. Korsgaard, »The Normativity of Instrumental Reason«; J. E. Hampton, *The Authority of Reason*, bes. Kap. 4: »Instrumental Reasons«; R. Nozick, *The Nature of Rationality*, Princeton 1993, bes. S. 134. Vgl. zur pragmatischen Begründung intrumenteller Rationalitätsnormen H. Putnam, »Pragmatism and Moral Objectivity«, in: ders., *Words & Life*, Harvard 1994; J. Dreier, »Humean Doubts about the Practical Justification of Morality«; D. Velleman, »Deciding How to Decide«; P. Railton, »On the Hypothetical and Non-Hypothetical in Reasoning about Belief and Action«; alle drei in: G. Cullity, B. Gaut (Hg.), *Ethics and Practical Reason*, Oxford 1997.

49 Die Formulierung spielt auf B. Williams' Kritik an der Prinzipienmoral in Fällen von persönlichen Beziehungen als »one thought too many« an, vgl. B. Williams, »Personen, Charakter und Moralität«, in: ders., *Moralischer Zufall*, Königstein 1984.

50 Vgl. Lewis Caroll, »What the Tortoise said to Archilles«, in: *Mind* 4 (1895), S. 278–80; T. Nagel, »Wünsche, Motive der Klugheit und die Gegenwart«, in diesem Band.

51 Vgl. J. Dreier, »Humean Doubts about the Practical Justification of Morality«, bes. S. 94, der dies das »Practical Tortoise«-Argument nennt.

52 Vgl. J. Dreier, »Humean Doubts about the Practical Justification of Morality«, bes. S. 95 f.; vgl. auch B. Williams, »Internal Reasons and the Obscurity of Blame«, in: ders., *Making Sense of Humanity*, Cambridge 1995, S. 35–45, hier bes. S. 37.

53 Vgl. dazu vor allem D. Parfit, *Reasons and Persons*, Oxford 1984.

54 Ebd.

55 Vgl. dazu Amartya K. Sen, »Rationale Trottel«, in diesem Band. Vgl. als humesche Verteidigung gegen Sens berühmten Einwand E. F. McClennen, »Pragmatic Rationality and Rules«, in: *Philosophy and Public Affairs* 26 (1997), S. 210–258.

56 Vgl. H. Simon, *Models of Bounded Rationality*, Cambridge, Mass. 1982; M. Slote, *Beyond Optimizing: A Study of Rational Choice*, Cambridge, Mass. 1989; D. Schmidtz, »Rationality within Reason«, in: *Journal of Philosophy* 89 (1992), S. 445–66.

57 Vgl. E. Millgram, »Was Hume a Humean?«, in: *Hume Studies*, 21 (1995), S. 75–93, hier bes. S. 88, der dies die Null-Hypothese nennt.

58 David Hume, *Ein Traktat über die menschliche Natur*, Bd. II: Über die Affekte, Hamburg 1978, S. 153. (Original: *Treatise of Human Nature*, S. 415).

59 Vgl. dazu ausführlich S. Gosepath, *Aufgeklärtes Eigeninteresse*, Frankfurt am Main 1992, Kap. VII.

60 Vgl. A. Kolnai, »Deliberation is of Ends«, wieder in: ders., *Ethics, Value and Reality*, Oxford 1977, S. 44–62.

61 Vgl. J. Rawls, *Eine Theorie der Gerechtigkeit*, Frankfurt am Main 1979, § 63.

62 A. Kolnai, »Deliberation is of Ends«; H. Richardson, *Practical Reasoning about Final Ends*, Cambridge 1994; D.Wiggins, »Deliberation and Practical Reason«, wieder in: ders., *Needs, Value, Truth*, Oxford 1987. Diese Autoren sehen jedoch die aristotelische Theorie praktischer Überlegung und Rationalität, die sich nicht nur auf Mittel-Zweck-Beziehungen, sondern vornehmlich auf die Spezifizierung von Zielen bezieht, als bessere Alternative zum neohumeschen Modell.

63 Vgl. H. G. Frankfurt, »Willensfreiheit und der Begriff der Person«, in: P. Bieri (Hg.), *Analytische Philosophie des Geistes*, Königstein/Ts. 1981, S. 287–303.

64 Vgl. R. Brandt, *A Theory of the Good and the Right*, Oxford 1979, Kap. VI, und ders., »Rational Desires«, in: ders., *Morality, Utilitarianism, and Rights*, Cambridge 1992. Vgl. dazu N. Daniels, »Can Cognitive Psychotherapy Reconcile Reason and Desire?«, in: *Ethics* 93, 1983, S. 772–785.

65 S. Gosepath, *Aufgeklärtes Eigeninteresse*, S. 356 f.

66 U. Wolf, *Das Problem des moralischen Sollens*, Berlin 1984, S. 154 ff.

67 Vgl. A. Kusser, *Dimensionen der Kritik von Wünschen*, Frankfurt am Main 1989, S. 164 ff. Kusser unterscheidet drei Aspekte bei einem Wunsch: (a) die

Evaluation: das ist die im Wunsch enthaltene Bewertung der gewünschten Sachverhalte; (b) die Motivation: das ist die dem Wunsch innewohnende handlungsanleitende Kausalkraft; und (c) die Satisfaktion: das ist die bei Erreichen des gewünschten Sachverhalts eintretende Befriedigung, Lust, Unlust etc. Alle drei Aspekte von Wünschen können auseinandertreten. Demzufolge sind Wünsche in zwei Dimensionen kritisierbar: Erste Dimension: Es kann eine Diskrepanz von Evaluation und Motivation geben. Zweite Dimension: Im engeren Sinn betrifft die Rationalität von Wünschen die zweite Dimension der Kritik, die sich durch die Diskrepanz von Evaluation und Satisfaktion ergibt.

68 Aus diesem kognitiven Fehler läßt sich allerdings – das ist die Pointe, auf die A. Kusser, *Dimensionen der Kritik von Wünschen*, S. 186, hinweist – keine zweckrationale Kritik an der Evaluation ableiten.

69 Vgl. J. Raz, »Incommensurability and Agency«, in: R. Chang (Hg.), *Incommensurability, Incomparability, and Practical Reason*, Cambridge, Mass. 1997, S. 110–128.

70 Vgl. T. Nagel, *Die Möglichkeit des Altruismus*, Frankfurt am Main 1998 (engl. 1970). Dort verwendet Nagel noch die Terminologie von »subjektiven« und »objektiven« Gründen, die er später unter Rückgriff auf D. Parfit, *Reason and Persons*, S. 143, in: Th. Nagel, *Der Blick von Nirgendwo*, Frankfurt am Main 1992, S. 263 f., zugunsten der Ausdrücke »subjektrelativ« und »subjektneutral« (agent-relative and agent-neutral reasons) aufgibt. Die beiden Kategorien lassen sich nach ihm so sortieren: Unsere Interessen, Schmerz zu vermeiden und Lust und Freude zu verspüren, an der Erfüllung unserer basaler Bedürfnisse, an Freiheit, Selbstachtung, Zugang zu Chancen und Ressourcen, führen zu objektiven Werten. Eher idiosynkratische persönliche Projekte wie den Kilimandscharo zu besteigen oder Klavier zu lernen, besitzen nur subjektiven Wert. Vgl. zu Nagels Unterscheidung C. Korsgaard, »The Reasons We Can Share. An Attack On The Distinction Between Agent-Relative and Agent-Neutral Values«, wieder in: C. Korsgaard, *Creating the Kingdom of Ends*, Cambridge 1996, S. 275–310.

71 Natürlich können subjektneutrale Gründe unterschiedliche Umfänge haben, vgl. Th. Nagel, *Der Blick von Nirgendwo*, S. 263.

72 Vgl. C. Korsgaard, *Sources of Normativity*, S. 133. B. Williams ist bekannt für sein Plädoyer für persönliche moralische Gründe; vgl. B. Williams, »Personen, Charakter und Moralität«.

73 Vgl. J. Rawls, *Eine Theorie der Gerechtigkeit*, Frankfurt am Main 1979.

74 Einen Überblick zum gegenwärtigen normativen und moralischen Realismus geben die Artikel und Bibliographien in den Sammelbänden G. Sayre-McCord (Hg.), *Essays on Moral Realism*, Ithaca 1988; Sinnott-Armstrong, M. Timmons (Hg.), *Moral Knowledge. New Readings in Moral Epistemology*, Oxford 1996; vgl. auch P. Schaber, *Moralischer Realismus*, Freiburg/München 1996.

75 So z. B. Th. Nagel, *Der Blick von Nirgendwo*, S. 240.

76 Vgl. J. Mackie, *Ethik*, Stuttgart 1981, S. 43 f.

77 Diese Anforderungen des Naturalismus akzeptieren alle moralischen Anti-Objektivisten wie z. B. Quine, Gibbard, Hare, B. Williams, Gauthier, Mackie.

78 Zu diesem anderen Bereich kann man nun im Prinzip zwei Auffassungen haben: 1. Dieser Bereich ist noch zu naturalisieren bzw. muß dem Naturalismus angepaßt werden; was nicht paßt, muß aufgegeben und ersetzt werden. 2. Dieser Bereich kann nicht naturalisiert werden und stellt somit eine zweite »Welt« dar, neben der der Natur- die der Geisteswissenschaften. Dabei gibt es wiederum zwei Auffassungen. Neben der Auffassung, daß beide völlig inkompatibel und sich ausschließend seien, gibt es auch die Meinung, daß diese beiden »Welten« zwar unterschiedlich und nicht aufeinander zu reduzieren, aber miteinander kompatibel seien. So wird auch bestritten, daß die externalistische Position nicht mit dem Naturalismus vereinbar sei, z. B. von D. Brink, *Moral Realism and the Foundation of Ethics*, Cambridge 1989, S. 210, und J. Hampton, *The Authority of Reason.*

79 Vgl. H. Putnam, »Why Reason can't be naturalized«, in: ders., *Realism and Reason*, Cambridge 1985, Kap. 13, S. 229–247.

80 Vgl. zum kantischen Konstruktivismus den Konstruktivismus der Erlanger u. Konstanzer Schule (bes. P. Lorenzen, *Normative Logic and Ethics*, Mannheim 1969; P. Lorenzen, O. Schwemmer, *Konstruktive Logik, Ethik und Wissenschaftstheorie*, Mannheim 1975; F. Kambartel (Hg.), *Praktische Philosophie und konstruktive Wissenschaftstheorie*, Frankfurt am Main 1974), die Diskurstheorie von Jürgen Habermas und Karl-Otto Apel (J. Habermas, »Diskursethik – Notizen zu einem Begründungsprogramm«, in: ders., *Moralbewußtsein und kommunikatives Handeln*, Frankfurt am Main 1983, S. 53–126; K.-O. Apel, »Das Apriori der Kommunikationsgemeinschaft und die Grundlagen der Ethik«, in: ders, *Transformation der Philosophie*, Bd. II, Frankfurt am Main 1973, S. 358–435) und Rawls und seine Schüler/innen (J. Rawls, *Eine Theorie der Gerechtigkeit*, Frankfurt am Main 1979; C. Korsgaard, *Sources of Normativity*, Cambridge 1996; O. O'Neill, *Constructions of Reason*, Cambridge 1989). Vgl. dazu auch den Beitrag von R. Forst, »Praktische Vernunft und rechtfertigende Gründe«, in diesem Band. Der Konstruktivismus kann auch internalistisch, z. B. von Neo-Humeanern und Hobbesianern, vertreten werden.

81 O. O'Neill, »Vier Modelle praktischer Vernunft«, in: *Vernunftbegriffe der Moderne,* hg. von H. F. Fulda, R.-P. Horstmann, Stuttgart 1994, S. 586–606, hier S. 601 f.

82 Vgl. J. Habermas, *Theorie des kommunikativen Handelns*, Frankfurt am Main 1981, Kap. 1, 3; III.

83 Die Parallele zu ästhetischen Urteilen hat den Vorteil, daß wir in der Regel keine externe Objektivität unterstellen und dennoch sagen wollen, sofern man nicht ästhetischer Relativist ist, daß es richtige und falsche ästhetische

Urteile gibt, die zudem eine gewisse (ästhetische) Sensibilität voraussetzen, die erlernt ist.

84 Vgl. R. Forst, »Praktische Vernunft und rechtfertigende Gründe«, in diesem Band; J. McDowell, *Mind, Value, and Reality*, Cambridge, Mass. 1998.

85 Vgl. D. Gauthier, *Morals by Agreement*, Oxford 1986; A. Gewirth, *Reason and Morality*, Chicago 1978; K.-O. Apel, »Das Apriori der Kommunikationsgemeinschaft und die Grundlagen der Ethik«, in: ders., *Transformation der Philosophie*, Bd. II, Frankfurt am Main 1973, S. 358–435.

86 Einen allgemeinen Überblick über die Willensschwäche-Problematik geben u. a. G. Mortimore (Hg.), *Weakness of Will*, London 1971; W. Charlton, *Weakness of Will*, Oxford 1988; A. F. Walker, »The Problem of Weakness of the Will. Critical Survey«, in: *Nous* 23 (1989); J. Gosling, *Weakness of the Will*, London/New York 1990.

87 Vgl. Platon, *Protagoras*, 354e–358d.

88 Vgl. Aristoteles, *Nikomachische Ethik*, VII 5.

89 D. Davidson, »Wie ist Willensschwäche möglich?«, in: ders., *Handlung und Ereignis*, Frankfurt am Main 1990, S. 43–72.

90 Ebd.

91 Vgl. J. Elster, »Introduction«, in: ders. (Hg.), *The Multiple Self*, Cambridge 1986.

92 Ich selbst habe eine spezifischer praktische Deutung der Irrationalität einer willensschwachen Handlung gegeben in: *Aufgeklärtes Eigeninteresse*, V. 2.5., die auf dem Nichtbefolgen einer von der Person akzeptierten Regel der Rationalität beruht. Eine rationale Person akzeptiert den Grundsatz der Selbstbeherrschung, ihre Handlungen stets nur wegen der für sie bestmöglichen Gründe auszuführen, so daß diesem Prinzip zu folgen ein Wunsch zweiter Stufe ist – deshalb, weil es ein Wunsch ist, der zum Gegenstand hat, wie Wünsche erster Stufe für die Person handlungsanleitend werden sollen. Bei einer willensschwachen Handlung liegt ein Widerspruch zwischen dem willensschwachen Wunsch erster Stufe und dem Wunsch zweiter Stufe vor, nur aufgrund praktischer Überlegung, nach den besten Gründen zu handeln. Strategien der Selbstbeherrschung, Selbstkontrolle und Selbstbindung müssen die praktische Wirksamkeit der höherstufigen Wünsche sichern. Vgl. auch A. Mele, *Irrationality. An Essay on Akrasia, Self-Deception, and Self-Control*, Oxford 1987.

93 Vgl. S. Gosepath, *Aufgeklärtes Eigeninteresse*, S. 381–384.

94 Vgl. E. Tugendhat, *Vorlesungen zur Einführung in die sprachanalytische Philosophie*, Frankfurt am Main 1976, S. 118 ff.

95 Ebd., S. 119 f.

96 K. Popper, *Die offene Gesellschaft und ihre Feinde*, München 1977, Bd. II, Kap. 14, bes. S. 284.

97 Vgl. E. Tugendhat, *Vorlesungen zur Einführung in die sprachanalytische Philosophie*, S. 120.

98 Zu der pragmatischen Rechtfertigungsstrategie für Rationalität vgl. M.

Black, *Why Should I Be Rational?*, in: ders., *The Prevalence of Humbug and Other Essays*, Ithaca 1983; J. Kekes, *A Justification of Rationality*, Albany 1976, Kap. 10; N. Rescher, »Die Begründung von Rationalität: Warum der Vernunft folgen?«, in diesem Band.

Jon Elster: *Rationale Handlungserklärung*

1 Ich möchte Marcelo Dascal, Dagfinn Føllesdal und Michael Root für ihre Kommentare zu einer älteren Fassung dieses Vortrages danken.

2 Hier wie an anderen Stellen bin ich offenkundig Donald Davidsons Arbeiten verpflichtet.

3 D. Davidson, »Handlungsfreiheit«, in: ders., *Handlung und Ereignis*, Frankfurt am Main 1990, S. 99–124, S. 121 f. (Orig.: »Freedom to Act« (1973), in: ders., *Essays on Actions and Events*, Oxford 1980, S. 63–81, S. 79).

4 Ebd., Kap. 11.

5 Es ist deshalb inkonsistent, weil es keine mögliche Welt gibt, in der diese Überzeugung sowohl wahr ist als auch tatsächlich geglaubt wird. J. Hintikka, *Knowledge and Belief*, Ithaca/N.Y. 1961.

6 Für weitere Einzelheiten vgl. J. Elster, *Sour Grapes*, Cambridge 1983, Kap. 1.

7 D. Pears bestreitet das in: *Motivational Irrationality*, Oxford 1984, Kap. 5. Er argumentiert dafür, daß die Bildung einer motivierten irrationalen Meinung immer in dem Fehler besteht, eine irrationale Meinung nicht zu korrigieren, nie jedoch die positive Form annimmt, direkt eine irrationale Meinung hervorzubringen; deshalb gibt es nie überflüssige Irrationalität. Ich stimme dem nicht zu, aber dieser Punkt ist für mein Argument auch nicht von Gewicht, da es andere Wege gibt, die dazu führen, daß eine Meinung durch etwas anderes als durch die zugängliche Evidenz verursacht wird. So kann eine Person durch Hypnose dazu gebracht werden, eine Meinung auszubilden, für die sie auch gute Evidenzen hat, ohne diese Meinung vor der Hypnose gehabt zu haben, denn wir setzen normalerweise nicht einzelne Informationen in unserem Bewußtsein zusammen, wenn es nicht nötig ist.

8 R. Nisbett und L. Ross, *Human Inference: Strategies and Shortcomings of Social Judgement*, Englewood Cliffs/N.J. 1980, S. 267–268.

9 Siehe Elster, *Sour Grapes*, Kap. 1.3.

10 D. Davidson, *Handlung und Ereignis*, Kap. 2 (Orig.: *Essays on Action and Events*). Eine Alternativbeschreibung bietet Pears, *Motivated Irrationality.* [Vgl. auch Davidsons Aufsatz »Paradoxien der Irrationalität« in diesem Band (A. d. Hg.).]

11 R. Asby, *Introduction to Cybernetics*, London 1971, S. 130.

12 E. Ullmann-Margalit und S. Morgenbesser, »Picking and Choosing«, *Social Research*, 44 (1977), S. 757–785.

13 Siehe G. Debreu, *Theory of Value*, New York 1959, und viele der späteren Ausführungen.

14 J. Harsanyi, *Rational Behaviour and Bargaining Equilibrium in Games and Social Situations*, Cambridge 1977.

15 Dies folgt aus der Annahme von konsistenten Präferenzen (K. Suzumura, *Rational Choice, Collective Decisions and Social Welfare*, Cambridge 1984, S. 8), eine etwas schwächere Forderung als Transitivität.

16 A. Sen und B. Williams, »Introduction to Utilitarism and Beyond«, in: *Utilitarism and Beyond*, hg. A. Sen und B. Williams, Cambridge 1982, S. 17.

17 Die Alternativen sind: x: gib das Geld einem Kind, y: gib das Geld dem anderen Kind, und z: gib es keinem der beiden Kinder. Nun kann es passieren, daß gerade *weil* ich nicht die Alternative x geringfügig der von y vorziehe und y nicht der Alternative x, ich z stark beiden vorziehe. Denn es könnte zu Familienstreitigkeiten kommen, sollte ich ein Kind dem anderen vorziehen, ohne diese Wahl mit Bezug auf das Wohlergehen begründen zu können. Gäbe es jedoch kein x (oder y), würde ich y (oder x) gegenüber z stark vorziehen.

18 Ich bezweifle natürlich nicht, daß Handlungen auch um ihrer selbst willen beurteilt werden. Diese Voraussetzung mache ich nur zur Vereinfachung der Diskussion.

19 J. Elster, *Explaining Technical Change*, Cambridge 1983, Anhang 1 führt diesen Punkt näher aus.

20 Zum Beweis, daß man in einem Entscheidungsfindungsprozeß unter Unsicherheit rationalerweise nur die besten und die schlechtesten Konsequenzen jeder Handlung in Betracht ziehen kann, siehe K. Arrow und L. Hurwicz, »An optimality criterion for decision-making under uncertainty«, in: *Uncertainty and Expectation in Economics*, hg. C. F. Carter und J. L. Ford, Clifton/N.J. 1972. Der Beweis beruht auf der Idee, daß eine rationale Entscheidung bei einer willkürlichen Reklassifizierung von »Naturzuständen« invariant bleiben muß.

21 Neueste Forschungsarbeiten haben eine dritte Möglichkeit eröffnet: Auch wenn es im Spiel nur einen Gleichgewichtspunkt gibt, kann es mehrere Strategiegebilde geben, die »rationalisierbar« sind. (B. D. Bernheim, »Rationalizable Strategic Behavior«, D.G. Pearce, »Rationalizable Strategic Behavior and the Problem of Perfection«, *Econometrica* 52 (1984), S. 1025–1050.)

22 Siehe Elster, *Explaining Technical Change*, S. 109 ff. mit Bezug auf P. Dasgupta und J. Stiglitz, »Uncertainty, Industrial Structure and the Speed of R & D«, *Bell Journal of Economics* 11 (1980), S. 1–28.

23 Da dieser Punkt wichtig ist, möchte ich ihn durch ein analoges Beispiel verdeutlichen. In der Theorie des induzierten Faktor-Bias bei technischem Wandel [induced factor-bias in technical change] wurde das Argument angeführt (C. Kennedy, »Induced Bias in Innovation and Theory of Distribution«, *Economics Journal* 74 (1961)), daß Unternehmen mit Bezug auf eine »Innovationsmöglichkeitsgrenze« optimieren. Obwohl man darin übereinstimmen könnte, wenigstens um des Arguments willen, daß ein allwissender Beobach-

ter weiß, welche Innovationen innerhalb eines bestimmten Zeitraumes möglich sind, hilft das keinesfalls, das Verhalten von Firmen zu erklären, da es keinen Weg gibt, auf dem sie dasselbe Wissen erlangen können. Rationale Handlungserklärungen drehen sich um das, was Handelnde für die beste Handlung *halten*, und nicht um die objektive Vorstellung von dem Besten. Jeder Theorie, die diese Einschränkung mißachtet, fehlt es an einer Mikrofundierung. (W. Nordhaus, »Some Sceptical Thoughts on the Theory of Induced Innovations«, *Quarterly Journal of Economics* 87 (1973), S. 208–19).

24 L. Johansen, *Lectures on Macro-Economic Planning*, Amsterdam 1977, S. 144. Eigentlich stammt das Argument von Herbert Simon. Für eine sehr provokative Diskussion vgl. S. Winter, »›Economic‹, ›Natural Selection‹ and the ›Theory of the Firm‹«, *Yale Economic Essays* 4 (1964), S. 225–272.

25 Davidson, *Handlung und Ereignis*, Kap. 11.

Amartya K. Sen: *Rationale Trottel*

1 F. Y. Edgeworth, *Mathematical Psychics: An Essay on the Application of Mathematics to the Moral Sciences*, London 1881, S. 16.

2 Edgeworth, a. a. O., S. 104. Tatsächlich machte er anschließend einige interessante Bemerkungen zu den Ergebnissen eines »unreinen« Egoismus, bei dem ein gewisses Maß an Sympathie unter den Individuen vorausgesetzt wird. Siehe dazu David Collard, »Edgeworth's Propositions on Altruism«, *Economic Journal* 85 (1975).

3 Edgeworth, a. a. O., S. 52.

4 Edgeworth, a. a. O., S. 52f.

5 Herbert Spencer, *The Data of Ethics*, London 1879, erw. Ausg. 1887, S. 238.

6 Siehe vor allem K. J. Arrow und F. H. Hahn, *General Competitive Analysis*, San Francisco 1971.

7 Edgeworth, a. a. O., S. 56.

8 Edgeworth, a. a. O., S. 82.

9 Arrow und Hahn, a. a. O., S. vi-vii.

10 Wenn die momentane Handlung einer Person ihr Wohlbefinden in der Zukunft beeinflußt, dann müssen nach diesem Ansatz ihre zukünftigen Interessen danach definiert werden, wie sie *zum heutigen Zeitpunkt eingeschätzt* werden. Es gibt generell keinen Grund anzunehmen, daß die zukünftigen Interessen, wie sie heute eingeschätzt werden, sich mit den Interessen, so wie sie in der Zukunft eingeschätzt werden, decken werden. Dies stellt eine zusätzliche Dimension des Problems dar, und ich danke David Parfit, daß er mich von der konzeptionellen Bedeutung dieser Frage überzeugt hat.

11 J. Butler, *Fifteen Sermons Preached at the Rolls Chapel*, London 1726; siehe auch Th. Nagel, *The Possibility of Altruism*, Oxford 1970, S. 81.

12 Siehe H. S. Houthakker, »Revealed Preference and the Utility Function«, *Economia* 17 (1950); P. A. Samuelson, »The Problem of Integrability in Utility Theory«, *Economia* 17 (1950).

13 Für die wichtigsten analytischen Befunde siehe M. K. Richter, »Rational Coice«, in: J. S. Chipman et al. (Hg.), *Preference, Utility and Demand Theory*, New York 1971.

14 A. K. Sen, »Behaviour and the Concept of Preference«, *Economia* 40 (1973). Siehe auch S. Körners wichtige Studie, *Experience and Conduct*, Cambridge 1971; sowie T. Schwartz, »Von Wright's Theory of Human Welfare: A Critique«, in: P. A. Schilpp/L. E. Hahn (Hg.), *The Philosophy of Georg Henrik von Wright*, LaSalle, Ill. 1989; T. Majumdar, »The Concept of Man in Political Economy and Economics«, Arbeitspapier, New Delhi, Jawaharlal Nehru University, 1976; und F. Schick, »Rationality and Sociality«, Arbeitspapier, Rutgers University, Philosophy of Science Association, 1976.

15 Siehe T. Scitovsky, *The Joyless Economy: An Inquiry into Human Satisfaction and Consumer Dissatisfaction*, London/New York 1976. Siehe auch die allgemeine Kritik an der Unterstellung eines »rationalen« Konsumverhaltens von J. Kornai, *Anti-Equilibrium*, Amsterdam/London 1971, Kap. 11; und die Literatur über »Modelle der persönlichen Wahl«, besonders D. McFadden, »Economic Applications of Psychological Choice Models« (vorgetragen auf dem Third World Econometric Congress, August 1975).

16 Siehe H. Liebenstein, »Allocative Efficiency vs. x-Efficiency«, *American Economic Review* 56 (1966). Vgl. ebenso die Kritiken der traditionellen Auffassung der Profitmaximierung im *Geschäfts*verhalten, besonders W. J. Baumol, *Business Behavior, Value and Growth*, New York 1959; R. Marris, *The Economic Theory of Managerial Capitalism*, London 1964; O. Williamson, *The Economics of Discretionary Behavior*, Chicago 1967; und A. Silberston, »Price Behaviour of Firms«, *Economic Journal* 80 (1970), wieder abgedruckt in: Royal Economic Society, *Surveys of Applied Economics*, vol. 1, London 1973.

17 Zu den erforderlichen Konsistenzbedingungen, unter denen eine Wahl als binäre Beziehung zu verstehen ist, siehe meinen Aufsatz »Choice Functions and Revealed Prefence«, *Review of Economic Studies* 38 (1971); H. G. Herzberger, »Ordinal Preference and Rational Choice«, *Econometrica* 41 (1973); K. Suzumura, »Rational Choice and Revealed Preference«, *Review of Economic Studies* 43 (1976); S. Kanger, »Choice Based on Preference«, Arbeitspapier, Uppsala University 1976.

18 P. A. Samuelson, *The Foundations of Economics*, Cambridge, Mass. 1955, S. 90.

19 Ebd., S. 91.

20 Zu den Kritikern der Theorie rationalen Verhaltens gehören u. a.: M. Hollis und E. J. Nell, *Rational Economic Man*, Cambridge 1975; S. Wong, »On the Consistency and Completeness of Paul Samuelson's Programme in the Theory of Consumer Behaviour«, Diss., Cambridge University, 1975. Siehe auch die pragmatische Kritik von J. Kornai, *Anti-Equilibrium*, Kap. 11.

21 Siehe A. K. Sen, »Labour Allocation in a Co-operative Enterprise«, *Review of Economic Studies* 33 (1966); S. G. Winter, Jr., »A Simple Remark on the

Second Optimality Theorem of Welfare Economics«, *Journal of Economic Theory* 1 (1969); D. Collard, »Edgeworth's Propositions on Altruism«, *Economic Journal* 85 (1975); G. C. Archibald und D. Donaldson, »Non-paternalism and Basic Theorems of Welfare Economics«, *Canadian Journal of Economics* 9 (1976).

22 G. B. Shaw, *Three Plays for Puritans*, Harmondsworth 1966, S. 94.

23 Siehe meinen Aufsatz »Behaviour and the Concept of Preference«, *Economica* 40 (1973); und F. Schick, »Rationality and Sociality«.

24 Siehe J. S. Duesenberry, *Income, Saving and the Theory of Consumer Behavior*, Cambridge, Mass. 1949; S. J. Prais und H. S. Houthakker, *The Analysis of Family Budgets*, Cambridge 1955; W. Gärtner, »A Dynamic Model of Interdependent Consumer Behaviour«, Arbeitspapier, Universität Bielefeld 1973; R. A. Pollack, »Interdependent Preferences«, *American Economic Review* 66 (1976).

25 Siehe E. Lindahl, *Die Gerechtigkeit der Besteuerung* (Lund 1919), übersetzt in: R. A. Musgrave und A. Peacock, *Classics in the Theory of Public Finance*, London 1967; P. A. Samuelson, »The Pure Theory of Public Expenditure«, *Review of Economic Studies* 21 (1954); R. Musgrave, *The Theory of Public Finance*, New York 1959; L. Johansen, *Public Economics*, Amsterdam 1966; D. K. Foley, »Lindahl's Solution and the Core of an Economy with Public Goods«, *Econometrica* 38 (1970); E. Malinvaud, »Prices for Individual Consumption, Quantity Indicators for Collective Consumption«, *Review of Economic Studies* 39 (1972).

26 T. Groves und J. Ledyard, »Optimal Allocation of Public Goods: A Solution to the ›Free Rider Problem‹«, Discussion Paper No. 144, Center of Mathematical Studies in Economics and Management Science, Northwestern University, 1975; J. Green und J. J. Laffont, »On the Revelation of Preferences for Public Goods«, Technical Report No. 140, Institute for Mathematical Studies in the Social Sciences, Stanford University, 1974. Siehe auch J. Dreze und D. de la Vallee Poussin, »A Tatonnement Process for Public Goods«, *Review of Economic Studies* 38 (1971); E. Malinvaud, »A Planning Approach to the Public Goods Problem«, *Swedish Journal of Economics* 73 (1971); V. L. Smith, »Incentive Compatible Experimental Processes for the Provisions of Public Goods«, Arbeitspapier, Econometric Society Summer Meeting, Madison 1976.

27 Siehe L. Ledyard und D. J. Roberts, »On the Incentive Problem for Public Goods«, Discussion Paper N. 116, CMSEMS, North Western University, 1974. Siehe auch L. Hurwicz, »On Informationally Decentralized Systems«, in: R. Radner und B. McGuire, *Decisions and Organizations*, Amsterdam 1972.

28 Siehe Theorem 4.2 in: Groves und Ledyard, »Optimal Allocation of Public Goods«.

29 L. Johansen, »The Theory of Public Goods: Misplaced Emphasis«, Institute of Economics, University of Oslo, 1976. Siehe auch J. J. Laffont, »Macro-

economic Constraints, Economic Efficiency and Ethics«, Arbeitspapier, Harvard University, 1974; P. Bohm, »Estimating Demand for Public Goods: An Experiment«, *European Economic Review* 3 (1972).

30 A. Gibbard, »Manipulation of Voting Schemes: A General Result«, *Econometrica* 41 (1973); M. A. Satterthwaite, »Strategy-proofness and Arrow's Conditions«, *Journal of Economic Theory* 10 (1975); D. Schmeidler und H. Sonnenschein, »The Possibility of Non-manipulable Social Choice Foundations«, CMSEMS, Northwestern University, 1974; B. Dutta und P. K. Pattanaik, »On Nicely Consistent Voting Systems«, Delhi School of Economics, 1975; P. K. Pattanaik, »Strategic Voting Without Collusion under Binary and Democratic Group Decision Rules«, *Review of Economic Studies* 42 (1975); B. Peleg, »Consistent Voting Systems«, Institute of Mathematics, Hebrew University, Jerusalem, 1976; A. Gibbard, »Social Decision, Strategic Behavior, and Best Outcomes: An Impossibility Result«, Discussion Paper No. 224, CMSEMS, Northwestern University, 1976.

31 Siehe A. K. Sen, *Collective Choice and Social Welfare*, Edinburgh/San Francisco 1970, S. 195.

32 Siehe Ragnar Frischs Diskussion über die Notwendigkeit »einer realistischen theoretischen Grundlage für die Sozialpolitik« in seinem »Samarbeid mellom Politikere og Økonometrikere om Formuleringen av Politiske Preferenenser« (*Socialøkonomen*, 1971). (Ich danke Leif Johansen für die Übersetzung der wichtigen Teile dieses Aufsatzes.) Siehe auch J. A. Mirrlees, »The Economics of Charitable Contributions«, Econometric Society European meeting, Oslo 1973.

33 Siehe A. Fox, *Beyond Contract: Work, Power and Trust Relations*, London 1974; H. G. Nutzinger, »The Firm as a Social Institution: The Failure of a Contractarian Viewpoint«, Working Paper No. 52, Alfred Weber Institut, Universität Heidelberg 1976.

34 »Zudem [...] sollten wir nicht vergessen, in welchem Ausmaß die traditionelle Theorie die Frage ignoriert, wie und warum Arbeit in Unternehmen und Institutionen so organisiert wird, wie sie nun einmal organisiert ist, bzw. wie sehr sie vernachlässigt, was wir die ›sozialen Beziehungen‹ des Produktionsprozesses nennen könnten.« R. A. Gordon, »Rigor and Relevance in a Changing Instutional Setting«, Presidential Address, *American Economic Review* 66 (1976). Siehe auch Ralf Dahrendorf, *Soziale Klassen und Klassenkonflikt in der industriellen Gesellschaft*, Stuttgart 1957; O. E. Williamson, »The Evolution of Hierarchy: An Essay on the Organization of Work«, Fels Discussion Paper No. 91, University of Pennsylvania 1976; und S. A. Marglin, »What Do Bosses Do? The Origins and Functions of Hierarchy in Capitalist Production«, *Review of Radical Political Economics* 6 (1974).

35 »Entscheidung des Zentralkomitees der Kommunistischen Partei Chinas über die Große Proletarische Kulturrevolution«, vom 8. August 1966, abgedruckt in: Joan Robinson, *The Cultural Revolution in China*, Harmonds-

worth 1969. Siehe auch A. K. Sen, *On Economic Inequality*, Oxford 1973; und C. Riskin, »Maoism and Motivation: A Discussion of Work Motivation in China«, *Bulletin of Concerned Asian Scholars*, 1973.

36 Für eine kritische Analyse der neueren Literatur zu diesem Bereich siehe Williamson, »The Evolution of Hierarchy«.

37 J. Harsanyi, »Cardinal Welfare, Individualistic Ethics, and Interpersonal Comparisons of Utility«, *Journal of Political Economy* 63 (1955), S. 315.

38 Harsanyi, a.a.O., S. 315 f.

39 Dazu führt Harsanyi aus: »Die Präferenzen eines Individuums erfüllen diese Forderung nach Unpersönlichkeit, falls sie anzeigen, welche soziale Situation es wählen würde, wenn es keine Kenntnis von seiner Stellung in der gewählten neuen Situation (oder in deren Alternativen) hätte und wenn die jeweiligen Chancen, eine beliebige – ob hohe oder niedere – soziale Stellung in dieser Situation zu bekommen, gleich verteilt wären« (a.a.O., S. 316).

40 A. K. Sen, »Choice, Orderings and Morality«, in: S. Körner (Hg.), *Practical Reason*, Oxford 1974. Siehe auch J. Watkins' Erwiderung und meine Antwort in demselben Band sowie R. C. Jeffrey, »Preferences among Preferences«, *Journal of Philosophy* 71 (1974); K. Binmore, »An Example in Group Preference«, *Journal of Economic Theory* 10 (1975); und B. A. Weisbrod, »Toward a State-Preference Model of Utility Function Preferences: A Conceptual Note«, Arbeitspapier, University of Wisconsin 1976.

41 Die Möglichkeit der Trennung setzt eine gewisse »Unabhängigkeit« zwischen den verschiedenen Elementen voraus, die den Grad des allgemeinen Wohlergehens beeinflussen. Siehe W. M. Gorman, »Tricks with Utility Functions«, in: M. Artis und A. R. Nobay (Hg.), *Essays in Economic Analysis*, Cambridge 1975.

42 Siehe Anmerkung 11.

43 Dieses und einige damit zusammenhängende Ergebnisse entstanden 1975 in Diskussionen mit Ken Binmore, aber ein diesbezüglicher Aufsatz ist leider noch nicht geschrieben. In jüngster Zeit hat sich R. Nader-Ispahani damit mehr beschäftigt.

44 Siehe A. K. Sen, »Choice, Ordering and Morality«; und ders., »Liberty, Unanimity and Rights«, *Economica* 43 (1976). Im übrigen erweist sich diese Struktur auch dort als relevant, wo es gilt, die Unvollständigkeit einer Konzeption zu analysieren, nach der Freiheit die Fähigkeit sei, zu tun, was einem beliebt. Vgl. dazu Isaiah Berlin: »Wenn ich feststelle, daß ich nichts oder fast nichts von dem tun kann, was ich tun möchte, brauche ich mich nur zusammenzuziehen, brauche nur meine Wünsche auszulöschen, und schon bin ich frei. Wenn es dem Tyrannen (oder dem ›heimlichen Verführer‹) gelingt, seine Untertanen (oder seine Kunden) so weit zu bringen, ihre ursprünglichen Wünsche aufzugeben und sich die Lebensform zu eigen zu machen (sie zu ›internalisieren‹), die er für sie erfunden hat, dann ist es ihm, dieser Definition zufolge, gelungen, sie frei zu machen« (*Freiheit. Vier Versuche*, Frankfurt am Main 1995, S. 220).

45 Siehe R. D. Luce und H. Raiffa, *Games and Decisions*, New York 1958; A. Rapoport und A. M. Chammah, *Prisoner's Dilemma: A Study in Conflict and Cooperation*, Ann Arbor 1965; W. G. Runciman und A. K. Sen, »Games, Justice and the General Will«, *Mind* 74 (1965); N. Howard, *Paradoxes of Rationality*, Cambridge, Mass. 1971.

46 Siehe Runciman und Sen, a.a.O.

47 Siehe z.B. L. B. Lave, »An Empirical Approach to the Prisoner's Dilemma Game«, *Quarterly Journal of Economics* 76 (1962), sowie Rapoport und Chammah, *Prisoner's Dilemma*.

48 Rapoport und Chammah, a.a.O., S. 29.

49 Sen, »Choice, Ordering and Morality«. Siehe auch K. Baier, »Rationality and Morality«, sowie A. K. Sen, »Rationality and Morality: A Reply«, beide in: *Erkenntnis*, vol. 11, Nr. 2 (August 1977); K. Baier, *The Moral Point of View*, Ithaca 1958; und Fred Schicks Analyse in »Rationality and Sociality«.

50 Zu den Grundsätzen des Konsequentialismus und den mit ihm verbundenen Schwierigkeiten siehe B. Williams, »A Critique of Utilitarianism«, in: J. J. C. Smart und B. Williams, *Utilitarianism: For and Against*, Cambridge 1973.

51 H. Sidgwick, *The Method of Ethics*, London 1874, 7. Aufl. 1907, S. 418f. Siehe auch Th. Nagels Entwicklung der These, daß »der Altruismus sich auf die Anerkennung der Realität anderer Personen stützt, sowie auf die entsprechende Fähigkeit, sich selbst als bloß eines unter vielen Individuen zu betrachten« (*The Possibility of Altruism*, S. 1).

BERNARD WILLIAMS: *Interne und externe Gründe*

1 Ein Punkt, den Aurel Kolnai verbucht: Siehe sein »Deliberation is of Ends«, in: *Ethics, Value and Reality*, London/Indianapolis 1978. Siehe auch David Wiggins, »Deliberation and Practical Reason«, PAS, LXXVI (1975–76); teilweise neu abgedruckt in *Practical Reasoning*, ed. J. Raz (Oxford 1978).

2 Eine wohlbekannte Erörterung stammt von M. Olson Jr., *The Logic of Collective Action*, Cambridge, Mass., 1965. Über expressive Motivationen in diesem Zusammenhang siehe S. I. Benn, »Rationality and Political Behaviour«, in: S. I. Benn und G. W. Mortimore (eds.), *Rationality and the Social Sciences*, London 1976. Zu dem im Text nachfolgenden Punkt über Fairneß gibt es natürlich weitaus mehr zu sagen: beispielsweise darüber, wie Mitglieder einer Gruppe sich im Einklang mit der Fairneß über Strategien einigen können, die effizienter als die sind, daß ein jeder C tut (wie etwa die, daß die Leute einander ablösen).

Christine M. Korsgaard: *Skeptizismus*

1 David Hume, *Ein Traktat über die menschliche Natur*, Bd. II: Über die Affekte, Hamburg 1978, S. 153. (Original: Treatise of Human Nature, hg. L. A. Selby-Bigge, London 1888, S. 415).

2 Sein Aufsatz wurde erstmalig in Ross Harrison (Hg.), *Rational Action*, New York 1980, veröffentlicht. Ein Wiederabdruck findet sich in Bernard Williams, *Moral Luck*, New York 1981, S. 101–113 [nach dem Korsgaard im Original zitiert]. Dtsch.: »Interne und externe Gründe«, in: B. Williams, *Moralischer Zufall*, Königstein/Ts., S. 112–124, Wiederabdruck in diesem Band S. 105–120, nach dem hier zitiert wird.

3 Übrigens sprechen Falk und Frankena von der externalistischen und internalistischen Bedeutung des »Sollens«. Siehe Falk, »›Ought‹ and ›Motivation‹«, in: *Proceedings of the Aristotelean Society*, 1947/48. Frankenas Beitrag »Obligation and Motivation in Recent Moral Philosophy« wurde ursprünglich in A. I. Melden (Hg.), *Essays in Moral Philosophy*, Seattle 1958, veröffentlicht und wiederabgedruckt in: Kenneth E. Goodpaster (Hg.), *Perspectives on Morality: Essays of William K. Frankena*, Notre Dame, Ind. 1976, S. 49–73 (zitiert wird nach dieser Ausgabe). Nagels Diskussion findet sich in *The Possibility of Altruism*, New York 1970, Part 1 (Vgl. auch den Ausschnitt aus diesem Werk, der in diesem Band abgedruckt ist).

4 John Stuart Mill, *Der Utilitarismus*, Stuttgart 1985, S. 53 (Original: Utilitarism, in: Samuel Gorovitz (Hg.), *Utilitarism with Critical Essays*, Indianapolis 1971, S. 34).

5 Siehe Prichard, »Duty and Interest«, in: *Duty and Interest*, London 1928. Falks ursprüngliche Verwendung der Unterscheidung zwischen dem internen und externen Sinn des Sollens in »›Ought‹ and ›Motivation‹« findet sich in einem Argument, das sich auf Prichards Aufsatz bezieht.

6 Eine Diskussion dieser überraschenden Ansicht findet sich bei Frankena, ebd., S. 63.

7 Ich vernachlässige hier den komplizierteren Fall, bei dem die falsche Meinung auf den in Frage stehenden Affekt zurückgeht. So wäre in meinen Fallbeispielen folgendes denkbar: Irritation über mich prädisponiert dich, meine Beleidigungen auf dich zu beziehen; die Angst, im Haus allein zu sein, macht es wahrscheinlicher, das Radio für einen Einbrecher zu halten. Hume diskutiert dieses Phänomen (Bd. I, S. 163/64). Wir können hier von einem irrationalen, nicht nur von einem falschen Urteil sprechen und davon, daß seine Irrationalität ausstrahlt auf die Handlungen und Affekte, die auf ihm beruhen. Wenn Humes Theorie es hier erlaubt, von einem irrationalen Urteil zu sprechen, könnte er sagen, daß einige Affekte und Handlungen wirklich irrational sind und nicht nur falsch, aber er tut es nicht.

8 Immanuel Kant, *Grundlegung zur Metaphysik der Sitten*, Preußische Akademieausgabe, S. 395.

9 »Zugänglich« ist vage ausgedrückt, denn es gibt viele Fälle, in denen man un-

sicher ist, ob uns ein Grund zugänglich war oder nicht. Es gibt z. B. Fälle (1), in denen wir den Grund nicht kennen; Fälle (2), in denen wir den Grund unmöglich kennen können; Fälle (3), in denen wir uns über den Grund täuschen; Fälle (4), in denen physikalische oder psychologische Bedingungen uns hindern, den Grund zu sehen; und Fälle (5), in denen physikalische oder psychologische Bedingungen uns daran hindern, auf den Grund zu reagieren, obwohl wir ihm sozusagen sehenden Auges gegenüberstehen. Nun möchte keiner behaupten, daß die in Anspruch genommenen Gründe deshalb externe Gründe seien, weil die betroffenen Personen nicht von ihnen wissen. Aber verfolgt man die Liste der aufgezählten Fälle, wird man zunehmend skeptischer, ob die in Anspruch genommenen Gründe nicht doch extern werden. Denn am Ende der Liste wird gesagt, daß jemand psychologisch unfähig ist, auf einen Grund zu reagieren, und daß es dennoch ein interner Grund ist, nämlich einer, der eine rationale Person motivieren könnte. Ich denke nicht, daß irgendeiner dieser Fälle problematisch ist, denn alles, was notwendig ist, um von einem internen Grund reden zu können, ist: Wenn eine Person sich des Grundes bewußt ist und *nichts ihre Rationalität behindert*, dann wird sie angemessen reagieren. Dies führt nicht dazu, die Einschränkung auf interne Gründe zu trivialisieren, solange der Begriff einer psychologischen, die Rationalität behindernden Bedingung nicht trivial definiert wird.

10 Ich denke hier an Phänomene wie Selbsttäuschung, Rationalisierungen und die verschiedensten Arten der Willensschwäche, von denen einige sowohl die theoretische als auch die praktische Vernunft betreffen. Für die theoretische Vernunft können noch die vielen Formen intellektuellen Widerstands oder Ideologie hinzugerechnet werden (obwohl »willentlich« nicht gerade der beste Ausdruck ist, diese zu charakterisieren). In gewisser Hinsicht finden einige den zweiten Punkt – indifferent gegenüber einem deutlich gemachten Grund zu sein – schwerer in einem theoretischen als in einem praktischen Fall vorzustellen. Einfach achselzuckend auf einen erkannten Grund zu reagieren, scheint für manche bei praktischen Gründen in einer Weise denkbar zu sein, die es im theoretischen Fall nicht gibt. Ich denke, das liegt zum Teil daran, daß wir das, was eine in praktischer Hinsicht außer Gefecht gesetzte Person akzeptiert, in den theoretischen Bereich schieben können: Sie *glaubt*, »daß sie das-und-das tun sollte«, obwohl sie dadurch nicht veranlaßt, es zu tun; während es nichts mehr gibt, wohin man das, was eine theoretisch außer Gefecht gesetzte Person akzeptiert, schieben könnte (außer vielleicht dahin, daß sie sich des Urteils enthält). Es kann aber auch daran liegen, daß wir nicht genug Gewicht auf den Unterschied zwischen »von einem Argument überzeugt sein« und »nichts dazu sagen können« legen, oder vielleicht ist das, was außer Gefecht gesetzt sein heißt, bei Überzeugungen weniger sichtbar als bei Handlungen.

11 Universalität und Vollständigkeit werden der Vernunft von Kant zugesprochen, Zeitlosigkeit und Unpersönlichkeit von Nagel und Autorität von Joseph Butler.

12 Aristoteles, *Nikomachische Ethik*, VII.3, 1147b 5–10.

13 Die Vergleiche, die ich zwischen theoretischer und praktischer Vernunft gezogen habe, legen nun nahe, daß es so etwas wie ein Ideal eines guten theoretischen Charakters gibt: nämlich für theoretische Gründe empfänglich zu sein. Die Vision von einem Menschen, der von aller Ideologie und intellektuellem Widerstand frei ist, kann ein solches Ideal sein.

14 Williams benutzt die Abkürzung »V« für »subjektive motivationale Verfassung«; doch ich verwende lieber den ursprünglichen Ausdruck, deswegen die eckigen Klammern.

15 Es ist wahr, daß die Anwendung eines Prinzips so einfach oder unvermittelt sein kann, daß es eher eine Frage des Urteils oder der Wahrnehmung als der Überlegung ist. In einem solchen Fall leugnen einige, daß hier praktische Vernunft benutzt wird. Auf der anderen Seite mag die Überlegung, die bei der Anwendung eines Prinzips im Spiel ist, ziemlich kompliziert sein (wie im Fall des Widerspruchstests durch den Kategorischen Imperativ), so daß jeder bereit sein sollte, sie Überlegung zu nennen. Wenn die Tatsache, daß du das Prinzip akzeptierst, entweder der Einsicht in die Wirkung oder dem Argument, aus dem sich ergibt, daß dieser Fall unter das Prinzip fällt, motivationale Kraft gibt, dann ist das Ergebnis ein praktischer Grund.

16 Williams selbst bemerkt, daß die »Beweislast bezüglich dessen, was als ›reiner rationaler Vorgang‹ gelten soll, [...] eigentlich der Kritiker hat, der sich Humes allgemeiner Schlußfolgerung widersetzen und aus externen Begründungssätzen großes Kapital schlagen will« (S. 114). Obwohl ich damit übereinstimme, daß die Beweislast, was als rein rationaler Vorgang gilt – mit Bezug auf dessen *Inhalt* –, bei Humes Gegnern liegt, argumentiere ich, daß, wenn dieser Beweislast erfolgreich entsprochen wird, nichts dafür spricht, daß die Gründe extern sein werden.

17 *The Possibility of Altruism*, S. 13. Nagel bezeichnet das als »die Rebellion gegen die Vormachtstellung der Psychologie« (11) und unterscheidet demzufolge zwei Arten des Internalismus: eine, die psychologische Tatsachen als gegeben annimmt und unterstellt, daß wir von diesen die Ethik irgendwie ableiten müssen, um eine internalistische Theorie zu bekommen; und eine, die annimmt, daß metaphysische Untersuchungen – Untersuchungen über das, was es heißt, eine rationale Person zu sein – psychologische Konsequenzen haben. Hobbes wäre ein Beispiel für die erste Art, Kant für die zweite Art der internalistischen Theorie.

18 Siehe besonders S. 30, 41–50 Preußische Akademieausgabe.

19 In dem 3. Hauptstück der Analytik der Kritik der praktischen Vernunft beschreibt Kant sein Vorhaben folgendermaßen: »Also werden wir nicht den Grund, woher das moralische Gesetz in sich eine Triebfeder abgebe, sondern was, so fern es eine solche ist, sie im Gemüthe wirkt (besser zu sagen, wirken muß), a priori anzuzeigen haben.« (Preußische Akademieausgabe, S. 72).

THOMAS NAGEL: *Wünsche, Motive der Klugheit*

1 Und zwar von Aristoteles, so etwa im dritten Kapitel des dritten Buches der *Nikomachischen Ethik*.

2 Es gibt freilich eine echte Möglichkeit, wie ein irrationales Begehren von der beschriebenen Art einen legitimen Handlungsgrund liefern könnte: nämlich als Quelle einer inneren Unruhe, die lästig genug ist, um sie dämpfen zu wollen. Wenn ich etwa am Samstag grundlos ein heftiges Verlangen danach spüre, am Sonntag eine Persimone (*Diospyros virginiana*) zu genießen, obwohl ich von vornherein geradezu weiß, daß ich sie am Sonntag gar nicht mehr will und dann auch keinen anderen Grund haben werde, sie zu konsumieren (womöglich geht es mir an jedem Wochenende so), dann mag ich durchaus einen *gewissen* Grund haben, mir am Samstag eine Persimone zu kaufen (wenn wir davon ausgehen, daß sonntags ja die Läden geschlossen sind), einfach um mir *für Samstag* meinen Seelenfrieden zu erhalten. Dabei darf aber nicht übersehen werden, daß das Begehren in diesem Falle keineswegs direkt einen Grund dafür liefert, sein spezifisches Ziel zu verfolgen, vielmehr verursacht es eine innere Unruhe, die zu vertreiben es Grund gibt, was möglicherweise nicht anders zu bewerkstelligen ist als dadurch, daß die Verfügbarkeit des vermeintlich künftigen Objekts der Begierde sichergestellt wird.

3 Diese dritte vermeintliche ›Möglichkeit‹ darf nun allerdings nicht verwechselt werden mit dem vollkommen einwandfreien und auch nicht ungewöhnlichen Fall, in dem einer sich Hindernisse in den Weg legt, weil er weiß, daß er in der Zukunft etwas *wollen* wird, das er sich versagen *sollte*. Dergleichen mag ihn zum Beispiel veranlassen, seine Hausbar mit einem Zeitschloß auszurüsten. Das liegt aber daran, daß er damit rechnet, etwas tun zu wollen, das *nicht* zu tun er dann auch *zu der betreffenden Zeit* Grund haben wird. In solchen Fällen besteht also eine direkte Verbindung zwischen gegenwärtigen und zukünftigen Gründen, und es ist nicht so, daß man jetzt einen Grund hat, die Frustration dessen sicherzustellen, das künftig zu tun dann *rational* sein wird.

4 Man könnte mir hier einwenden wollen, daß das dissoziierte Verhalten eines solchen Subjekts womöglich auch nach Maßgabe dieser Theorie als nicht rational zu werten sei, weil schließlich die *Wünsche*, denen sich das entsprechende Verhalten verdanke, allzu absonderlich seien. Aber das zu sagen heißt, mir den entscheidenden Punkt zuzugeben. Denn diese Replik kann doch nichts anderes bedeuten als dies: Wiewohl ein Begehren nach zukünftiger Befriedigung durchaus rational ist, sind bestimmte andere Wünsche, namentlich solche, die auf zukünftige Ziele ausgerichtet sind, von denen man bereits weiß, daß es keinen Grund geben wird, sie in der Zukunft zu verfolgen, ihrerseits irrational und vererben diese Irrationalität auf ihre im Verhalten sich manifestierenden Folgen. Und das Prinzip, aus dem folgt, daß solche Wünsche irrational sind, kann kein anderes sein als das von mir ver-

teidigte – das Prinzip nämlich, daß auf die Zukunft gerichtete Wünsche noch nicht *per se* schon Gründe zu handeln liefern, und daß Handlungen, die sich solchen Wünschen verdanken, nur dann rational sind, wenn sowohl sie als auch die Wünsche selbst durch Gründe gerechtfertigt sind, deren Geltung in der Zukunft zu erwarten steht.

5 Hiermit hängt G. E. M. Anscombes These zusammen, daß man nicht einfach Beliebiges ›einfach wollen‹ kann. Die Antwort ›Ich wollte das einfach‹ kann nur in den seltensten Fällen als rechtfertigender *Grund* für ein Handeln angeboten werden. Vgl. ihr Buch *Intention* (Oxford: Blackwell [2]1963), S. 69–71; übersetzt von J. M. Conolly und T. Keutner: *Absicht* (Freiburg im Breisgau: Alber Verlag 1986), S. 109–113.

6 In Parenthese sei hinzugefügt, daß sich von anderen Wünschen dasselbe sagen läßt, nicht ausgenommen solche, die auf gegenwärtige Ziele gerichtet sind. Oft genug sind sie motiviert durch Gründe, die sich ihren Zielen verdanken und gerade nicht der eigentliche Ursprung von Gründen und Motiven. Auf das Absonderliche an Wünschen nach Zukünftigem, die *nicht* fundiert sind in Gründen, die in der Zukunft zu erwarten stehen, habe ich mich hier nur deshalb konzentriert, weil ein Begehren genau dieser Art in der von mir kritisierten Theorie eine so entscheidende Rolle spielt.

7 Aus den allgemeinen Prinzipien, die zu dieser Konsequenz führen, folgt, daß die Umstände, die einen Grund generieren, sowohl früher wie auch später eintreten können als der Zeitpunkt des Handelns. (Deshalb erlauben sie auch eine Neubewertung all der Gründe, die den oben erörterten verschrobenen Wünschen für die Zukunft geschuldet sind.) Ein Mann, der sich eine Grabstätte auf dem Friedhof kauft, und seine Witwe, die später dafür sorgt, daß er dort begraben wird, vermögen beide aus demselben Grund zu handeln, aus dem nämlich, der auf seinen ursprünglichen Wunsch zurückgeht, dort und nicht anderswo begraben zu sein. Weder sie noch er muß glauben, daß die erst zur Zeit der Bestattung obwaltenden Umstände dafür einen weiteren Grund liefern. Andere Beispiele für zeitübergreifende Gründe sind etwa Rache und Vergeltung, die zwar keine guten Gründe sein mögen, deren Form jedoch erst verständlich wird, wenn man die Prämisse verabschiedet, ein Grund müsse stets das Produkt der Umstände sein, die zur Zeit der betreffenden Handlung gegeben sind. Eine wirklich gehaltvolle Theorie solcher ›rückwärts gewandten‹ Gründe würde freilich mehr Aufwand verlangen.

Rainer Forst: *Zur Begründung der Moral*

1 Immanuel Kant, *Kritik der reinen Vernunft*, hg. v. Raymund Schmidt, Hamburg 1976, A 738 f., B 766 f.

2 Ernst Tugendhat, *Vorlesungen zur Einführung in die sprachanalytische Philosophie*, Frankfurt am Main 1976, S. 107. Zur Kritik an dieser Bestimmung vgl. Herbert Schnädelbach, »Über Rationalität und Begründung«, in: ders.,

Zur Rehabilitierung des animal rationale, Frankfurt am Main 1992. Schnädelbachs Kritik allerdings trifft nur dann zu, wenn man ein nicht hinreichend nach Begründungskontexten differenziertes und entsprechend zu enges Verständnis von »Begründung« zugrunde legt; und sein Einwand, eine jede Theorie rationaler Begründung setze bereits einen Begriff der Rationalität voraus und könne somit nicht als Basis der Erklärung desselben dienen, bezieht sich auf Versuche, Rationalität durch die Angabe der materialen und nicht nur formalen Qualität guter Gründe bestimmen zu wollen (vgl. S. 68 f.). Beides soll im folgenden vermieden werden.

3 Auch die Aussage »Ich habe meine Gründe!« besagt ja nur, daß man die Legitimation dessen bezweifelt, der diese Gründe erfragen will – nicht, daß die Gründe in dem Sinne »privater« Natur sind, daß sie nicht als Gründe mitteilbar wären.

4 Robert Brandom, *Making it Explicit*, Cambridge, Mass. 1994, S. 158 ff. et passim.

5 Die drei wichtigsten Ansätze in dieser Richtung sind m. E. der Konstruktivismus der Erlanger u. Konstanzer Schule (besonders Paul Lorenzen, *Normative Logic and Ethics*, Mannheim 1969; Paul Lorenzen und Oswald Schwemmer, *Konstruktive Logik, Ethik und Wissenschaftstheorie*, Mannheim 1975; Friedrich Kambartel (Hg.), *Praktische Philosophie und konstruktive Wissenschaftstheorie*, Frankfurt am Main 1974), die Diskurstheorie von Jürgen Habermas und Karl-Otto Apel (auf die im folgenden mehrfach Bezug genommen wird) und Robert Brandoms Konzeption einer normativen Pragmatik in *Making it Explicit* (im Anschluß an Sellars, von dem auch der Ausdruck »space of reasons« stammt, der von ihm ausdrücklich als Raum von Rechtfertigungen bestimmt wird: »The essential point is that in characterizing an episode or a state as that of knowing, we are not giving an empirical description of that episode or state; we are placing it in the logical space of reasons, of justifying and being able to justify what one says.« Wilfried Sellars, *Empiricism and the Philosophy of Mind*, Cambridge, Mass. 1997, S. 76).

6 Donald Davidson, »Handlungen, Gründe und Ursachen«, in: ders., *Handlung und Ereignis*, Frankfurt am Main 1990.

7 Vgl. Donald Davidson, »Incoherence and Irrationality«, in: *Dialectica* 39:4, 1985; Jon Elster, »Wesen und Reichweite rationaler Handlungserklärung«, in diesem Band; Stefan Gosepath, *Aufgeklärtes Eigeninteresse*, Frankfurt am Main 1992, Kap. V.

8 Gosepath, *Aufgeklärtes Eigeninteresse*, Kap. VII.

9 Vgl. dazu Jürgen Habermas, »Sprechakttheoretische Erläuterungen zum Begriff der kommunikativen Rationalität«, in: *Zeitschrift für philosophische Forschung* 50:1/2, 1996, S. 75 f. u. 80.

10 Vgl. zum folgenden Rainer Forst, *Kontexte der Gerechtigkeit*, Frankfurt am Main 1994, Kap. V.2. Die Bedeutung der Rechtfertigungsdimension heben (neben der Diskursethik) auf pointierte Weise hervor: Georg Kohler, *Han-*

deln und Rechtfertigen, Frankfurt am Main 1988; Onora O'Neill, »Vier Modelle praktischer Vernunft«, in: Hans Friedrich Fulda und Rolf-Peter Horstmann (Hg.), *Vernunftbegriffe in der Moderne*, Stuttgart 1994; Thomas M. Scanlon, *What We Owe to Each Other*, Cambridge, Mass. 1998.

11 Vgl. die Unterscheidung von »rational« und »vernünftig« bei John Rawls, *Politischer Liberalismus*, Frankfurt am Main 1998, Kap. II.1, und in: Rawls, »Themes in Kant's Moral Philosophy«, in: Eckart Förster (Hg.), *Kant's Transcendental Deductions*, Stanford 1989, S. 87f. In diesem Sinne auch Scanlon, *What We Owe to Each Other*, Kap. 1 u. 5.

12 Vgl. Henry Richardson, *Practical Reasoning about Final Ends*, Cambridge 1994.

13 Vgl. Jürgen Habermas, »Vom pragmatischen, ethischen und moralischen Gebrauch der praktischen Vernunft«, in: ders., *Erläuterungen zur Diskursethik*, Frankfurt am Main 1991. In ebendiesem Sinne unterscheidet auch Strawson den Bereich des Ethischen und den der Moral: Peter F. Strawson, »Social Morality and Individual Ideal«, in: ders., *Freedom and Resentment*, London 1974.

14 Habermas' Unterscheidung zwischen Ethik und Moral (vgl. Anm. 13) hebt lediglich die erste Dimension hervor; vgl. in diesem Sinne auch Lutz Wingert, *Gemeinsinn und Moral*, Frankfurt am Main 1993, S. 23ff. Zu der mit dieser Perspektive auftauchenden Problematik »starker« Geltungsansprüche aus der ethischen Perspektive vgl. Rainer Forst, »Die Rechtfertigung der Gerechtigkeit. Rawls' Politischer Liberalismus und Habermas' Diskurstheorie in der Diskussion«, in: Hauke Brunkhorst und Peter Niesen (Hg.), *Das Recht der Republik*, Frankfurt am Main 1998, S. 119f.

15 Charles Taylor, »Was ist menschliches Handeln?«, in: ders., *Negative Freiheit?*, Frankfurt am Main 1992.

16 Harry Frankfurt, »On the Usefulness of Final Ends«, in: *Iyyun* 41, 1992.

17 Vgl. Forst, *Kontexte der Gerechtigkeit*, S. 388ff.; Joel Anderson, »Starke Wertungen, Wünsche zweiter Ordnung und intersubjektive Kritik«, in: *Deutsche Zeitschrift für Philosophie* 42:1, 1994.

18 Das bedeutet freilich nicht, daß ethische Beziehungen als »moralfrei« anzusehen sind oder man nicht auch im weiteren Sinne von einer »Moral der Beziehungen« sprechen könnte. Doch auch dann ist zwischen den verschiedenen Kontexten dessen zu unterscheiden, was als »Moral« zählt, und es bleibt der Fall, daß in ethischen Beziehungen »mehr« gefordert ist als »bloß« (im engeren Sinne) moralisch gebotenes Handeln, daß aber auch hier basale Moralnormen ein Minimum an wechselseitigem Respekt in konkrete ethische Beziehungen einziehen. Zu dieser Problematik Axel Honneth, »Zwischen Gerechtigkeit und affektiver Bindung. Die Familie im Brennpunkt moralischer Kontroversen«, in: *Deutsche Zeitschrift für Philosophie* 43:6, 1995.

19 Bereits angesichts dieser zweiten Hinsicht ethischer Rechtfertigung wird offensichtlich, daß es zwischen diesen Dimensionen Anlaß zu tiefgreifenden

Konflikten geben kann, etwa dann, wenn die eigenen Lebensentscheidungen bestimmten Verpflichtungen ethischer Art zuwiderlaufen.

20 Vgl. Immanuel Kant, *Grundlegung zur Metaphysik der Sitten*, in: Werke VII, hg. v. Wilhelm Weischedel, Frankfurt am Main 1968, S. 44ff. über Imperative der Klugheit im Unterschied zu solchen der Sittlichkeit und der Geschicklichkeit.

21 Diese hier nur vage Formulierung wird in § 3 näher bestimmt. Erst diese nähere Bestimmung erlaubt es auch zu erklären, mit Hilfe welcher Kriterien in den Fällen zu urteilen ist, in denen es umstritten ist, welche Geltungskriterien zur Beantwortung einer praktischen Frage herangezogen werden sollten.

22 Vgl. meine Kritik an Charles Taylors Konzeption praktischer Vernunft in: Forst, *Kontexte der Gerechtigkeit*, Kap. IV.4.

23 So (im Zusammenhang der Rechtfertigung von Gerechtigkeitsprinzipien) John Rawls, »Kantischer Konstruktivismus in der Moraltheorie«, in: ders., *Zur Idee des politischen Liberalismus*, Frankfurt am Main 1992, S. 103.

24 Ein wichtiger Aspekt des Verhältnisses zwischen dem rational Begründeten und dem auf vernünftige Weise Gerechtfertigten liegt darin, daß das Vernünftige stets auch rational ist, das Umgekehrte jedoch nicht gilt.

25 Vgl. dazu auch Thomas Nagel, »Die Verschiedenheit der Werte«, in: ders., *Über das Leben, die Seele und den Tod*, Königstein 1984, und Charles Larmore, *Strukturen moralischer Komplexität*, Stuttgart 1995, Kap. VI.

26 Vgl. dazu Forst, *Kontexte der Gerechtigkeit*, Kap. V.2, und »Politische Freiheit«, in: *Deutsche Zeitschrift für Philosophie* 44:2, 1996.

27 Vgl. Kant, *Grundlegung zur Metaphysik der Sitten*, S. 21f.

28 Vgl. Brandom, *Making it Explicit*, S. 233ff., über die Bedeutung von »practical commitments«.

29 Die Analyse heißt »rekursiv«, weil sie kontextimmanent von den jeweiligen Geltungsansprüchen nach den Bedingungen ihrer Einlösung zurückfragt. So schließt sie zwar an die Theorie der Geltungsansprüche von Habermas (vgl. Jürgen Habermas, »Was heißt Universalpragmatik?«, in: Karl-Otto Apel (Hg.), *Sprachpragmatik und Philosophie*, Frankfurt am Main 1976, und Habermas, *Theorie des kommunikativen Handelns*, Frankfurt am Main 1981, Bd. I, S. 369ff.) an, läßt aber eine Pluralität von praktischen Geltungsansprüchen zu und ist nicht selbst mit einer umfassenden Wahrheits- oder Argumentationstheorie verknüpft. Onora O'Neill, *Constructions of Reason*, Cambridge 1989, Kap. 1 u. 2, versteht unter einer »rekursiven« Rechtfertigung von vernünftigen Prinzipien ihre Rückbindung an eine offene und kritische Debatte freier und gleicher Personen; ich bezeichne damit im gegenwärtigen Zusammenhang in einem methodischen Sinne die Reflexion darauf, für welche praktischen Normen welche Art von geltungseinlösender Rechtfertigung geboten ist.

30 Seyla Benhabib, »Der verallgemeinerte und der konkrete Andere«, in: dies., *Selbst im Kontext*, Frankfurt am Main 1995; dazu Rainer Forst, »Kontexte des Selbst«, in: *Deutsche Zeitschrift für Philosophie* 45:6, 1997.

31 Ich folge hier im wesentlichen Habermas' Analyse der Sollgeltung moralischer Normen; Jürgen Habermas, »Diskursethik – Notizen zu einem Begründungsprogramm«, in: ders., *Moralbewußtsein und kommunikatives Handeln*, Frankfurt am Main 1983, und »Richtigkeit vs. Wahrheit. Zum Sinn der Sollgeltung moralischer Urteile und Normen«, in: *Deutsche Zeitschrift für Philosophie* 46:2, 1998.

32 Dies betont Albrecht Wellmer, *Ethik und Dialog*, Frankfurt am Main 1986, S. 129 ff.

33 So Klaus Günther, *Der Sinn für Angemessenheit*, Frankfurt am Main 1988, S. 73 ff., in seiner Kritik an Wellmers Unterscheidung zwischen Fragen der Normengerechtigkeit und der Begründung moralischen Handelns.

34 Vgl. Habermas, »Diskursethik – Notizen zu einem Begründungsprogramm«, S. 77.

35 Vgl. dazu die Explikation von Otfried Höffe, »Kants kategorischer Imperativ als Kriterium des Sittlichen«, in: ders., *Ethik und Politik*, Frankfurt am Main 1979.

36 Es mag im Einzelfall umstritten sein, in welchem Maße von »relevanter Betroffenheit« gesprochen werden kann – ein Problem, das wiederum nur mit Hilfe reziprok-allgemeiner Rechtfertigung behandelt werden kann.

37 Durch diese Konkretion der Rechtfertigung wird es vermieden, daß das Kriterium der Reziprozität nur zu allgemeinen und formalen, nahezu tautologischen Normen führt, wie Rüdiger Bubner, *Handlung, Sprache und Vernunft*, Frankfurt am Main 1982, S. 283 f., kritisch bemerkt. Denn daß konkrete Handlungsweisen sich als solche herausstellen, die diese Kriterien nicht verletzen, bedeutet nicht, daß ihr Inhalt von diesen aufgesogen wird und sie ihre historische und soziale Partikularität verlieren. Gerade weil die Kriterien formal angelegt sind, erlauben sie eine Vielzahl zu rechtfertigender Normen und Handlungsweisen, die z. B. differenzierte soziale Rollenverteilungen vorsehen – ein weiterer Kritikpunkt Bubners –, welche von den Mitgliedern der Gesellschaft anerkannt und ausgefüllt werden können.

38 Dabei nehme ich die Formulierung von Thomas M. Scanlon, »Contractualism and utilitarianism«, in: Amartya Sen u. Bernard Williams, *Utilitarianism and beyond*, Cambridge 1982, auf, wähle sie jedoch nicht primär, um altruistische Einstellungen zuzulassen, deren Ansinnen man vernünftigerweise sowohl ablehnen als auch akzeptieren kann. Daneben, und das ist wesentlich, interpretiere ich sie mit Kriterien, die die Bedeutung von »reasonable« näher bestimmen, als Scanlon dies in dem ursprünglichen Aufsatz tut. Seine Betonung des zentralen Kriteriums der »Fairneß« in *What We Owe to Each Other*, Kap. 5, stimmt damit, denke ich, in den Grundzügen überein.

39 Dieses Verfahren führt nicht zuletzt wegen der Begrenztheit menschlicher Perspektiven nicht notwendigerweise zu der »einzig richtigen« Antwort, denn es können Fälle auftreten, in denen zwei begründete Normen in verschiedene Richtungen weisen. Dann sind Zusatzerwägungen notwendig, die eine vorzuziehende Alternative nahelegen.

40 Vgl. dazu Rainer Forst, »Das grundlegende Recht auf Rechtfertigung. Zu einer konstruktivistischen Konzeption von Menschenrechten«, in: Hauke Brunkhorst, Wolfgang Köhler, Matthias Lutz-Bachmann (Hg.), *Recht auf Menschenrechte*, Frankfurt am Main 1999.

41 Vgl. dazu Kants Erläuterung der dritten Formulierung des kategorischen Imperativs anhand des Beispiels des lügenhaften Versprechens: »Denn der, den ich durch ein solches Versprechen zu meinen Absichten brauchen will, kann unmöglich in meine Art, gegen ihn zu verfahren, einstimmen und also selbst den Zweck dieser Handlung enthalten.« *Grundlegung zur Metaphysik der Sitten*, S. 62.

42 Vgl. den wichtigen Aufsatz von Christine Korsgaard, »The reasons we can share«, in: dies., *Creating the Kingdom of Ends*, Cambridge 1996. Die Charakterisierung moralischer Gründe als »shared objective reasons« findet sich bereits bei Stephen Darwall, *Impartial Reason*, Ithaca 1983, S. 144.

43 So heißt es auch im diskursethischen Grundsatz von Habermas, daß »nur die Normen Geltung beanspruchen dürfen, die die Zustimmung aller Betroffenen als Teilnehmer eines praktischen Diskurses finden (oder *finden könnten*).« »Diskursethik – Notizen zu einem Begründungsprogramm«, S. 103 (Herv. R. F.). Vgl. auch die Unterscheidung von »Akzeptanz« und »Akzeptabilität« in: Jürgen Habermas, *Faktizität und Geltung*, Frankfurt am Main 1992, S. 53ff. Dazu Onora O'Neill, »Kommunikative Rationalität und praktische Vernunft«, in: *Deutsche Zeitschrift für Philosophie* 41:2, 1993, und »Constructivisms in ethics«, in: dies., *Constructions of Reason.*

44 Habermas, *Theorie des kommunikativen Handelns*, Bd. I, S. 386f., und ders., »Sprechakttheoretische Erläuterungen zum Begriff der kommunikativen Rationalität«, S. 76f.

45 Friedrich Kambartel, *Wahrheit und Begründung*, Erlangen und Jena 1997, S. 5ff.

46 Vgl. dazu Brandoms Interpretation der Kantischen Auffassung des praktischen Vernunftvermögens in *Making it Explicit*, S. 233–271.

47 In diesem Zusammenhang wäre zu erläutern, in welchem Sinne die vorgeschlagene Konzeption moralischer Rechtfertigung eine »konstruktivistische« ist. Dazu hier nur einige Bemerkungen (Näheres dazu findet sich in Forst, »Das grundlegende Recht auf Rechtfertigung« und »Die Rechtfertigung der Gerechtigkeit«). Auf der Basis des Rechts auf Rechtfertigung und der Kriterien von Reziprozität und Allgemeinheit ist die diskursive Konstruktion von moralischen Normen möglich. »Konstruktion« kann das Verfahren der Rechtfertigung insofern genannt werden, als keine vorgegebenen Werte oder Zwecke angenommen werden, die die Begründung von Normen bestimmen, sondern nur Prinzipien und Kriterien der praktischen Vernunft, die keine weitergehenden inhaltlichen Vorgaben machen. Die zugrunde gelegten Prinzipien und Kriterien freilich sind nicht selbst konstruiert, sondern (rekursiv) *re*konstruiert (vgl. dazu auch Rawls, »Themes in Kant's Moral Philosophy«, S. 99); die konstruierten Normen hingegen erheben den An-

spruch, auf nicht vernünftigerweise zurückweisbaren Gründen zu beruhen – was sie in konkreten Kontexten der Rechtfertigung jeweils zeigen können müssen. Entscheidend ist somit, daß die Begründung bzw. Rechtfertigung von moralischen Normen als Konstruktion angesehen wird; damit wird nicht die weiterreichende These vertreten, daß die gesamte normative Welt (einschließlich ethischer Werte) das Ergebnis menschlicher Konstruktion ist, und es ist auch nicht notwendigerweise die metaphysische These ausgeschlossen (wenn auch keineswegs impliziert), daß moralische Gründe insofern einen objektiv-realen Charakter haben, als sie unabhängig von menschlicher Erkenntnis »existieren« und sich in angemessenen Verfahren reziproker Rechtfertigung »zeigen« (vgl. dazu Christine Korsgaard, *The Sources of Normativity*, Cambridge 1996, S. 35, über den Unterschied zwischen »procedural« und »substantive moral realism«). Denn auch dieser These zufolge sind sie erst dann »für uns« moralische Normen tragende Gründe, wenn sie in solchen Verfahren bestehen können; ihre Teilbarkeit ist für ihre Rechtfertigungsqualität entscheidend, nicht die Frage, welche metaphysischen Eigenschaften eine solche Teilbarkeit erlauben. Aus der Erkenntnis, daß die Prinzipien und Kriterien der praktischen Vernunft nicht selbst konstruiert sein können, ist daher nicht zwangsläufig die Konsequenz einer realistischen Konzeption dieser Prinzipien und einer metaphysischen Auffassung der Objektivität moralischer Gründe zu ziehen; so aber Charles Larmore, »Denken und Handeln«, in: *Deutsche Zeitschrift für Philosophie* 45:2, 1997, und »Moral Knowledge«, in: ders., *The Morals of Modernity*, Cambridge 1996. Im Unterschied dazu unterstreicht Habermas, »Richtigkeit vs. Wahrheit«, bes. Abschnitte V u. VII, die Möglichkeit eines nichtmetaphysischen und nichtrealistischen Verständnisses moralischer Richtigkeit.

48 Vgl. Ernst Tugendhat, *Vorlesungen über Ethik*, Frankfurt am Main 1993, erste und fünfte Vorlesung. Daneben Wingert, *Gemeinsinn und Moral*, Kap. 9.

49 Vgl. zu einem solchen Verständnis von Begründung Karl-Otto Apel, »Das Apriori der Kommunikationsgemeinschaft und die Grundlagen der Ethik«, in: ders., *Transformation der Philosophie*, Bd. 2, Frankfurt am Main 1973; ebenfalls Habermas, »Diskursethik – Notizen zu einem Begründungsprogramm«, Teil III.

50 So insbesondere Habermas, »Diskursethik – Notizen zu einem Begründungsprogramm«, Teil II, und inzwischen auch Ernst Tugendhat, *Dialog in Leticia*, Frankfurt am Main 1997, S. 47 ff. Tugendhat nennt dies die »zweite Beurteilungsebene«.

51 Korsgaard, *The Sources of Normativity*, Lecture 1.

52 Vgl. Tugendhat, *Vorlesungen über Ethik*, S. 29 et passim, ders., *Dialog in Leticia*, S. 10 ff. Dies bezeichnet Tugendhat als die »erste Beurteilungsebene«.

53 Es ist wichtig, darauf hinzuweisen, daß es auf dieser Ebene nicht um die Motivation geht, in konkreten Handlungssituationen moralisch gerechtfertigte Normen zu befolgen, sondern darum, sich insgesamt als moralische Person

zu verstehen. Ersteres thematisiere ich in § 4, letzteres in § 5. Zur Unterscheidung dieser beiden Motivationsfragen vgl. Wingert, *Gemeinsinn und Moral*, S. 83.

54 Vgl. zu dieser Unterscheidung die (im einzelnen unterschiedlichen) Vorschläge von Kurt Baier, *The Moral Point of View*, New York 1965, S. 40ff.; Thomas Nagel, *The Possibility of Altruism*, Princeton 1970, S. 15; Darwall, *Impartial Reason*, S. 28ff.; Michael Smith, *The Moral Problem*, Oxford 1994, S. 94ff.; Garrett Cullity u. Berys Gaut, »Introduction«, in: dies. (Hg.), *Ethics and Practical Reason*, Oxford 1997, S. 1ff.; Robert Audi, »Moral Judgement and Reasons for Action«, in: Cullity u. Gaut (Hg.), S. 125.

55 Christine Korsgaard, »Skeptizismus bezüglich praktischer Vernunft«, in diesem Band, S. 127 (Herv. R. F.).

56 Die Verwendung dieser Begriffe in der Literatur ist freilich alles andere als eindeutig; vgl. die Diskussionen bei W. D. Falk, »›Ought‹ and Motivation«, in: *Proceedings of the Aristotelian Society* 48, 1948; William K. Frankena, »Obligation and Motivation in Recent Moral Philosophy«, in: A. I. Melden (Hg.), *Essays in Moral Philosophy*, Seattle 1958; Nagel, *The Possibility of Altruism*, S. 7ff.; Bernard Williams, »Interne und externe Gründe«, in: ders., *Moralischer Zufall*, Königstein 1984 (auch in diesem Band); Korsgaard, »Skeptizismus bezüglich praktischer Vernunft«; David O. Brink, *Moral Realism and the Foundations of Ethics*, Cambridge 1989, Kap. 3; Gosepath, *Aufgeklärtes Eigeninteresse*, S. 228ff.; eine sehr differenzierte Analyse findet sich bei Audi, »Moral Judgement and Reasons for Action«. Die verwendete Formulierung versucht, sich gegenüber den unterschiedlichen »internalistischen« Theorien neutral zu halten. – Für Rückfragen zu diesem Punkt danke ich Stefan Gosepath.

57 Dies betont Korsgaards »internalistische Forderung« in »Skeptizismus bezüglich praktischer Vernunft«, oben S. 129; vgl. auch Nagel, *The Possibility of Altruism*, S. 64f., und Smith' »practicality requirement«, *The Moral Problem*, S. 85ff.

58 So aber ausdrücklich Nagel, *The Possibility of Altruism*, S. 90ff. und *The View from Nowhere*, Oxford 1986, Kap. 8.

59 David Hume, *Ein Traktat über die menschliche Natur*, 2. Buch, Hamburg 1978, S. 153 (im Original: *slave of the passions*).

60 Ebd., S. 154.

61 Ebd., 3. Buch, S. 195ff.; mit Korsgaard, »Skeptizismus bezüglich praktischer Vernunft«, läßt sich entsprechend zwischen »motivationalem« und »inhaltlichem« Skeptizismus unterscheiden.

62 Ein anderes Beispiel für eine solche Theorie ist die von Gosepath, *Aufgeklärtes Eigeninteresse*, S. 228ff.

63 Williams, »Interne und externe Gründe«, S. 116 (in diesem Band S. 110).

64 Bernard Williams, »Internal reasons and the obscurity of blame«, in: ders., *Making sense of humanity*, Cambridge 1995, S. 35.

65 Ebd., S. 38f.

66 Ebd., S. 36.

67 »In these circumstances, blame consists of, as it were, a proleptic invocation of a reason to do or not to do a certain thing, which applies in virtue of a disposition to have the respect of other people. To blame someone in this way is, roughly, to tell him he had a reason to act otherwise, and in a direct sense this may not have been true. Yet in a way it has now become true, in virtue of his having a disposition to do things that people he respects expect of him, and in virtue of the recognition, which it is hoped that the blame will bring to him, of what those people expect.« Ebd., S. 41 f.

68 Williams, »Interne und externe Gründe«, S. 117 (S. 111).

69 Williams, »Internal reasons and the obscurity of blame«, S. 39.

70 Williams, »Interne und externe Gründe«, S. 122 (S. 118).

71 Vgl. oben § 2.4 und Anm. 18 zum Verhältnis von ethischen und moralischen Kontexten, die nicht konkretistisch im Sinne »sozialer Sphären« verstanden werden dürfen.

72 So auch Scanlon, *What We Owe to Each Other*, Kap. 1 (und den Anhang zu Williams).

73 Williams, »Internal reasons and the obscurity of blame«, S. 44.

74 Vgl. meine Diskussion normativer Konflikte in *Kontexte der Gerechtigkeit*, S. 370 f. u. 407 ff. In »Personen, Charakter und Moralität«, in: *Moralischer Zufall*, S. 26 f., kritisiert Williams eine Moral der Unparteilichkeit zu Recht, wenn sie von jemandem forderte, angesichts der Frage, ob er seine eigene Frau oder eine unbekannte Person aus gleicher Not retten solle, unparteilich zu entscheiden. Diese Person würde in der Tat »einen Gedanken zuviel« verlieren; hier nämlich fügt ein ethischer Gesichtspunkt einem moralischen etwas hinzu, und es entsteht gar kein moralischer Konflikt. Würde jemand allerdings, um rechtzeitig zu einer Verabredung mit seiner Frau einzutreffen, jemandem in höchster Not nicht helfen, wäre ihm vorzuwerfen, »einen Gedanken zuwenig« verloren zu haben: Bindungen an konkrete Personen können demnach nicht »jenseits« moralischer Überlegungen das Handeln rechtfertigen, sondern in Auseinandersetzung mit diesen. Vgl. dazu Barbara Herman, *The Practice of Moral Judgment*, Cambridge, Mass. 1993, Kap. 2.

75 Die Übersetzung von »set« mit »Verfassung« betont dieses Charakteristikum des nicht transzendierbaren Rahmens.

76 Damit spiele ich auf Tugendhats Kritik an Kantischen Theorien an, denen zufolge die praktische Vernunft (und entsprechend das moralische Gesetz) als »absolutes Muß in uns eingerammt« erscheine. *Vorlesungen zur Ethik*, S. 97.

77 John McDowell, »Might there be external reasons?«, in: J. E. J. Altham und Ross Harrison (Hg.), *World, mind, and ethics*, Cambridge 1995, S. 76 f., kritisiert Williams' Ansatz daher (im Anschluß an Frege) als »psychologistisch«, insofern er die kritische und normative Dimension von Gründen vernachlässigt.

78 Vgl. Donald Davidson, »Beabsichtigen«, in: ders., *Handlung und Ereignis*, bes. S. 150.

79 Vgl. dazu Warren Quinn, »Putting rationality in its place«, in: ders., *Morality and action*, Cambridge 1993, der »subjektivistische« und »objektivistische« Auffassungen praktischer Begründung gegenüberstellt; vgl. auch die Kritik des Naturalismus von Larmore, »Denken und Handeln«.

80 Nagel, *The Possibility of Altruism*, Kap. V; ebenso John McDowell, »Are Moral Requirements Hypothetical Imperatives?«, in: ders., *Mind, Value, and Reality*, Cambridge, Mass. 1998, S. 79 f., und R. Jay Wallace, »How to Argue about Practical Reason«, in: *Mind* 99, 1990, S. 362 ff.

81 Vgl. Scanlon, *What We Owe to Each Other*, Kap. 1.

82 Es ist hier wichtig hinzuzufügen, daß damit kontextgebundene Einsichten und Urteile gemeint sind; die Gründe, auf denen sie beruhen, bleiben von den Begründungen und Rechtfertigungen abhängig, die konkreten Personen mit ihren spezifischen Perspektiven subjektiv und intersubjektiv möglich sind.

83 Wallace, »How to Argue about Practical Reason«, S. 370, nennt dies das »Desire-out, desire-in«-Prinzip.

84 Williams, »Interne und externe Gründe«, S. 121 (S. 116 f.)

85 Ebd., S. 115 f. (S. 109 f.)

86 Damit ist nicht gesagt, daß Personen – insbesondere in bezug auf ethisch entscheidende Fragen – vollkommen autonom über ihre (sozusagen) »letzten Wertungen« verfügen könnten – eine Möglichkeit, die Williams, »Personen, Charakter und Moralität«, S. 20 f., mit dem Begriff eines »Grundvorhabens« und insbesondere Frankfurt mit dem Verweis auf identitätsbestimmende Ideale und Pflichten (»what we cannot help caring about«) zu Recht bestreiten. Vgl. Harry Frankfurt, »Autonomy, Necessity and Love«, in: Fulda u. Horstmann (Hg.), *Vernunftbegriffe in der Moderne*, S. 443. Doch sind diese Wertungen weit weniger umfassend als Williams' »V«, und es ist wiederum nicht a priori ausgemacht, inwiefern sie die Möglichkeit ethisch und moralisch autonomer Reflexion und Rechtfertigung grundsätzlich begrenzen. An der basalen Struktur moralischer Rechtfertigung und Motivation ändert sich dadurch nichts, wenn auch die Dramatik von Konflikten, etwa zwischen dem ethischen und dem moralischen Standpunkt, damit erklärt werden kann.

87 Zu den affektiven Voraussetzungen, die zu einer moralischen Haltung gehören, vgl. unten § 5.4 ff.

88 Zwei spiegelbildliche, transzendentalphilosophische Versuche der Moralbegründung, in denen entweder die erste Ebene zu Lasten der dritten dominiert oder umgekehrt die dritte gegenüber der ersten, finden sich in den Arbeiten von Karl-Otto Apel und Christine Korsgaard. Apel zufolge sind die erste und die dritte Ebene dadurch untrennbar verknüpft, daß der »transzendentalpragmatische« Aufweis des für eine jede reflektierende und argumentierende Person unhintergehbaren, »immer schon notwendigerweise Aner-

kannthabens« des (diskursethischen) Prinzips der praktischen Vernunft die rationale *und* normative Verbindlichkeit dieses Prinzips begründet (wenngleich auf der dritten Ebene der »gute Wille« zur transzendentalpragmatischen Einsicht verstärkend hinzutreten muß). Vgl. insbesondere Apel, »Faktische Anerkennung oder einsehbar notwendige Anerkennung?«, in: ders., *Auseinandersetzungen in Erprobung des transzendentalpragmatischen Ansatzes*, Frankfurt am Main 1998, bes. S. 236, 240f., 249f.; aber auch schon Apel, »Das Apriori der Kommunikationsgemeinschaft und die Grundlagen der Ethik«, S. 415ff. Zur Kritik an dieser Verknüpfung von Rationalität und Normativität vgl. Wellmer, *Ethik und Dialog*, S. 102ff. (Nebenbei sei bemerkt, daß auch die erste und die zweite Ebene in Apels Konzeption der Diskursethik in dem Sinne verbunden werden, daß sich verantwortungsethische Handlungsprinzipien eines »Teils B der Ethik« direkt begründen lassen; vgl. Apel, »Kann der postkantische Standpunkt der Moralität noch einmal in substantielle Sittlichkeit ›aufgehoben‹ werden?«, in: ders., *Diskurs und Verantwortung*, Frankfurt am Main 1988, S. 144ff.)
Im Unterschied zur Dominanz der ersten gegenüber der dritten Ebene bei Apel verfährt Korsgaard in *The Sources of Normativity* andersherum: Ihr zufolge verweist die Frage nach den Quellen der Normativität aus der Perspektive der ersten Person auf die praktische Identität sich selbst bestimmender Wesen als Grund der Moral. Dazu allerdings muß sie einerseits den freien Willen (in Anlehnung an Kant, vgl. S. 97f., bzw. Platon, S. 233) an ein moralisches Verständnis universaler Gesetzlichkeit binden und andererseits diese formale Selbstbestimmung zur essentiellen Grundlage der praktischen Identität von Personen insgesamt machen. Diese Autonomie erst kann den einzigen, gegenüber allen anderen Identitätsbestandteilen nichtkontingenten Grund menschlicher Wertsetzungen darstellen (bes. S. 120ff.); sie hat daher diesen gegenüber Vorrang und erfordert eine unbedingte Respektierung der eigenen Eigenschaft, Mensch zu sein, wie auch der aller anderen Menschen als Mitglieder eines »Reichs der Zwecke« (S. 123, 132, 140f., 250). Diese Verankerung der Moral in einem »letzten« Grund nichtkontingenter moralischer Identität läßt die Grundlage der Moral jedoch einerseits *zu stark ethisch interpretiert* erscheinen, da sie – im Versuch, auf Williams' Kritik kantischer Theorien zu antworten – die Unbedingtheit moralischer Pflichten an die »tiefsten« Bestandteile der praktischen Identität einer Person knüpft, so daß die Moral um den Preis des Selbstverlustes nicht verletzt werden darf (vgl. S. 102). Damit aber verfehlt sie die Unbedingtheit moralischer Verantwortung *gegenüber anderen*. Andererseits aber ist diese Auffassung der menschlichen Identität *nicht ethisch genug*, denn sie erklärt die »konstitutiven« Bestandteile der Identität wie etwa Bindungen an geliebte Personen als kontingent und sekundär gegenüber der moralischen Identität als autonomes Wesen (S. 120). Damit entgeht ihr die ethische Tiefe und Signifikanz solcher Bindungen. Insgesamt führt in ihrer Konzeption die Dominanz der dritten Ebene der Begründung zu einer Verschränkung ethischer und morali-

scher Gesichtspunkte, die die Eigengesetzlichkeit beider Kontexte vernachlässigt.

89 Vgl. dazu Nicholas Rescher, »Die Begründung von Rationalität: Warum der Vernunft folgen?«, in: ders., *Rationalität. Eine philosophische Untersuchung über das Wesen und die Begründung der Vernunft*, Würzburg 1993, S. 50ff. (in diesem Band S. 246ff.); Tugendhat, *Vorlesungen zur Einführung in die sprachanalytische Philosophie*, S. 118ff.

90 Vgl. das dem Text vorangestellte Zitat aus der *Kritik der reinen Vernunft*, A 738f., B 766f.

91 Vgl. Onora O'Neill, »Vindicating Reason«, in: Paul Guyer (Hg.), *The Cambridge Companion to Kant*, Cambridge 1992, und Rawls, »Themes in Kant's Moral Philosophy«, S. 102, der die Vernunft »self-authenticating« nennt.

92 Dieses Argument der Selbstbezüglichkeit der Vernunft scheint noch die Möglichkeit offenzulassen, daß es *rationale* Gründe sein könnten, die für die Akzeptanz des Prinzips der Rechtfertigung sprechen – womit der Vorranganspruch der rechtfertigenden Vernunft vor der begründenden Rationalität (s. o. § 2.4) bestritten wäre (so etwa Gosepath, *Aufgeklärtes Eigeninteresse*, S. 339ff.). Der »Wunsch«, sich rechtfertigen zu können, läge der praktischen Einsicht in das Prinzip der Rechtfertigung zugrunde. Dieser Wunsch aber könnte nicht selbst noch einmal begründet werden, er wäre als bloßes Datum hinzunehmen. Das aber hieße, den Standpunkt der Vernunft doch von einer anderen, externen Autorität abhängig zu machen und ihren Autonomieanspruch aufzugeben – es hieße, sich als »bedingt vernünftig« anzusehen, da das Vermögen zu praktisch-vernünftiger Rechtfertigung von dem kontingenten und wandelbaren Wunsch abhinge, auf diese Weise vernünftig sein zu wollen. Eine solche Haltung der nicht zu rechtfertigenden – da der ihr zugrunde liegende Wunsch jenseits der Rechtfertigung läge – Beschränkung der Vernunft wäre freilich eine höchst paradoxe und sinnwidrige Haltung. Auf diese Weise läßt sich die autonome rechtfertigende Vernunft nicht auf einen empirischen Grund zurückführen.

93 Vgl. dazu meine Kritik an Tugendhats Versuch, eine (modifizierte) kantische Moralkonzeption mit Verweis auf ein im ethischen Eigeninteresse liegendes Gutseinwollen zu begründen (Forst, *Kontexte der Gerechtigkeit*, S. 377ff.) – eine Kritik, die um so mehr auf die revidierte Version in Tugendhats *Dialog in Leticia* zutrifft, wo der (von mir kritisierte) instrumentelle Charakter dieses Wollens ausdrücklich betont wird, dabei aber die Unvereinbarkeit zwischen der »ersten« und der »zweiten« Beurteilungsebene noch größer wird (vgl. insbes. dort S. 45–51; s. o. Anm. 50 u. 52). Denn es gibt für die Einzelnen keinen prinzipiellen Grund, die auf der zweiten Ebene gerechtfertigten Normen unter Beachtung der ersten Ebene der Eigeninteressen in konkreten Fällen nicht in Frage zu stellen und ggfs. zu übergehen. Tugendhat sieht dieses Problem selbst (»[k]ann es, wenn der einzelne sich nur aus instrumentellen Gründen als Mitglied der moralischen Gemeinschaft versteht, dann,

wenn er sich erst einmal als solches versteht, für ihn Gründe geben, auf der Ebene, die du die zweite genannt hast – ›richtig zu handeln ist, was aus der Perspektive aller gleichermaßen begründet ist‹ –, so nicht nur zu urteilen, sondern auch Motive zu haben, diesen Urteilen gemäß zu handeln, d. h. im konkreten Fall den durch diese zweite Ebene vorgeschriebenen Regeln zu folgen, statt seinem Eigeninteresse?«; S. 121), kann aber mit dem Motiv des »Geschätztwerdenwollens« (S. 123) darauf nur eine ungenügende Antwort geben (denn dieses im Grunde ethische Motiv kann auch in begrenzten Gemeinschaften befriedigt werden und versieht die Moral weiterhin mit einer ihren Sinn verkehrenden subjektiv-volitiven Bedingung).

94 So etwa bei Philippa Foot, »Die Moral als ein System hypothetischer Imperative«, in: dies., *Die Wirklichkeit des Guten*, Frankfurt am Main 1997, und Ursula Wolf, *Das Problem des moralischen Sollens*, Berlin 1984, Kap. VII.

95 Ein weiterer, mit der zweiten Ebene der Moralbegründung zuammenhängender Grund ist, daß eine Theorie des Guten, und sei sie noch so formal und universell angelegt, nicht die *Kriterien* für das moralisch Gesollte liefern kann. Denn das Gute, das von moralischen Normen geschützt und ermöglicht werden soll, wird von den Individuen selbst einerseits ethisch autonom, andererseits mit Hilfe der Kriterien von Reziprozität und Allgemeinheit bestimmt – wofür es keiner objektiven Theorie des Guten bedarf. Dies bedeutet freilich nicht, daß Theorien des guten – bzw. des nicht verfehlten – Lebens unmöglich oder sinnlos sind; es heißt nur, daß sie nicht zur normativen Bestimmung der Moral dienen können. Vgl. dazu ausführlich Forst, *Kontexte der Gerechtigkeit*, IV.4 u. V.2, und »Die Rechtfertigung der Gerechtigkeit«, S. 162 ff.

96 So Williams, »Internal reasons and the obscurity of blame«, s. o. das Zitat in Anm. 67.

97 So Tugendhat zuletzt in *Dialog in Leticia*, S. 123 ff., aber auch in anderen seiner Schriften zur Moralphilosophie seit *Probleme der Ethik*, Stuttgart 1984, insbes. den »Retraktationen«, in denen er (gegen U. Wolf) die Bedeutung von Sanktionen unterstreicht. Vgl. auch *Vorlesungen über Ethik*, S. 60, über das Motiv des »Dazugehörenwollens«.

98 Kant, *Grundlegung zur Metaphysik der Sitten*, S. 100.

99 So H. A. Prichard, »Does Moral Philosophy Rest on a Mistake?«, in: Wilfrid Sellars und John Hospers (Hg.), *Readings in Ethical Theory*, 2nd ed., Englewood Cliffs 1970. Prichard allerdings versteht nicht nur das Motiv des Moralischseins als nicht weiter aus subjektiven oder objektiven Zwecken ableitbar, sondern auch konkrete Einsichten in das moralisch Richtige insgesamt in intuitionistischer Manier als unmittelbar gegeben.

100 Indem ich diese beiden Begriffe immanent zusammenzuführen versuche, unterscheide ich mich von Charles Larmore, der aus einer Reflexion auf die Autonomie der Moral den Schluß zieht, daß damit eine konstruktivistische Moral der Autonomie unhaltbar wird. Vgl. Larmore, »L'autonomie de la morale«, in: *Philosophiques* 24:2, 1997.

101 Dieter Henrich, »Der Begriff der sittlichen Einsicht und Kants Lehre vom Faktum der Vernunft«, in: Gerold Prauss (Hg.), *Kant*, Köln 1973, S. 228f.

102 Henrich allerdings vertritt die stärkere These, daß sich das Selbst als praktisch selbstbewußtes insgesamt auf diese Weise erst konstituiert. Vgl. ebd., S. 230. Dies allerdings vernachlässigt die eigenständige – und konstitutionstheoretisch möglicherweise »frühere« – Dimension der ethischen Konstitution des Selbst. Vgl. Forst, *Kontexte der Gerechtigkeit*, Kap. I.

103 Immanuel Kant, *Kritik der praktischen Vernunft*, in: Werke VII, Frankfurt am Main 1968, S. 162.

104 Henrich, »Der Begriff der sittlichen Einsicht und Kants Lehre vom Faktum der Vernunft«, S. 247f.

105 Kant, *Kritik der praktischen Vernunft*, S. 195.

106 Ebd., § 7.

107 Vgl. dazu den – im Unterschied zu einer rekursiven Analyse – transzendentalpragmatischen Versuch Apels, Kants Begründung des Sittengesetzes durch das Faktum der Vernunft zu rekonstruieren; Apel, »Das Apriori der Kommunikationsgemeinschaft und die Grundlagen der Ethik«, S. 417ff.

108 Henrich, »Der Begriff der sittlichen Einsicht und Kants Lehre vom Faktum der Vernunft«, S. 225.

109 Der Bezug auf Lévinas liegt hier nahe, denn er hat in seinem Werk den Begriff der Verantwortung in das Zentrum des Verständnisses des menschlichen Daseins gestellt. Dies allerdings vor dem Hintergrund einer Apotheose des »Anderen« und unter dem expliziten Verzicht auf die Kriterien von Reziprozität und Allgemeinheit – womit letztlich der moralische Standpunkt verfehlt wird. Vgl. Emmanuel Lévinas, *Totalität und Unendlichkeit*, Freiburg/München 1987, und ders., *Ethik und Unendliches*, Wien 1986, bes. S. 72ff.

110 Kant, *Kritik der praktischen Vernunft*, S. 197.

111 Ebd., S. 210.

112 Der Begriff der praktischen Einsicht zweiter Ordnung füllt somit die (auf der dritten Ebene zu verortende) begründungstheoretische Lücke, die durch Habermas' Trennung zwischen »dem ›Muß‹ einer schwachen transzendentalen Nötigung« durch »unvermeidliche« Argumentationsvoraussetzungen und dem »präskriptiven ›Muß‹ einer Handlungsregel« entsteht, also zwischen der rein kognitiven Einsicht in das Argumentationsprinzip »U« einerseits und der Verpflichtung durch diskursiv gerechtfertigte Normen andererseits. Vgl. Habermas, »Erläuterungen zur Diskursethik«, S. 191, u. »Eine genealogische Betrachtung zum kognitiven Gehalt der Moral«, in: ders., *Die Einbeziehung des Anderen*, Frankfurt am Main 1996, S. 63. So erst wird der praktische Sinn des Rechtfertigungsprinzips verständlich, ohne daß die höherstufige Pflicht zur Rechtfertigung an die Pflicht zur Befolgung gerechtfertigter Normen angeglichen wird.

113 Vgl. Brandom, *Making it Explicit*, S. 5ff., 50ff., 233–271.

114 Vgl. John McDowell, »Zwei Arten des Naturalismus«, in: *Deutsche Zeitschrift für Philosophie* 45:5, 1997, der allerdings das moralische Vernunft-

vermögen des »Sehens von Gründen« nicht konstruktivistisch versteht, sondern, um der Gefahr des Konventionalismus zu entgehen, material in Richtung eines ethischen Realismus. Vgl. auch ders., *Mind and World*, Cambridge, Mass. 1994, S. 79ff., neben »Virtue and Reason«, »Values and Secondary Qualities« und »Might there be External Reasons?«, in: ders., *Mind, Value, and Reality*.

115 Vgl. dazu die These von Brandom, »Freedom and Constraint by Norms«, *American Philosophical Quarterly* 16:3, 1979, Freiheit als anerkannte Mitgliedschaft in einem »Raum von Normen« zu verstehen – ein Vorschlag, der allerdings darunter leidet, daß sprachliche, soziale und moralische Normen nicht unterschieden werden, wodurch der spezifisch moralische Freiheitsbegriff, der in obigem Zusammenhang zentral ist, verlorengeht. In *Making it Explicit*, Fn. 49 auf S. 659 zu S. 38, kritisiert Brandom diese Auffassung selbst als »communal assessment regularity theory«, die insofern Gefahr läuft, zu einem kommunalistischen Konventionalismus zu führen, als sie anstelle der diskursiven Ich-Du-Konstruktion von Normen eine Ich-Wir-Perspektive einnimmt, die eine bestehende, begrenzte Gemeinschaftsperspektive privilegiert. Vgl. dazu *Making it Explicit*, S. 38ff., 594 u. bes. 599f. Ein an Brandom orientierter Versuch, Hegels Theorie der Anerkennung als Erklärung der Möglichkeit von Freiheit in diesem normativen Sinne zu verstehen, findet sich bei Robert Pippin, »What is the Question for which Hegel's Theory of Recognition is the Answer?«, in: *European Journal of Philosophy*, erscheint 1999. Freilich besteht auch hier das Problem, diese Form der Anerkennung als autonome, begründende Personen und die daraus resultierende konstruktivistische Auffassung des »objektiven Geistes« mit dem Vorrang der »substantiellen Sittlichkeit« zu vereinbaren.

116 An dieser Stelle kann ich weder auf die für diese Problematik wichtige Fichtesche Theorie der »Aufforderung« noch auf Hegels Theorie der Anerkennung eingehen. Vgl. dazu Ludwig Siep, *Anerkennung als Prinzip der praktischen Philosophie*, Freiburg/München 1979, und »Einheit und Methode von Fichtes ›Grundlage des Naturrechts‹«, in: ders., *Praktische Philosophie im Deutschen Idealismus*, Frankfurt am Main 1992; Andreas Wildt, *Autonomie und Anerkennung*, Stuttgart 1982; Axel Honneth, »Die transzendentale Notwendigkeit von Intersubjektivität. Zum Zweiten Lehrsatz in Fichtes Naturrechtsabhandlung«, in: Jean-Christophe Merle (Hg.), *J. G. Fichte: Grundlage des Naturrechts nach Prinzipien der Wissenschaftslehre*, Berlin 1999; zu Hegel insbesondere Axel Honneth, *Kampf um Anerkennung*, Frankfurt am Main 1992, Teil I.

117 Ich verwende hier eine Variante des Ausdrucks »Denken ohne Geländer«, den Hannah Arendt in einem anderen Zusammenhang gebraucht hat. Vgl. M. A. Hill, *Hannah Arendt: The Recovery of the Public World*, New York 1979, S. 336.

118 Das bedeutet natürlich nicht, daß es angesichts einer Vielzahl praktischer Kontexte neben dem moralischen Respekt nicht noch andere Formen der

Anerkennung gibt, wie Axel Honneth, »Zwischen Aristoteles und Kant. Skizze einer Moral der Anerkennung«, MS 1997, hervorhebt, auch wenn ihm zufolge die Gesichtspunkte, die der Anerkennungsform der Liebe und der sittlichen Wertschätzung unter Bürgern entsprechen, ebenfalls »moralische« Gesichtspunkte sind, da ihre Verletzung zu Beeinträchtigungen der Selbstbeziehung führen, die als unmoralisch zu kritisieren sind. Sofern dies jedoch der Fall ist, können entsprechende *moralische* Ansprüche und Forderungen allein mit Hilfe der Kriterien von Reziprozität und Allgemeinheit gerechtfertigt werden, wie Honneth selbst betont – womit die weiteren Dimensionen ethischer, politischer oder sozialer Verpflichtungen noch nicht berührt sind (die ebenfalls selbstbeziehungsrelevant sind). Sie ergeben sich dann freilich nicht aus dem moralischen, sondern *anderen* normativen Standpunkten (die mit ersterem in Konflikt geraten können). Der moralische Standpunkt betrifft das, was Menschen einander als Menschen schulden, nicht die spezifischen Verpflichtungen, die sie darüber hinaus haben.

119 Robert Spaemann, *Personen*, Stuttgart 1996, S. 195.

120 Ebd., S. 262.

121 Ebd., S. 195.

122 Ebd., S. 252.

123 Charles Larmore, »Person und Anerkennung«, in: *Deutsche Zeitschrift für Philosophie* 46:3, 1998, sieht das hierin enthaltene Moment der Erkenntnis im moralisch-realistischen Sinne als Erkenntnis des objektiven Grundes für die normative Meinung an, daß man eine Pflicht zur Anerkennung hat. Dagegen ist darauf hinzuweisen, daß es genügt, den unbedingten Anspruch auf moralischen Respekt innerhalb der nicht transzendierbaren (und rekursiv zu rekonstruierenden) Grenzen der Vernunft als nicht zurückweisbar und in diesem nicht-realistischen Sinne als »objektiv« anzusehen.

124 Thomas Rentsch, Die *Konstitution der Moralität*, Frankfurt am Main 1990, S. 198, nennt Begriffe wie den des Menschen »dianoetische Termini«, weil sie Einsichten und Urteile erlauben, die zugleich einen faktischen und einen normativen Charakter haben. Mit Bezug auf Spaemann betont dies Thorsten Jantschek, »Von Personen und Menschen. Bemerkungen zu Robert Spaemann«, in: *Deutsche Zeitschrift für Philosophie* 46:3, 1998, S. 475 u. 482.

125 Dies bedeutet nicht, daß man einfach den Umkehrschluß ziehen könnte, daß nichtmenschliche Wesen »unmenschlich« bzw. jenseits normativer Maßstäbe behandelt werden dürften; auf Tiere trifft die moralisch relevante Eigenschaft der Endlichkeit und Leidensfähigkeit zu, was im Verhältnis ihnen gegenüber normative Konsequenzen hat. Auf die Kriterien der Bestimmung dieses Verhältnisses kann ich an dieser Stelle nicht weiter eingehen.

126 Ludwig Wittgenstein, *Philosophische Untersuchungen*, Werkausgabe Bd. 1, Frankfurt am Main 1988, S. 357 ff.; z. B. S. 408 (Nr. 407): »Man könnte sich denken, daß jemand stöhnte: ›Irgend jemand hat Schmerzen – ich weiß nicht wer!‹ – worauf man ihm, dem Stöhnenden, zu Hilfe eilte.« Zur unmittelba-

ren Reaktion auf Schmerzäußerungen vgl. auch Wittgenstein, *Zettel*, Werkausgabe Bd. 8, Frankfurt am Main 1994, S. 400f., und zum normativen Gehalt des »Sehens« vgl. ebd. S. 321: »›Man *sieht* Gemütsbewegung.‹ – Im Gegensatz wozu? – Man sieht nicht die Gesichtsverziehungen und *schließt* nun (wie der Arzt, der eine Diagnose stellt) auf Freude, Trauer, Langeweile. Man beschreibt sein Gesicht unmittelbar als traurig, glückstrahlend, gelangweilt [...]«

127 Hierauf läßt sich der Satz beziehen: »Der vernünftige Mensch hat gewisse Zweifel *nicht*.« Ludwig Wittgenstein, *Über Gewißheit*, Werkausgabe Bd. 8, S. 163.
Stanley Cavell, »Knowing and Acknowledging«, in: Stephen Mulhall (Hg.), *The Cavell Reader*, Oxford 1996, S. 68, stellt den Zusammenhang zwischen Erkennen und Anerkennen auf folgende Weise heraus: »[Y]our suffering makes a *claim* upon me. It is not enough that I *know* (am certain) that you suffer – I must do or reveal something (whatever can be done). In a word, I must *acknowledge* it, otherwise I do not know what ›(you or his) being in pain‹ means.«

128 Wittgenstein, *Philosophische Untersuchungen*, S. 495.

129 Vgl. das Beispiel der »seelenlosen Sklaven« in: Wittgenstein, *Zettel*, S. 397ff. Auf Beispiele wie diese und die Schmerzdiskussion in den *Philosophischen Untersuchungen* bezieht sich Norman Malcolm, »Wittgenstein's Philosophical Investigations«, in: *Philosophical Review* 63, 1954, S. 547ff., in seiner Hervorhebung des spezifisch menschlichen Zusammenhangs von Äußerung und Reaktion.

130 Vgl. Wittgenstein, *Philosophische Untersuchungen*, S. 313f. (Nr. 146).

131 Ein ähnlicher, von Malcolm beeinflußter Vorschlag findet sich in einem frühen Text von John Rawls, »Gerechtigkeit als Fairneß«, in: Otfried Höffe (Hg.), *Gerechtigkeit als Fairneß*, München 1977, S. 62f.: »Auf gleiche Weise wie das Kriterium für die Anerkennung von Leiden [...] darin besteht, daß man dem Leidenden hilft, ist die Anerkennung der Pflicht zum fair play ein notwendiger Bestandteil des Kriteriums dafür, daß man einen anderen als Person mit ähnlichen Interessen und Gefühlen, wie man sie selbst hat, anerkennt.«

132 Vgl. Wittgenstein, *Philosophische Untersuchungen*, S. 518ff., inbes. 524f., 537, 546.

133 Ebd., S. 552.

134 Stanley Cavell, *The Claim of Reason*, Oxford 1979, S. 378.

135 Espen Hammer, »Discerning Humanity«, MS 1997, schlägt eine weitere Differenzierung innerhalb dieses Verständnisses moralischer Wahrnehmung vor, indem er das gesamte normative Repertoire menschlicher Haltungen anderen Menschen gegenüber als »stetiges Sehen« eines Aspekts des Menschen ansieht und als »Aufleuchten« eines Aspekts (mit Bezug auf Adorno) das Wahrnehmen der Besonderheit von Personen und Situationen. Zu dieser Unterscheidung bei Wittgenstein vgl. *Philosophische Untersuchungen*, S. 520ff.

136 Friedrich Nietzsche, *Zur Genealogie der Moral*, Kritische Studienausgabe Bd. 5, München/Berlin 1988, S. 367.

137 Vgl. das Eingangszitat oben von Kant, *Kritik der reinen Vernunft*, A 738 f., B 766 f.

Donald Davidson: *Paradoxien der Irrationalität*

1 Siehe I. Thalberg in: R. Wollheim/J. Hopkins (Hg.), *Philosophical Essays on Freud*, Cambridge 1982.

2 Siehe z. B. Antony Flew, »Motives and the Unconscious«, in: *Minnesota Studies in the Philosophy of Science*, Bd. 1, hg. H. Feigl und M. Scriven Minneapolis 1956; A. McIntyre, *The Unconscious*, London 1958; R. S. Peters, *The Concept of Motivation*, London 1958; Ch. Taylor, *The Explanation of Behaviour*, London 1965.

3 Dieses Beispiel steht, allerdings in einem anderen Zusammenhang, in der Fußnote 23 von S. Freud, »Bemerkungen über einen Fall von Zwangsneurose« (1909), in: ders., *Gesammelte Werke*, Bd. 7, Frankfurt a. M. 1941 u.ö.

4 D. Hume, *Eine Untersuchung über die Prinzipien der Moral*, Hamburg 1972, Anhang 1, S. 144/45. (Original: *An Inquiry Concerning the Principles of Morals*, hg. L. A. Selby-Bigge, Oxford 1957, S. 293).

5 Zur weiteren Diskussion dieses Problems siehe meinen Aufsatz »How is Weakness of the Will Possible?«, in: D. Davidson, *Essays on Actions and Events*, London 1980 (dtsch.: *Handlung und Ereignis,* Frankfurt am Main 1990).

6 Hier wie auch anderswo weicht mein sehr abstraktes Konzept vom geteilten Bewußtsein von Freud ab. Ich habe im einzelnen nichts über die Anzahl oder die Natur der Bewußtseinsteile, über ihre Dauer oder ihre Ätiologie gesagt. Es geht mir lediglich darum, die Vorstellung zu verteidigen, daß es eine mentale Aufspaltung gibt, und dafür zu argumentieren, daß sie notwendig ist, wenn wir eine geläufige Form der Irrationalität erklären wollen. Ich sollte vielleicht betonen, daß Ausdrücke wie »Teilung des Bewußtseins«, »Teil des Bewußtseins«, »Segment« usw. irreführen, wenn sie nahelegen, daß das, was zu einem Bewußtseinsteil gehört, nicht zu einem anderen gehören kann. Mein Bild ist das von sich überlappenden Bereichen.

Ursula Wolf: *Zum Problem der Willensschwäche*

1 Für die entgegengesetzte Interpretation, daß Aristoteles Nichttun des Besseren bei vollem Wissen zuläßt, vgl. A. Kenny, »The Practical Syllogism and Incontinence«, in: *Phronesis* 11 (1966), S. 163–184.

2 Wir können hier unterscheiden zwischen demjenigen Fall, daß jemand unter dem Einfluß einer Begierde einfach faktisch nicht überlegt, und demjenigen Fall, wo er unter ihrem Einfluß nicht überlegen kann. Der Unterschied zwischen diesen beiden Fällen läßt sich an folgendem Kriterium festmachen:

Der, der nur faktisch nicht überlegt, würde überlegen, wenn in der Situation jemand oder etwas seine Überlegungsfähigkeit aktualisieren würde, z. B. wenn ein anderer ihn mit Gründen konfrontieren würde; der, der nicht überlegungsfähig ist, würde auch in dieser Situation nicht überlegen.

3 R. M. Hare, *Freedom and Reason*, Oxford 1963, Kap. 5, insb. S. 77, 79.

4 C. K. Grant, »Akrasia and the Criteria of Assent to Practical Principles«, in: *Mind* 65 (1956), S. 400–407, dort S. 403.

5 S. Freud, *Vorlesungen zur Einführung in die Psychoanalyse*, Studienausg. Bd. 1, Frankfurt 1969, S. 260. In der philosophischen Diskussion um den Begriff der Freiwilligkeit wird diese Position aufgenommen von J. Hospers, »Die Reichweite menschlicher Freiheit«, in: U. Pothast (Hg.), *Freies Handeln und Determinismus*, Frankfurt 1978, S. 93–114.

6 Für diejenige Position, für die kognitive Fähigkeit und Freiheit zusammengehen, vgl. H. Fingarette, »Insanity and Responsibility«, in: *Inquiry* 15 (1972), S. 6–29.

7 Diesen Einwand macht Kenny gegen Hare, in: A. Kenny, *Will, Freedom and Power*, Oxford 1975, S. 104.

8 Darauf weist Austin gegen die antike Auffassung hin, in: J. L. Austin, »A Plea for Excuses«, in: *Philosophical Papers*, Oxford 1961, S. 146, Anm.

9 Vgl. D. Davidson, »How is weakness of the will possible«, in: J. Feinberg (Hg.), *Moral Concepts*, Oxford 1969; I. Thalberg, »Acting against one's better judgement«, in: G. Mortimore (Hg.), *Weakness of Will*, London und Basingstoke 1971. Thalberg unterscheidet allerdings zwischen Willensschwäche und Handeln gegen die besten Gründe, womit er die Handlungsrelevanz des letzteren Begriffs übersieht.
Davidsons neue Position in »Paradoxes of Rationality«, in: R. Wollheim/J. Hopkins (Hg.), *Philosophical Essays on Freud*, Cambridge 1982, S. 289–305, geht letztlich nicht über seine frühere Position hinaus; denn da er auch hier Handlungsfreiheit unterstellt, ändert der Hinweis auf funktional verschiedene geistige Mechanismen nichts daran, daß der Handelnde wählt, von welchem dieser Mechanismen er sich leiten lassen will.

10 Was diese Wertsätze betrifft, mit denen ich nach der hier und jetzt besten Handlung frage, würde ich also Hare recht geben, daß sie »präskriptiv« sind. Bei allen anderen Arten von Wertsätzen scheint mir seine pauschale Präskriptivitätsthese hingegen unsinnig.
Da die Wertsätze, die nach der hier und jetzt für mich besten Handlung fragen, trivialerweise präskriptiv sind, ist derjenige Diskussionsstrang in der Debatte um die Willensschwäche, der sich an der Frage orientiert, was es heißt, einem praktischen Prinzip zuzustimmen oder eine praktische Meinung zu haben, uninteressant.

11 Kenny, *Will, Freedom and Power*, Oxford 1975, S. 106f.

12 Thomas von Aquin, *Summa Theologica*, q. 156, a. 1 und 2.

Nicholas Rescher: *Warum der Vernunft folgen?*

1 Kurt Baier, *The Moral Point of View*, New York 1965 (gekürzte Ausgabe), S. 160.

2 Vgl. René Descartes, *Abhandlung über die Methode des richtigen Vernunftgebrauchs*, 3. Kapitel, 2. Grundsatz.

3 In seinem interessanten Buch *A Justification of Rationality* (Albany 1976) vertritt John Kekes den Standpunkt: »Die Rechtfertigung der Rationalität ist ... (wie) eine Devise für das Lösen von Problemen, und sie sollte angewendet werden, weil jeder Probleme hat, weil es in jedermanns Interesse ist, seine Probleme zu lösen, und weil Rationalität der vielversprechendste Weg ist« (S. 168). Diese traditionelle pragmatische Sicht kommt unserer eigenen Position sehr nahe, außer daß sie auf die Rechtfertigung der Rationalität durch effektives Problemlösen abzielt, während unsere Position etwas vorsichtiger ist. Sie behauptet nicht, daß, bezogen auf das Lösen von Problemen, die Vorgehensweise der Vernunft tatsächlich unsere beste Zuflucht *ist*, sondern nur, daß dies so ist, *so gut wir es (rationalerweise) beurteilen können*. Die gegenwärtige Argumentation bringt derart den Aspekt des Selbstvertrauens der Vernunft, als einer kritischen Rechtfertigung von Rationalität, ins Spiel, und ist dementsprechend kein reiner Pragmatismus.

4 Alasdair MacIntyre, in: A. MacIntyre und St. Haverwas (Hg.), *Revisions* (Notre Dame u. London 1983), S. 9.

5 Zu diesem Punkt siehe Leibniz' Korrespondenz mit Arnauld, den *Discours de la Métaphysique* betreffend.

6 Siehe z. B. Paul K. Feyerabend, *Against Method* (London/New York 1978).

7 *Est ridiculum quaerere quae habere non possumus*, wie Cicero weise beobachtete (*Pro Archia*, IV, 8).

QUELLENNACHWEISE

Stefan Gosepath, »*Praktische Rationalität. Eine Problemübersicht*«, Originalbeitrag.

Jon Elster, »*Wesen und Reichweite rationaler Handlungserklärung*«. Übersetzung von: »The Nature and Scope of Rational-Choice Explanation«, in: E. LePore, B. P. McLaughlin (Hg.), *Actions and Events: Perspectives on the Philosophy of Donald Davidson*, Oxford 1985, S. 60–72. Deutsche Erstveröffentlichung mit freundlicher Genehmigung von Blackwell Publishers, Oxford. Aus dem Englischen von Gertrud Grünkorn.

Amartya K. Sen, »*Rationale Trottel: Eine Kritik der behavioristischen Grundlagen der Wirtschaftstheorie*«. Übersetzung von: »Rational Fools: A Critique of the Behavioural Foundations of Economic Theory«, in: *Philosophy and Public Affairs* 6 (1977), S. 317–344, wieder in: ders., *Choice, Welfare, Measurement*, Oxford 1982. Deutsche Erstveröffentlichung. Aus dem Englischen von Anne Fritz Middelhoek.

Bernard Williams, »*Interne und externe Gründe*«. Nachdruck aus: ders., *Moralischer Zufall*, Frankfurt am Main 1984, S. 112–124; Übers. von: »Internal and External Reasons«, zuerst in: R. Harrison (Hg.), *Rational Action*, Cambridge 1979, S. 17–28; wieder in: Bernard Williams, *Moral Luck*, Cambridge 1981, S. 101–113. Nachdruck mit freundlicher Genehmigung des Verlags Anton Hain, Bodenheim.

Christine M. Korsgaard, »*Skeptizismus bezüglich praktischer Vernunft*«. Übers. von: »Skepticism about Practical Reason«, in: *The Journal of Philosophy* 83 (1986), 1, S. 5–25. Deutsche Erstveröffentlichung. Nachdruck mit freundlicher Genehmigung von *The Journal of Philosophy*, Columbia University, New York. Aus dem Englischen von Gertrud Grünkorn und Ulrike Heuer.

Thomas Nagel, »*Wünsche, Motive der Klugheit und die Gegenwart*«. Übers. von: »Desire, Prudential Motives and the Present«, in: J. Raz (Hg.), *Practical Reason*, Oxford 1978. Auszüge aus: Thomas Nagel, *The Possibility of Altruism*, Oxford 1970, S. 27–32, 33–36, 37–45, 46; dt. ders., *Die Möglichkeit des Altruismus*, Frankfurt am Main 1998, S. 41–67. Nachdruck mit freundlicher Genehmigung der PHILO Verlagsgesellschaft, Bodenheim. Aus dem Englischen von Michael Gebauer.

Rainer Forst, »*Praktische Vernunft und rechtfertigende Gründe. Zur Begründung der Moral*«. Originalbeitrag.

Donald Davidson, »*Paradoxien der Irrationalität*«. Übers. von: »Paradoxes of Irrationality«, in: R. Wollheim, J. Hopkins (Hg.), *Philosophical Essays on Freud*, Cambridge 1982, S. 289–305. Deutsche Erstveröffentlichung. Nachdruck mit freundlicher Genehmigung von Cambridge University Press, Cambridge. Aus dem Englischen von Gertrud Grünkorn.

Ursula Wolf, »*Zum Problem der Willensschwäche*«. Nachdruck aus: *Zeitschrift für philosophische Forschung* 39 (1985), H. 1, S. 21–33. Nachdruck mit freundlicher Genehmigung des Verlags Vittorio Klostermann, Frankfurt am Main.

Nicholas Rescher, »*Die Begründung von Rationalität: Warum der Vernunft folgen?*« Auszug aus: ders., *Rationalität. Eine philosophische Untersuchung über das Wesen und die Begründung der Vernunft*, Würzburg 1993, Kap. 3, S. 38–56; Übers. von.: *Rationality. A Philosophical Inquiry in the Nature and the Rationale of Reason*, Oxford 1988. Nachdruck mit freundlicher Genehmigung des Verlags Königshausen & Neumann, Würzburg.

AUSWAHLBIBLIOGRAPHIE

Dies ist eine Auswahl; die kurzen Kommentierungen sollen die Orientierung erleichtern; die Artikel in den genannten Sammelbänden sind bis auf Ausnahmen nicht noch einmal separat aufgeführt, dafür erscheinen einige Einträge in den jeweiligen Rubriken noch einmal.

Praktische Rationalität allgemein

Agassi, Joseph, I. C. Jarvie (Hg.), *Rationality: The critical view*, Dordrecht (Nijhoff Publishers) 1987.

Analytische Handlungstheorie, Bd. 1, hg. von G. Meggle, Frankfurt am Main (Suhrkamp) 1977, Bd. 2, hg. von A. Beckermann, Frankfurt am Main (Suhrkamp) 1985. [*Sammelbände mit den wichtigsten Aufsätzen zur angelsächsischen Handlungstheorie.*]

Anscombe, Elizabeth, »On practical reasoning«, in: J. Raz (Hg.), *Practical Reasoning*, Oxford (Oxford University Press) 1978.

Audi, Robert, »A Theory of Practical Reasoning«, in: *American Philosophical Quarterly* 19 (1982), S. 25–37. [*Allgemeines, inferentielles Modell praktischer Überlegung.*]

Audi, Robert, »Rationality and Valuation«, in: G. Seebaß, R. Tuomela (Hg.), *Social Action*, Dordrecht, Boston (Reidel) 1985, S. 243–277, wieder in: P. K. Moser (Hg.), *Rationality in Action. Contemporary Approaches*, Cambridge (Cambridge University Press) 1990, S. 416–446. [*Gegen instrumentelle Theorien der Handlungsrationalität; statt dessen Rationalität als Wohlbegründetheit in Analogie zur epistemischen Rechtfertigung von Meinungen.*]

Audi, Robert, »Rationalization and Rationality«, in: *Synthese* 65 (1985), S. 159–184. [*Bestimmung von Rationalisierung im Unterschied zu Rationalität.*]

Audi, Robert, *Practical Reasoning*, London (Routledge) 1989. [*Überblick: Der erste historische Teil stellt die Theorien praktischer Vernunft von Aristoteles, Hume und Kant dar. Der zweite Teil widmet sich den gegenwärtig diskutierten systematischen Problemen. Audi vertritt eine Auffassung rationaler Handlung, die diese an begründete Meinungen koppelt.*]

Audi, Robert, *The Structure of Justification*, Cambridge (Cambridge University Press) 1993. [*Rationalität als Wohlbegründetheit im theoretischen und praktischen Bereich in Analogie zur epistemischen Rechtfertigung von Meinungen.*]

Aune, Bruce, *Reason and Action*, Dordrecht, Boston (Reidel) 1977.

Benn, Stanley, Geoffrey Mortimore (Hg.), *Rationality in the Social Sciences. Contributions to the Philosophy and Methodology of the Social Sciences*, London, Henley, Boston 1976.

Bennett, Jonathan, *Rationality. An Essay Towards an Analysis*, London 1964; dt.: *Rationalität. Versuch einer Analyse*, Frankfurt am Main (Suhrkamp) 1967. [*Untersuchung über Intelligenz, Fähigkeit zu Urteilen, linguistische Fähigkeiten etc. mit dem Ziel zu klären, ob es mit Bezug auf diese Fähigkeiten zwischen Menschen und anderen Lebewesen einen prinzipiellen Unterschied gibt.*]

Blackburn, Simon, *Ruling Passions. A Theory of Practical Reason*, Oxford (Oxford University Press) 1998. [*Neohumesche Theorie praktischer Vernunft.*]

Brandt, Richard, »The Concept of Rational Action«, in: *Social Theory and Practice* 9 (1983), wieder in: P. K. Moser (Hg.), *Rationality in Action. Contemporary Approaches*, Cambridge (Cambridge University Press) 1990, S. 398–416. [*Analyse der Rationalität von Handlungen mit Bezug auf die Rationalität von Präferenzen.*]

Bratman, Michael E., *Intention, Plans, and Practical Reason*, Cambridge, Mass. (Harvard University Press) 1987. [*Zukunftsorientierte Intentionen als Elemente weiter reichender Pläne stehen im Zentrum von Bratmans Theorie praktischer Rationalität und Handlungen.*]

Chang, Ruth (Hg.), *Incommensurability, Incomparability, and Practical Reason*, Cambridge, Mass. (Harvard University Press) 1997. [*Sammelband mit neueren Aufsätzen zur Unvergleichbarkeit von Werten.*]

Christman, John (Hg.), *The Inner Citadel. Essays on Individual Autonomy*, Oxford (Oxford University Press) 1989.

Cook, Karen Schweers, Magaret Levi (Hg.), *The Limits of Rationality*, Chicago (Chicago University Press) 1990.

Cullity, Garret, Berys Gaut (Hg.), *Ethics and Practical Reason*, Oxford (Clarendon Press) 1997. [*Sammelband mit guten neuen Aufsätzen zur praktischen Vernunft und Moral.*]

Darwall, Stephen, »Kantian Practical Reason Defended«, in: *Ethics* 96 (1995), S. 89–99. [*Zu Kant und seiner Vernunftauffassung.*]

Darwall, Stephen, *Impartial Reason*, Ithaca, N.Y. (Cornell University Press) 1983. [*Zu Kant und seiner Vernunftauffassung.*]

Davidson, Donald, *Essays on Action and Event*, Oxford (Oxford University Press) 1980; dt.: *Handlung und Ereignis*, Frankfurt am Main (Suhrkamp) 1985. [*Aufsatzsammlung moderner »Klassiker« der Handlungstheorie, Belief-desire-Modell, Gründe als Ursachen.*]

Edgley, Roy, *Reason in Theory and Practise*, London 1969. [*Zum Zusammenhang und zur Differenz von theoretischer und praktischer Rationalität, für genuin praktische Rationalität.*]

Elster, Jon, *Ulysses and the Sirens. Studies in Rationality and Irrationality*, Cambridge (Cambridge University Press) 1979. [*Elster ist einer der führenden gegenwärtigen Sozialwissenschaftler, der die Theorie der rationalen Handlung und rationalen Wahl als Grundlage aller sozialwissenschaftlichen Erklärungen erachtet, aber immer wieder in zahlreichen Veröffentlichungen nicht nur eine positive Analyse von Rationalität liefert, sondern auch deren Grenzen, Probleme, Subversionen und Scheitern untersucht.*]

Elster, Jon, »Rationality«, in: G. Fløistad (Hg.), *Contemporary Philosophy*, Bd. 2, Den Haag, Boston, London (Martinus Nijhoff Publisher) 1982, S. 111–131. [*Überblicksartikel zu Rationalität allgemein.*]

Elster, Jon, *Sour Grapes. Studies in the Subversion of Rationality*, Cambridge (Cambridge University Press) 1983. [*Enthält u. a. eine Analyse endogener Präferenzformation.*]

Elster, Jon (Hg.), *The Multiple Self*, Cambridge (Cambridge University Press) 1986. [*Sammelband mit Aufsätzen zu Problemen wie Selbsttäuschung, Willensschwäche etc., deren Erklärungen auf eine Spaltung des Selbst zurückgreifen (müssen).*]

Elster, Jon, *Subversion der Rationalität*, Frankfurt am Main (Campus) 1987. [*Deutscher Zusammenschnitt aus* Ulysses and the Sirens *und* Sour Grapes.]

Elster, Jon, »The Nature and Scope of Rational Choice Explanation«, in: E. Le-Pore, B. P. McLaughlin (Hg.), *Actions and Events*, Oxford (Blackwell) 1985, S. 60–72; dt.: »Wesen und Reichweite rationaler Handlungserklärung«, in: S. Gosepath (Hg.), *Motive, Gründe, Zwecke. Theorien praktischer Rationalität*, Frankfurt am Main (Fischer Taschenbuchverlag) 1999.

Elster, Jon, *Nuts and Bolts for the Social Sciences*, Cambridge (Cambridge University Press) 1989. [*Einführungsbuch in die Philosophie der Sozialwissenschaften auf der Grundlage der rationalen Entscheidungstheorie, wobei Mechanismen statt Theorien in diesem Bereich das basale Konzept darstellen sollten.*]

Elster, Jon, *Solomonic Judgements. Studies in the Limitations of Philosophy*, Cambridge (Cambridge University Press) 1989. [*Einige Desillusionen über instrumentelle Rationalität, insbesondere daß rationale Entscheidungstheorie zu unbestimmten Vorschriften und Vorhersagen führt.*]

Føllesdal, Dagfinn, »Explanation of Action«, in: R. Hilpinen (Hg.), *Rationality in Science*, Dordrecht 1980.

Føllesdal, Dagfinn, »The Status of Rationality Assumptions in Interpretation and in the Explanation of Action«, in: *Dialectica* 36, 1982, S. 301–316. [*Zur Rolle der Rationalitätsunterstellung bei der Erklärung von Handlungen.*]

Foot, Philippa, »Reason for Action and Desires«, in: J. Raz (Hg.), *Practical Reasoning*, Oxford (Oxford University Press) 1978, S. 178–184.

Frankena, William K., »Concepts of Rational Action in the History of Ethics«, in: *Social Theory and Practice* 9 (1983), S. 165–197.

Gert, Bernard, »Substantielle Rationalität«, in: K.-O. Apel, M. Kettner (Hg.), *Die eine Vernunft und die vielen Rationalitäten*, Frankfurt am Main (Suhrkamp) 1996, S. 318–348. [*Gert vertritt, statt wie üblich eine prozedurale, eine substantielle Theorie der Rationalität, wonach bestimmte Handlungen objektiv gemäß allgemeinem Urteil als irrational eingestuft werden.*]

Gert, Bernard, *Morality. Its Nature and Justification*, Oxford (Oxford University Press) 1998. [*In Kap. 2 u. 3 findet sich die neueste und elaborierteste Version von Gerts substantieller Theorie der Rationalität, s. o.*]

Gibbard, Allan, »A Noncognitivistic Analysis of Rationality in Action«, in: *Social Theory and Practice* 9 (1983), S. 199–221.

Gibbard, Allan, *Wise Choices, Apt Feelings. A Theory of Normative Feelings*, Cambridge, Mass. (Harvard University Press) 1990. [*Eine neohumesche, naturalistische Theorie praktischer Vernunft.*]

Gosepath, Stefan, *Aufgeklärtes Eigeninteresse. Eine Theorie theoretischer und praktischer Rationalität*, Frankfurt am Main (Suhrkamp) 1992.

Habermas, Jürgen, *Theorie des kommunikativen Handelns*, Frankfurt am Main (Suhrkamp) 1981. *[Habermas' Theorie der kommunikativen Rationalität.]*

Habermas, Jürgen, »Erläuterungen zum Begriff des kommunikativen Handelns«, in: ders., *Vorstudien und Ergänzungen zur Theorie des kommunikativen Handelns*, Frankfurt am Main (Suhrkamp) 1983, S. 571–606.

Habermas, Jürgen, »Zwecktätigkeit und Verständigung. Ein pragmatischer Begriff der Rationalität«, in: H. Stachowiak (Hg.), *Pragmatik. Handbuch pragmatischen Denkens*, Bd. 3, Hamburg 1989, S. 32–59.

Habermas, Jürgen, »Sprechakttheoretische Erläuterungen zum Begriff kommunikativer Rationalität«, in: *Zeitschrift für Philosophische Forschung* 50 (1996), S. 65–92, wieder als »Rationalität der Verständigung. Sprechakttheoretische Erläuterungen zum Begriff der kommunikativen Vernunft«, in: ders., *Wahrheit und Rechtfertigung. Philosophische Aufsätze*, Frankfurt am Main (Suhrkamp) 1999.

Hampton, Jean E., *The Authority of Reason*, Cambridge (Cambridge University Press) 1998. [*Hamptons postum erschienenes Buch argumentiert gegen eine naturalistische, z. B. neohumesche oder entscheidungstheoretische Sicht von praktischer Vernunft, weil sie die »Autorität« derselben eben nicht naturalistisch explizieren könne.*]

Harrison, Ross (Hg.), *Rational Action*, Cambridge (Cambridge University Press) 1979. [*Sammelband zur praktischen Rationalität.*]

Hempel, Carl G., »Rational Action«, in: *Proceedings and Addresses of the APA* 35 (1961–1962), S. 5–23; dt.: »Rationales Handeln«, in: G. Meggle (Hg.), *Analytische Handlungstheorie*, Bd. 1, Frankfurt am Main (Suhrkamp) 1977, S. 388–414. [*Einflußreiche Theorie der Handlungserklärung.*]

Hollis, Martin, *The Cunning of Reason*, Cambridge (Cambridge University Press) 1988. [*Gegen eine humesche oder entscheidungstheoretische Auffassung von praktischer Vernunft vertritt Hollis eine Kantische Theorie externer Gründe und eine Wittgensteinianische sozialen Handelns.*]

Hollis, Martin, *Reason in Action. Essays in the Philosophy of Social Science*, Cambridge (Cambridge University Press) 1996. [*Soziale Handlungen könnten nicht verstanden werden, wenn man Menschen als abstrakte Individuen mit Präferenzen auf der Suche nach deren Befriedigung sähe, auch nicht, wenn man praktische Vernunft von Fragen der Rationalität von Normen und Prinzipien trenne.*]

Hurley, Susan, *Natural Reasons. Personality and Polity*, Oxford (Oxford University Press) 1989. [*Das Buch will mit Hilfe von Argumenten der Philosophie des Geistes weit verbreitete subjektivistische Positionen der praktischen Vernunft und Ethik unterminieren. Inspiriert durch Wittgenstein und Davidson wird behauptet, die Wertgeladenheit von Präferenzen löse übliche Sichtweisen von Ra-*

tionalität und Objektivität auf. Weitere Teile behandeln Probleme mit konfligierenden Gründe und Werten.]

Hursthouse, Rosalind, »Arational Action«, in: *Journal of Philosophy* 88 (1991), S. 57–68. [*Analyse arationaler Handlungen mit vielen Beispielen.*]

Kenny, Anthony, *Action, Emotion and Will*, Bristol (Thoemmes Press) 1963. [*Untersuchung im Stil der Oxforder Hochzeit nach 1945 über Emotionen, Handlungen, Intentionen, Wünsche. Kenny vertritt eine Auffassung praktischer Vernunft als praktisches Schließen.*]

Kenny, Anthony, *Will, Freedom and Power*, Oxford (Blackwell) 1975.

Körner, Stephan (Hg.), *Practical Reason*, Oxford (Blackwell) 1974. [*Sammelband zu praktischer Rationalität.*]

Korsgaard, Christine, »The Reasons We Can Share. An Attack On The Distinction Between Agent-Relative and Agent-Neutral Values«, in: *Social Philosophy And Policy* 10 (1993), S. 24–51, wieder in: dies., *Creating the Kingdom of Ends*, Cambridge (Cambridge University Press) 1996, S. 275–310. [*Auseinandersetzung mit Thomas Nagels Auffassung von praktischer Vernunft.*]

Korsgaard, Christine, *Creating the Kingdom of Ends. Essays*, Cambridge (Cambridge University Press) 1996. [*Sammlung ihrer Aufsätze zu Kants Moralphilosophie und zur praktischen Vernunft.*]

Korsgaard, Christine, »The Normativity of Instrumental Reason«, in: G. Cullity, B. Gaut (Hg.), *Ethics and Practical Reason*, Oxford (Oxford University Press) 1997, S. 215–254. [*Die Normativität instrumenteller Rationalität kann nur mit Bezug auf die Rationalität der Ziele erklärt werden.*]

Larmore, Charles, »Denken und Handeln«, in: *Deutsche Zeitschrift für Philosophische Forschung* 45 (1997), S. 183–195. [*Zum Zusammenhang von theoretischer und praktischer Rationalität.*]

LePore, Ernest, Brian McLaughlin (Hg.), *Actions and Events. Essays on the philosophy of Donald Davidson*, Oxford (Blackwell) 1985. [*Aufsatzsammlung zu Davidsons Handlungstheorie.*]

Mansbridge, Jane J. (Hg.), *Beyond Self-Interest*, Chicago (University of Chicago Press) 1990. [*Sammmelband mit Aufsätzen, die alle zeigen wollen, daß menschliches Handeln nicht nur allein durch Rekurs auf ein eng verstandenes Eigeninteresse der Betroffenen zu verstehen ist.*]

McDowell, John, »Virtue and Reason«, in: *Monist* (1979), S. 331–351, wieder in: ders., *Mind, Value, and Reality*, Cambridge, Mass. (Harvard University Press) 1998. [*Eine Fassung von McDowells neoaristotelischer Auffassung praktischer Vernunft.*]

Millgram, Elijah, *Practical Induction*, Cambridge, Mass. (Harvard University Press) 1997. [*Auf der Basis von angenehmen und unangenehmen Gefühlen – so Millgram – bilden wir unsere praktischen Urteile über konkrete Fälle, deren Generalisierung durch praktische Induktion gibt uns eine rationale Einschätzung dessen, was für uns bedeutend ist. Lust und Unlust sind demnach – entgegen der instrumentalistischen Auffassung – nicht Ziele, sondern Wegweiser.*]

Nagel, Thomas, »The Last Word«, Oxford (Oxford University Press) 1997. [*Nagel will hier gegen Relativisten und Skeptiker aller Art zeigen, daß die Vernunft immer das letzte Wort haben muß.*]

Nida-Rümelin, Julian, *Kritik des Konsequentialismus*, München (Oldenbourg) 1993. [*Vernünftigerweise tut man das, was die besten Folgen hat. Diese scheinbar trivial richtige These und die auf ihr aufbauende Rationalitätsauffassung sei falsch.*]

Nida-Rümelin, Julian, *Praktische Rationalität*, Berlin, New York (de Gruyter) 1993. [*Konferenzbeiträge verschiedener Disziplinen zum Begriff und zur Theorie praktischer Rationalität, hauptsächlich der Entscheidungs- und Spieltheorie.*]

Nozick, Robert, *The Nature of Rationality*, Princeton (Princeton University Press) 1993. [*Nozick beschäftigt sich mit fünf Problemen der Rationalität: 1. die Rolle der Rationalitätsprinzipien, 2. Ersetzung des Gewinnerwartungswertes der modernen Entscheidungs- und Spieltheorie durch einen Erwartungswert, 3. Rationalität von Überzeugungen, 4. Rationalität als Funktion evolutionärer Anpassung mit begrenztem Zweck, 5. Instrumentelle Rationalität und ihre Grenzen.*]

O'Neill, Onora, *Constructions of Reason. Explorations of Kant's Practical Philosophy*, Cambridge (Cambridge University Press) 1989. [*O'Neill verteidigt eine kantianische Vernunftauffassung.*]

O'Neill, Onora, »Vier Modelle praktischer Vernunft«, in: *Vernunftbegriffe der Moderne. Stuttgarter Hegelkongreß 1993*, hg. von Hans Friedrich Fulda, Rolf-Peter Horstmann, Stuttgart (Klett-Cotta) 1994, S. 586–606.

Parfit, Derek, *Reasons and Persons*, Oxford (Clarendon Press) 1984. [*Einflußreiches Buch zu personaler Identität durch die Zeit und der rationalen Berücksichtigung zukünftiger Wünsche.*]

Patzig, Günther, *Aspekte der Rationalität*, Erlangen, Jena (Palm und Enke) 1994. [*Guter kurzer Überblick über die verschiedenen Aspekte der (Handlungs-)Rationalität.*]

Pothast, Ulrich, *Lebendige Vernünftigkeit. Zur Vorbereitung eines menschenangemessenen Konzepts*, Frankfurt am Main (Suhrkamp) 1998. [*Für Pothast hängt die Glaubwürdigkeit alles Rationalen für menschliche Wesen unter anderem ab von den elementaren Vollzügen solcher Wesen als Lebende, das heißt auch: als spürend-körperliche Personen. Was wir glauben und was wir wirklich wollen, legt Pothast dar, ist uns aus dem Innengrund unseres Seins gegeben. Dies Innere ist nie vollkommen zu ergründen, wir können nur spürend auf es achten.*]

Quinn, Warren, »Rationality and the Human Good«, in: ders., *Morality and Action*, Cambridge (Cambridge University Press) 1993, S. 210–227.

Rationalität I, Protosoziologie 6 (1994) und *Rationalität II & III, Protosoziologie* 8/9 (1996). [*Viele neue Aufsätze zur Rationalität.*]

Raz, Joseph (Hg.), *Practical Reasoning*, Oxford (Oxford University Press) 1978. [*Sammelband mit wichtigen Aufsätzen zum Thema.*]

Raz, Joseph, *Practical Reason and Norms*, Princeton (Princeton University Press) 1975, neues Nachwort in der wiederaufgelegten Ausgabe von 1990. [*Allgemeine Untersuchung über Normen, verstanden als Gründe zu handeln.*]

Rescher, Nicholas, *Rationality. A Philosophical Inquiry in the Nature and the Rationale of Reason*, Oxford 1988; dt.: *Rationalität. Eine philosophische Untersuchung über das Wesen und die Begründung der Vernunft*, Würzburg 1993.

Richards, David, *A Theory for Reasons of Action*, Oxford 1971.

Schick, Frederic, *Having Reasons. An Essay on Rationality and Sociality*, Princeton (Princeton University Press) 1984. [*Das Buch will zum einen die Auffassung, daß Menschen immer rational handeln, so vertreten, daß es keine Tautologie wird. Zum anderen wird geprüft, wie gut diese Auffassung Kooperation erklären kann.*]

Schick, Frederic, *Understanding Action. An Essay on Reasons*, Cambridge (Cambridge University Press) 1991. [*Dieses Buch beschäftigt sich mit Gründen zu handeln. Über das übliche Belief-desire-Modell hinaus wird eine dritte Dimension hinzugefügt, nämlich wie Menschen ihre Situationen, Optionen und Aussichten sehen oder verstehen.*]

Schmidtz, David, *Rational Choice and Moral Agency*, Princeton (Princeton University Press) 1997. [*Das Buch gibt eine generelle Charakterisierung von Rationalität, versucht in neohumeschem Rahmen Platz für die Entscheidung über letzte Ziele zu finden und Gründe zu geben, warum man moralisch sein soll.*]

Schnädelbach, Herbert, »Vernunft«, in: ders. et al. (Hg.), *Philosophie*, Reinbek (Rowohlt) 1987, S. 77–113. [*Guter Überblicksartikel.*]

Schnädelbach, Herbert, *Zur Rehabilitierung des animal rationale. Vorträge und Abhandlungen* 2, Frankfurt am Main (Suhrkamp) 1992.

Schnädelbach, Herbert (Hg.), *Rationalität*, Frankfurt am Main (Suhrkamp) 1984.

Seel, Martin, »Wie ist rationale Lebensführung möglich?«, in: H. F. Fulda, R. P. Horstmann (Hg.), *Vernunftbegriffe in der Moderne, Hegelkongreß 1993*, S. 408–426, wieder in: ders., *Ethisch-ästhetische Studien*, Frankfurt am Main (Suhrkamp) 1996, S. 273–295.

Simon, Herbert, *Models of Bounded Rationality*, Cambridge, Mass. (MIT Press) 1982. [*Ziel der rationalen Überlegung sei nicht die Maximierung des zu erwartenden Nutzens, sondern nur ›Satisticing‹.*]

Tamny, Martin, K. D. Irani (Hg.), *Rationality in Thought and Action*, New York, Westport, London (Greenwood Press) 1986.

Taylor, Charles, »Explanation and Practical Reason«, in: M. Nussbaum, A. Sen (Hg.), *The Quality of Life*, Oxford (Oxford University Press) 1993, S. 208–231. [*Gegen ein fundamentalistisches, kontextfreies Modell praktischen Begründens, das nach Letztbegründung strebt; statt dessen sei praktische Vernunft ad hominem, basiere auf gemeinsam geteilten Prämissen und erreiche nur relative Ergebnisse.*]

Velleman, David, *Practical Reflection*, Princeton (Princeton University Press) 1989.

Wallace, R. Jay (Hg.), *Reason, Emotion and Will*, Ashgate 1999 (Dartmouth Publishing Co.).

Welsch, Wolfgang, *Vernunft. Die zeitgenössische Vernunftkritik und das Konzept der transversalen Vernunft*, Frankfurt am Main (Suhrkamp) 1995. [*Alle, positiven wie negativen, Reaktionen auf die Vernunftkritik seien sich – so Welsch – darin einig: Man kann die Moderne nicht mehr nur auf ein einziges Vernunftkonzept festlegen, z. B. das der herrschaftsverbündeten uniformierenden Vernunft. Pluralisierung kennzeichne den Generaltrend der gegenwärtigen Vernunftdebatte. Mit der Vielzahl der Rationalitätstypen richtig umzugehen macht gerade das Vermögen der von Welsch propagierten »transversalen Vernunft« – als Vermögen zu Übergängen zwischen den vielfältigen Rationalitätsformen – aus.*]

Wright, Georg Henrik von, *Practical Reason. Philosophical Papers*, Bd. 1, Oxford (Blackwell) 1983. [*Wichtigster Vertreter der Auffassung praktischer Vernunft als praktisches Schließen.*]

Wüstehube, Axel (Hg.), *Pragmatische Rationalitätstheorien*, Würzburg (Königshausen & Neumann) 1995.

Wüstehube, Axel, *Rationalität und Hermeneutik. Diskursethik, Pragmatischer Idealismus, Philosophische Hermeneutik*, Würzburg (Königshausen & Neumann) 1998. [*Eine Auseinandersetzung mit aktuellen Rationalitätstheorien, in der gezeigt werden soll, daß jegliche rationale Praxis auf die Berücksichtigung und Verwendung hermeneutischer Ansichten angewiesen ist.*]

Philosophische Grundlagen der Entscheidungstheorien

Arrow, Kenneth Joseph, *Social Choice and Individual Values*, New York, London, Sydney (Wiley) 1951.

Axelrod, Robert, *Die Evolution der Kooperation*, München (Oldenbourg) 1995.

Bacharach, Michael, Susan Hurley (Hg.), *Foundations of Decision Theory*, Cambridge (Blackwell) 1991.

Bayes, T., »An Essay towards Solving a Problem in the Doctrine of Chances«, in: *Philosophical Transactions of the Royal Society of London*, 1763; wiederabgedruckt in: E. S. Pearson, M. G. Kendall (Hg.), *Studies in the History of Statistics and Probability*, London 1979.

Cherniak, Christoph, *Minimal Rationality*, Cambridge, Mass. (MIT Press) 1986. [*Zum Problem, ob Maximierung oder weniger gefordert ist.*]

Dawes, Robyn, *Rational Choice in an Uncertain World*, Orlando (Harcourt Brace Jovanovich) 1988. [*Lehrbuch.*]

Elster, Jon (Hg.), *Rational Choice*, Oxford (Blackwell) 1986.

Elster, Jon, A. Hylland (Hg.), *The Foundations of Social Choice Theory*, Cambridge (Cambridge University Press) 1986.

Gardenfors, Peter, N. Sahlin (Hg.), *Decision, Probability and Utility. Selected Readings*, Cambridge (Cambridge University Press) 1988. [*Eine sehr gute Sammlung klassischer Aufsätze zu Theorien rationaler Wahl.*]

Hampton, Jean, »The Failure of Expected-Utility Theory as a Theory of Reason«, in: *Economics and Philosophy* 10 (1994), S. 195–242. [*Philosophische Kritik an der Entscheidungstheorie als Theorie praktischer Rationalität.*]

Hollis, Martin, Robert Sudgen, »Rationality in Action«, in: *Mind* 102 (1993), S. 1–35. [*Überblicksartikel zur Entscheidungstheorie.*]

Moser, Paul K. (Hg.), *Rationality in Action. Contemporary Approaches*, Cambridge (Cambridge University Press) 1990. [*Sammelband u. a. mit klassischen Aufsätzen zur Entscheidungstheorie sowie einigen zum weiteren Problemkomplex praktischer Vernunft.*]

Neumann, J. von, O. Morgenstern, *Theory of Games and Economic Behavior*, Princeton (Princeton University Press) 1953 (OA 1944). [*Klassische Entwicklung der Entscheidungs- und Spieltheorie.*]

Nida-Rümelin, Julian, Thomas Schmidt, *Rationale Wahl und Praktische Vernunft*, Berlin (Akademie Verlag) 1998. [*Will die Konzeption rationaler Wahl für die Grundfragen der praktischen Philosophie fruchtbar machen, aber auch die Grenzen dieses Ansatzes verdeutlichen.*]

Putnam, Hilary, »Rationality in Decision Theory and in Ethics«, in: *Crítica* (18) 1986, S. 3–16.

Ramsey, F., »Truth and Probability«, in: D. H. Mellor (Hg.), *Foundations of Mathematics*, London (Routledge & Kegan Paul) 1978 (OA 1931), wieder in: P. Gardenfors, N. Sahlin (Hg.), *Decision, Probability and Utility. Selected Readings*, Cambridge (Cambridge University Press) 1988.

Savage, Leonard, *The Foundations of Statistics*, New York (Wiley & Sons) 1954; 2. Ausgabe New York (Dover) 1972. [*Eine wesentliche Arbeit in der Entwicklung der Entscheidungstheorie mit einer Axiomatisierung, die eine Alternative zu von Neumann und Morgenstern darstellt.*]

Sen, Amartya, »Rational Fools. A Critique of the Behavioural Foundations of Economic Theory«, in: *Philosophy and Public Affairs* 6 (1977), S. 317–343; wieder in: ders., *Choice, Welfare, Measurement*, Oxford (Blackwell) 1982, Cambridge, Mass. (Harvard University Press) 1997, S. 84–106; dt.: »Rationale Trottel. Eine Kritik der behavioristischen Grundlagen der Wirtschaftstheorie«, in: Stefan Gosepath (Hg.), *Motive, Gründe, Zwecke. Theorien praktischer Rationalität*, Frankfurt am Main (Fischer Taschenbuch Verlag) 1999.

Sen, Amartya, *Choice, Welfare and Measurement*, Oxford (Blackwell) 1982, Cambridge, Mass. (Harvard University Press) 1997. [*Gesammelte Aufsätze zur Rationalität und Entscheidungstheorie des bedeutenden indischen Ökonomen, Philosophen und Nobelpreisträgers.*]

Slote, Michael, *Beyond Optimizing. A Study of Rational Choice*, Cambridge (Harvard University Press) 1989. [*Zum Problem, ob Maximierung oder weniger gefordert ist.*]

Internalismus – Externalismus

Bricke, John, *Mind and Morality. An Examination of Hume's Moral Psychology*, Oxford (Clarendon Press) 1996. [*Zu Humes internalistischer Auffassung von praktischen Gründen.*]

Broome, John, »Reasons and Motivation II«, in: *Proceedings of the Aristotelian Society* 71 (1997), S. 131–146.

Cohon, Rachel, »Are External Reasons Impossible?«, in: *Ethics* 96 (1986), S. 545–556.

Falk, W. D., *Ought, Reasons and Morality*, Ithaca und London (Cornell University Press) 1986.

Foot, Philippa, »Morality as a System of Hypothetical Imperatives«, in: *The Philosophical Review* 81 (1972), wieder in: dies., *Virtues and Vices*, Oxford (Oxford University Press) 1978, Berkeley (University of California Press) 1981, S. 157–173; dt.: »Die Moral als ein System hypothetischer Imperative«, in: dies., *Die Wirklichkeit des Guten. Moralphilosophische Aufsätze*, Frankfurt am Main (Fischer Taschenbuch Verlag) 1997, S. 89–107. [*Einflußreicher Artikel mit der These, daß das moralische Sollen »nur« das von hypothetischen Imperativen sei.*]

Hampton, Jean E., »Does Hume Have an Instrumental Conception of Practical Reason?«, in: *Hume Studies* 21 (1995), S. 57–74. [*Zu Humes Auffassung von praktischer Vernunft.*]

Hampton, Jean E., *The Authority of Reason*, Cambridge (Cambridge University Press) 1998. [*Hampton argumentiert hier gegen naturalistische, internalistische Theorien der Rationalität, sie könnten für deren Autorität, deren normative Verbindlichkeit nicht aufkommen.*]

Heuer, Ulrike, *Gründe und Motive. Über Humesche Theorien praktischer Vernunft*, Diss. Freie Universität Berlin 1999.

Hooker, Brad, »Williams' Argument Against External Reasons«, in: *Analysis* 47 (1987), S. 42–44. [*Zu Williams' Argument in dessen »Interne und externe Gründe«.*]

Korsgaard, Christine, »The Normativity of Instrumental Reason«, in: G. Cullity, B. Gaut (Hg.), *Ethics and Practical Reason*, Oxford (Oxford University Press) 1997, S. 215–254.

Korsgaard, Christine, »Skepticism about Practical Reason«, *Journal of Philosophy* 83 (1986), S. 5–25, wieder in: dies., *Creating the Kingdom of Ends*, Cambridge (Cambridge University Press) 1996, S. 311–334; dt.: »Skeptizimus bezüglich praktischer Vernunft«, in: S. Gosepath (Hg.), *Motive, Gründe, Zwecke. Theorien praktischer Rationalität*, Frankfurt am Main (Fischer Taschenbuch Verlag) 1999.

McDowell, John, »Are Moral Reasons Hypothetical Imperatives?«, in: *Proceedings of the Aristotelian Society* 52 (1978), S. 13–29, wieder in: ders., *Mind, Value, and Reality*, Cambridge, Mass. (Harvard University Press) 1998, S. 77–94.

McDowell, John, »Values and Secondary Qualities«, in: T. Hondrich (Hg.), *Morality and Objectivity*, London 1985, S. 110–129, wieder in: ders., *Mind, Value, and Reality*, Cambridge, Mass. (Harvard University Press) 1998, S. 131–150. [*McDowell vertritt eine neoaristotelische Auffassung praktischer Vernunft. Hier wird die Erkenntnis von Werten mit der von sekundären Qualitäten analog gesetzt.*]

McDowell, John, »Might there be external reasons?«, in: J. E. J. Altham, R. Harrison (Hg.), *World, Mind, and Ethics. Essays on the ethical philosophy of Bernard Williams*, Cambridge (Cambridge University Press) 1995, S. 68–85, wieder in: ders., *Mind, Value, and Reality*, Cambridge, Mass. (Harvard University Press) 1998, S. 95–111. [*Kritik von B. Williams' »Interne und externe Gründe« von McDowells neoaristotelischer Auffassung praktischer Vernunft aus.*]

Millgram, Elijah, »Was Hume a Humean?«, in: *Hume Studies* 21 (1995), S. 75–93. [*Zu Humes Auffassung von praktischer Vernunft.*]

Millgram, Elijah, »Williams' Argument Against External Reasons«, in: *Nous* 30 (1996), S. 197–220. [*Zu B. Williams' Argument in dessen »Interne und externe Gründe«.*]

Nagel, Thomas, »Desires, Prudential Motives and the Present«, in: J. Raz (Hg.), *Practical Reasoning*, Oxford (Oxford University Press) 1978, S. 153–167; dt.: »Wünsche. Motive der Klugheit und die Gegenwart«, in: S. Gosepath (Hg.), *Motive, Gründe, Zwecke. Theorien praktischer Rationalität*, Frankfurt am Main (Fischer Taschenbuch Verlag) 1999.

Nagel, Thomas, *The Possibility of Altruism*, Princeton (Princeton University Press) 1970; dt.: *Die Möglichkeit des Altruismus*, Frankfurt am Main (Philo Verlagsgesellschaft) 1998. [*Nagel vertritt hier zum ersten Mal seine oft diskutierte spezifische Version externer Gründe und versucht damit die Möglichkeit der Objektivität der Moral zu begründen.*]

Nagel, Thomas, *The View from Nowhere*, New York (Oxford University Press) 1986; dt.: *Der Blick von Nirgendwo*, Frankfurt am Main (Suhrkamp) 1992. [*In Kap. 8 vertritt Nagel seine oft diskutierte spezifische Version externer Gründe, die sich auf einen Realismus objektiver Werte bezieht.*]

Parfit, Derek, »Reasons and Motivation I«, in: *Proceedings of the Aristotelian Society* 71 (1997), S. 99–130.

Pettit, Philip, »Humeans, Anti-Humeans and Motivation«, in: *Mind* 96 (1987), S. 530–533.

Quinn, Warren, »Putting Rationality in its Place«, in: ders., *Morality and Action*, Cambridge (Cambridge University Press) 1993, S. 228–255.

Radcliffe, Elisabeth, »Kantian Tunes on a Humean Instrument: Why Hume is not Really a Skeptic About Practical Reasoning«, in: *Canadian Journal of Philosophy* 27 (1997), S. 247–270. [*Zu Humes Auffassung von praktischer Vernunft.*]

Raz, Joseph, »Incommensurability and Agency«, in: R. Chang (Hg.), *Incommensurability, Incomparability, and Practical Reason*, Cambridge, Mass. (Harvard University Press) 1997, S. 110–128.

Robertson, John, »Hume on Practical Reason«, in: *Proceedings of the Aristotelian Society* (1990), S. 267–282. [*Zu Humes Auffassung von praktischer Vernunft.*]

Robertson, John, »Internalism About Moral Reasons«, in: *Pacific Philosophical Quarterly* 67 (1986), S. 124–135.

Scanlon, Thomas M., *What We Owe to Each Other*, Cambridge, Mass. (Harvard University Press) 1998. [*Die ersten Kapitel vertreten eine externalistische Konzeption von praktischen Gründen.*]

Smith, Michael, »Internal Reasons«, in: *Philosophy and Phenomenological Research* 55 (1995), S. 109–131. [*Diskutiert verschiedene Versionen des Internalismus.*]

Smith, Michael, »The Humean Theory of Motivation«, in: *Mind* 96 (1987), S. 36–61. [*Eine bestimmte Interpretation der Humeschen internalistischen Theorie der Motivation, die zeigt, daß sie grundlegend richtig ist.*]

Smith, Michael, *The Moral Problem*, Oxford (Blackwell) 1994. [*Das »moralische Problem« besteht in der scheinbaren Unmöglichkeit, den Objektivitätsanspruch der Moral, den handlungsanleitenden Charakter von moralischen Urteilen und die Humesche Theorie der Motivation miteinander zu vereinbaren.*]

Tilley, John J., »Motivations and Practical Reasons«, in: *Erkenntnis* 47 (1997), S. 105–127.

Velleman, David, »The Possibility of Practical Reason«, in: *Ethics* 106 (1996), S. 694–726. [*Die Unterscheidung zwischen internen und externen Gründen stelle eine falsche Dichotomie dar.*]

Velleman, David, »The Guise of the Good«, in: *Nous* 26 (1992), S. 3–26. [*Wünsche sind keine Werturteile und enthalten keine Werturteile. Praktische Schlüsse hätten nichts mit Werten zu tun. Nicht alle Handlungen, die aus einem Grund ausgeführt werden, werden »sub specie boni« vollzogen. Das bloße Haben von Wünschen sei noch nicht automatisch ein subjektiver Grund.*]

Wallace, R. Jay, »Virtue, Reason and Principle«, in: *Canadian Journal of Philosophy* 21 (1991), S. 469–495. [*Untersucht McDowells Aristotelische Alternative zu Humeschen und Kantischen Auffassungen praktischer Vernunft.*]

Wallace, R. Jay, »How to Argue about Practical Reason«, in: *Mind* 99 (1990), S. 355–380. [*Überblicksartikel zu praktischer Rationalität, der sich auf die Rolle von Wünschen in der Debatte zwischen Humeianern und Kantianern konzentriert und die These vertritt, daß die neueren Argumente für eine im weiteren Sinne Humesche Auffassung nicht erfolgreich sind.*]

Williams, Bernard, »Internal and external reasons«, in: R. Harrison (Hg.), *Rational Action*, Cambridge (Cambridge University Press) 1979, S. 17–28, wieder in: ders., *Moral Luck*, Cambridge (Cambridge University Press) 1981, S. 101–113; dt. »Interne und externe Gründe«, in: ders., *Moralischer Zufall. Philosophische Aufsätze 1973–1980*, Frankfurt am Main (Athenäum) 1984, wieder in: S. Gosepath (Hg.), *Motive, Gründe, Zwecke. Theorien praktischer Rationalität*, Frankfurt am Main (Fischer Taschenbuch Verlag) 1999. [*»Klas-*

sischer« Aufsatz zur Verteidigung einer internalistischen Interpretation von Gründen zu handeln, wonach diese in irgendeiner Weise auf vorhandenen Motiven beruhen.]

Williams, Bernard, »Internal Reasons and the Obscurity of Blame«, in: ders., *Making Sense of Humanity*, Cambridge (Cambridge University Press) 1995, S. 35–45. [*Williams verteidigt nochmals seine neohumesche, internalistische These gegen mögliche Einwände.*]

Williams, Bernard, »Replies«, in: J. E. J. Altham, R. Harrison (Hg.), *World, Mind, and Ethics. Essays on the ethical philosophy of Bernard Williams*, Cambridge (Cambridge University Press) 1995, S. 185–224.

Rationalität von Wünschen

Anderson, Elizabeth, *Value in Ethics and Economics*, Cambridge, Mass. (Harvard University Press) 1994.

Bond, E. J., *Reason and Value*, Cambridge (Cambridge University Press) 1983.

Brandt, Richard, »Rational Desires«, in: ders., *Morality, Utilitarianism, and Rights*, Cambridge (Cambridge University Press) 1992. [*Brandts Kriterium rationaler Wünsche.*]

Brandt, Richard, »The Rational Criticism of Preferences«, in: C. Fehige, U. Wessels (Hg.), *Preferences*, Berlin, New York (de Gruyter) 1998. [*Brandts Kriterium rationaler Wünsche.*]

Brandt, Richard, *A Theory of the Good and the Right*, Oxford (Oxford University Press) 1979. [*Brandts Kriterium rationaler Wünsche.*]

Chang, Ruth (Hg.), *Incommensurability, Incomparability, and Practical Reason*, Cambridge, Mass. (Harvard University Press) 1997. [*Sammelband mit wichtigen Aufsätzen zur Unvergleichbarkeit von Werten.*]

Daniels, Norman, »Can Cognitive Psychotherapy Reconcile Reason and Desire?«, in: *Ethics* 93 (1983), S. 772–785. [*Zu Brandts Kriterium rationaler Wünsche.*]

Fehige, Christoph, Ulla Wessels, *Preferences*, Berlin, New York (de Gruyter) 1998. [*Neuer umfangreicher Sammelband zu Wünschen, dessen Einleitungen gute Überblicke geben.*]

Frankfurt, Harry, »Freedom of the Will and the Concept of a Person«, in: *Journal of Philosophy* 68 (1971), S. 205–220, wieder in: ders., *The Importance of What We Care About*, Cambridge (Cambridge University Press) 1988; dt.: »Willensfreiheit und der Begriff der Person«, in: P. Bieri (Hg.), *Analytische Philosophie des Geistes*, Königstein/Ts. (Hain) 1981, S. 287–303. [*Bekannte Konzeption von Person mittels höherstufiger Wünsche.*]

Gert, Bernard, »Irrational Desires«, in: J. R. Pennock, J. Chapman (Hg.), *Human Nature in Politics*, New York (New York University Press) 1977. [*Gert vertritt, statt wie üblich eine prozedurale, eine substantielle Theorie der Rationalität, wonach bestimmte Handlungen objektiv gemäß allgemeinem Urteil als irrational eingestuft werden.*]

Gewirth, Alan, »Can any Final Ends be Rational?«, in: *Ethics* 102 (1991), S. 66–95.

Johnston, Mark, »Dispositional Theories of Value«, in: *Proceedings of the Aristotelian Society* 63 (1989), S. 139–74.

Kolnai, Aurel, »Deliberation is of Ends«, in: *Proceedings of the Aristotelian Society* 62 (1962), S. 195–218; wieder in: ders., *Ethics, Value and Reality*, Oxford 1977, S. 44–62. [*Aristotelische Theorie praktischer Überlegung und Rationalität, die sich nicht nur auf Mittel-Zweck-Beziehungen, sondern vornehmlich auf die Spezifizierung von Zielen bezieht.*]

Kusser, Anna, *Dimensionen der Kritik von Wünschen*, Frankfurt am Main (Athenäum) 1989. [*Gute Analyse von drei Weisen, Wünsche zu kritisieren.*]

Lewis, David, »Desire as Belief«, in: *Mind* 97 (1988), S. 323–332.

Lewis, David, »Dispositional Theories of Value«, in: *Proceedings of the Aristotelian Society* 63 (1989), S. 113–137.

Lewis, David, »Desire as Belief II«, in: *Mind* 105 (1996), S. 303–313.

Marks, Joel (Hg.), *The Ways of Desire*, Chicago 1986.

Pettit, Philip, Michael Smith, »Backgrounding Desire«, in: *Philosophical Review* 99 (1990), S. 565–592.

Putnam, Hilary, »Über die Rationalität von Präferenzen«, in: *Allgemeine Zeitschrift für Philosophie* 21 (1996), S. 209–228.

Richardson, Henry S., *Practical Reasoning about Final Ends*, Cambridge (Cambridge University Press) 1994. [*Richardson vertritt die auf Aristoteles zurückgehende Auffassung, daß es Formen der rationalen Überlegung jenseits Mittel-Zweck-Beziehungen auch über letzte Ziele gibt, hauptsächlich als Spezifizierung.*]

Schmidtz, David, »Choosing Ends«, in: *Ethics* 104 (1994), S. 226–251. [*Im Rahmen der neu-humeschen Auffassung gebe es auch die Möglichkeit, letzte Ziele zu reflektieren und zu rechtfertigen.*]

Schueler, G. F., *Desire. Its Role in Practical Reason and the Explanation of Action*, Cambridge, Mass. (MIT Press) 1995.

Seebaß, Gottfried, *Wollen*, Frankfurt am Main (Klostermann) 1993. [*Grundlegende Analyse des Wollens.*]

Smith, Michael, »Dispositional Theories of Value«, in: *Proceedings of the Aristotelian Society* 63 (1989), S. 89–111.

Smith, Michael, »Valuing: Desiring or Believing?«, in: D. Charles, K. Lennon (Hg.) *Reduction, Explanation, and Realism*, Oxford (Clarendon Press) 1992, S. 324–359.

Wiggins, David, »Deliberation and Practical Reason«, in: *Proceedings of the Aristotelian Society* (1975–76), S. 43–49. Leicht verändert wieder in: J. Raz (Hg.), *Practical Reasoning*, Oxford (Oxford University Press) 1978, S. 144–152; wieder in: D. Wiggins, *Needs, Value, Truth*, Oxford (Blackwell) 1987. [*Aristotelische Theorie praktischer Überlegung und Rationalität mittels Spezifizierung von Zielen.*]

Rationalität und Emotionen

Elster, Jon, »Rationality, Emotions, and Social Norms«, in: *Synthese* 98 (1994), S. 21–49.

Elster, Jon, »Rationality and the emotions«, in: *Economic Journal* 106 (1996), S. 1386–1397.

Elster, Jon, *Alchemies of the Mind. Rationality and the Emotions*, Cambridge (Cambridge University Press) 1999. [*Weitgespannte Analyse, die sich von historischen, literarischen, psychologischen und philosophischen Quellen speist und Elsters frühere Arbeiten zu diesem Thema zusammenfaßt.*]

Frank, R., *Passions within Reason. The Strategic Role of the Emotions*, New York (Norton) 1988. [*Unsere Gefühle seien unsere Verbündeten in dem Versuch, bestimmte spieltheoretische Probleme zu überwinden, sie könnten sich auch deshalb in uns entwickelt haben.*]

Greenspan, Patricia, *Emotions and Reason. An Inquiry into emotional Justification*, London (Routledge) 1995.

Oksenberg Rorty, Amélie (Hg.), *Explaining Emotions*, Berkeley (University of California Press) 1980.

Oksenberg Rorty, Amélie, »Varieties of rationality, varieties of emotion«, in: *Social Science Information* 24 (1985), S. 343–354.

Sousa, Ronald de, *The Rationality of Emotion*, Cambridge, Mass. (MIT Press) 1987; dt.: *Rationalität des Gefühls*, Frankfurt am Main (Suhrkamp) 1996.

Praktische Irrationalität

Cavell, Marcia, »Understanding Irrationality«, in: *Analyse und Kritik* 7 (1985), S. 124–140.

Church, Jennifer, »Reasonable Irrationality«, in: *Mind* 96 (1987), S. 354–366.

Davidson, Donald, »Incoherence and Irrationality«, in: *Dialectica* 39 (1985), S. 345–354.

Davidson, Donald, »Paradoxes of Irrationality«, in: R. Wollheim, J. Hopkins (Hg.), *Philosophical Essays on Freud*, Cambridge (Cambridge University Press) 1982, S. 289–305, wieder in: P. K. Moser (Hg.), *Rationality in Action. Contemporary Approaches*, Cambridge 1990, S. 449–469; dt.: »Paradoxien der Irrationalität«, in: S. Gosepath (Hg.), *Motive, Gründe, Zwecke. Theorien praktischer Rationalität*, Frankfurt am Main (Fischer Taschenbuch Verlag) 1999. [*Das Paradox betrifft die Frage, ob wir überhaupt, und wenn ja, wie wir irrationale Handlungen verstehen können. Irrationale Handlungen scheinen begrifflich unmöglich, aber phänomenal nur zu bekannt.*]

Elster, Jon, *Ulysses and the Sirens. Studies in Rationality and Irrationality*, Cambridge (Cambridge University Press) 1979.

Elster, Jon, *Sour Grapes. Studies in the Subversion of Rationality*, Cambridge (Cambridge University Press) 1983.

Elster, Jon, *Subversion der Rationalität*, Frankfurt am Main (Campus) 1987.

[*Deutscher Zusammenschnitt aus* Ulysses and the Sirens *und* Sour Grapes. *Elster, ein führender Rationalitätstheoretiker, untersucht zunehmend deren Grenzen, Probleme, Subversionen und Scheitern.]*

Elster, Jon (Hg.), *The Multiple Self*, Cambridge (Cambridge University Press) 1986. [*Sammelband mit Aufsätzen zu Problemen wie Selbsttäuschung, Willensschwäche etc., deren Erklärungen auf eine Spaltung des Selbst zurückgreifen (müssen).*]

Elster, Jon, *Solomonic Judgements. Studies in the Limitations of Philosophy*, Cambridge (Cambridge University Press) 1989. [*Einige Desillusionen über instrumentelle Rationalität, insbesondere daß rationale Entscheidungstheorie zu unbestimmten Vorschriften und Vorhersagen führt.*]

Gardner, Sebastian, *Irrationality and the Philosophy of Psychoanalysis*, Cambridge (Cambridge University Press) 1993.

Mele, Alfred, *Irrationality. An Essay on Akrasia, Self-Deception, and Self-Control*, Oxford (Oxford University Press) 1987. [*Gute, umfassende Analyse zu Phänomenen der Irrationalität. Erklärung des Phänomens der Willensschwäche durch handlungstheoretische Differenzierungen.*]

Oksenberg Rorty, Amélie, *Self-Deception, Akrasia and Irrationality*, in: J. Elster (Hg.), *The Multiple Self*, Cambridge (Cambridge University Press) 1986, S. 115–131.

Pears, David, *Motivated Irrationality*, Oxford (Oxford University Press) 1984.

Pettit, Philip, Michael Smith, »Practical Unreason«, in: *Mind* 102 (1993), S. 53–80. [*Die Autoren möchten das Phänomen in fünf Kategorien so beschreiben und erklären, daß der Fehler ein spezifisch praktischer Fehler und zugleich spezifisch einer der Vernunft ist.*]

Slote, Michael, »Rational Dilemmas and Rational Supererogation«, in: *Philosophical Topics* 14 (1986), S. 59–76, wieder in: P. K. Moser (Hg.), *Rationality in Action. Contemporary Approaches*, Cambridge (Cambridge University Press) 1990, S. 465–480. [*Gibt es rationale Dilemmata, d. h. Situationen, in denen es der handelnden Person durch keinen eigenen Fehler unmöglich ist, rational zu handeln?*]

Wilkerson, T. E., *Irrational Action. A Philosophical Analysis*, Ashgate 1997. [*Analyse der Ursachen für irrationales Handeln.*]

Willensschwäche

Außer den oben unter »Irrationalität« genannten sind noch zu erwähnen:

Audi, Robert, »Weakness of Will and Practical Judgement«, in: *Nous* 13 (1979), S. 173–196.

Audi, Robert, »Weakness of Will and Rational Action«, in: *Australasian Journal of Philosophy* 68 (1990), S. 270–281.

Bratman, Michael E., »Practical Reasoning and Weakness of the Will«, in: *Nous* 13 (1979), S. 153–171.

Charlton, William, *Weakness of Will*, Oxford (Blackwell) 1988.

Davidson, Donald, »How is Weakness of the Will Possible?« (1979), in: ders., *Essays on Actions and Events*, Oxford 1980, S. 21–42; dt.: »Wie ist Willensschwäche möglich?«, in: ders., *Handlung und Ereignis*, Frankfurt am Main (Suhrkamp) 1990, S. 43–72. [*Erklärung unter Bezug auf Irrationalität.*]

Elster, Jon, »Weakness of the Will and the Free-Rider Problem«, in: *Economics and Philosophy* 1 (1985), S. 231–265.

Gosling, Justin, *Weakness of the Will*, London, New York 1990.

Hare, Richard M., *Freedom and Reason*, Oxford 1963; dt.: *Freiheit und Vernunft*, Düsseldorf 1973, Kap 5. [*Leugnung des Phänomens durch Verneinung der Freiwilligkeitsbedingung.*]

Kenny, Anthony, *Will, Freedom and Power*, Oxford (Blackwell) 1975.

McDowell, John, »Incontinence and Practical Wisdom«, in: S. Lovibond, S. G. Williams (Hg.), *Essays for David Wiggins. Identity, Truth, and Value*, Oxford (Blackwell) 1996, S. 95–112.

Mortimore, Geoffrey (Hg.), *Weakness of Will*, London (Macmillan) 1971. [*Sammelband der wichtigeren Positionen.*]

Peacocke, Christopher, »Intention and Akrasia«, in: B. Vermazen, M. B. Hintikka (Hg.), *Essays on Davidson. Actions and Events*, Oxford (Oxford University Press) 1985, S. 51–73.

Spitzley, Thomas, *Handeln wider besseres Wissen. Eine Diskussion klassischer Positionen*, Berlin, New York (de Gruyter) 1992.

Stocker, Michael, »Desiring the Bad«, in: *Journal of Philosophy* 76 (1979), S. 738–753.

Taylor, Charles, »Plato, Hare, and Davidson on Akrasia«, in: *Mind* 89 (1980), S. 499–518.

Walker, Arthur F., »The Problem of Weakness of Will. Critical Survey«, in: *Nous* 23 (1989), S. 653–676. [*Überblicksartikel.*]

Watson, Gary, »Skepticism about Weakness of Will«, in: *Philosophical Review* 86 (1977), S. 316–339. [*Leugnung des Phänomens durch Verneinung der Freiwilligkeitsbedingung.*]

Wolf, Ursula, »Zum Problem der Willensschwäche«, in: *Zeitschrift für Philosophische Forschung* 39 (1985), S. 21–33, wieder in: S. Gosepath (Hg.), *Motive, Gründe, Zwecke. Theorien praktischer Rationalität*, Frankfurt am Main (Fischer Taschenbuch Verlag) 1999.

Moral und Rationalität

Apel, Karl-Otto, »Das Apriori der Kommunikationsgemeinschaft und die Grundlage der Ethik«, in: ders., *Transformation der Philosophie*, Bd. 2, Frankfurt am Main (Suhrkamp) 1973, S. 358–435. [*Apels berühmte transzendentalpragmatische Begründung der Moral.*]

Apel, Karl-Otto, »Sprechakttheorie und transzendentale Sprachpragmatik zur Frage ethischer Normen«, in: ders. (Hg.), *Sprachpragmatik und Philosophie*, Frankfurt am Main (Suhrkamp) 1976, S. 10–173.

Audi, Robert, »Moral Judgement and Reason for Action«, G. Cullity, B. Gaut (Hg.), *Ethics and Practical Reason*, Oxford (Oxford University Press) 1997, S. 125–159. [*Untersucht die Frage, warum wir zur Moral motiviert sein sollten.*]

Baier, Kurt, »The Conceptual Link between Morality and Rationality«, in: *Nous* 16 (1982), S. 78–92.

Baier, Kurt, *The Rational and the Moral Order. The Social Roots of Reason and Morality*, La Salle, Ill. (Open Court) 1994.

Foot, Philippa, *Die Wirklichkeit des Guten. Moralphilosophische Aufsätze*, hg. von U. Wolf, A. Leist, Frankfurt am Main (Fischer Taschenbuch Verlag) 1997.

Gauthier, David, *Morals by Agreement*, Oxford 1986. [*Z. Zt. prominentester Versuch der Moralbegründung à la Hobbes, d. h. nur mit Bezug auf rationale Eigeninteressen.*]

Gert, Bernard, *Morality: Its Nature and Justification*, Oxford (Oxford University Press) 1998. [*Moralbegründung aufgrund einer starken substantiellen Konzeption von Rationalität.*]

Habermas, Jürgen, »Diskursethik – Notizen zu einem Begründungsprogramm«, in: ders., *Moralbewußtsein und kommunikatives Handeln*, Frankfurt am Main (Suhrkamp) 1983, S. 53–126. [*Habermas' bekannte Version der Diskursethik.*]

Hare, Richard, *Moral Thinking. Its Levels, Method and Point*, Oxford 1981.

Hare, Richard, »How to decide moral questions rationally«, in: *Crítica* 18 (1986), S. 63–78.

Korsgaard, Christine, *The Sources of Normativity*, Cambridge (Cambridge University Press) 1996. [*Versuch einer Art Kantischen Moralbegründung.*]

Nagel, Thomas, *The Possibility of Altruism*, Princeton (Princeton University Press) 1970; dt.: »Die Möglichkeit des Altruismus«, Frankfurt am Main (Philo Verlagsgesellschaft) 1998. [*Versuch einer Art eher Kantischen Moralbegründung mit Bezug auf objektive Gründe.*]

Rawls, John, *A Theory of Justice*, Cambridge, Mass. (Harvard University Press) 1971; dt.: *Eine Theorie der Gerechtigkeit*, Frankfurt am Main (Suhrkamp) 1979. [*Rawls begründete die Gerechtigkeitstheorie mit diesem Buch in diesem Jahrhundert neu; dabei spielen die Theorie der rationalen Wahl unter Unsicherheit und rationale Lebenspläne zentrale Rollen, die moralische »Begründung« liefert das sog. Überlegungsgleichgewicht.*]

Scanlon, Thomas M., *What We Owe to Each Other*, Cambridge, Mass. (Harvard University Press) 1998. [*Die ersten Kapitel vertreten eine externalistische Konzeption von praktischen Gründen, die weiteren, darauf gestützt, eine kontraktualistische Auffassung der Moral.*]

Sayre-McCord, Geoffrey (Hg.), *Essays on Moral Realism*, Ithaca (Cornell University Press) 1988. [*Positionen zum moralischen Realismus.*]

Schaber, Peter, *Moralischer Realismus*, Freiburg, München (Alber) 1996. [*Argument für einen moralischen Realismus.*]

Schmidtz, David, *Rational Choice and Moral Agency*, Princeton (Princeton University Press) 1997. [*Das Buch gibt eine generelle Charakterisierung von Ra-*

tionalität, versucht, in neohumeschem Rahmen Platz für die Entscheidung über letzte Ziele zu finden und Gründe zu geben, warum man moralisch sein soll.]

Sinnott-Armstrong, Walter, Mark Timmons (Hg.), *Moral Knowledge. New Readings in Moral Epistemology*, Oxford (Oxford University Press) 1996. [*Aufsätze zum moralischen Realismus.*]

Smith, Michael, *The Moral Problem*, Oxford (Blackwell) 1994. [*Das »moralische Problem« besteht in der scheinbaren Unmöglichkeit, den Objektivitätsanspruch der Moral, den handlungsanleitenden Charakter von moralischen Urteilen und die Humesche Theorie der Motivation miteinander zu vereinbaren.*]

Tugendhat, Ernst, *Vorlesungen über Ethik*, Frankfurt am Main (Suhrkamp) 1993.

Williams, Bernard, *Ethics and the Limits of Philosophy*, Cambridge, Mass. (Harvard University Press) 1985. [*B. Williams' neohumesche Auffassung von Ethik.*]

Vernunftkritik

Adorno, Theodor, Max Horkheimer, *Die Dialektik der Aufklärung*, Amsterdam 1955, Frankfurt am Main (Fischer Taschenbuch Verlag) 1971 u.ö. [*Klassiker.*]

Apel, Karl-Otto, »Die Herausforderung der totalen Vernunftkritik und das Programm einer philosophischen Theorie der Rationalitätstypen«, in: *Concordia* 11 (1987), S. 2–23.

Habermas, Jürgen, *Der philosophische Diskurs der Moderne*, Frankfurt am Main (Suhrkamp) 1985. [*Habermas' Auseinandersetzung mit der Vernunftkritik.*]

Jamme, Christoph (Hg.), *Grundlinien der Vernunftkritik*, Frankfurt am Main (Suhrkamp) 1998.

Nagel, Thomas, »The Last Word«, Oxford (Oxford University Press) 1997. [*Nagel will hier gegen Relativisten und Skeptiker aller Art zeigen, daß die Vernunft immer das letzte Wort haben muß.*]

Welsch, Wolfgang, *Vernunft. Die zeitgenössische Vernunftkritik und das Konzept der transversalen Vernunft*, Frankfurt am Main (Suhrkamp) 1995. [*U. a. ausführliche Darstellungen der verschiedenen Formen der Vernunftkritik.*]

Unterscheidung von Rationalitätstypen

Apel, Karl-Otto, »Die Vernunftfunktion der kommunikativen Rationalität. Zum Verhältnis von konsensualer-kommunikativer Rationalität, strategischer Rationalität und Systemrationalität«, in: K.-O. Apel, M. Kettner (Hg.), *Die eine Vernunft und die vielen Rationalitäten*, Frankfurt am Main (Suhrkamp) 1996, S. 17–41.

Apel, Karl-Otto, »Rationalitätskriterien und Rationalitätstypen. Versuch einer transzendentalpragmatischen Rekonstruktion des Unterschiedes zwischen Verstand und Vernunft«, in: A. Wüstehube (Hg.), *Pragmatische Rationalitätstheorien*, Würzburg (Königshausen & Neumann) 1995, S. 29–63.

Apel, Karl-Otto, Matthias Kettner (Hg.), *Die eine Vernunft und die vielen Rationalitäten*, Frankfurt am Main (Suhrkamp) 1996.

Habermas, Jürgen, »Vom pragmatischen, ethischen und moralischen Gebrauch der praktischen Vernunft«, in: ders., *Erläuterungen zur Diskursethik*, Frankfurt am Main (Suhrkamp) 1991, S. 100–119. [*Eine erweiterte Version der Kantischen Dreiteilung der praktischen Vernunft.*]

Habermas, Jürgen, »Sprechakttheoretische Erläuterungen zum Begriff kommunikativer Rationalität«, in: *Zeitschrift für Philosophische Forschung* 50 (1996), S. 65–92, wieder als »Rationalität der Verständigung. Sprechakttheoretische Erläuterungen zum Begriff der kommunikativen Vernunft«, in: ders., *Wahrheit und Rechtfertigung. Philosophische Aufsätze*, Frankfurt am Main (Suhrkamp) 1999.

Welsch, Wolfgang, *Vernunft. Die zeitgenössische Vernunftkritik und das Konzept der transversalen Vernunft*, Frankfurt am Main (Suhrkamp) 1995. [*Alle, positiven wie negativen, Reaktionen auf die Vernunftkritik seien sich – so Welsch – darin einig: Man kann die Moderne nicht mehr nur auf ein einziges Vernunftkonzept festlegen, z. B. das der herrschaftsverbündeten uniformierenden Vernunft. Pluralisierung kennzeichne den Generaltrend der gegenwärtigen Vernunftdebatte. Mit der Vielzahl der Rationalitätstypen richtig umzugehen macht gerade das Vermögen der von Welsch propagierten »transversalen Vernunft« – als Vermögen zu Übergängen zwischen den vielfältigen Rationalitätsformen – aus.*]

Einheit oder Vielheit der Vernunft

Edgley, Roy, *Reason in Theory and Practice*, London 1969. [*Zum Zusammenhang und Differenz von theoretischer und praktischer Rationalität, für genuin praktische Rationalität.*]

Gosepath, Stefan, *Aufgeklärtes Eigeninteresse. Eine Theorie theoretischer und praktischer Rationalität*, Frankfurt am Main (Suhrkamp) 1992. [*Zum Zusammenhang von theoretischer und praktischer Rationalität.*]

Habermas, Jürgen, »Die Einheit der Vernunft in der Vielheit ihrer Stimmen«, in: *Merkur* 42 (1988), S. 1–14.

Larmore, Charles, »Denken und Handeln«, in: *Deutsche Zeitschrift für Philosophische Forschung* 45 (1997), S. 183–195. [*Zum Zusammenhang von theoretischer und praktischer Rationalität.*]

Nida-Rümelin, Julian, »Zur Einheitlichkeit praktischer Rationalität«, in: K.-O. Apel, M. Kettner (Hg.), *Die eine Vernunft und die vielen Rationalitäten*, Frankfurt am Main (Suhrkamp) 1996. [*Nida-Rümelin plädiert für eine normative Rationalitätstheorie, die Hilfestellungen zur Unterscheidung guter und schlechter Handlungs- und Überzeugungsgründe entwickelt. In Auseinandersetzung mit dem Konsequentialismus der Entscheidungstheorie wird eine einheitliche Theorie »struktureller Rationalität« konzipiert, die die Konflikte zwischen individuellen und kollektiven Bezugsrahmen von Rationalitätsurteilen ebenso überwindet wie die vermeintliche Disparität des Rational-Normativen und des Moralisch-Normativen.*]

Welsch, Wolfgang, *Vernunft. Die zeitgenössische Vernunftkritik und das Konzept der transversalen Vernunft*, Frankfurt am Main (Suhrkamp) 1995. [*Mit der Vielzahl der Rationalitätstypen richtig umzugehen macht gerade das Vermögen der von Welsch propagierten »transversalen Vernunft« – als Vermögen zu Übergängen zwischen den vielfältigen Rationalitätsformen – aus.*]

Warum rational sein?

Black, Max, »Why should I be rational?«, in: *Dialectica* 36 (1982), S. 147–168, wieder in: ders., *The Prevalence of Humbug and Other Essays*. Ithaca (Cornell University Press) 1983.

Kekes, J., *A Justification of Rationality*, Albany (SUNY University Press) 1976, Kap. 10.

Popper, Karl, *Die offene Gesellschaft und ihre Feinde*, München 1977, Bd. 2, Kap. 14.

Putnam, Hilary, »Rationality in Decision Theory and in Ethics«, in: *Crítica* 18 (1986), S. 3–16.

Rescher, Nicholas, »Die Begründung von Rationalität: Warum der Vernunft folgen?« in: ders., *Rationalität. Eine philosophische Untersuchung über das Wesen und die Begründung der Vernunft*, Würzburg 1993, Kap. 3, S. 38–56; OA: *Rationality. A Philosophical Inquiry in the Nature and the Rationale of Reason*, Oxford (Oxford University Press) 1988, Kap. 3, S. 33–47; wieder in: S. Gosepath (Hg.), *Motive, Gründe, Zwecke. Theorien praktischer Rationalität*, Frankfurt am Main (Fischer Taschenbuch Verlag) 1999.

Tugendhat, Ernst, *Vorlesungen zur Einführung in die sprachanalytische Philosophie*, Frankfurt am Main (Suhrkamp) 1976, S. 118ff.

ÜBER DIE AUTORINNEN UND AUTOREN

DONALD DAVIDSON, geb. 1917, ist Professor of Philosophy in Berkeley. Er hat zahlreiche Artikel zur Philosophie der Sprache, des Geistes, der Handlungstheorie publiziert. Wichtigste Veröffentlichungen: *Wahrheit und Interpretation*, Frankfurt am Main 1986 (orig. 1984); *Handlung und Ereignis*, Frankfurt am Main 1990 (orig. 1980); »Incoherence and Irrationality«, *Dialectica*, Vol. 39 (1985); »Deception and Division«, »Rationale Animal« (1982), beide in: E. Lepore, B. P. McLaughlin (Hg.), *Actions and Events. Essays on the philosophy of Donald Davidson*, Oxford 1985; *Dialektik und Dialog*, Frankfurt am Main 1993.

JON ELSTER, geb. 1940, lehrt Politische Wissenschaft am Political Science Department der Columbia University. Monographien: *Logik und Gesellschaft*, Frankfurt am Main 1994 (orig. 1978); *Ulysses and the Sirens. Studies in rationality and irrationality*, Cambridge 1979; *Sour Grapes. Studies in the subversion of rationality*, Cambridge 1983 (Zusammenschnitt aus beiden als *Subversion der Rationalität*, Frankfurt am Main 1987); *Making Sense of Marx. Studies in Marxism and Social Theory*, Cambridge 1985; *An Introduction to Karl Marx*, Cambridge 1986; *The Cement of Society. A study of social order*, Cambridge 1989; *Solomonic Judgements. Studies in the limitations of rationality*, Cambridge 1989; *Nuts and Bolts for the Social Sciences*, Cambridge 1989; *Local Justice. How institutions allocate scarce goods and necessary burdens*, New York 1992; *Political Psychology*, Cambridge 1993; *Alchemies of the Mind. Rationality and the emotions*, Cambridge 1999.

RAINER FORST, geb. 1964, Wissenschaftlicher Assistent am Institut für Philosophie der Goethe-Universität in Frankfurt am Main. Wichtigste Veröffentlichungen: *Kontexte der Gerechtigkeit. Politische Philosophie jenseits von Liberalismus und Kommunitarismus*, Frankfurt am Main 1994; »Politische Freiheit«, in: *Deutsche Zeitschrift für Philosophie* 44 (1996); »Das grundlegende Recht auf Rechtfertigung. Zu einer konstruktivistischen Konzeption von Menschenrechten«, in: H. Brunkhorst, W. Köhler, M. Lutz-Bachmann (Hg.), *Recht auf Menschenrechte*, Frankfurt am Main 1999; »Toleranz, Gerechtigkeit und Vernunft«, in: R. Forst (Hg.), *Toleranz*, Frankfurt am Main u. New York 1999.

STEFAN GOSEPATH, geb. 1959, Wissenschaftlicher Assistent für Philosophie an der Hochschule der Künste Berlin. Wichtigste Veröffentlichungen: *Aufgeklärtes Eigeninteresse. Eine Theorie theoretischer und praktischer Rationalität*, Frankfurt am Main 1992; »Eine einheitliche Konzeption von Rationalität«, Protosoziologie

6 (1994): Rationalität I; »The Place of Equality in Habermas' and Dworkin's Theories of Justice«, in: *European Journal of Philosophy* 3 (1995); »Das Verhältnis von Demokratie und Menschenrecht«, in: H. Brunkhorst (Hg.), *Demokratischer Experimentalismus*, Frankfurt am Main 1998; »Zur Problematik sozialer Menschenrechte«, in: S. Gosepath u. G. Lohmann (Hg.), *Philosophie der Menschenrechte*, Frankfurt am Main 1998.

CHRISTINE M. KORSGAARD ist Professorin für Philosophie an der Harvard University. Zu ihren wichtigsten Veröffentlichungen zählen: *The Sources of Normativity*, Cambridge 1996; *Creating the Kingdom of Ends. Essays*, Cambridge 1996; »The Normativity of Instrumental Reason«, in: G. Cullity, B. Gaut (Hg.), *Ethics and Practical Reason*, Oxford 1997.

THOMAS NAGEL, geb. 1937, ist Professor der Philosophie und der Jurisprudenz an der New York University. Seine wichtigsten Buchveröffentlichungen sind: *Die Möglichkeit des Altruismus* (orig. 1970), Frankfurt am Main 1998; *Letzte Fragen*, erw. Neuaufl. Frankfurt am Main 1996 (orig. 1979); *Der Blick von Nirgendwo*, Frankfurt am Main 1992 (orig. 1986); *Was bedeutet das alles? Eine ganz kurze Einführung in die Philosophie*, Stuttgart 1993 (orig. 1989); *Die Grenzen der Objektivität*, Stuttgart 1991; *Eine Abhandlung über Gleichheit und Parteilichkeit und andere Schriften zur Politischen Philosophie*, Paderborn 1994 (orig. 1991); *Other Minds: Critical Essays 1969–1994*, Oxford 1995; *The Last Word*, Oxford 1997.

NICHOLAS RESCHER, geb. in Deutschland 1928, ist seit 1961 Professor für Philosophie an der Universität Pittsburgh. Von seinen über 70 erschienenen Büchern hauptsächlich zum philosophischen Idealismus, zur Rehabilitation der Kohärenztheorie, zur Rekonstruktion des philosophischen Pragmatismus und zur Wissenschaftstheorie seien hier nur erwähnt: *Wissenschaftlicher Fortschritt*, Berlin 1982 (orig. 1978); *Grenzen der Wissenschaft*, Stuttgart 1985 (orig. 1984); *Induktion: Zur Rechtfertigung des induktiven Schließens*, München 1987; *Der Streit der Systeme*, Würzburg 1997 (orig. 1985); *Rationalität. Eine philosophische Untersuchung über das Wesen und die Begründung der Vernunft*, Würzburg 1993 (orig. 1988); *Warum sind wir nicht klüger?*, Stuttgart 1994 (orig. 1989); *Glück: Die Chancen des Zufalls*, Berlin 1995 (orig. 1995); *A System of Pragmatic Idealism*, Vol. I–III, Princeton 1992–1994.

AMARTYA K. SEN, geb. in Indien 1933, war bis vor kurzem Professor für Ökonomie und Philosophie an der Harvard University und ist nun Rektor am Trinity College der Cambridge University. Er erhielt 1998 den Nobelpreis für Ökonomie. Zu seinen wichtigsten Veröffentlichungen zählen: *Collective Choice and Social Welfare*, San Francisco 1970; *On Economic Inequality*, Oxford 1973; *Poverty and Famines: An Essay on Entitlement and Deprivation*, Oxford 1981; *Choice, Welfare and Measurement*, Oxford 1982; *Resources, Values, and Development*,

Oxford 1984; *Commodities and Capabilities*, Amsterdam 1985; *On Ethics and Economics*, Oxford 1989; *Inequality Reexamined*, Oxford 1992.

Bernard Williams, geb. 1929, ist Professor für Philosophie in Berkeley. Seine Monographien umfassen: *Morality: An Introduction to Ethics*, Cambridge 1972; *Probleme des Selbst. Philosophische Aufsätze 1956–1972*, Stuttgart 1978 (orig. 1973); *Utilitarianism: For and Against* (zusammen mit J. J. C. Smart), Cambridge 1973; *Descartes. Das Vorhaben einer reinen philosophischen Untersuchung*, Frankfurt am Main 1988 (orig. 1978); *Moralischer Zufall. Philosophische Aufsätze 1973–1980*, Frankfurt am Main 1984 (orig. 1981); *Ethics and the Limits of Philosophy*, Cambridge, Mass. 1985; *Shame and Necessity*, Cambridge 1993; *Making sense of humanity and other philosophical papers 1982–1993*, Cambridge 1995.

Ursula Wolf, geb. 1951, ist Professorin für Philosophie an der Universität Mannheim. Wichtigste Veröffentlichungen: *Möglichkeit und Notwendigkeit bei Aristoteles und heute* (1979); (zusammen mit Ernst Tugendhat) *Logisch-semantische Propädeutik*, Stuttgart 1983; *Das Problem des moralischen Sollens*, Berlin 1984; *Das Tier in der Moral*, Frankfurt am Main 1990; *Die Suche nach dem guten Leben. Platons Frühdialoge,* Reinbek 1996; *Die Philosophie und die Frage nach dem guten Leben,* Reinbek 1999.

Uwe Justus Wenzel (Hg.)

Vom Ersten und Letzten

Positionen der Metaphysik in der Gegenwartsphilosophie

Band 13612

Die Philosophie des 20. Jahrhunderts hat sich über weite Strekken als Metaphysikkritik artikuliert. Es galt, die metaphysischen Restbestände der Tradition endgültig aufzulösen. Inzwischen hat sich das Bild stark gewandelt. Der selbstverständlich gewordene metaphysik-kritische Gestus und die Abstinenz gegenüber als metaphysisch geltenden Entwürfen sind selbst zum Gegenstand einer Kritik geworden, die sich nicht zuletzt an Formen des Naturalismus und des philosophischen Materialismus angloamerikanischer Provenienz entzündete. Zu konstatieren ist das Fortbestehen eines Philosophierens, das sich große Fragen nicht durch einen antimetaphysischen Affekt austreiben läßt. Der Band stellt diese Positionen der Metaphysik in ihren vielgestaltigen Ausprägungen vor.

Fischer Taschenbuch Verlag

fi 1953 / 3

Philippa Foot

Die Wirklichkeit des Guten

Moralphilosophische Aufsätze

Herausgegeben von Ursula Wolf und Anton Leist

Aus dem Englischen von
Anton Leist, Hermann Vetter und Ursula Wolf

Band 12961

Philippa Foot ist eine der bedeutendsten zeitgenössischen Moralphilosophinnen der Gegenwart. Obwohl ihr Rang, der Scharfsinn und Witz ihrer Beiträge zu der seit mindestens zwei Jahrzehnten aktuellen Debatte über Fragen der Moralphilosophie international unbestritten sind, sind ihre häufig bahnbrechenden Texte bis heute nicht in deutscher Übersetzung greifbar. Diesen Mangel beseitigt dieses Buch mit Aufsätzen von Philippa Foot. Den deutschsprachigen Lesern wird Gelegenheit gegeben, den intellektuellen Werdegang und die Argumentationsentwicklung einer Philosophin zu verfolgen, die seit den fünfziger Jahren dafür gestritten hat, daß Moral mehr ist als ein auf subjektiven Gefühlen gründendes Überzeugungssystem. Darüber hinaus erlaubt die Lektüre einen Einblick in die jüngere Geschichte der angelsächsischen Moralphilosophie, die gegenwärtig zur Wiederentdeckung aristotelischer Überlegungen führt, nach denen wir das genuin moralische Vermögen des Menschen anzuerkennen haben.

Fischer Taschenbuch Verlag

fi 203 / 6

Ludwig Wittgenstein

Denkbewegungen

Tagebücher 1930–1932, 1936–1937

Herausgegeben und kommentiert von Ilse Somavilla

Band 14436

Das Tagebuch von Wittgenstein (1889-1951) tauchte erst vor kurzem überraschend in einem Nachlaß auf. Es enthält vor allem Eintragungen aus den Jahren 1930 bis 1932, aus der Zeit unmittelbar nach der Rückkehr Wittgensteins nach Cambridge und damit zur Beschäftigung mit philosophischen Fragen. In diesen Zeitraum fällt Wittgensteins »Wende« zur Spätphilosophie: In erstaunlich kurzer Zeit demontiert Wittgenstein die Metaphysik seiner »Logisch-philosophischen Abhandlung« und gewinnt aus deren Kritik bereits die zentralen Bestimmungsstücke seines neuen Begriffs von philosophischer Klärungsarbeit. Die Eintragungen zeigen Wittgensteins Bemühen mit sich und seiner philosophischen Arbeit ins reine zu kommen. So sind sie nicht nur für die Wittgenstein-Kenner und -Forscher von Bedeutung, sondern auch für jene Leser, die eine erste Annäherung an den Menschen und Philosophen Wittgenstein versuchen wollen.

Fischer Taschenbuch Verlag

fi 3012 / 1

Ralf Konersmann

Komödien des Geistes

Historische Semantik als philosophische Bedeutungsgeschichte

Band 14431

Kein Begriff, der nicht seine Geschichte hätte, keine Geschichte, die nicht aus vielen anderen Geschichten zusammengesetzt wäre. Deshalb geht es bei der Darstellung von Wort- und Begriffskarrieren, wie sie die Historische Semantik unternimmt, nicht darum, einen definitiven Sinn zu eruieren und akkurat abzubilden. Es geht vielmehr darum, die Bedürfnisse, Ansprüche und Motive zu entdecken, die hinter den Begriffen und ihren Geschichten stehen. Philosophische Texte sind dann nicht schlicht ›gegeben‹, so wenig wie die Probleme, denen sie sich widmen: Ihre Aktualität ist oft Teil einer langen Geschichte von Anverwandlungen, Variationen und Gegenversionen. Solchen Geschichten spürt die Historische Semantik nach, indem sie Kontexte vergegenwärtigt und Deutungstraditionen heranzieht. Und sie erinnert daran, daß Philosophie von jeher mit elementaren Orientierungen befaßt ist – mit ihrer Bereitstellung, Untersuchung und Prüfung: Es geht um die Klärung der Herkunft und Tragweite theoretischer Ansprüche.

Fischer Taschenbuch Verlag

fi 3014 / 1

Heinz Dieter Kittsteiner

Listen der Vernunft

Motive geschichtsphilosophischen Denkens

Band 13951

Die in diesem Band versammelten Texte zeichnen die Geschichte und Verwandlung eines zentralen geschichtsphilosophischen Motivs nach: die Frage nach dem Verhältnis des »objektiven« geschichtlichen Prozesses zu den Sinn- und Gestaltungsansprüchen der handelnden Individuen, welche diese Geschichte zwar »machen«, aber ebenso die Unverfügbarkeit von Geschichte zu spüren bekommen. Kittsteiners Weg führt dabei von einer Auseinandersetzung mit Adam Smith' Theorie der »unsichtbaren Hand« über das Geschichtsdenken der Junghegelianer – und damit Hegels Geschichtsphilosophie – zu Marx, um vor diesem Hintergrund schließlich das Motiv des Aufbrechens des geschichtlichen Zusammenhangs bei so unterschiedlichen Denkern wie Nietzsche und Walter Benjamin ins Visier zu nehmen. Eine ausführliche Einleitung setzt sich mit den gegenwärtig geführten Debatten über das Verhältnis von Geschichtsphilosophie und Geschichtswissenschaft auseinander.

Fischer Taschenbuch Verlag

fi 438 / 5